21世纪工商管理特色教材

企业法律环境

LEGAL ENVIRONMENT OF BUSINESS

王学先　周英男　乌玉峰 ⊙ 编著

清华大学出版社
北　京

内 容 简 介

本书充分考虑工商管理专业学生没有系统学习过法律知识的特殊背景,介绍与企业法律环境有关的法律基础知识,循序渐进,使学员在了解基本法律概念的基础上,熟悉企业法律环境的要素和原理。本书的内容不拘泥于传统法律部门及法学学科的划分,而是探索构建以企业活动为中心的企业法律环境学科体系。围绕企业组织和活动展开法律问题,讲解影响企业运行的法律原则和制度。每章之后,均设立案例讨论和思考练习题,具有鲜明的特点,供教师教学和学员在学习过程中分析和讨论。

本书是为工商管理专业,特别是MBA、EMBA学员学习法律而专门编著的教科书,也可供对企业法律环境感兴趣的读者参阅。

本书封面贴有清华大学出版社防伪标签,无标签者不得销售。
版权所有,侵权必究。举报:010-62782989,beiqinquan@tup.tsinghua.edu.cn。

图书在版编目(CIP)数据

企业法律环境/王学先,周英男,乌玉峰编著. —北京:清华大学出版社,2011.11(2024.2重印)
(21世纪工商管理特色教材)
ISBN 978-7-302-26613-6

Ⅰ. ①企… Ⅱ. ①王… ②周… ③乌… Ⅲ. ①法律—基本知识—中国—高等学校—教材 Ⅳ. ①D92

中国版本图书馆 CIP 数据核字(2011)第 178024 号

责任编辑:刘志彬
责任校对:宋玉莲
责任印制:杨 艳

出版发行:清华大学出版社
网　　址:https://www.tup.com.cn, https://www.wqxuetang.com
地　　址:北京清华大学学研大厦 A 座 邮　编:100084
社 总 机:010-83470000　　　　　　　　邮　购:010-62786544
投稿与读者服务:010-62776969, c-service@tup.tsinghua.edu.cn
质 量 反 馈:010-62772015, zhiliang@tup.tsinghua.edu.cn
印 装 者:涿州市般润文化传播有限公司
经　　销:全国新华书店
开　　本:185mm×260mm　　印　张:21.25　　字　数:318千字
版　　次:2011年11月第1版　　　　　印　次:2024年2月第13次印刷
定　　价:56.00元

产品编号:035363-02

21世纪工商管理特色教材

编辑委员会

名誉主任　王众托
主　　任　苏敬勤
副 主 任　李新然
成　　员　（按姓氏笔画排列）
　　　　　王延章　王雪华　王淑娟　刘晓冰
　　　　　李延喜　李文立　仲秋雁　朱方伟
　　　　　陈树文　党延忠　戴大双
协　　调　张秋艳

总序

在管理教育和人才培养的各种制度中，工商管理硕士（MBA）制度是一项行之有效、富有成果的制度，它培养的是高质量的、处于领导地位的职业工商管理人才。工商管理硕士教育传授的是面对实战的管理知识和管理经验，而不是侧重理论研究；注重复合型、综合型人才培养，重视能力培养。在发达国家其已经成为培养高级企业管理人才的主要方式。

我国正式开始引进工商管理硕士学位制度始于1984年。但是早在1980年，按照1979年邓小平同志访美期间向当时的美国总统卡特提出由美方派遣管理教育专家来华培训我国企业管理干部的要求，中国和美国两国政府成立了坐落在大连理工大学的"中国工业科技管理大连培训中心"。在开始的几年内，办起了学制为8个月的厂长经理讲习班，其教学内容是按照MBA教育的框架"具体而微"地设计的，并开设了MBA教育中所有的核心课程。这种培训教育曾被认为是"袖珍型MBA"，这可以说是MBA理念引入我国的开始。

1984年开始，根据中美两国有关合作进行高级管理人员的第二个五年的协议，由中国的大连理工大学与美国布法罗纽约州立大学合作开办三年制的MBA班，这是对我国兴办MBA教育的一次试点。与此同时，培训中心将美国教授在大连讲学的记录整理出版了一套现代企业管理系列教材，原来共9种，后来扩展为13种，这套教材由企业管理出版社出版，发行超过百万册，填补了当时缺乏面向实际应用类型教材的空白，也为后来的MBA教材建设奠定了一个基础。

我国从1991年开始，正式开办MBA专业学位教育。在经过10多年的实践和摸索之后，中国的MBA教育已经进入一个新的发展时期，目前中国拥有MBA招生和培养资格的院校已经有100余所。这种专业学位的设置使我国的学位制度更趋完善，推动了我国高级专门人才培养的多样化，使学位制度进一步适应科学技术事业和经济建设发展的需要。MBA教育需要适合面对实战的管理知识和管理经验的教材。从1998年开始，作为培训中心依托单位的大连理工大学管理学院，就开始在原来培训班的系列教材的基础上,吸收近期国内外管理理论和实践的发展成果,结合自己的教学经验,组织编写了 MBA 系列教材 18 种,由大连理工大学出版社出版,共印刷发行了 40 余万册,被许多院校的 MBA 教学和干部培训选用,受到广大读者的欢迎。2005 年,又出版了新的教材系列。

进入 21 世纪以来,国外的管理思想、理论与方法又有了发展。随着我国改革开放步伐的加快和经济建设的进展,在我们的管理实践中,在吸收消化国外先进管理的理论、方法的同时,针对我国在转型期的具体情况,探索具有中国特色的管理思想、方法,也得到很多的成果。目前我们已经可以像我国已故的哲学大师冯友兰教授所说的,从"跟着讲"发展到开始"接着讲"了。因此在管理教育中编写具有中国特色的教材,既有必要性,又有可能性。在 MBA 专业教育方面,我国在多年实践的基础上,也积累了许多经验。特别是由于 MBA 与学术型管理学硕士的培养目标、教学内容与方式有所不同,我国的各院校都注意在教学中引入了案例教学、角色扮演、模拟练习等新型教学活动,这样在我国自编的教材中就有可能选入符合国情的具体内容。

大连理工大学管理学院在从 20 世纪 80 年代就开始进行 MBA 试点以及近 20 年来进行 MBA 学位教育的基础上,决定重新编写一轮新的教材,总结过去的教学与培训经验,吸收国外的最新理论成果,使教材上升一个新的台阶。本次的教材系列包括"管理学"、"财务管理"、"技术管理"、"战略管理"、"管理决策方法"、"管理信息系统"、"营销管理"、"运营管理"、"企业法律环境"、"创业与企业成长"、"投资风险管理"、"项目管理"、"商业伦理"、"会计学"、"现代物流管理"、"项目投融资决策"、"企业知识管理"、"企业社会责任管理"、"创新与变革管理"、"企业文化"、"电子商务"、"人力资源管理"、"组织行为学"、"公司治理"、"管理经济学"、"管理沟通"共 26 种,涵盖了 MBA 基础课程、专业课程与部分新学科的内容,本轮教材的组织和撰写具有覆盖面广、关注到新的管理思想和方法、充分利用了自编案例等特点,反映了 MBA 教育的新进展。希望这个教材系列能为我国 MBA 教材添砖加瓦,为 MBA 教育作出应有的贡献。同时也希望这些教材能成为其他专业学位教育和各类管理干部培训的选用教材和参考资料,以及创业人士的有益读物。

衷心盼望采用这些教材的老师和学员在使用过程中对教材的不足之处多提宝贵意见,以便在下一轮修订过程中加以改进。让我们共同努力,把我国的 MBA 教育提高到一个新水平。

2010 年 2 月

前言

市场经济的变革,从法律的角度来看,是一场深层次的法律与社会共同发展的运动。市场经济就是法治经济已成为共识,法治也越来越成为全体社会成员明确的共同愿景。21世纪的企业经营者在最大限度追求企业利润的同时,必须能够准确判断企业经营的法律环境,并在企业经营中把法律作为企业的经营底线,依据法律的规范及应用来不断发展。

本书围绕企业法律环境的运营特点有序展开,分别从法理篇、主体篇、权利篇、运行篇和企业社会责任篇五个方面对企业运营中的法律环境进行论述和分析。

本书是为工商管理专业特别是 MBA、EMBA 学员学习法律而专门编著的教科书。本书在编写过程中,主要基于以下几点考虑。

第一,充分考虑工商管理专业学生没有系统学习过法律知识的特殊背景,介绍与企业法律环境有关的法律基础知识,循序渐进,使学员在了解基本法律概念的基础上,熟悉企业法律环境的要素和原理。

第二,围绕企业组织和活动展开法律问题,讲解影响企业运行的法律原则和制度。因此,本书的内容不拘泥于传统法律部门及法学学科的划分,而是探索构建以企业活动为中心的企业法律环境学科体系。

第三,每章之后,均设立案例讨论和思考练习题,这些案例的大多数都是作者亲自办理的案件的总结,具有鲜明的特点,供教师教学和学员在学习过程中分析和讨论。

本书主要作者长期从事工商管理专业民商法教学工作,同时有多年的法律实践工作经验。本书就是在总结法学教学、法律实践工作的基础上写成的。本书写作分工如下:王学先撰写第1~4章、第13~15章,周英男撰写第9、10、12章,乌玉峰撰写第5~8章、第11章,全书由周英男统改定稿。同时,付晓传、张秀珍两位硕士研究生在教材编写过程中做了大量的资料收集与整理工作。

本书编写过程中主要参考的是具体的法律、法规,同时也参阅了一定的书籍和文献,在此谨向相关作者表示感谢。在编写与出版过程中,得到了大连理工大学经管学院以及清华大学出版社的大力支持,在此一并致谢。

由于对法律的理解存在不同角度,编者水平也有限,书中不当之处,恳请读者批评指正。

编 者

2011 年 4 月于大连

目 录

第1篇 法 理 篇

第1章 法和法治 ·············· 3

1.1 法的概念 ·············· 3
  1.1.1 法的定义 ·············· 3
  1.1.2 法的特征 ·············· 4
  1.1.3 法的基本范畴 ·············· 5

1.2 法律的思维 ·············· 6
  1.2.1 法律逻辑 ·············· 6
  1.2.2 行为逻辑 ·············· 6
  1.2.3 企业家的法律意识 ·············· 7

1.3 法治及其基本要求 ·············· 7
  1.3.1 法治的概念 ·············· 7
  1.3.2 法治的基本要求 ·············· 7

案例讨论 ·············· 8
思考练习题 ·············· 10
本章相关法律与法规 ·············· 10

第2章 法的价值 ·············· 11

2.1 法的价值及其主要形式 ·············· 12
  2.1.1 法的价值的概念 ·············· 12
  2.1.2 法的价值的形式 ·············· 12

2.2 法的价值的实现机制 ·············· 14
案例讨论 ·············· 14
思考练习题 ·············· 16
本章相关法律与法规 ·············· 16

第3章 法的渊源 ·············· 17

3.1 制定法 ·············· 17
  3.1.1 制定法的概念及形式 ·············· 17
  3.1.2 制定法的位阶和效力关系 ·············· 19
  3.1.3 制定法的实践及其对企业活动的影响 ·············· 19

3.2 习惯法 20
3.2.1 习惯法的概念 20
3.2.2 习惯法的实践与企业决策 20
3.3 判例法 21
3.3.1 判例法的概念 21
3.3.2 我国判例法的实践及其对企业的影响 21
案例讨论 21
思考练习题 23
本章相关法律与法规 23

第 4 章　私法及其原则 24
4.1 私法的概念 25
4.1.1 公法和私法的划分 25
4.1.2 正确处理公法和私法的关系 25
4.2 私法的原则 25
案例讨论 28
思考练习题 29
本章相关法律与法规 29

第 2 篇　主　体　篇

第 5 章　经济组织概述 33
5.1 自然人 33
5.1.1 自然人及相关概念 33
5.1.2 自然人的权利能力 34
5.1.3 自然人的民事行为能力 34
5.1.4 个体工商户与农村承包经营户 36
5.2 法人 37
5.2.1 法人的概念及特征 37
5.2.2 法人的分类 37
5.2.3 法人的民事权利能力和行为能力 39
5.2.4 公司法人人格的否认 40
5.3 其他经济组织 41
5.3.1 个人独资企业的概念 41
5.3.2 个人独资企业设立的条件和程序 41
5.3.3 个人独资企业的特征 42
5.3.4 个人独资企业和相关经济组织的区别 43
案例讨论 44

思考练习题 ………………………………………………………………… 45
　　本章相关法律与法规 ……………………………………………………… 45

第6章　公司法 …………………………………………………………… 46

6.1　公司与公司法概述 ……………………………………………………… 46
　　6.1.1　公司及其种类 ……………………………………………………… 46
　　6.1.2　公司法及其性质 …………………………………………………… 48

6.2　有限责任公司 …………………………………………………………… 49
　　6.2.1　有限责任公司的概念及特征 ……………………………………… 49
　　6.2.2　有限责任公司的设立 ……………………………………………… 49
　　6.2.3　有限责任公司组织机构 …………………………………………… 51
　　6.2.4　一人公司 …………………………………………………………… 56
　　6.2.5　国有独资公司 ……………………………………………………… 57

6.3　股份有限公司 …………………………………………………………… 59
　　6.3.1　股份有限公司的概念及特征 ……………………………………… 59
　　6.3.2　股份有限公司的设立 ……………………………………………… 59
　　6.3.3　股份有限公司的组织机构 ………………………………………… 61
　　6.3.4　上市公司 …………………………………………………………… 62
　　6.3.5　股份有限公司的股份发行和转让 ………………………………… 63

6.4　公司合并与分立 ………………………………………………………… 64
　　6.4.1　公司合并 …………………………………………………………… 64
　　6.4.2　公司分立 …………………………………………………………… 66

6.5　公司的清算 ……………………………………………………………… 66
　　6.5.1　公司清算的条件 …………………………………………………… 66
　　6.5.2　公司清算组织 ……………………………………………………… 67
　　6.5.3　公司清算程序 ……………………………………………………… 68
　　6.5.4　公司清算的中止与终止 …………………………………………… 70

　　案例讨论 …………………………………………………………………… 70
　　思考练习题 ………………………………………………………………… 71
　　本章相关法律与法规 ……………………………………………………… 71

第7章　合伙企业法 ………………………………………………………… 72

7.1　合伙企业的概念及种类 ………………………………………………… 72
　　7.1.1　合伙企业的概念 …………………………………………………… 72
　　7.1.2　合伙企业的种类 …………………………………………………… 74

7.2　合伙企业的设立 ………………………………………………………… 75
　　7.2.1　合伙企业设立的条件 ……………………………………………… 75
　　7.2.2　合伙企业设立的程序 ……………………………………………… 76

7.3 合伙人的权利和义务 ………………………………………………… 76
　　7.3.1 合伙人的权利和义务概述 ……………………………………… 76
　　7.3.2 入伙与退伙 ……………………………………………………… 77
7.4 合伙企业的解散与清算 ………………………………………………… 79
　　7.4.1 合伙企业的解散 ………………………………………………… 79
　　7.4.2 合伙企业的清算 ………………………………………………… 79
案例讨论 ……………………………………………………………………… 80
思考练习题 …………………………………………………………………… 81
本章相关法律与法规 ………………………………………………………… 81

第8章 破产法 ……………………………………………………………… 82

8.1 破产和破产法的概念 …………………………………………………… 84
　　8.1.1 破产和破产界限 ………………………………………………… 84
　　8.1.2 破产法的概念 …………………………………………………… 84
8.2 破产的申请与受理 ……………………………………………………… 85
　　8.2.1 破产申请 ………………………………………………………… 85
　　8.2.2 破产案件的受理 ………………………………………………… 85
8.3 破产管理人 ……………………………………………………………… 87
　　8.3.1 破产管理人的概念及任职限制 ………………………………… 87
　　8.3.2 破产管理人的职责 ……………………………………………… 88
　　8.3.3 破产管理人的更换 ……………………………………………… 89
8.4 债权人会议 ……………………………………………………………… 89
　　8.4.1 债权人会议及其职权 …………………………………………… 90
　　8.4.2 债权人会议的程序规则 ………………………………………… 90
8.5 企业破产重整 …………………………………………………………… 92
　　8.5.1 企业重整 ………………………………………………………… 92
　　8.5.2 重整计划 ………………………………………………………… 93
8.6 破产和解 ………………………………………………………………… 96
　　8.6.1 和解的概念及提出 ……………………………………………… 96
　　8.6.2 和解的效力 ……………………………………………………… 96
　　8.6.3 和解的成立 ……………………………………………………… 96
　　8.6.4 和解失败 ………………………………………………………… 96
8.7 破产宣告 ………………………………………………………………… 97
　　8.7.1 破产宣告的原因及法律后果 …………………………………… 97
　　8.7.2 破产财产 ………………………………………………………… 97
　　8.7.3 破产债权 ………………………………………………………… 98
　　8.7.4 破产财产的清偿顺序 …………………………………………… 99

案例讨论	100
思考练习题	100
本章相关法律与法规	101

第3篇 权 利 篇

第9章 物权 ... 105

- 9.1 物权概述 ... 106
  - 9.1.1 物权的概念和特征 ... 106
  - 9.1.2 物的概念和分类 ... 107
  - 9.1.3 物权法的基本原则 ... 109
  - 9.1.4 物权的变动 ... 110
  - 9.1.5 物权登记制度 ... 113
  - 9.1.6 动产交付制度 ... 120
  - 9.1.7 物权的保护 ... 120
- 9.2 所有权 ... 121
  - 9.2.1 所有权概述 ... 121
  - 9.2.2 国家所有权、集体所有权和私人所有权 ... 123
  - 9.2.3 建筑物区分所有权 ... 126
  - 9.2.4 相邻关系 ... 131
  - 9.2.5 共有 ... 133
- 9.3 用益物权 ... 138
  - 9.3.1 用益物权概述 ... 138
  - 9.3.2 土地承包经营权 ... 140
  - 9.3.3 建设用地使用权 ... 146
  - 9.3.4 宅基地使用权 ... 152
  - 9.3.5 地役权 ... 153
- 9.4 担保物权 ... 156
  - 9.4.1 概述 ... 157
  - 9.4.2 抵押权 ... 160
  - 9.4.3 质权 ... 165
  - 9.4.4 留置权 ... 168
  - 9.4.5 担保物权之外的其他担保形式 ... 168
- 案例讨论 ... 172
- 思考练习题 ... 174
- 本章相关法律与法规 ... 174

第10章 债权 ... 175

10.1 债权概述 ... 176
10.1.1 债和债权 ... 176
10.1.2 债权的特征 ... 177
10.1.3 债的分类 ... 178

10.2 债的发生原因 ... 179
10.2.1 合同 ... 179
10.2.2 侵权行为 ... 179
10.2.3 无因管理 ... 182
10.2.4 不当得利 ... 183

10.3 债的保全 ... 184
10.3.1 债权人的代位权 ... 184
10.3.2 债权人的撤销权 ... 185

10.4 债的移转 ... 185
10.4.1 债的移转的概念 ... 185
10.4.2 债的移转原因 ... 186
10.4.3 债的移转形式 ... 186

10.5 债的消灭 ... 187
10.5.1 债的消灭的概念 ... 187
10.5.2 债的消灭的原因 ... 187

案例讨论 ... 191
思考练习题 ... 192
本章相关法律与法规 ... 192

第11章 知识产权 ... 193

11.1 知识产权概述 ... 194
11.1.1 知识产权与知识产权法概述 ... 194
11.1.2 知识产权法 ... 195

11.2 著作权 ... 195
11.2.1 著作权的法律要素 ... 195
11.2.2 著作邻接权 ... 199
11.2.3 著作权的取得与保护 ... 200

11.3 专利法 ... 201
11.3.1 专利权的概念和特征 ... 201
11.3.2 专利权的要素 ... 201
11.3.3 专利权的取得 ... 204
11.3.4 专利权的限制 ... 206

  11.3.5 专利权的保护⋯⋯⋯⋯⋯⋯⋯⋯⋯⋯⋯⋯⋯⋯⋯⋯⋯⋯⋯⋯⋯⋯⋯⋯⋯ 208
 11.4 商标权⋯⋯⋯⋯⋯⋯⋯⋯⋯⋯⋯⋯⋯⋯⋯⋯⋯⋯⋯⋯⋯⋯⋯⋯⋯⋯⋯⋯⋯⋯⋯ 209
  11.4.1 商标与商标权⋯⋯⋯⋯⋯⋯⋯⋯⋯⋯⋯⋯⋯⋯⋯⋯⋯⋯⋯⋯⋯⋯⋯⋯⋯ 209
  11.4.2 商标权的主体⋯⋯⋯⋯⋯⋯⋯⋯⋯⋯⋯⋯⋯⋯⋯⋯⋯⋯⋯⋯⋯⋯⋯⋯⋯ 210
  11.4.3 商标权的客体⋯⋯⋯⋯⋯⋯⋯⋯⋯⋯⋯⋯⋯⋯⋯⋯⋯⋯⋯⋯⋯⋯⋯⋯⋯ 210
  11.4.4 商标权的内容⋯⋯⋯⋯⋯⋯⋯⋯⋯⋯⋯⋯⋯⋯⋯⋯⋯⋯⋯⋯⋯⋯⋯⋯⋯ 211
  11.4.5 商标注册⋯⋯⋯⋯⋯⋯⋯⋯⋯⋯⋯⋯⋯⋯⋯⋯⋯⋯⋯⋯⋯⋯⋯⋯⋯⋯⋯ 213
  11.4.6 商标权的法律保护⋯⋯⋯⋯⋯⋯⋯⋯⋯⋯⋯⋯⋯⋯⋯⋯⋯⋯⋯⋯⋯⋯⋯ 213
案例讨论⋯⋯⋯⋯⋯⋯⋯⋯⋯⋯⋯⋯⋯⋯⋯⋯⋯⋯⋯⋯⋯⋯⋯⋯⋯⋯⋯⋯⋯⋯⋯⋯⋯ 215
思考练习题⋯⋯⋯⋯⋯⋯⋯⋯⋯⋯⋯⋯⋯⋯⋯⋯⋯⋯⋯⋯⋯⋯⋯⋯⋯⋯⋯⋯⋯⋯⋯⋯ 217
本章相关法律与法规⋯⋯⋯⋯⋯⋯⋯⋯⋯⋯⋯⋯⋯⋯⋯⋯⋯⋯⋯⋯⋯⋯⋯⋯⋯⋯⋯ 217

第4篇 运 行 篇

第12章 合同法⋯⋯⋯⋯⋯⋯⋯⋯⋯⋯⋯⋯⋯⋯⋯⋯⋯⋯⋯⋯⋯⋯⋯⋯⋯⋯⋯⋯⋯ 221
 12.1 合同与合同法概述⋯⋯⋯⋯⋯⋯⋯⋯⋯⋯⋯⋯⋯⋯⋯⋯⋯⋯⋯⋯⋯⋯⋯⋯⋯ 222
  12.1.1 合同的概念和特征⋯⋯⋯⋯⋯⋯⋯⋯⋯⋯⋯⋯⋯⋯⋯⋯⋯⋯⋯⋯⋯⋯⋯ 222
  12.1.2 合同的分类⋯⋯⋯⋯⋯⋯⋯⋯⋯⋯⋯⋯⋯⋯⋯⋯⋯⋯⋯⋯⋯⋯⋯⋯⋯ 223
  12.1.3 合同法的基本原则⋯⋯⋯⋯⋯⋯⋯⋯⋯⋯⋯⋯⋯⋯⋯⋯⋯⋯⋯⋯⋯⋯⋯ 225
 12.2 合同的成立⋯⋯⋯⋯⋯⋯⋯⋯⋯⋯⋯⋯⋯⋯⋯⋯⋯⋯⋯⋯⋯⋯⋯⋯⋯⋯⋯⋯ 226
  12.2.1 合同的内容⋯⋯⋯⋯⋯⋯⋯⋯⋯⋯⋯⋯⋯⋯⋯⋯⋯⋯⋯⋯⋯⋯⋯⋯⋯ 226
  12.2.2 合同的形式⋯⋯⋯⋯⋯⋯⋯⋯⋯⋯⋯⋯⋯⋯⋯⋯⋯⋯⋯⋯⋯⋯⋯⋯⋯ 228
  12.2.3 订立合同的程序⋯⋯⋯⋯⋯⋯⋯⋯⋯⋯⋯⋯⋯⋯⋯⋯⋯⋯⋯⋯⋯⋯⋯⋯ 229
 12.3 合同的效力⋯⋯⋯⋯⋯⋯⋯⋯⋯⋯⋯⋯⋯⋯⋯⋯⋯⋯⋯⋯⋯⋯⋯⋯⋯⋯⋯⋯ 235
  12.3.1 生效合同⋯⋯⋯⋯⋯⋯⋯⋯⋯⋯⋯⋯⋯⋯⋯⋯⋯⋯⋯⋯⋯⋯⋯⋯⋯⋯⋯ 235
  12.3.2 附条件的合同和附期限的合同⋯⋯⋯⋯⋯⋯⋯⋯⋯⋯⋯⋯⋯⋯⋯⋯⋯⋯ 236
  12.3.3 效力待定的合同⋯⋯⋯⋯⋯⋯⋯⋯⋯⋯⋯⋯⋯⋯⋯⋯⋯⋯⋯⋯⋯⋯⋯⋯ 237
  12.3.4 无效合同⋯⋯⋯⋯⋯⋯⋯⋯⋯⋯⋯⋯⋯⋯⋯⋯⋯⋯⋯⋯⋯⋯⋯⋯⋯⋯⋯ 237
  12.3.5 可以请求变更或者撤销的合同⋯⋯⋯⋯⋯⋯⋯⋯⋯⋯⋯⋯⋯⋯⋯⋯⋯⋯ 239
 12.4 合同的履行⋯⋯⋯⋯⋯⋯⋯⋯⋯⋯⋯⋯⋯⋯⋯⋯⋯⋯⋯⋯⋯⋯⋯⋯⋯⋯⋯⋯ 241
  12.4.1 合同履行的原则⋯⋯⋯⋯⋯⋯⋯⋯⋯⋯⋯⋯⋯⋯⋯⋯⋯⋯⋯⋯⋯⋯⋯⋯ 241
  12.4.2 约定不明合同的履行⋯⋯⋯⋯⋯⋯⋯⋯⋯⋯⋯⋯⋯⋯⋯⋯⋯⋯⋯⋯⋯⋯ 241
  12.4.3 合同履行中的抗辩权⋯⋯⋯⋯⋯⋯⋯⋯⋯⋯⋯⋯⋯⋯⋯⋯⋯⋯⋯⋯⋯⋯ 242
  12.4.4 合同履行中债务的变更⋯⋯⋯⋯⋯⋯⋯⋯⋯⋯⋯⋯⋯⋯⋯⋯⋯⋯⋯⋯⋯ 243
  12.4.5 履行顺序⋯⋯⋯⋯⋯⋯⋯⋯⋯⋯⋯⋯⋯⋯⋯⋯⋯⋯⋯⋯⋯⋯⋯⋯⋯⋯⋯ 243
 12.5 合同的变更、转让与终止⋯⋯⋯⋯⋯⋯⋯⋯⋯⋯⋯⋯⋯⋯⋯⋯⋯⋯⋯⋯⋯⋯⋯ 244
  12.5.1 合同的变更⋯⋯⋯⋯⋯⋯⋯⋯⋯⋯⋯⋯⋯⋯⋯⋯⋯⋯⋯⋯⋯⋯⋯⋯⋯⋯ 244
  12.5.2 合同的转让⋯⋯⋯⋯⋯⋯⋯⋯⋯⋯⋯⋯⋯⋯⋯⋯⋯⋯⋯⋯⋯⋯⋯⋯⋯⋯ 244

  12.5.3 合同的终止 ·················· 245
12.6 违约责任 ························· 247
  12.6.1 违约责任和归责原则 ········ 248
  12.6.2 不可抗力 ··················· 248
  12.6.3 违约责任承担 ··············· 249
案例讨论 ································· 251
思考练习题 ······························· 252
本章相关法律与法规 ····················· 253

第 13 章 劳动法 ······················· 254

13.1 劳动法概述 ······················· 254
  13.1.1 劳动法的概念 ··············· 254
  13.1.2 劳动法的适用范围 ·········· 255
  13.1.3 劳动者的权利 ··············· 255
  13.1.4 劳动者的义务 ··············· 255
  13.1.5 促进就业制度 ··············· 256
13.2 劳动合同 ························· 256
  13.2.1 劳动合同的概念 ············ 256
  13.2.2 劳动合同的内容 ············ 257
  13.2.3 劳动合同的形式 ············ 257
  13.2.4 劳动合同涉及的期限 ········ 258
  13.2.5 无效劳动合同 ··············· 259
  13.2.6 劳动合同的解除 ············ 259
  13.2.7 集体合同 ··················· 261
  13.2.8 劳务派遣 ··················· 262
  13.2.9 劳动合同中的保密和竞业限制条款 ··· 263
13.3 工作时间、休息休假和工资 ······ 263
  13.3.1 工作时间 ··················· 263
  13.3.2 休息休假 ··················· 263
  13.3.3 工资 ························ 264
13.4 劳动保护制度 ···················· 265
  13.4.1 劳动安全卫生保护 ·········· 265
  13.4.2 女职工和未成年工的特殊保护 ··· 268
13.5 工伤保险 ························· 268
  13.5.1 工伤保险的概念 ············ 268
  13.5.2 工伤认定 ··················· 269
  13.5.3 劳动能力鉴定 ··············· 270
  13.5.4 工伤保险待遇 ··············· 270

		13.5.5 工伤保险基金	271
13.6	劳动争议处理		271
		13.6.1 劳动争议的概念	271
		13.6.2 劳动争议处理概述	271

案例讨论 274
思考练习题 275
本章相关法律与法规 275

第5篇 企业社会责任篇

第14章 企业社会责任法 279

14.1	企业社会责任立法及实践		280
		14.1.1 企业社会责任的概念	280
		14.1.2 我国企业社会责任状况和立法实践	280
14.2	反不正当竞争法		281
		14.2.1 不正当竞争的概念	281
		14.2.2 不正当竞争行为	282
		14.2.3 不正当竞争的法律责任	286
14.3	反垄断法		287
		14.3.1 概述	287
		14.3.2 垄断协议	288
		14.3.3 滥用市场支配地位	288
		14.3.4 经营者集中	289
		14.3.5 滥用行政权力排除、限制竞争	290
14.4	产品质量法和消费者权益保护法		290
		14.4.1 产品质量法	290
		14.4.2 消费者权益保护法	293
14.5	环境与资源保护法		295
		14.5.1 概述	295
		14.5.2 环境保护法	296
		14.5.3 自然资源保护法	300

案例讨论 301
思考练习题 302
本章相关法律与法规 303

第15章 经济犯罪 304

15.1	犯罪及其构成		305
		15.1.1 犯罪和经济犯罪	305

  15.1.2 犯罪的构成要件 …………………………………………………… 305
 15.2 典型经济犯罪分析 ……………………………………………………………… 306
  15.2.1 重大责任事故罪 …………………………………………………… 306
  15.2.2 虚报注册资本罪 …………………………………………………… 307
  15.2.3 虚假出资、抽逃出资罪 …………………………………………… 308
  15.2.4 提供虚假财会报告罪 ……………………………………………… 308
  15.2.5 隐匿、故意销毁会计凭证、会计账簿、财务会计报告罪 ……… 309
  15.2.6 虚假破产罪 ………………………………………………………… 309
  15.2.7 内幕交易、泄露内幕信息罪 ……………………………………… 310
  15.2.8 公司、企业人员受贿罪 …………………………………………… 310
  15.2.9 非法经营同类营业罪 ……………………………………………… 310
  15.2.10 为亲友非法牟利罪 ……………………………………………… 311
  15.2.11 签订、履行合同失职被骗罪 …………………………………… 311
  15.2.12 洗钱罪 …………………………………………………………… 312
  15.2.13 票据诈骗罪 ……………………………………………………… 312
  15.2.14 偷税罪 …………………………………………………………… 313
  15.2.15 侵犯商业秘密罪 ………………………………………………… 314
  15.2.16 损害商业信誉、商品声誉罪 …………………………………… 314
  15.2.17 虚假广告罪 ……………………………………………………… 315
  15.2.18 串通投标罪 ……………………………………………………… 315
  15.2.19 合同诈骗罪 ……………………………………………………… 316
  15.2.20 提供虚假证明文件罪和出具证明文件重大失实罪 ………… 316
  15.2.21 职务侵占罪 ……………………………………………………… 317
  15.2.22 挪用资金罪 ……………………………………………………… 317
案例讨论 ……………………………………………………………………………………… 318
思考练习题 …………………………………………………………………………………… 319
本章相关法律与法规 ………………………………………………………………………… 319

第 1 篇 法理篇

第 1 章 法和法治

> **开篇案例**
>
> 空间视觉权
>
> 　　据《中国周刊》5月4日报道,广州市近日推出"新政":不管LED还是其他户外广告,都要拿出来拍卖,业主与政府分成,政府提40%。相关方面一位领导解释说,户外广告位涉及"空间视觉权",而这个权利是政府的。(摘自光明网-光明观察2009年5月5日评论《谁说空间视觉权是政府的?》,作者徐林林)
>
> 　　据《法制日报》6月2日报道,一场户外广告"新政"之风正在全国刮起。在广州、成都、武汉、佛山、扬州等地,政府正在全面收回户外广告经营权,并提出与广告业主收益分成。各地政府参与分成给出的理由是:"户外空间视觉权"属于政府。(摘自华商网2009年6月3日评论《空间视觉权是个啥?》)
>
> 　　今天打开江苏睢宁县的官方网站,"第二批大众信用加减分情况"仍然挂在首页,公布1928人的不良信用信息和1064人的优良信用信息。政府给公民信用打分,定期公布信用加减分情况,并根据个人信用情况区别对待,予以"优先照顾"或者"从严审查",因为这一措施,睢宁成为媒体关注的焦点。睢宁县委书记王天琦告诉记者,《睢宁县大众信用管理试行办法》及《睢宁县大众信用信息评估细则(试行)》于去年9月4日由睢宁县委全体会议通过,今年1月1日起开始实施。根据该《办法》,公民如果出现银行欠贷、闯红灯、欠缴水费等各种不良行为,将被量化扣分,评为诚信、较诚信、诚信警示和不诚信4个等级,扣分情况将被定期公布。(摘自人民网-人民日报2010年3月29日评论《江苏睢宁回应对给公民打分划分成四个等级质疑》,记者肖潘潘、申琳)

1.1 法的概念

1.1.1 法的定义

　　什么是法?这是开展一切有关法或法律问题的研究之前必须首先回答的问题。古今中外的仁人贤士给法下过很多定义,莫衷一是却处处显示着哲人的睿智。从人们的研究中不难看出,对法的认识可分成两类。一类观点认为只要是国家制定或认可的强制性行为规范都是法,而不论其是否符合理性、良心和正义,即所谓"恶法亦法"。照此观点,即便面对诸如法西斯国家那样的法律,也必须把它当做法律去严格遵守。另一类观点认为法是自然存在的,国家的立法者只是将业已存在的自然法则记录下来,因此,如果立法者所制定的规则不符合自然法则,那么这些规则就不具有法的约束力。这一观点的困惑在于,人们是如何得知法的准确内容从而记录它呢?谁来判断立法者的记录是否反映了法的精神呢?

提出上述疑问并不表示完全否认不同观点的合理性。相反,这两种观点在各自的特定场合是非常正确的。实际上,没有人对法律的认识能超越这两个观点,片面强调哪一种理论都是危险的。

本书将法定义为:由国家强制力保证实施的一般行为规范。

1.1.2 法的特征

法具有以下特征。

首先,法是行为规范。法直接告诉人们可以如何行为,应当如何行为,禁止如何行为,并对违反法律规范要求的行为规定了惩罚方法。

法律规范分为强制性规范和任意性规范。强制性规范是规定人们必须如何行为的规范,是一种命令,法律关系参加人必须根据规范的内容行动。任意性规范是允许法律关系参加者自行确定其权利和义务的法律规范。从表面上看,任意性规范也是规定了人们的行为方式,但同时也允许人们根据自己的意愿另行决定其如何行为。例如《合同法》中的大多数条款均属任意性规范,即所谓"有合同依合同,没有合同依法律"。

强制性规范又分效力性强制性规范和管理性强制性规范。违反效力性强制性规范的行为是无效的;违反管理性强制性规范的行为将承担相应的法律责任,但其行为的有效性不受影响。实践中,区分一个强制性规范到底是效力性的还是管理性的,是一个极其重要但又十分复杂的问题。核心是分析立法的目的和宗旨。如果该强制性规范的目的在于干预当事人之间的民事关系,则该规范属于效力性强制性规范;如果该强制性规范的目的在于管理社会事务而不是干预民事关系,则该规范属于管理性强制性规范。

其次,法是一般行为规范。法所规范的是一般对象,这使其区别于同样具有国家强制力但仅针对具体对象的法院判决、行政机关处罚决定等。

最后,法与其他诸如道德规范、宗教教义、团体章程等行为规范的根本区别在于,法律规范的后盾是国家机器。如果违反了道德规范,会受到良心的谴责或舆论的诘难;但如果违反了法律规范的要求,就将受到国家机器的制裁甚至惩罚。所以,国家强制力的保障,是法之所以有权威的根本原因。法律的权威源于国家权力,没有国家权力,法律只不过是毫无意义的空气颤动而已。当然,国家强制力不应是法律的唯一力量源泉,如果一个国家的法律总是需要体现国家强制而不是依靠人们自觉遵守,这个法律终将被人民抛弃。

1.1.3 法的基本范畴

1. 权利和义务

权利和义务是法的最基本范畴。一讲到法,人们就自然会想到权利和义务,这并不奇怪,因为法是行为规范,其基本作用机制就是规定人们可以怎样做或者必须怎样做,即通过规定权利和义务来实现法调整社会关系的目标。

权利和义务的本质是利益的分配。所以,从本质上说,权利是获取或享有利益的资格和手段,而义务则是利益的负担。从形式上讲,权利是当事人依其意志对为或者不为某行为进行选择的机会,而义务则是指当事人对特定行为没有选择的可能。权利和义务的显著区别是,权利人可以自己放弃权利,但相对人不能剥夺权利人的权利;义务人不能拒绝履行义务,但相对人可以免除义务人的义务。在法律实践中,应当强调从形式上理解和落实权利和义务,否则极易引起法律纷争。

2. 法律行为

法律行为是能够引起法律关系产生、变更或消灭的行为。通俗地说,法律行为是有法律后果的行为。

具有法律意义的行为可以分为合法的行为和不合法的行为。人们通常只是把合法行为称为法律行为,而把不合法行为称为不法行为、非法行为、违法行为等。严重的违法行为触犯刑法构成犯罪的,则被称为犯罪行为。

3. 法律责任

法律责任是指违反法律上的义务而产生的后果,法律责任的特征是其明显的强制性。如合同规定买方应当付款,这是买方的"义务"。如果买方拒绝付款,法院根据卖方的起诉判决买方付款,就是买方的"责任",卖方可以申请法院强制买方履行付款"责任"。

实体法中的法律责任可以根据其性质分为民事责任、行政责任、刑事责任;从是否具有财产内容角度可以分为财产责任(习惯也称经济责任)和非财产责任。其中民事责任又可以分为违约责任和侵权责任。我国《民法通则》规定了民事责任的一般原则,《合同法》和《侵权责任法》分别对违约责任和侵权责任作了具体规定。

承担法律责任的条件一般有三方面,即主体条件、客观方面条件和主观方面条件。主体条件是指只有具备法定资格的人才能承担相应的法律责任。例如,我国《刑法》规定:承担刑事责任的最低年龄为十四周岁,不满十四周岁的人不承担刑事责任。客观方面条件是指必须有责任人未履行(或违反)法律义务的事实。所谓主观方面条件,是指仅有未履行义务的事实还不足以令义务人承担法律责任,只有在未履行法律义务应当归咎于义务人的主观上存在过错(包括故意和过失)时,义务人才对其未履行义务行为承担法律责任。如果未履行法律义务是因为不可抗力或其他法律规定的可免责因素造成的,则义务人不必因未履行法律义务而承担法律责任。当然,如果法律明确规定没有过错也应当承担法律责任,则应当按法律特别规定处理。

1.2 法律的思维

1.2.1 法律逻辑

法律作为行为规范,其基本结构是规定权利和义务,并对侵犯权利或者违反义务的人应当承担的法律责任作出规定。所谓法律逻辑,就是权利、义务以及责任之间的推理和演绎。要正确理解法律的逻辑,最基本的就是树立正确的权利、义务观念和责任意识。特别是要清楚地分析各种义务、要求、条件相应的效力状况、法律后果、责任性质等。实践表明,很多当事人,甚至某些法律制定者,因为不能准确理解和处理法律逻辑,从而造成混乱和纷争,令人扼腕。例如,《担保法》第七条规定:"具有代为清偿债务能力的法人、其他组织或者公民,可以作保证人。"表面上看,这一条款的目的在于限制无偿还能力的人作保证人,以保护债权人的利益。但是,并不是说法律规定无偿债能力的人不能作保证人,就能杜绝无偿债能力的人作保证人的现象。问题是,一旦无偿债能力的人已经为债务人提供了保证,法律后果如何?保证人会引用《担保法》的上述规定抗辩说:我的保证违反了《担保法》的规定,因此保证无效。这根本不是在保护债权人而是在损害债权人。《担保法》第七条在实践中引起了混乱,迫使最高法院以司法解释的形式"废除"了该条款。《最高人民法院关于适用〈中华人民共和国担保法〉若干问题的解释》第十四条规定:"不具有完全代偿能力的法人、其他组织或者自然人,以保证人身份订立保证合同后,又以自己没有代偿能力要求免除保证责任的,人民法院不予支持。"(请参阅本书第三章的案例讨论)

1.2.2 行为逻辑

法律是行为规范,必须能够有效地为人们的行为提供范式和标准。在任意性规定中,法律允许当事人自己决定自己的行为方式和内容。以合同为例,合同是对合同当事人有法律约束力的约定,其内容是关于当事人承担的权利和义务,是当事人行为的法律依据,一旦发生纠纷,就以合同为"准绳"予以处理。因此,合同必须确保当事人根据合同条款采取的行动能够产生当事人追求的法律结果。如:一个施工合同约定,建设单位按工程进度支付工程款,工程主体封顶,工程款支付到工程总价的70%。这个条款似乎很完整、清晰。但是,由于设计变更,施工内容发生了较大变化,增加了两个地下车库的施工。双方虽对70%工程款计算基数是否包括增加部分的工程量没有异议,但对增加工程量的具体数额产生了分歧。由于增加工程量的数额必须在工程竣工后予以决算,双方又无法达成一致,施工方以建设单位违约为由中止了施工。建设单位向法院起诉了施工方。经过两级法院近1年的审理并进行了司法鉴定,此案才有了定论。工程停工长达1年,造成了巨大经济损失。在这个案例中,双方的合同没有对设计变更导致实际工程款与约定工程款不一致的情况作出约定,致使双方发生分歧时无所适从,合同没有像当事人期盼的那样成为行为指南和逻辑依据。

1.2.3 企业家的法律意识

法律意识是指人们关于法律的知识、观点、心理、解释、评价等的总称。法律意识的高低反映着一个社会的法制水平。社会主义的本质决定了社会主义国家必然着力建设一个高度法制的社会。因此,在社会主义市场经济条件下,参与市场活动的企业必须对其所处的法律环境有清楚的认识,同时要求企业家们有较高的法律意识和法律素养。可以说,企业家的法律意识高低对企业能否健康发展有决定性影响。

企业家应当从以下3个方面提升法律意识:一是要心怀对法律的敬畏;二是要不断学习法律知识;三是要充分有效地依靠法律专家的帮助依法管理企业。

由于我国法制建设时间较短,社会法律意识不高,企业家的法律意识也有待提高。客观地说,整个社会环境对法律意识的提高确实存在负面影响,一些本应通过法律渠道解决的问题不能依法得以公正处理,"长官意志"、"裙带关系"的作用往往大于法律的力量,使得许多人面对法律问题不能或者不愿依法解决而是以不正当的方法和手段解决。但越是在这种社会环境下,越需要作为社会精英的企业家们努力培养法律意识,为国家法制建设和实现社会公正率先垂范,竭尽全力。

1.3 法治及其基本要求

1.3.1 法治的概念

法治是在广泛民主前提下的一种社会状态。在这种社会状态下,法律被奉为至高无上的权威,国家有完备的法律体系,人们依法行事,权力得到有效制约。

法制和法治是既有区别又有联系的两个概念。法制是法律制度的简称,属于制度的范畴;而法治是依法管理的社会状态。任何国家都存在法制,但只有在民主国家才存在法治。

人类社会已经将法治作为社会理想和正义追求的目标。相对于"人治"而言,法律是集体智慧和审慎考虑的产物,其本身相对公平且不会因私而废公。法律借助规范形式,具有明确性和稳定性特征。

我国是社会主义国家,实行社会主义民主和法治。中国"社会主义法治理念的内容可概括为依法治国、执法为民、公平正义、服务大局、党的领导五个方面"(参见中央政法委《社会主义法治理念教育读本》前言)。建设社会主义法治社会的宏伟目标已经确立,但应该清醒地认识到,我国社会有几千年的封建史,缺乏民主传统,民主思想基础薄弱,社会主义市场经济本身也还在探索中。因此,如何建设具有中国特色的民主法治国家,是一个极其重要但又异常艰难的任务。

1.3.2 法治的基本要求

法治社会的基本要求包括3方面:一是法律是至上权威,没有人可以凌驾于法律之上；二是有完备的法律体系；三是依法办事。人们常说的"有法可依、有法必依、执法必严、违法必究"客观地反映了法治的要求。

1. 法律至上

在法治要求的各方面中，树立法律至上权威具有灵魂和统领地位，是法治的核心标志。如果法律没有被奉为至上权威，法律体系再完备，法律执行再严格，也不是法治社会。毋庸讳言，在官本位意识横行、特权思想泛滥、对党的绝对领导的认识存在误区和曲解的情况下，法律权威经常性地受到怀疑甚至蔑视，法律要真正成为最高权威可谓任重而道远。

2. 完备的法律体系

在法律体系建设方面，我国已经取得了较大成就。社会主义市场经济法律体系已经初步建立。下一步的任务是不断完善这个体系。现代市场经济法律体系包括若干互相联系的子体系，主要包括：①以《公司法》为代表的有关市场主体的法律体系；②以《物权法》、《知识产权法》为代表的有关财产权关系的法律体系；③以《合同法》为代表的有关市场经营活动的法律体系；④以《反垄断法》、《反不正当竞争法》为核心的有关公平竞争的法律体系；⑤以规范政府对经济活动监督和管理行为的法律体系；⑥以《税法》等为代表的有关国家宏观调控的法律体系；⑦以《劳动法》、《社会保险法》等为代表的有关社会保障的法律体系。

3. 依法行政

依法办事指的是任何机关、单位、个人都必须按照法律的要求活动，禁止任何不符合法律要求的行为。其中最重要的方面，就是要求政府依法行政。法治的核心价值是"治理政府"。

依法行政包括行政合法和行政合理两个方面。行政合法的具体要求是行政职权由法律授予，行政行为必须有明确法律依据，对信赖利益予以有效保护等。行政合理的具体要求是行政行为必须符合法律目的，符合合理的动机，遵守比例原则，充分考虑行政行为所产生的社会效果。

案例讨论

被注销的房屋所有权

老于最近想买套房子，"悠然山庄"是老于一直跟踪的楼盘，区位、户型、周边环境都符合老于的要求。所以，当老于在早报上看到"悠然山庄盛大开盘"的广告后，就迫不及待地给老婆打电话，让她马上到悠然山庄售楼处会合。

在售楼处，售楼员热情地接待了老于夫妇。没用多大工夫就拟好了合同。让老于没想到的是，成交价比老于预计的理想价格还低了10%左右，省下的钱都够装修的了。老于接过售楼员递来的合同文本,发现合同标明的卖方不是悠然山庄房地产项目的开发单位,而是一个叫"安厦房地产咨询"的公司。老于感到奇怪,同时也担心合同的有效性。售楼员看出了老于的犹豫,主动对此做出解释:安厦房地产咨询公司是专业的房地产销售公司,受开发单位委托,负责悠然山庄全部销售工作,双方是合作关系,合作合同已经经过了公证。老于放心地在合同上签了字。

不久,老于如期入住了房屋。但是,合同约定的产权办理的最后期限已经过去了好几个月,对方一直没有给老于办理房屋产权登记手续。对此,老于着实上了不少火。那一段时间,对悠然山庄楼盘,社会上流传了不少说法:什么手续不合法啦、收了房款迟迟交不了房啦等。老于开始担心起自己的房子来了,不会有什么问题吧?夫妻俩一商量,赶紧找关系先把房屋产权证办下来再说吧。老于打听到自己的一个同学认识安厦房地产咨询公司的老板厉宏,就托该同学帮忙找厉宏。事情相当顺利,两个月后,老于终于拿到了自己梦寐以求的房屋产权证,悬着的心终于放了下来。但接下来发生的事,却让老于苦恼不已。

原来,这个厉宏在与悠然山庄的开发单位签订了合同、取得了代理销售悠然山庄房屋的权利后,竟干起了诈骗犯罪的勾当:一房多卖,骗取房款。有一套房子竟然卖了三次!要不是老于通过关系抢先办了产权,永远也休想获得产权。由于犯诈骗罪,厉宏被法院判处了无期徒刑,受到了应有惩罚。但其犯罪行为留下了无穷的后患:同一套房子有多个买主,且都交了房款;有的买房人已经办了产权,但大部分没办,也办不了。如何处理成了难题。

由于本案涉及人数众多,那些没有拿到房屋产权证的买房人情绪激动,多次上访。为解决矛盾,市政府责成公安局牵头组成了工作组,要求尽快解决问题,化解矛盾,让群众满意。工作组很快投入了工作,第一个实质性动作就是给房产登记机构发函,称厉宏诈骗案涉及的悠然山庄房屋买卖合同因涉嫌犯罪,均属无效合同,因此,要求房产登记机构注销对相应房屋已经进行的产权登记,将全部房屋退给受害人即悠然山庄开发单位,将所有已经收取的购房款中尚未被挥霍的部分按比例(约30%)发还给各买房人。根据工作组的要求,市房产登记机构注销了已经进行的房产登记,包括老于买的那套。接到房产登记机构送达的注销登记通知,老于感到头脑一片空白,不知所措。

讨论题

1. 厉宏诈骗案的受害人是谁?
2. 厉宏被判刑后,其留下的问题应该如何处理?
3. 应当如何看待市政府组织工作组的做法?
4. 如何理解工作组给登记机构发函的法律性质?
5. 如何评价登记机构注销老于等人房屋产权登记的行为?
6. 老于应该怎样保护自己的权利?

思考练习题

1. 法的特征主要有哪些内容？
2. 什么是法律思维？如何培养法律思维？
3. 如何更好地理解企业法律环境？

本章相关法律与法规

《中华人民共和国民法通则》
《中华人民共和国合同法》
《中华人民共和国侵权责任法》
《中华人民共和国担保法》
《最高人民法院关于适用〈中华人民共和国担保法〉若干问题的解释》

第 2 章 法的价值

> 开篇案例

消失的承租人

秦女士计划买房,经常去房地产交易市场,但一直没有找到可心的房子。一天,她正在房地产交易市场观看大屏幕显示的房源信息,有一个男子主动过来问她是否想买房子。交谈中,秦女士得知男子叫邓某,欲出售自有产权房,房子所处区位十分符合秦女士的要求,关键是报价十分合理,甚至低于秦女士的心理价位。邓某热情地邀请秦女士去看房。看过房子,秦女士觉得非常满意。双方当即确认成交,并很快办理了全部交易手续,秦女士一次性支付了房款 87 万元,邓某将房子的钥匙交给了秦女士。最关键的房屋所有权转移登记手续也顺利完成,所有税费均由邓某承担。秦女士从房产登记机关领取了自己作为所有权人的新房产证。不久,秦女士搬进了装饰一新的新房。

一天下午,秦女士下班回家时,发现自己家房门上贴了一张纸条,上写:"请于本周内交二季度房租。"落款是"邓某",并留了一个手机号码。秦女士感到十分奇怪,怎么卖房后还收房租?于是按所留手机号码拨通了对方电话。情况显然有点不对头,两人马上约好到房地产交易市场门口见面。一见面,秦女士顿时目瞪口呆,眼前的邓某根本就不是卖给自己房子的那个人!

原来,眼前的这个人名叫邓某,他通过当地的广播电台发了一个出租房屋的广告。很快,一个自称姚某的男子给他打电话,愿意承租其房屋。面谈后,姚某要求看邓某的房屋产权手续,以免出现不合法情况。邓某便将产权证、购房发票等房屋全部手续以及身份证等出示给对方。姚某说,必须要将这些证照拿给律师审查才能签合同。邓某同意姚某拿走全部证照,但要求先交一万元押金。于是,姚某交了一万元押金后拿走了证照。实际上,这个自称姚某的人是个诈骗犯,其真实姓名不详。他将邓某的房屋证照拿走后,进行了复制。几天后,"姚某"将复制的房屋证照交还邓某,邓某当时也没有仔细检查,其实就算检查也看不出什么破绽。双方签订了房屋租赁合同,"姚某"交了房租,拿到了钥匙。就这样,"姚某"骗取了房子的全部证照手续的原件,并拿到了房子的钥匙。他又用自己的照片伪造了邓某的身份证,然后冒充邓某将房子卖给了秦女士,骗得了房款,逃之夭夭。

真相大白,邓某要求秦女士把房子退给自己。秦女士咨询了好几个律师,但没有得到一致答案。有人说应该退给邓某;有人说等公安局破案抓回诈骗犯再说;有人说可以告房产局索取赔偿;有人说不用退房,让邓某去告房产局。现在,秦女士只想搞清楚一点:自己花钱买的房子是否能保住;如果保不住,能否拿回钱或者得到赔偿。

2.1 法的价值及其主要形式

2.1.1 法的价值的概念

法作为人类社会特有的现象,其价值主体必然是人。因此,法的价值只能从法与人的关系的角度理解。法的价值是法的属性作用于人的外在表现。简单地说,法的价值就是法对于人的积极意义,是评价法"好坏"的标准,是法应该追求的目标。

2.1.2 法的价值的形式

数千年的法律史和法律思想史的发展,已经将法的价值凝练、固化为几种基本形式,如秩序、正义、自由、效率、安全等。只不过人们对这些价值形式的内容的认识存在分歧,对各价值形式间的冲突和协调有各自的诠释。

1. 秩序

秩序是指事物具有规律性,结构有序,过程可控,结果可预测。秩序是社会存在的基本前提,是法的工具性价值。一个"好"的法律,首先要符合秩序的要求,以实现秩序为基本目的。谁也不会认为不能实现秩序的法是有价值的法。

通过法建立和维持的秩序包括3方面:权力运行秩序、生产和交换秩序、社会生活秩序。正义和秩序可以是统一的,也可以是矛盾的。但是,没有秩序的法不可能是正义的法,而实现了秩序的法不一定是正义的法。人们往往将正义、自由等价值放在比秩序更重要的位置。在一般情况下,秩序是法实现其他价值的前提,没有秩序,正义、自由将无法得到保证。但是,当正义和自由受到难以容忍的践踏,需要以破坏秩序为代价才能实现时,人们也会义无反顾地砸碎旧秩序。

2. 正义

正义问题可能是人类面临的最复杂问题之一。虽然它一直被人们推崇为最美好的理想,并被人们希望成为法的首要价值,许多人甚至将法和正义直接等同起来。但对于什么是正义以及如何判断法是否正义的问题,一直困扰着人们。关于正义的问题从来没有、将来也绝不会有统一的认识,人们只能在某些方面达成关于正义的共识,例如都认为禁止偷盗、禁止谋杀等是正义,如此而已。国际社会不是至今仍在为人权的是非争得面红耳赤,甚至兵戎相见吗？

尽管正义问题很难用两三句话回答清楚，但正义的范围还是可以讨论的。法所要实现的各种正义中，利益分配正义和诉讼正义是最基本的正义。当人们判断法是否正义时，首先是看法对利益的分配是否公正、合理，其次是看当人们之间发生利益争执时，法在解决争执时能否做到及时、公平、合理。

3. 自由

一般意义上的自由，是指意志的独立和行动的自主。

作为社会意义上的人，自由绝不是为所欲为，也不能是康德所说的"不为其不欲为"。自由要受道德和法律的限制。问题在于，应该怎样确定道德和法律的标准，怎么避免给自由造成过度干预甚至损害。过高的道德要求会伤及自由，没有节制的法律更是自由的樊篱。法律应该掌握的尺度是：第一，自由不能不道德；第二，自由不能让别人不自由。

在社会关系越来越复杂，公共利益被特别强调的当下，个体自由如何与公共利益互相协调，成为法律必须面临的艰难课题。在社会不可避免地走向利益分化的背景下，人们比以往任何时候都渴望公正的法律。自由是法律的伟大理想，公正的法律才是自由的守护神。

4. 效率

效率是指以最少的资源消耗取得同样多的效果，或以同样的资源消耗取得最大的效果。

效率是法律的重要价值指标。但在很多情况下，由于人们期盼法律的公正，反而忽视了法律的效率价值，正如西方谚语所云："为了实现正义，哪怕天崩地裂。"因此，必须纠正忽视法律效率价值的倾向。人们经常对一元官司津津乐道，似乎正义得到了伸张，合法权益得到了保护。但是，当你发现这个社会为了解决一元钱的争执已经耗费了数以千万计的财富，而这些财富无不是纳税人的血汗的时候，你还能为所谓的正义欢呼吗？在竞争环境下，没有效率的法律不可能带来真正的公正。法律的任务是在公正和效率之间寻求平衡点。在这一点上，社会心态和情绪需要引导，而立法者和司法者都必须保持应有的理性。

5. 安全

法律的保护功能必然要求安全作为法的重要价值。

讲到安全，不能不提及需求层次理论(need-hierarchy theory)，该理论是美国著名心理学家亚伯拉罕·马斯洛(Abraham Maslow)于1943年提出的。需求层次理论将人的需求划分为五个层次，由低到高为生理需要、安全需要、归属和爱的需要、尊重的需要和自我实现需要。可见，安全需要是除生理需要外最基本的需要。法律必须能够满足人们对安全的需要。安全可以分为人身安全、财产安全、交易安全等方面。

2.2 法的价值的实现机制

法的价值的实现机制可以总结为法的作用。作为行为规范,法的作用可以从以下3方面理解。

1. 指引作用

法是行为规范,它的作用体现在告诉人们应当如何行为,不应当如何行为,即为社会成员的行为指明方向。如果人们均能自觉地按法所指引的目标和方式行为,立法者所追求的法的正义、秩序等价值就可以顺利实现了。

2. 预测作用

法的预测作用体现在两个环节。一是社会成员以法律预测国家的行为或态度。在法制状态下,国家的行为和态度必然通过法律形式表现出来,只有通过法律,国家才能表达其对社会成员行为的态度。人们了解了法律,就知道了国家的态度,知道国家(法律)许可什么,禁止什么,于是人们也就懂得了该如何行为。在法制没有被充分尊重的社会,法的预测作用受到国家(通过政府、法院等)恣意行为的制约,无法发挥应有的作用,法的价值当然就很难实现。

二是法的预测作用体现在社会成员之间互相预测。人们通过法律可以预测其他人的行为。比如你公司与甲公司签订了买卖合同,你是否担心甲公司不履行合同呢?在了解《合同法》有关规定之后,你可以放心了,因为如果对方不履行合同,法律将令其承担违约责任。这就如同交通法规之于开车的人,你只能通过交通法规来预测对面车辆将怎样行驶,并根据交通法规决定自己怎样驾驶。可以说,是交通法规的预测作用形成了井然的交通秩序。

3. 评价作用

法的评价作用是指用法作为标准去衡量人们的行为,即人们常说的"以法律为准绳"。在确立了法律这个"准绳"后,就可以有统一的标准来评判是非,对符合法律要求的予以褒奖,对超越或违反法律要求的予以惩罚,以实现法的价值目标。

法的评价作用表现在两个方面。一是国家以法律作为标准评判社会成员的行为,其具体表现就是司法活动。审判机关依据法律裁判法律上的是非,对违法犯罪行为给予法律制裁,从而达到维护社会秩序和利益的目的。二是法的评价作用表现为社会成员之间的互相评价。如果人们都学会用法律的标准衡量和评价自己和他人的行为,实现法治的理想指日可待。

> **案例讨论**

朝代房地产经纪有限公司

朝代房地产经纪有限公司是一家以房地产中介服务为主要经营内容的公司,法定代表人是总经理王某。2005年4月，因为经营上出现困难，经过一番筹划，王某及其公司开始实施一系列诈骗犯罪活动。其主要犯罪过程是：先指使本公司员工以该员工自己的名义与卖房人洽谈购买二手房，达成购房意向后由朝代公司、买方（朝代公司员工）、卖房人三方共同签订《房地产居间服务合同》，将房屋过户到作为买方的朝代公司员工名下后，再以该员工名义向银行申请用所买房子抵押贷款，获得贷款后不是按约定将此款作为购房款支付给卖房人，而是用于公司经营、偿还公司债务等。

2005年11月中旬开始，陆续有人向公安机关报案，称自己被朝代公司诈骗，房子被过户并抵押，房款却迟迟不能拿到。经审查发现，自2005年7月至12月，王某及其经营的朝代公司采用相同的方法，指使其公司员工、亲戚等以买房人身份先后与12人签订了《房地产居间服务合同》，以房屋抵押贷款方式从某银行贷款，数额达327.4万元。公安机关于2005年12月26日将王某抓获。法院经审理认为：被告单位朝代公司总经理王某，为给公司谋取利益，骗取银行贷款数额达327.4万元，数额特别巨大，其行为侵犯了公共财产所有权。法院于2006年9月14日宣判：朝代公司和王某均已构成合同诈骗罪，判处被告朝代公司罚金人民币300万元；判处被告人王某有期徒刑12年，并处罚金人民币50万元。

任先生是本案受害人之一。2005年8月28日，王某指使单某以买房者身份与任先生签订《房地产居间服务合同》，约定任先生将其所有的西岗区威华街一套房屋卖给单某，房价为35万元；任先生与单某共同委托朝代公司办理房屋产权过户、抵押贷款、代收代转房款等手续。结果和其他受骗人一样，任先生的房子被过户并抵押给了银行。法院虽然对朝代公司和王某作出了有罪判决，但任先生仍没有得到卖房款，房产权也没有过户回来。于是任先生向法院对买房人单某、朝代公司提起民事诉讼，并将贷款银行列为第三人。任先生要求法院：①确认原告与买房人单某签订的房地产买卖契约无效；②确认原告与朝代公司、单某三方签订的《房地产居间服务合同》无效；③确认单某和银行就涉案房屋所签订的借款及抵押合同无效；④判令单某返还房屋并将房屋所有权登记恢复至原告名下。

单某辩称：自己是受王某的蒙蔽，不是诈骗罪的共犯；房屋一直都是原告单某居住，不存在返还房屋问题；房屋已经设立了银行抵押权，未经过抵押权人即银行的同意，登记机关不可能给予恢复登记。

银行认为：自己贷款给单某并取得以单某为所有权人的房屋的抵押权，单某的所有权和银行的抵押权均经过合法的物权登记，银行善意取得了房屋的抵押权。银行对该房屋的抵押权是物权，其效力优于原告任先生基于撤销房屋买卖合同而产生的恢复原状请求权。

讨论题

1. 王某和朝代公司是否构成诈骗罪？
2. 谁是诈骗案的受害人，是贷款银行还是任先生等卖房人？
3. 单某与银行签订的贷款合同和抵押合同是否属于无效合同？
4. 银行对抵押房屋的抵押权是否有效？
5. 在本案情况下，法院是否可以直接判决将银行的抵押权注销？
6. 本案给你哪些启示？

思考练习题

1. 什么是价值？什么是法的价值？
2. 法与自由、秩序、正义、效益的关系如何？

本章相关法律与法规

《中华人民共和国宪法》
《中华人民共和国立法法》

第 3 章　法的渊源

> **开篇案例**
>
> 班车司机签名的维修单
>
> 老陈是长城物流有限公司的班车司机。经朋友介绍,老陈结识了路顺汽车保养厂的陆老板。出于朋友关系,老陈固定在路顺汽车保养厂保养、维修自己所驾驶的公司班车。由于互相很熟,老陈自在路顺汽车保养厂保养、维修汽车以来,半年没有支付维修费,共欠维修费近两万元。为这事儿,陆老板有些不高兴。老陈也知道理亏,跟公司领导提过多次,希望赶紧把所欠维修费付清,但公司领导一直拖着不办。一直到年底,所欠维修费已经超过 3 万元了,陆老板多次催老陈结账,但长城物流有限公司的领导还是拖着不付,弄得老陈很为难。终于,当老陈再次在路顺汽车保养厂修车并希望赊账时,陆老板令工人将老陈开的班车扣留,称不结清欠款就休想将车开走。
>
> 老陈将情况报告了公司领导。公司领导同意付款,并让老陈到公司财务部领取了支票。老陈用支票"换回了"班车。路顺汽车保养厂持长城物流有限公司的支票去银行办理转账,被告知该支票上的印鉴与银行预留印鉴不符,是"假"支票。陆老板闻讯十分生气,一纸诉状将长城物流有限公司起诉到法院,要求长城物流有限公司支付欠款 32 343 元。
>
> 长城物流有限公司辩称:①虽然支票确是我公司签发,但不是我公司真实意思表示,实际拖欠的维修费最多不过 3 万元。我公司之所以填写 32 343 元金额,是因为路顺汽车保养厂以扣车相要挟,我公司违背意愿被迫而为。②每次班车维修、保养相应的维修单上都由司机老陈签字,但老陈不是我公司法定代表人,也没有我公司领导签发的授权委托书等。因此,老陈没有权利代表我公司在维修单上签字,其确认的数额是无效的。

3.1 制定法

3.1.1 制定法的概念及形式

制定法是有权机关根据法定的程序制定的行为规范。根据 2000 年 7 月 1 日生效的《中华人民共和国立法法》(以下简称《立法法》)的规定,我国的制定法具体包括法律、行政法规、地方性法规、自治条例和单行条例、规章5种形式。

1. 法律

广义的"法律"与"法"是同一概念。狭义的"法律"专指立法机关制定的规范文件。在我国,立法权集中于最高权力机关——全国人民代表大会及其常委会,《立法法》规定:"全国人民代表大会和全国人民代表大会常务委员会行使国家立法权。"即只有全国人大和人大常委会才有权制定法律,其他任何机关或部门、个人等均无权制定法律。

2. 行政法规

在我国,行政法规是指最高行政机关即国务院为具体实施法律而颁布的规范文件。行政机关作为法律执行机关,在执行法律的过程中,为落实法律的原则、规定,往往制定一些具体规范,这些规范只要不违反法律的原则,当然具有约束力。但是,这些规范并非法律,审判机关在适用法律时有权对这些规范的合法性进行审查。与行政权力扩张的国际趋势相适应,我国行政机关在执行法律时大量制定规范文件,其中国务院的行政法规实际上已经取得了法的地位。一方面,全国人大的立法中,很多都直接规定国务院对法律进行进一步具体化的权力;另一方面,各级法院在适用法律时,必要时均直接引用国务院行政法规的规定处理案件,从来没有哪家法院对国务院行政法规作为法的权威提出异议和挑战。

3. 地方性法规

地方性法规是指省、自治区、直辖市的人民代表大会及其常务委员会根据本行政区域的具体情况和实际需要,在不与宪法、法律、行政法规相抵触的前提下制定的适用于本行政区域的规范文件。根据《立法法》第六十三条的规定,省、自治区的人民政府所在地的市、经济特区所在地的市和经国务院批准的较大的市的人民代表大会及其常务委员会"根据本市的具体情况和实际需要,在不同宪法、法律、行政法规和本省、自治区的地方法规相抵触的前提下,可以制定地方法规,经省、自治区的人民代表大会常务委员会批准后实施"。

4. 自治条例和单行条例

自治条例和单行条例是民族自治地方的人民代表大会依照当地民族的政治、经济和文化的特点制定的规范文件。自治区的自治条例和单行条例,报全国人大常委会批准后生效。自治州、自治县的自治条例和单行条例,报省、自治区、直辖市的人大常委会批准后生效。

5. 规章

根据《立法法》,规章分为部门规章和地方政府规章。

部门规章是国务院各部、委员会、中国人民银行、审计署和具有行政管理职能的直属机构根据法律和国务院的行政法规、决定、命令,在本部门的权限范围内制定的规范文件。

地方政府规章是省、自治区、直辖市人民政府和较大的市的人民政府根据法律、行政法规和本省、自治区、直辖市的地方性法规制定的规章。

3.1.2 制定法的位阶和效力关系

制定法有上下不同的位阶。高级别机关制定的法的位阶高于低级别机关制定的法的位阶。同一机关制定的法也可以有不同的位阶。各位阶的法的效力是不同的,上位法的效力优于下位法的效力。下位法与上位法相抵触时,其相抵触的部分无效。

在判断各位阶法的效力时,要处理好"上位法优于下位法"的原则与"特别法优于普通法"原则之间的关系。

"特别法"是与"普通法"相对应的概念。普通法是调整某一类社会关系的法,具有比特别法更一般、更原则的特点;特别法则是普通法的具体化,是普通法调整领域中的特例和特别规定。例如,我国《民法通则》调整的是民事关系,《合同法》调整的是民事关系中的合同关系,《物权法》调整的是民事关系中的物权关系,因此,相对于《民法通则》来说,《合同法》、《物权法》等都是特别法,《民法通则》是普通法。而相对于《宪法》来说,《民法通则》则是特别法。所谓"特别法优于普通法",是指当特别法与普通法有不同规定时,如果特别法的规定不违反普通法的基本原则,应当优先适用特别法的规定。在通常情况下,由于特别法往往是下位法,在适用法律时容易引起混淆,此时,掌握法律原则尤显重要。理解的要点是:在不违背普通法原则前提下,特别法优于普通法;在下位法不符合上位法原则情况下,上位法优先下位法,但如果下位法不违反上位法的原则,可以将上位法视为普通法,将下位法视为特别法。

3.1.3 制定法的实践及其对企业活动的影响

改革开放以来,我国立法工作得到了空前的重视,也取得了很大进步,市场经济的法律体系已经初步建立。但是也必须看到,立法工作也存在不少的问题。依笔者之见,亟待解决的问题主要有以下几个:

第一,立法不统一的现象比较突出。表现为政出多门,令人无所适从。

第二,对法治理念缺乏认识和敬畏,使得很多法令违背宪法、法律,严重损害人民利益,破坏了社会主义民主和法治。如第1章开篇案例提到的《睢宁县大众信用管理试行办法》,典型反映了这种情况。

第三,法律编撰工作十分薄弱。法律编撰指官方定期对全部法律、法规进行整理、汇编并予以公开发布,特别是及时删除已经废止的法律、法规。法律编撰工作的重要性不言而喻。遗憾的是,我国的法律编撰工作薄弱到几乎没有的地步。人们不知到哪里能找到真正的"法律、法规大全",人们常为某一法律、法规是否还有效而苦恼,法院不时出现引用已经废止的法律、法规判案的"乌龙"。

第四,某些法令缺乏"透明度"。"透明度"是WTO的原则,意指成员国所实施的与国家贸易有关的法令、条例、司法判决、行政决定,都必须公布,使各成员国及贸易商熟悉。

法治的信条是,凡未向公众公布的法律、法规,均属无效,不得产生约束力。但长期以来,受迂腐的"官本位"、"神秘主义"的影响,在我国,"内部文件"、"不成文规定"等一些不被一般群众知晓的东西,却可以被直接适用于处理涉及群众利益的问题。

企业在存在上述问题的制定法环境中生存和发展,必须有足够的准备,仅抱怨是不够的,还得调整思路,采取适当的行动以适应这个环境。

3.2 习惯法

3.2.1 习惯法的概念

习惯又称惯例,是指经过长期实践而形成的通常做法。最高人民法院在合同法解释(二)中规定:"下列情形,不违反法律、行政法规强制性规定的,人民法院可以认定为合同法所称'交易习惯':(一)在交易行为当地或者某一领域、某一行业通常采用并为交易对方订立合同时所知道或者应当知道的做法;(二)当事人双方经常使用的习惯做法。"

习惯法,是指具有法律约束力的习惯。对于习惯是否具有法律的约束力从而成为法的渊源的一种以及什么样的习惯才具有法律约束力的问题,一直存在一些争议。

无论从哪个角度讲,都必须承认习惯的法律约束力,确认习惯是法的渊源,而且是重要渊源。《合同法》第六十条规定:"当事人应当遵循诚实信用原则,根据合同的性质、目的和交易习惯履行通知、协助、保密等义务。"第六十一条规定:"合同生效后,当事人就质量、价款或者报酬、履行地点等内容没有约定或者约定不明确的,可以协议补充;不能达成补充协议的,按照合同有关条款或者交易习惯确定。"这些规定已经明确了习惯的法律渊源地位。

在企业经营实践中,特别是国际贸易活动中,存在许多成文习惯,我们称之为惯例或国际惯例,如著名的《跟单信用证统一惯例》、《国际贸易术语解释通则》等,这些习惯的法律约束力已经得到普遍承认。

在理解习惯法时,应当注意以下问题:

第一,习惯法可以由当事人选择适用。即合同当事人可以以选择的方式排除适用某特定习惯。这与制定法不同。制定法是强制适用的,当事人不得排除适用任何制定法。

第二,当习惯与制定法规定相抵触时,应当适用制定法。

3.2.2 习惯法的实践与企业决策

在刑法、治安管理法、诉讼法等公法领域,任何行为均要求有明确的制定法依据,习惯或者惯例的适用受到严格限制,几乎不被考虑。但在私法领域,习惯法被广泛适用,其作用十分明显。长期以来,我国普及法律知识的重点在于刑法和治安管理等方面,对于与人民群众息息相关的私法的知识,反而宣传相对较弱。这就造成了人们不能正确认识习惯法、拒绝适用习惯法,甚至否认习惯法的误区。

企业在进行法律相关事务的决策时，务必充分认识习惯法的地位和作用，千万不能将制定法当成法律规则的全部，否则会误解法律，并可能因此在法律实践中受到不应有的损害。

3.3 判例法

3.3.1 判例法的概念

简单地说，判例就是法院的判决所形成的先例。判例法是指法院在审理和裁决案件时，应当遵循法院先前的判例所形成的法律一般规则，即判例具有法律的普遍约束力。

一般来说，英美法系各国承认判例作为法的形式，而且是法的最重要形式，而大陆法系各国原则上不承认判例是法的一种形式。在我国，原则上法律也不承认判例有普遍的约束力，法的规则只能由立法机关制定，而不能由法官创立。

3.3.2 我国判例法的实践及其对企业的影响

虽然从法律角度上，我国是不承认判例法的，但我们也必须对现实存在的判例的普遍效力给予充分注意。这可以从几方面理解：第一，最高人民法院定期在《最高人民法院公报》上公布各级法院的审判案例，在这些案例中，除为配合形势而适时公布一些重大、典型案例外，相当一部分案例是带有诠释成文法性质的，其对各级法院的审判工作有十分明显的普遍指导意义，实际上起到了判例法的作用。第二，我国目前实行两审终审制，由于各种原因，下级法院在审理案件时，有时会自觉或不自觉地考虑上级法院的态度，担心弄不好被改判或发回重审，于是有些法官将上级法院处理案件所依据的对法律的理解作为自己审理案件的依据。第三，法院在处理案件时，往往受本法院已经处理过的同类案件的牵制。在同一法院中，同样的案件，如果处理结果不一样，很难向当事人交代。因此，特定法院的判决依据往往成为该法院审理同类案件的必然依据。

企业对上述情况应当给予相当的注意。在处理法律事务特别是发生诉讼时，一定要研究管辖法院同类已判案件的情况，并根据这些情况提出相应的对策，不能机械、固执地理解法律。就具体案件来说，重要的不是法律规定，而是审理案件的法官对所适用法律的决定和解释。

案例讨论

担保函上的签章

1994年9月18日，金良公司与某商业银行签订了借款合同，向该银行借款人民币1 600万元。根据银行的要求，此笔贷款必须提供足够的保证担保，即保证人的注册资本必须达到2 000万元。金良公司请求益海城市信用社（注册资本1 500万元）、英丰机械公司（注册资本800万元）作为保证人分别向贷款商业银行出具了"不可撤销保函"，承诺对金良公司的1600万元借款承担连带保证责任。该保函是银行统一印制的标准条款,其第八条规定:"本保函经保证人加盖单位公章并经法定代表人签字后生效。"

益海城市信用(以下简称益海信用社)社成立于1992年。其主要投资人之一的雄达公司要求指定信用社主任人选。经协商,所有投资人均同意雄达公司指定的张某出任信用社主任、法定代表人。但是,信用社是金融机构,其法定代表人的任职资格必须经人民银行审查同意。由于张某并不具备金融机构法定代表人任职资格,人民银行未批准其担任信用社法定代表人。鉴于雄达公司坚持张某出任信用社主任,经协调,各投资人同意采取变通做法:聘请具备任职资格但已经退休的前人民银行处长李某为信用社主任、法定代表人,但李某既不到信用社上班,更不能干预信用社管理,也不领取任何报酬,仅仅是为了信用社办理开业注册登记而挂名而已。虽然张某是信用社副主任,但他实际上是"一把手",一直在行使益海信用社主任、法定代表人的职权。益海信用社应金良公司的请求,以保证人的身份在保函上加盖了公章,张某在"保证单位法定代表人"一栏签了名。

英丰机械公司是一家中外合资企业,其董事会就给金良公司贷款提供担保一事作出了同意的决议,并在保函上加盖了公司公章。但英丰机械公司的董事长、法定代表人刘某没有在"保证单位法定代表人"一栏签字,而是在该处加盖了其私人印鉴。后查明,该印鉴正是英丰机械公司在工商局备案的公司法定代表人印鉴。

银行凭借款合同和上述两份保函向金良公司发放了1600万元贷款。由于金良公司未能在合同约定的时间偿还贷款,贷款银行于1995年10月向法院起诉了金良公司,并将作为保证人的益海信用社、英丰机械公司列为被告,要求两保证人对金良公司的债务承担连带责任。

益海信用社认为:其出具的保函明确约定经"法定代表人"签字后生效,而张某并不是益海信用社的法定代表人,他的签字不能使保函生效,既然保函尚未生效,益海信用社就不存在承担保证人责任的问题。

英丰机械公司认为:其出具的保函明确约定经法定代表人签字后生效,但法定代表人刘某并没有在保函上签字,而是盖了私人印鉴。盖印不是签字,无论其印鉴是否正式备案,也无论是否为刘某亲自加盖,均不能使保函生效。贷款银行没有理由要求英丰机械公司履行没有生效的保函。

讨论题

1. 怎样评价贷款银行规定的标准保函第八条的内容?
2. 怎样评析益海信用社的辩解?
3. 怎样评析英丰机械公司的辩解?
4. 刘某是否亲自加盖印鉴对英丰机械公司是否承担保证人责任有没有影响?
5. 益海信用社应否承担保证人责任?英丰机械公司应否承担保证人责任?
6. 债权银行应当总结什么经验教训?

思考练习题

1. 当代中国法的渊源主要有哪些?
2. 如何理解我国的判例法?

本章相关法律与法规

《中华人民共和国立法法》
《中华人民共和国物权法》
《中华人民共和国民法通则》

第 4 章　私法及其原则

> **开篇案例**

保证人资格的限制

2003年3月,华之杰服装公司以厂房抵押的担保方式向银行借款120万元。考虑到所抵押的厂房价值略显不足,根据银行的要求,华之杰公司为其借款请求合作单位虹鲁公司向银行提供保证担保。虹鲁公司与银行签署了保证合同,承诺为华之杰的120万元借款提供连带责任保证。

2005年6月,由于华之杰公司没有偿还借款,贷款银行起诉了华之杰公司和虹鲁公司,要求华之杰公司还款,并要求虹鲁公司承担连带责任保证人的还款责任。

虹鲁公司拒绝承担保证责任,理由是其与银行签署的保证合同是无效的。虹鲁公司认为,自己公司的注册资本为30万元人民币,评估报告显示,在签署保证合同的时候,公司全部资产总值也不过50万元。《中华人民共和国担保法》第七条规定:"具有代为清偿债务能力的法人、其他组织或者公民,可以作保证人。"明确禁止不具有代为清偿债务能力的人充当保证人。因此,为120万元借款提供保证担保,显然违反了法律对保证人资格的限制。违法提供保证的合同当然也就无效。既然保证合同无效,虹鲁公司自然不必承担保证责任了。

贷款银行认为,担保法的规定是不合理的。虽然担保法没有修改,但《最高人民法院关于适用〈中华人民共和国担保法〉若干问题的解释》第十四条规定"不具有完全代偿能力的法人、其他组织或者自然人,以保证人身份订立保证合同后,又以自己没有代偿能力要求免除保证责任的,人民法院不予支持。"已经明确规定没有代偿能力的人也不能免除保证责任。而且,虽然华之杰公司的借款是120万元,但扣除抵押物的价值,虹鲁公司的实际还款责任不会超过50万元。因此,虹鲁公司属于有代偿能力的法人,其保证是有效的。

4.1 私法的概念

4.1.1 公法和私法的划分

最早将法律作公法和私法区分的是古罗马法学家乌尔比安,这种划分也成为大陆法系立法和法学研究的基本方法。我国的立法和法学研究由于受苏联的影响,一直拒绝承认公法和私法的划分。但近年来,随着市场经济体制的建立和逐步完善,确立和弘扬私法原则之于新经济体制的重要意义已自不待言。实际上,我国的民事立法早已经体现了对私法原则的尊重,司法实践也在改变传统观念和做法,私法的原则和精神正在建立其在市场经济条件下应有的价值和尊严。

公法是调整公共权力机构在组织和运行中产生的各种关系的法律。在现代民主法治国家,公法主要包括《行政法》、《诉讼法》、《刑法》,国家机关如政府、法院、检察院组织法等。公法奉行的原则是"权力法定",即公共权力机构的权力范围、行使方式等均必须有明确的法律依据,所谓"法无规定即为禁止"。

私法是调整市民社会生活中产生的平等主体的单位、个人之间各种关系的法律。私法就是民法,在民商分立的国家,还包括商法。私法奉行的是"权利推定",即所谓"法无规定即为自由"。

4.1.2 正确处理公法和私法的关系

在西方国家,私人财产神圣不可侵犯是根深蒂固的观念。以保护私人权利为核心的私法一直都是西方法律体系的主导。尽管国际社会的主流是越来越强调社会整体利益的保护,但法律却从未否认作为"私"的私人利益的神圣地位。我国是社会主义国家,特别强调公共利益的保护,加之长期受"左"的思想影响,"官本位"思想一直困扰着社会,法律对单个社会成员的"私人"利益一直缺乏应有的尊重。因此,如何在社会主义市场经济条件下树立私法精神,正确处理公法和私法的关系,成为艰难而又必须解决的问题。由于公共权力干预私法生活是当代法律的一大特色,确认公法、私法性质就成为一个更加困难的事情。但又必须时时做出分辨,否则就容易做出违背法律和当事人合法意志的判断,那将是当事人的不幸和法律的悲哀。

正确处理公法与私法的关系,首先,要准确理解市场经济的本质,这是树立正确私法理念的基础;其次,要弄清政府等公共权力机构的性质和目的,不能凌驾于法,也不能凌驾于民。但人们不无遗憾地看到,社会中还存在许多与公法、私法原则不符的现象,例如一些地方政府与民争利、滥用"公共利益"旗号、法院随意干预私人合同等。随着法治的发展,这些情况已经有所好转,但显然仍有很长的路要走。

4.2 私法的原则

私法的原则是最一般的民事行为规范和价值判断准则,是民事立法的指导方针,也是民事行为的基本准则和民事审判活动(解释、适用法律)的基本依据。私法的原则包括以下几方面。

1. 主体地位平等

民事主体地位平等就是民事主体的权利能力平等。民事权利能力是民事主体享有民事权利和承担民事义务的资格。在民主法治社会中,法律承认民事主体的民事权利能力一律平等,就是说,民事主体具有平等享有民事权利、平等承担民事义务的资格,这种资格与民事主体本身同时存在,即便是法律也不能对民事权利能力进行限制或剥夺。

在理解民事权利能力概念时,要注意不能将其与民事权利相混淆。民事权利能力是与主体同在的资格,没有这种资格,主体也就不能成为法律意义上的主体了;而民事权利则是主体因法律事实而实际享有的利益。对于民事权利本身,可以主动放弃,可能被限制、剥夺;但对于民事权利能力,就不存在放弃、限制、剥夺等问题。

另外,要区别民事主体地位平等与人们常说的"法律面前人人平等"。民事主体地位平等只局限于民事领域,在其他非民事领域,不存在权利能力平等的概念。而"法律面前人人平等"指司法过程中在适用法律上要做到人人平等,无论是民事司法还是刑事审判,都必须平等适用法律。

2. 合法权利受法律保护

法治的要求是,任何合法产生并存在的民事权利,包括物权、债权、知识产权、人身权等,均应当受到法律的保护。这种保护体现在两个方面:第一,没有法律依据,任何单位和个人不得侵犯他人民事权利或妨碍他人行使民事权利;第二,对侵犯他人合法民事权利的或者妨碍他人行使合法民事权利的,法律将令其承担民事责任,甚至承担行政、刑事责任。

权利保护应当是平等的。就个人来说,平等保护权利似乎没有疑问,客观存在的某些趋炎附势现象并不能否定社会对平等保护权利的一致承认。但是,由于存在各种不同性质的企业,特别是国有企业、集体企业等公有性质企业大量存在,人们常混淆其宪法地位与民事地位。例如,在《物权法》草案审议过程中,有学者提出《物权法》草案中关于"国家、集体、私人的物权和其他权利人的物权受法律保护,任何单位和个人不得侵犯"的规定违反了宪法,因为宪法规定:作为公有制企业特别是国有企业的"社会主义的公共财产神圣不可侵犯。"而作为私人的"公民的合法的私有财产不受侵犯"。一个是"神圣不可侵犯",一个仅是"不受侵犯",保护程度应该不同。可见,即便是法律专家,也容易混淆民事权利平等保护与民事主体宪法地位的关系。

3. 公平

公平就是合理地分配利益。公平是法律的理想和旗帜,是民法的灵魂所在,也是法律对民事活动的最基本要求。坦率地说,在法律领域,人们谈论最多的就是公平,但最说不清的可能也正是公平。例如,在离婚案件中,双方都争取其独生子女的监护权,几乎没有一个败诉方会认为判决是公平的。又如在买卖合同产生的质量纠纷中,面对卖方的维修标的物的要求和买方更换新货的要求,法官也常常对如何才能实现公平而冥思苦想。

公平确实是一个复杂的问题,因为它与总是有些自私的个人的主观判断有关,它与常常缺乏定论的公平标准有关,它与不断变化且又难以置身事外的裁判者有关。就私法原则来说,公平要求立法者和司法者以无私精神处理面临的复杂社会关系,正如《管子》中所云:"天公平而无私,故美恶莫不覆;地公平而无私,故大小莫不载。"

4. 意思自治

意思自治原则的含义是,民事主体有权根据自己的独立意志处理自己的民事事务,只要不因此损害他人或公共利益。人们通常用"自愿"一词来表达与意思自治相同的含义。

意思自治原则在私法各领域均有具体体现,甚至对与私法相关的公法领域也产生影响,例如《民事诉讼法》中的协议管辖。但意思自治还是突出体现在《合同法》的"契约自由"原则中,即合同当事人有权根据自己的意愿决定是否签订合同、与何人签订合同、何时签订合同以及签订何种内容的合同等。我国《民法通则》和《合同法》均将自愿确定为基本法律原则。

当然,意思自治绝不是恣意妄为,民事主体在处理自己的权利和义务时,不得损害他人利益,不得破坏公共秩序和违背善良风俗,不得与法律相抵触。值得注意的是,有些情况表面看是属于民事主体自己的"私人事务",与公共利益无关,但实际上却属于"公共事务",法律不允许按意思自治原则处理。例如,涉及消费者权益保护的问题,不能因为商家与消费者事先有免责协议,就不令商家为其经营的不合格产品给消费者造成的伤害负赔偿责任,因为涉及消费者利益的事务属于"公共事务",而不仅仅是消费者个人的"私人事务"。

另一方面,公共权力应该充分尊重私法各主体对自身权利、义务的安排和处理,尽量避免公共权力对私人空间的干预,除非私人的意思自治已经对公共利益产生损害。例如,我国《民法》和《合同法》中均有显失公平制度,对显失公平的合同,授权当事人申请法院予以撤销。该制度的立法宗旨是明确的,一个"显"字表明,公权不能干预私人间存在的一般的不公平,只有出现严重的不公平情形以致触及良心底线时,才可以根据当事人申请加以平衡。

5. 诚实信用

《民法通则》第四条规定,民事活动应当遵循诚实信用的原则。诚实信用原则要求民事主体在从事民事活动时应该诚实、守信用,正当行使权利和履行义务。具体内容是:①当事人民事活动中应当诚实不欺、恪守诺言、讲究信用;②当事人应以善意的方式行使权利,在获得利益的同时应充分尊重他人的利益和社会利益,不得滥用权利;③当事人在法律和合同规定不明确或未作规定时,应以诚实信用的方式履行义务;④违背诚实信用原则而给他人造成损害的,应当赔偿。

应当正确理解诚实信用作为私法原则和道德准则的双重意义。就内容来说,二者之间并没有本质区别。道德是法律的基石。违背道德的行为本身不会产生法律责任,更不会受到法律的制裁。但是,违背道德行为给他人造成损害的,就可能产生民事责任,已经属于违背私法之诚实信用原则的范畴了。

6. 公序良俗

公序良俗是由"公序"和"良俗"即"公共秩序"和"善良风俗"两个概念构成的。法律维护公共秩序是其"天职",危害社会公共秩序就是直接破坏法律。良俗就是社会公德和习惯,即社会公共生活准则。法律体现了最基本的道德规范,民法作为市民社会的基本法更是应当体现社会的道德伦理价值,法律反对一切违背社会公德的行为。

我国法律没有直接使用"公序良俗"的概念,但是,《民法通则》第七条规定:"民事活动应当尊重社会公德,不得损害社会公共利益。"《合同法》第七条也规定:"当事人订立、履行合同,应当遵守法律、行政法规,尊重社会公德,不得扰乱社会经济秩序,损害社会公共利益。"这些规定实际上肯定了公序良俗是私法的基本原则。

案例讨论

同舟公司的和解协议

YT港集装箱码头建设招标是亚洲开发银行贷款项目,同舟公司是其中的港口设备供应的中标单位。实际上,同舟公司本身并不是生产性企业,但依靠主管部委的深厚背景、良好的人脉关系、雄厚的资金实力,同舟公司经常可以在港口等基础建设项目中中标。本次在YT港口设备供应中标后,同舟公司与往常一样,在与YT港务局签署设备供应合同的同时,与金刚重型机器有限公司签署了设备买卖合同。只不过,同舟公司在与YT港务局的合同中是卖方,在与金刚公司的合同中是买方。

根据同舟公司与金刚公司的合同约定,设备交货期为合同签署后20个月即2002年2月10日,每逾期一日,则按合同总价款的万分之五支付违约金。货物运抵港口直接交付YT港务局。2002年1月30日,金刚公司通知YT港务局和同舟公司:货物将在2月6日启运并于8日运抵YT港,希望YT港做好接货准备。YT港传真回复道:8日是农历腊月二十七,港口工人马上就放假了,无法正常接货,请春节后启运。春节过后,YT港给金刚公司的通知称:请于3月1日至5日间交货。3月2日,金刚公司将货物运抵YT港交付给YT港务局。

根据合同,同舟公司应当在设备安装、调试、投入使用后3个月内将全部货款支付给金刚公司,但同舟公司只是支付了部分货款,尚余470万元一直未予支付。实际上,亚洲开发银行的贷款早已到位并足额支付给了同舟公司。由于当时同舟公司的上级总公司正按部领导的指示酝酿改制,同舟公司以其自身地位不确定而上级领导意图不明朗为由拒付金刚公司剩余货款。无奈,金刚公司对同舟公司提起了民事诉讼,要求付款。

接到法院传票,同舟公司法定负责人找到金刚公司领导,提出三点意见:①金刚公司撤诉;②金刚公司同意同舟公司再付420万元货款,其余50万元作为金刚公司逾期交货的违约金予以扣除,逾期利息予以放弃;③如果金刚公司不同意,官司奉陪。金刚公司对违约指控不予认可,因为是YT港要求晚交货。但同舟公司坚持自己的意见。考虑再三,金刚公司勉强同意了同舟公司的要求,但要求双方就和解事宜签署一份书面协议。金刚公司委托律师起草了一份《和解协议》,主要内容是:①同舟公司欠金刚公司470万元货款,扣除50万元违约金,同舟公司应当在协议签订同时向金刚公司支付420万元;②双方对逾期交货是否构成违约存在争议,如果金刚公司日后出示证据证明其逾期交货不属于违约,则同舟公司返还扣除的50万元违约金;③任何一方违反协议,另一方有权不经通知而直接解除和解协议。同舟公司同意上述三点,但要求加上一条:金刚公司在收到420万元后立即向法院撤诉。金刚公司称,撤诉是行动,没有必要写在协议书中,如果同舟公司不放心,金刚公司可以将撤诉申请交同舟公司送法院。同舟公司同意在拿到金刚公司的撤诉申请后签署和解协议。

双方签署《和解协议》后,同舟公司向金刚公司支付了420万元货款。同时,金刚公司将盖好章的《撤诉申请书》交给了同舟公司,《撤诉申请书》随即被转交给了法院。金刚公司在收到货款的第二天,即2004年1月17日将YT港务局要求推迟交货的传真件邮寄给了同舟公司,并同时要求同舟公司在3日内将所扣50万元货款支付给金刚公司。见同舟公司没有反馈意见,金刚公司于2004年1月21日通知同舟公司:解除双方《和解协议》;同时,向法院申请撤回《撤诉申请书》。法院批准金刚公司的撤诉申请,开庭继续审理欠款纠纷。

讨论题

1. 金刚公司的合同是与同舟公司签的,但其直接接受YT港务局的要求推迟交货是否妥当?
2. 同舟公司以公司即将改制为由不支付剩余货款,理由是否充分?
3. 金刚公司以50万元货款及逾期利息为代价与同舟公司和解,是否理智?
4. 如何评价《和解协议》的内容?
5. 同舟公司是否应当坚持将撤诉问题写入《和解协议》?
6. 法院应该如何处理本案?为什么?

思考练习题

1. 如何理解公法与私法的关系?
2. 简要概述私法的原则。

本章相关法律与法规

《中华人民共和国民法通则》
《中华人民共和国物权法》
《中华人民共和国合同法》

第2篇 主体篇

主体,在法律概念中,一般是指法律关系主体,即法律关系的参加者,在法律关系中依法享有权利和承担义务的自然人或组织。法律关系主体的产生是由国家根据一定的条件,通过相应的法律规范来确定。在我国,经营主体还不是一个明确的法律概念,尽管在实际生活中已经广泛地使用。经营主体是指按照国家法律规定参与到经济活动中,以营利为目的,从事生产、经营活动或者提供服务,并依法享有权利和承担义务的个人和组织。具体讲,应该包括自然人及以自然人形态出现的个体工商户、农村承包经营户,以企业形态出现的各种形式的企业以及其他经济组织。

第 5 章 经济组织概述

> **开篇案例**
>
> 拿不到的违约金
>
> 1991年5月,原、被告双方经协商一致达成一份购销钢材的合同。合同规定由原告供给被告250吨进口螺纹钢,每吨1600元,总货款40万元,原告应于同年10月底于天津港报关、商检后交货。任何一方迟延履行,每天按货款千分之一支付违约金;任何一方违约,应向对方一次性赔偿10万元损失。同年10月25日,原告从俄罗斯进口螺纹钢250吨抵达天津港后,立即通知被告前来接货并支付40万元货款。被告于10月30日复函,称因资金紧张暂不能付款,货物暂存于被告处。10月30日,原告办理完报关、商检手续后,得知该批钢材的市场价格已下跌,遂将该批钢材放在天津港某仓库后,立即催促被告收货。被告一直不予答复。同年11月10日,原告为避免支付更多的仓储保管费用,将该批钢材取回,堆放于原告的露天货场。但因为无人看管,致使钢材被盗50吨,另有部分钢材生锈。原告多次催促被告提货未果,遂诉诸法院,要求被告提货并支付货款及依合同规定支付违约金与损害赔偿金,赔偿支出的各种费用。被告则以其为农业生产资料综合门市部、不具有买卖钢材的能力为由,要求确认合同无效。(案例引自王利明百度文库)

5.1 自然人

5.1.1 自然人及相关概念

自然人作为一种私法上的概念,在民商事法律活动中使用比较广泛。自然人是指依据自然生理规律出生、依法享有权利和承担义务的人。在一个国家内,自然人包括公民、外国人、无国籍人及多国籍人。

自然人在范围上比作为公法或者政治学概念的公民要广泛得多。公民是指具有一个特定国家的国籍,根据该国的法律规定享有权利和承担义务的自然人,如我国的公民是指具有中华人民共和国国籍并享有法律规定的权利和承担义务的自然人。不具有中华人民共和国国籍的人,可能是外国人,也可能是无国籍人。因此,二者之间的关系并不等同。

外国人是相对于本国公民而言的,是指不具有本国国籍的人。外国人的概念是相对的,针对不同国家的公民,外国人的范围也不同,而随着国籍的改变,本国公民和外国人也存在着变换。

无国籍人和多国籍人的产生,主要是由于各国关于国籍确定的规则不一致造成的。随着国际私法的发展和各国法律规定的协调,这些现象有可能减少。目前,有些国家承认双重或者多重国籍。我国目前并不承认双重国籍,具有中华人民共和国国籍的人,一旦获得其他国家的国籍,即自动丧失中国国籍。

5.1.2 自然人的权利能力

自然人的民事权利能力是指国家通过法律赋予自然人享有民事权利、承担民事义务的地位和资格。它是自然人参加民事法律关系,取得民事权利、承担民事义务的法律依据,也是自然人享有民事主体资格的标志。

自然人民事权利能力是其作为经营主体存在的基础。一旦丧失民事权利能力,不仅不能从事民事、经济活动,权利和利益也不能得到法律的保护。因此,民事权利能力对自然人来说非常重要。在人类历史中,只有奴隶社会时期的奴隶,是民事法律关系的客体而不是民事法律关系的主体。按照我国法律的规定,任何人都享有民事权利能力,无论其民族、性别、年龄、宗教信仰、政治面貌、文化程度、财产状况、智力及精神状况。而且,在自然人生存期间,其享有的民事权利能力依法不得被限制或剥夺。因此,自然人的民事权利能力,具有权利的平等性、内容的广泛性、权利义务的统一性、权利实现的保障性等特征。按照我国法律的规定,自然人的民事权利能力始于出生,终止于死亡。

对于出生,各国有不同的时间确认标准。我国基本采用独立呼吸说,即婴儿脱离母体,并能够独立呼吸,即为出生。自然人一旦出生,即开始享有民事权利。因此,尚未出生的自然人(胎儿)不具备民事权利能力,不能享受民事权利、承担民事义务。但是,为了使胎儿出生后的利益能够得到保护,一般都作特别规定加以保护,如我国规定,如果父亲在母亲怀孕尚未分娩前死亡,在处理父亲的个人遗产的时候,必须为胎儿保留其应有的遗产份额。

自然人的民事权利能力终止于死亡。死亡在法律意义上可以分为自然死亡和宣告死亡两种。自然死亡又称生理死亡或绝对死亡,是指由于自然人从自然生理上丧失自然人生存的基础条件而产生生理上生命的终结。我国对于自然死亡采用呼吸加心跳的判断方法,即自然人停止呼吸,同时心脏停止跳动,即构成死亡。也有些国家采用脑死亡的方法。无论病死、自杀、老死还是因意外事故、被害及其他原因,只要生命终结,都可认为是自然死亡,从而发生民事权利能力终止的法律后果。

宣告死亡又称推定死亡或相对死亡,是法律规定的特定机构,对符合法律规定条件的自然人做出丧失民事法律主体资格的推定。宣告死亡与自然死亡产生相同的法律后果。

5.1.3 自然人的民事行为能力

自然人的民事行为能力,是指自然人以自己的行为参加民事活动、享有民事权利并承担民事义务的能力。自然人尽管具有相应的民事权利能力,但是能否以自己的行为来实现相应的权利,还要根据国家的法律规定来确定。国家根据自然人的状况和社会利益的需要,对自然人的行为能力加以限定,只有符合法律的规定,才能享有相应的行为能力。民事行为能力作为一种法定资格,非依法定条件和程序,不受限制或被取消。

我国关于民事行为能力的界定,主要是从年龄、智力和精神状况来确定的,《民法通则》将自然人划分为以下3类:

1. 完全民事行为能力人

完全民事行为能力人也称为成年人,是指年满18周岁、精神状况正常、能完全辨认自己行为及其后果的自然人。完全行为能力人可以独立进行民事活动,独立承担相应的法律责任。

在我国,由于各地区的具体状况不同,有些自然人虽不满18岁,但已经参加了社会劳动,以自己的劳动收入作为独立的生活来源。因此,法律规定将某些16周岁以上的未成年人,视为完全民事行为能力人。

2. 限制民事行为能力人

限制民事行为能力人是指虽然具有部分的行为能力,但是又不能完全以自己的独立行为进行民事活动的人。按照我国法律的规定,10周岁以上的未成年人,可以进行与其年龄、智力相适应的民事行为活动;其他的民事行为能力由其法定代理人代理,或者征得其法定代理人的同意。

限制民事行为能力人除上述未成年人外,还包括虽已成年、但由于精神状况的原因不能完全辨认自己行为的精神病人,他们同样可以进行与其精神状况相适应的民事活动,但其他民事活动应由其法定代理人代理或征得法定代理人同意。

3. 无民事行为能力人

无民事行为能力人是指完全不能以自己的独立行为进行民事行为活动的人。在我国,无行为能力人主要包括两种情况:一种是不满10周岁的未成年人;另一种是不能辨认自己行为的精神病人。无民事行为能力人,由于其自身无法独立进行民事活动,所以其行为应由其法定代理人代理进行。

在法律体系中,还存在自然人民事行为能力宣告制度,即法院根据当事人的申请,依据特定的条件和程序,对成年人中的精神病人的民事行为能力状况依法制定程序作出确认的判决,从而使其在法律上被宣告为无民事行为能力或者限制民事行为能力的人。当然,在其精神健康状况好转或者恢复时,经本人或者利害关系人申请,法院根据其健康恢复状况,可宣告其为限制民事行为能力人或者完全民事行为能力人。

自然人的民事权利能力是民事行为能力的基础,自然人的民事行为能力是实现其权利能力的手段。行为能力与权利能力在开始和终止的时间、享有资格的主体的范围和是否会中途丧失等方面都有区别。

5.1.4 个体工商户与农村承包经营户

个体工商户和农村承包经营户是在特定的社会历史环境下产生的一种经营形式,它对于我国当时的个人、社会经济都产生了重要的影响。但是,法律并没有对这两种经营形式作出详细、具体的规定。随着我国法律制度的完善,这两种经营主体开始向规范化发展,国家鼓励符合条件的个体工商户和农村承包经营户向个人独资企业转化。

1. 个体工商户

个体工商户是指依照相关法律规定,在法律允许的范围内,依法经核准、登记后进行工商业经营的自然人。个体工商户作为一种我国特有的公民进行生产、经营活动的组织形式,是个体经济的一种表现。在个体工商户中,生产资料归劳动者个人所有,以自然人或者家庭成员劳动为基础,劳动成果归劳动者个人所有和支配。个体工商户虽然比照自然人和法人享有民事主体资格,但其并不是一个经营实体,其权利和义务仍然由实际经营的自然人来享有和承担。从我国法律规定来看,个体工商户虽然可以起字号,但是在诉讼时,作为诉讼主体的是个体工商户而不是其经营的字号。不过,随着近年来法律的修订,在某些法律中,已经有了将个体工商户所经营的字号作为诉讼主体的规定。

个体工商户作为法律规定的一种经营形式,具有其独特的法律特征,具体包括以下几点。

(1) 个体工商户是以自然人个人财产或家庭财产进行投资,财产所有者并不转移到经营的实体组织,其性质属于个体经济。

(2) 个体工商户必须依法核准登记。个体工商户并不是公民个人或家庭的简单重复,而需要具备一定条件并履行一定的法律程序才能取得该种主体资格。

(3) 个体工商户对外以户的名义独立进行民事活动,个体工商户无论是由公民个人经营还是由家庭经营,对外均以在工商行政管理机关登记注册户的名义独立进行民事活动,取得民事权利,承担民事义务。

(4) 个体工商户须在法律允许的范围内从事生产经营活动,个体工商户只能在法律允许个体经营的行业范围内,依照工商行政管理机关核准登记的生产经营方式、项目、范围进行生产经营活动。在生产经营活动中,也必须遵守国家的法律、法规。

2. 农村承包经营户

根据我国《民法通则》的规定,农村集体经济组织的成员,在法律允许的范围内,按照承包合同规定从事商品经营的,为农村承包经营户。

农村承包经营户的法律特征主要包括以下几点。

(1) 农村承包经营户是我国农村劳动群众集体所有制经济的分散经营方式的法律形式。由于农村的土地等主要生产资料属于集体所有,承包经营者是农村集体经济组织的成员。因此农村承包经营户并不属于个体经济范畴,而是农村集体经济组织的一种生产经营方式的法律表现。

(2) 农村承包经营户从事的是商品经济活动。农村承包经营户进行生产经营,主要是以商品交换为目的,将所收获的农、林、牧、副、渔等业的产品作为商品投入市场,满足社会的需要,而不是为了满足家庭消费需要。

(3) 农村承包经营户按照与集体经济组织订立的承包合同从事经营活动。从农村承包经营户的角度来看,它必须按照与集体经济组织签订的承包合同规定的内容从事经营活动,否则须承担相应的法律责任。

(4) 农村承包经营户以自己的名义独立从事民事法律行为。依照法律规定,农村承包经营户无论是个人经营还是家庭经营,都必须以户的名义独立参加民事法律关系,取得民事权利,承担民事义务。

作为特殊的民事主体——个体工商户和农村承包经营户,可以在法律允许的范围内以自己的名义独立从事民事活动,取得民事权利,承担民事义务。在对外承担债务时,承担无限责任,即以其所有的全部财产承担责任。同时从出资的性质、收益的归属等几个方面确定责任的承担者,是个人经营的,以个人财产承担;是家庭经营的,以家庭财产承担。

5.2 法人

5.2.1 法人的概念及特征

法人是指依法成立、具有民事权利能力和民事行为能力、能够以自己的名义独立参与社会活动,并依法享有民事权利和承担民事义务的社会组织。法人作为一种社会组织,是一个集合体,它是由自然人作为行为主体构成,并通过自然人的行为来实现其价值。但是,法人作为法律关系主体,同样也具有民事权利能力和民事行为能力,并依法享有民事权利和承担民事义务。法人作为社会经济活动中的重要主体,具有自己的特征,具体体现为以下几点。

(1) 法人是社会组织。作为社会组织,具有其组织机构和代表机构,其行为通过其代表机构或者代表人、代理人等实施。

(2) 法人具有独立性。法人的独立性体现在:
① 具有属于自己而不属于投资人或者其他法人组建者的独立的财产;
② 具有独立的意志能力,投资人或者其他法人组建者不能将其意志直接强加于法人,必须通过法人的机构;
③ 法人可以独立享有权利和承担义务;
④ 法人具有行为能力,可以以自己的行为为自己设定权利或者承担义务。

(3) 法人具有人格。法人有自己的名称、住所,享有名称权、名誉权、荣誉权等人格权。

(4) 法人必须依法定条件和程序设立,否则不能取得法人资格。

5.2.2 法人的分类

不同的国家,由于其法律体系和法律规定不同,对法人的分类标准也不一致,按照学理上的研究,法人可以做以下分类。

1. 按法人设立所依据的法律分类

以法人设立所依据的法律为标准,分为公法人和私法人。

凡依据公法规范设立的法人,为公法人;凡依据私法规范所设立的法人,为私法人。区分公法人和私法人的意义在于决定其设立的准据法和不同的诉讼管辖。

2. 按法人成立的基础分类

以法人成立的基础为标准,法人可以分为社团法人和财团法人。

社团法人,指由两个以上成员的结合而取得权利、义务主体资格的组织体,其成立基础在于人。例如各种公司、协会、学会等都是社团法人。财团法人,指由一定目的的财产的集合而取得权利、义务主体资格的法人,其成立基础在于财产。例如各种基金会、医院、博物馆等。区分社团法人和财团法人的根据在于两者的设立程序及设立目的不同。

3. 按法人的目的分类

以法人的目的为标准,可将法人分为营利法人和公益法人。

营利法人的目的在于营利。所谓营利,指积极地营利并将所得利益分配给其成员,如果仅法人自身营利,但不将所得利益分配给其成员,只是作为自身发展经费,则不属于营利法人。公益法人的目的在于谋取公益。所谓公益,指社会一般利益,即不特定多数人的利益,而且一般是非经济的利益。慈善机构是典型的公益法人,各种公司则为典型的营利法人。

4. 按法人的国籍分类

依法人的国籍可以将法人分为本国法人和外国法人。

具有本国国籍的法人为本国法人,不具有本国国籍的法人为外国法人。

关于国籍的确定标准,不同的国家采用的标准并不一致,如设立人国籍地说、成立地说、主要营业地说、管理机关所在地说等。我国基本采用准据法说和住所地说,即凡依据中国法律,在中国境内设立的法人,为中国法人;中国法人以外的法人为外国法人。区分中国法人与外国法人的意义,主要在于对外国法人法律上有专门的认许制度以及外国法人在权利能力上有所限制。

5. 按法人设立的宗旨和所从事的活动的性质分类

根据法人设立的宗旨和所从事的活动的性质,把法人分为企业法人和非企业法人。

企业法人是指按照法律规定的条件和程序成立,能够独立享有民事权利和承担民事义务的经济组织。在我国,企业法人以生产资料所有制性质为标准,又分为全民所有制企业法人、集体所有制企业法人、中外合资经营企业法人、中外合作经营企业法人和外资企业法人。企业法人以外的一切法人,均属于非企业法人,这些法人不以营利为目的,从事非营利性活动。包括机关法人、事业单位法人、民办非企业单位法人和社会团体法人。

区分企业法人和非企业法人的意义在于,两者设立所依据的法律、程序、目的及管理范围不同。如企业法人必须向国家工商行政管理部门的企业登记机关办理登记,而社会团体法人应向国家民政部门的社会团体登记机关办理登记。

6. 对非企业法人进行再分类

对非企业法人进行再分类,可分为机关法人、事业单位法人、民办非企业单位法人与社会团体法人。它们取得法人资格的程序如下:

(1) 机关法人从组建完成之日起,取得法人资格。

(2) 事业单位法人设立程序有两种情况:一种是具备法人条件的事业单位,依法不需要办理法人登记的,从成立之日起具有法人资格;另一种是具备法人条件,但只有在经核准登记后,才具有法人资格。

(3) 民办非企业单位法人是民办非企业单位的一种形式,一般依据相关法律规定,在相应的民政部门进行登记、获得《民办非企业单位(法人)登记证书》后取得法人资格。

(4) 原则上社会团体取得法人资格均须登记,登记的主管机关是国家民政部和县级以上地方各级民政部门。但在法律、行政法规另有规定的情况下,无须登记,自社会团体组建完成后即具有法人资格。

5.2.3 法人的民事权利能力和行为能力

法人作为民事法律关系主体,是比照自然人而设立的,具有虚拟的法律人格,因此同自然人一样,也具有相应的权利能力和行为能力。法人的权利能力是指法律赋予法人能够享有民事权利、承担民事义务的资格。法人的行为能力则是法人以自己的行为取得民事权利和承担民事义务的资格。法人的民事权利能力和民事行为能力自法人成立时存在,至法人终止时消灭。因此,法人的权利能力和行为能力同时产生、同时消灭,并且范围一致。但由于法人是一种社会组织,是一种集合体,在民事权利能力和行为能力方面,和自然人也有着明显的区别。

1. 法人与自然人在民事权利能力上的区别

法人和自然人在民事权利能力方面的区别如下:

(1) 民事权利能力开始与消灭的情形不同。法人的民事权利能力,从法人成立时产生,到法人终止时消灭;而自然人的民事权利能力从自然人出生开始,到自然人死亡时消灭。

(2) 民事权利能力的范围不同。自然人所享有的某些专属性民事权利能力的内容,如继承权、接受扶养的权利等,法人不可能享有;而某些属于法人专有的民事权利能力的内容,自然人则不能享有。

(3) 民事权利能力之间的差异程度不同。自然人的民事权利能力都是一致的,不因民族、年龄、性别、智力等条件的不同而有差别;而不同法人的民事权利能力都有局限性,并且相互差异很大。受到法律和法人章程的限制,其民事权利能力的内容是有区别的。

2. 法人与自然人在民事行为能力上的区别

法人和自然人在民事行为能力方面的区别如下：

(1) 法人的民事行为能力自成立时产生,至终止时消灭。自然人的民事行为能力必须具备一定的年龄和精神状态才能取得。

(2) 法人的民事行为能力与其民事权利能力的范围总是一致的。如果法人的民事行为超出其民事权利能力的范围,该行为无效,同时还要承担相应的民事责任。对比之下,自然人的民事行为能力并不是同其民事权利能力同时产生,其范围也可能不一致。

(3) 法人是一种社会组织,本身不可能实施民事行为,所以,法人的民事行为能力最终还是需要具有法律规定身份的自然人的行为来实现的。自然人的民事行为能力通过自身的行为即可实现。

5.2.4 公司法人人格的否认

公司法人制度的建立,使投资者与其投资设立的组织之间的权利和义务有了明确的划分。法人制度的有限责任,有利于鼓励投资者进行投资,发展经济。一方面股东利用公司形式可以直接或间接地控制公司,获得股息、红利之收益,实现自己利益的最大化;另一方面又可以利用公司独立人格把股东的责任仅限于自己的出资以内,以避免过大的经营风险并使自己的损失最小化。同时,法律也从其他方面加以限制,来保护其他人尤其是债权人的利益,以达到制度的平衡性。但是,法人的有限责任的固有特点以及股东对公司的绝对控制的加强,为股东滥用公司人格、侵犯债权人的利益提供了可能。公司法人人格独立的最大缺陷便是削弱了对公司债权人的保护,无形中把一定的商业风险从股东身上转移到了公司债权人身上。在公司法人的独立人格被滥用的情况下,如何来保护公司债权人的合法利益,公司法人人格否认制度由法律明文予以确立。

随着法律制度的发展,首先在判例法系国家,出现了一些否定公司法人人格的案例,并逐渐扩大到各国的法律体系中。否定公司法人人格制度是以矫正股东滥用公司人格、侵犯债权人利益为目的,对滥用公司人格的股东,通过否认公司的法人人格,将该公司认为是一种个体的组合,从而直接追究躲在公司后面的股东的责任。可见,公司人格否认制度实质上是在维系公司独立的法律人格的基础上,对某些损害公司债权人利益的行为加以限定,以达到有效平衡股东与债权人利益的目的。

由于法人制度在现代的法律体系中占有重要的地位,各国对于法人人格否定制度的采用都非常谨慎,各国的具体规定也各不相同。综合各国的判例及相关制度,在下列情况下,一般都可以采用否认公司法人人格制度。

(1) 脱壳经营。公司在自身负债累累情况下,为转移财产、逃避债务,以其财产成立一个新的公司或其他企业法人,从而使原公司成为一个空壳,该行为也被称为"脱壳经营"行为。对于这种为逃避债务而成立的企业法人,法院可以根据情况否定其法人人格,以公司所设立的企业法人的财产偿付其债务。

(2) 为不合法目的而设立的公司。利用公司形态使之成为实施欺诈行为的工具,以损害社会公共利益或其他人的合法权益。

(3) 股东权利滥用的行为。在严格意义上或者实质意义上的一人公司中,如果出现人格混同、财产混同、业务混同以及股东滥用控制地位等情形,揭开公司独立人格的面纱,由股东对公司债务承担责任,对保护债权人的利益、维护良好的社会信用是非常有益的。

(4) 人格混同。如一公司为特定目的设立另一公司,但其场地、人员、财产都来源于母公司,表现为机关混同、财产混同、财务混同。由于二者的混同与近似,交易相对方误认为二者为同一主体,待债务发生后,才发现债务人无力履行债务。

(5) 注册资本不实或抽逃资本的行为。该种情况是否可以直接适用公司法人人格制度,我国法律还没有明确的规定,但是在司法实践中,一般会认为可以使用。

5.3 其他经济组织

在我国,除了自然人、企业法人可以作为民商事法律关系主体参与民商事活动以外,还存在着大量的其他的组织形式,它们按照法律规定的条件和程序,以自己的特定身份参与社会的经济活动。其他经济组织是指合法成立、有一定的组织机构和财产,但又不具备法人资格的组织。包括不具有法人资格的合资企业、私营独资企业、合伙组织、法人依法设立的分支机构等。合伙企业在第7章会专章介绍,在本节,主要介绍个人独资企业。

5.3.1 个人独资企业的概念

个人独资企业是指依照《中华人民共和国个人独资企业法》在中国境内设立的、由一个自然人投资、财产为投资人个人所有、投资人以其个人财产对企业的债务承担无限责任的经营实体。

5.3.2 个人独资企业设立的条件和程序

1. 个人独资企业设立的条件

根据《个人独资企业法》的规定,我国对个人独资企业的设立,在立法上采取了准则主义,即只要符合法律规定的设立条件,企业即可直接办理工商登记,一般无须经过有关部门批准。设立个人独资企业应当具备下列条件:

(1) 投资人是中国公民。个人独资企业中的"人"只能是自然人,自然人之外的法人、其他组织不能投资设立个人独资企业。申请设立个人独资企业的投资人应当具有相应的民事权利能力和民事行为能力。法律、行政法规禁止从事营利性活动的人、限制民事行为能力人和无民事行为能力人不得作为投资人申请设立个人独资企业。

(2) 有合法的企业名称。企业的名称应当真实地表现企业的组织形式特征,并应符合法律、法规的要求。就个人独资企业而言,其名称不仅应当与公司企业和合伙企业相区别,而且应当与其他的个人独资企业区别开来。因此,个人独资企业名称应与其责任形式及从事的营业相符合。

(3) 有投资人申报的出资。《个人独资企业法》对设立个人独资企业的出资数额未作限制。根据国家工商行政管理局《关于实施〈个人独资企业登记管理办法〉有关问题的通知》的规定,设立个人独资企业可以用货币出资,也可以用实物、土地使用权、知识产权或者其他财产权利出资,采取实物、土地使用权、知识产权或者其他财产权利出资的,应将其折算成货币数额。投资人申报的出资额应当与企业的生产经营规模相适应。投资人可以个人财产出资,也可以家庭共有财产作为个人出资。以家庭共有财产作为个人出资的,投资人应当在《设立(变更)登记申请书》上予以注明。

(4) 有固定的场所和必要的生产经营条件。生产经营场所包括企业的住所和与生产经营相适应的处所。住所是企业的主要办事机构所在地,是企业的法定地址。

(5) 有必要的从业人员。即要有与其生产经营范围、规模相适应的从业人员。关于从业人员的人数,法律并没有作出具体规定,由企业视情况而定。

2. 个人独资企业设立的程序

设立个人独资企业的程序如下:

(1) 提出设立申请。申请设立个人独资企业,应当由投资人或者其委托的代理人向个人独资企业所在地的登记机关提出设立申请。

(2) 核准登记。登记机关应当在收到设立申请文件之日起 15 日内,对符合《个人独资企业法》规定条件的予以登记,发给《营业执照》;对不符合《个人独资企业法》规定条件的,不予登记,并发给《企业登记驳回通知书》。个人独资企业《营业执照》的签发日期,为个人独资企业成立日期,在领取个人独资企业《营业执照》前,投资人不得以个人独资企业名义从事经营活动。

(3) 设立分支机构登记。个人独资企业设立分支机构,应当由投资人或者其委托的代理人向分支机构所在地的登记机关申请设立登记。分支机构的登记事项包括分支机构的名称、经营场所、负责人姓名和居所、经营范围和方式。登记机关应当在收到按规定提交的全部文件之日起 15 日内,作出核准登记或者不予登记的决定。核准登记的,发给营业执照;不予登记的,发给《登记驳回通知书》。

5.3.3 个人独资企业的特征

1. 投资主体方面的特征

个人独资企业仅由一个自然人投资设立。这是独资企业在投资主体上与合伙企业和公司的区别所在。我国《合伙企业法》规定的合伙企业的投资人尽管也是自然人,但人数为 2 人以上;公司的股东通常为 2 人以上,而且投资人不仅包括自然人还包括法人和非法人组织。当然,在一人有限责任公司中,出资人也只有 1 人。

2. 企业财产方面的特征

个人独资企业的全部财产为投资人个人所有,投资人(也称业主)是企业财产(包括企业成立时投入的初始出资财产与企业存续期间积累的财产)的唯一所有者。基于此,投资人对企业的经营与管理事物享有绝对的控制与支配权,不受任何其他人的干预。个人独资企业就财产方面的性质而言,属于私人财产所有权的客体。

3. 责任承担方面的特征

个人独资企业的投资人以其个人财产对企业债务承担无限责任。这是在责任形态方面独资企业与公司(包括一人有限责任公司)的本质区别。投资人以其个人财产对企业债务承担无限责任,包括三层意思:一是企业的债务全部由投资人承担;二是投资人承担企业债务的责任范围不限于出资,其责任财产包括独资企业中的全部财产和其他个人财产;三是投资人对企业的债权人直接负责。换言之,无论是企业经营期间还是企业因各种原因而解散时,对经营中所产生的债务如不能以企业财产清偿,则投资人须以其个人所有的其他财产清偿。

4. 主体资格方面的特征

个人独资企业不具有法人资格。尽管独资企业有自己的名称或商号,并以企业名义从事经营行为和参加诉讼活动,但它不具有独立的法人地位。原因有二:其一,独资企业本身不是财产所有权的主体,不享有独立的财产权利;其二,独资企业不承担独立责任,而是由投资人承担无限责任。这一特点与合伙企业相同而区别于公司。独资企业不具有法人资格,但属于独立的法律主体,其性质属于非法人组织,享有相应的权利能力和行为能力,能够以自己的名义进行法律行为。

5.3.4 个人独资企业和相关经济组织的区别

个人独资企业在出资形式上和个体工商户、一人公司有类似的地方,在责任承担上与合伙企业有类似的地方,但相互之间的区别是明显的。

1. 个人独资企业和个体工商户的区别

个人独资企业和个体工商户都是自然人出资,这是它们的共同点。两者的区别包括以下几个方面:

(1) 个人独资企业仅能以个人出资设立;个体工商户则可以是一个自然人设立,也可以是家庭出资设立。

(2) 个人独资企业的投资人以其个人财产对企业债务承担无限责任。仅在企业设立登记时明确以其家庭共有财产作为个人出资的,才依法以家庭共有财产对企业债务承担无限责任。而根据《民法通则》第二十九条的规定,个体工商户的债务如属个人经营的,以个人财产承担;属家庭经营的,以家庭财产承担。

(3) 依据的法律不同。个人独资企业依照《个人独资企业法》设立,个体工商户依照《民法通则》、《城镇个体工商户管理暂行条例》及其实施细则的规定设立。

(4) 个人独资企业是经营实体,是一种企业组织形态,性质上属于非法人组织,具有团体人格的组织体属性。个体工商户则不采用企业形式,不具有组织体的属性。

2. 个人独资企业和一人公司的区别

个人独资企业和一人公司都是由一个主体出资建立的企业,但两者性质是完全不同

的,体现在以下几个方面:

(1) 出资人不同。个人独资企业只能由自然人出资设立;一人公司既可以由自然人出资设立,也可以由法人出资设立,还可以由国家出资设立。

(2) 主体资格不同。个人独资企业属于非法人组织,不具有法人资格;一人公司作为公司的一种,是企业法人,在公司成立时取得法人资格。

(3) 责任承担不同。个人独资企业的投资人对企业的债务承担无限责任;一人公司的投资人(股东)仅以出资额为限对公司负责,即负有限责任。

(4) 注册资本要求不同。对个人独资企业,法律并无最低注册资本的要求;而一人公司法律有最低注册资本的要求,依据《公司法》的规定,其最低注册资本为10万元,且需在公司成立时一次足额缴纳。

(5) 设立的法律依据不同。个人独资企业依照《个人独资企业法》设立;一人公司则须依照《公司法》设立。

3. 个人独资企业与合伙企业的区别

个人独资企业和合伙企业的出资人均为自然人,对企业债务都承担无限责任,都属于法律主体中的非法人组织,这是两者的相同之处。两者的区别包括以下几点:

(1) 投资人人数不同。个人独资企业的出资人仅为1人,合伙企业为2人以上。

(2) 财产归属不同。个人独资企业的财产归出资人一人所有,合伙企业的财产由全体合伙人共有。

(3) 责任承担不同。个人独资企业仅由出资人一人承担无限责任,合伙企业则由全体合伙人承担连带无限责任。

案例讨论

被否认的公司人格

2002年4月,A公司与B公司进行了一笔交易,后来B公司以生产经营停止无法偿还债务为由,拖欠A公司25万元货款。A公司经过调查发现:B公司与另一家D公司均系外商独资企业,投资人和法定代表人同为C某,且这两家公司的经营地址、电话号码、组织机构、从业人员完全相同。D公司设立至今,从未实际开展生产经营活动,也无机器设备,名下的土地、厂房及两部汽车均由B公司无偿使用,日常费用则由B公司支付。两公司的财务账目虽分别立册计账,但均由B公司的会计人员负责制作,D公司本身从未发放过工资。且D公司多次向银行贷款供B公司使用,B公司多次从其账户转出金额至D公司账户,用于偿还D公司的银行贷款本息。A公司认为,B公司以将财产转移到D公司的方式逃避对A公司的债务,遂向法院起诉B公司、D公司及其共同的法定代表人C某,要求三被告共同偿还债务25万元及利息。(案例引自www.upg.com)

讨论题

1. 什么叫公司法人人格的否定制度?

2. 适用公司法人人格否定制度有哪些情况？
3. 我国《公司法》对否定法人人格是如何规定的？
4. 公司法人人格被否定会产生哪些后果？

思考练习题

1. 如何理解自然人的民事权利能力和民事行为能力？
2. 简述个人独资企业的特征。

本章相关法律与法规

《中华人民共和国民法通则》
《中华人民共和国个人独资企业法》
《中华人民共和国公司法》

第 6 章 公 司 法

> **开篇案例**
>
> 被泄漏的投标报价
>
> 某研究院有一个实验大楼的施工项目,按规定向社会公开招标。有4家建筑公司参与投标,其中A公司和B公司较有实力。B公司视A公司为最大竞争对手,该公司欲争到这个项目,所以不惜一切手段。该公司用重金买通A公司一名董事王某,王某将A公司的报价通报给了B公司。B公司遂以低于A公司7万元的报价竞争得到该工程项目。但是A公司因为规模较B公司大,管理、效率等也优于B公司,所以A公司的报价尚有一定利润空间。而B公司的管理成本等高于A公司,而其报价更低,在正常施工情况下,几乎没有利润可言。所以,B公司只好在材料上下工夫。由于B公司施工偷工减料,所以实验楼建成后不到1年就出现了严重的质量问题。有关部门追查质量问题时,发现了B公司向A公司董事王某的商业行贿行为。结果B公司及其主要责任人和A公司的受贿董事王某都受到了刑事制裁。A公司保留进一步向王某提出损害赔偿的权利。(案例摘自110法律咨询网)

6.1 公司与公司法概述

6.1.1 公司及其种类

1. 公司的概念及特征

公司是指由股东出资设立的、股东以其全部认缴的出资额或者所认缴的股份为限对公司承担责任、公司以其名下的全部财产对公司的债务承担独立责任的企业法人。

公司的特征主要包括以下几点。

(1) 公司是法人企业,具有独立法人资格。

(2) 公司是社团组织,具有社团性。

(3) 公司以营利为目的,具有营利性。

2. 公司的种类可以根据不同的标准对公司进行分类

1) 以公司股东的责任范围为标准分类

以公司股东的责任范围为标准,可将公司分为无限责任公司、两合公司、股份两合公司、股份有限公司和有限责任公司。

无限责任公司是指由两个以上股东组成、全体股东对公司债务负连带无限责任的公司。

两合公司是指由部分无限责任股东和部分有限责任股东共同组成,对公司债务前者负连带无限责任,后者仅以出资额为限承担责任的公司。

股份两合公司是指由部分对公司债务负连带无限责任的股东和部分仅以所持股份对公司债务承担有限责任的股东共同组建的公司。

因这三种公司的固有缺陷,其数量已经很少,我国《公司法》未对这些公司作出规定。

股份有限公司是指由一定以上人数组成、公司全部资本分为等额股份、股东以其所持股份对公司承担责任、公司以其全部资产对公司债务承担责任的公司。在公司发展历史上,股份有限公司是在两合公司之后产生较早的公司形式。因其可以在社会上广泛筹资、股份可以自由转让、公司可以实行所有权与经营权分离的经营方式和分权制衡机制以及股东有限责任等特点,特别适合于大型企业的经营,现今已成为十分重要的公司形式。我国《公司法》将股份有限公司作为最基本的公司形式之一予以规定。

有限责任公司是指股东仅以其出资额为限对公司承担责任,公司以其全部资产对公司债务承担责任的公司。在公司的发展史上,有限责任公司出现较晚,由于它较好地吸收了其他公司形式的优点并克服其不足,所以这种公司形式在世界各国得到了迅速发展。我国《公司法》也将有限责任公司作为一种主要公司形式予以确认。

就股东对公司所负责任而言,股份有限公司和有限责任公司属于同一类型的公司。

2) 以股份转让方式为标准分类

以股份转让方式为标准,可将公司分为封闭式公司与开放式公司。封闭式公司又称不公开公司、不上市公司、私公司等,是指公司股本全部由设立公司的股东拥有,且其股份不能在证券市场上自由转让的公司。其主要特征是股东人数较少,股权转让受到限制,不得向社会公开募股,实行封闭式经营管理。我国《公司法》上的有限责任公司即属于此类封闭式公司。开放式公司又称公开公司、上市公司、公公司等,是指可以按法定程序公开招股、股东人数无法定限制、股份可以在证券市场公开自由转让的公司。我国《公司法》规定的股份有限公司即属此类。需要注意的是,并非所有的股份有限公司都是上市公司,只有上市公司才是真正意义上的开放性公司。

3) 以公司的信用基础为标准分类

以公司的信用基础为标准,可将公司分为人合公司与资合公司以及人合兼资合公司。人合公司是指公司的经营活动以股东个人信用而非公司资本的多寡为基础的公司。人合公司的对外信用主要取决于股东个人的信用状况,故人合公司的股东之间通常存在特殊的人身信任或人身依附关系。无限责任公司是典型的人合公司。资合公司是指公司的经营活动以公司的资本规模而非股东个人信用为基础的公司。由于资合公司的对外信用和债务清偿保障主要取决于公司的资本总额及其现有财产状况,因此,为防止公司由于资本不足而损害公司债权人利益,各国法律都对资合公司的设立和运行作了较严格的规定,如强调最低注册资本额、法定公示制度等。股份有限公司是典型的资合公司。人合兼资合公司是指公司的设立和经营同时依赖于股东个人信用和公司资本规模,从而兼有两种公司的特点。两合公司、股份两合公司和有限责任公司均属此类公司。需要注意的是,在商事组织中,人合与资合是相对而言的,有限责任公司相当于股份有限公司是人合公司,但相当于无限责任公司而言,它又更倾向于资合公司,无限责任公司才是典型的人合公司。

6.1.2 公司法及其性质

1. 公司法的概念

公司法是调整公司在设立、组织、活动、终止过程中发生的社会关系的法律规范的总称。狭义或者形式意义上的公司法,是指《中华人民共和国公司法》。广义或者实质意义上的公司法,则是所有关于公司的法律规范的总称。

2. 公司法的性质

公司法的性质主要有以下几点。

(1) 公司法是组织法。

公司法主要是规定公司的设立、组织、活动、终止等作为民事主体产生、变更、消灭等内容的,主要规定公司的设立,公司的组织机构及内部运行,公司清理、解散等方面的相关内容。公司法兼有行为法性质,其内容也涉及公司行为的规范。但公司对外经营的行为则不属于公司法的规定内容。

(2) 公司法是私法。

公司法属于私法的范畴,其主要内容适用私法的原则。但是,与其他私法性质的法律相比,公司法中所体现的强制性要多一些。因此,公司法是强制性规范与任意性规范相结合的法律。这主要是因为公司组织涉及交易基础,直接或间接涉及第三人的利益乃至社会利益,自然要对当事人的私法自由加以必要限制。

(3) 公司法是实体法。

公司法主要规定了公司组织活动中各方的实体权利和义务,因此它是实体法。此外,公司法还规定了公司的设立、变更、解散等程序问题,因此公司法有程序法的内容。但从各部分内容在公司法中的比重来看,还是以实体法内容为主。所以从总体上看,公司法是实体法。

6.2 有限责任公司

6.2.1 有限责任公司的概念及特征

1. 有限责任公司的概念

有限责任公司,又称有限公司(CO,LTD),指由法律规定的一定人数的股东所组成、股东以其出资额为限对公司债务承担责任、公司以其全部资产对其债务承担责任的企业法人。

2. 有限责任公司的特征

有限责任公司的特征包括以下几点。

(1) 股东责任有限性。即股东以其认缴的出资额为限对公司承担责任,而对公司债务不承担个人责任。这种责任有限性是有限责任公司最基本的特征。

(2) 股东人数的限制性。即股东人数有一定的限制。我国《公司法》规定,有限责任公司由 50 个以下股东出资设立。股东人数的限制,决定了公司不能发行股票,不能公开募集资本,只有在特定的人中筹资。同时,由于有限责任公司股东人数有限且相对稳定,其经营状况不涉及社会公众的利益,因此其财务状况可以不公开。

(3) 设立程序的简单性。有限责任公司的性质,决定了其只能采用发起设立的方式,设立程序因此较为简化。我国对有限责任公司采用准则设立的原则,发起人只要具备法律规定的有限责任公司成立的条件,管理部门就应该给予注册。

(4) 组织结构的灵活性。虽然《公司法》对有限责任公司的组织结构作出了明确的规定,但由于有限责任公司的具体情况不同,因此在组织机构设置方面具有一定的灵活性,比如可设股东会而不设董事会,或可设董事会而不设股东会。此外,也可以只设监事而不设监事会。

(5) 兼具资合性与人合性的特点。有限责任公司既具有资合性公司的特点,也具有人合性公司的特点。如公司注册资本为全体股东缴纳股本的总和,股东的出资以现金及财产为限,股东必须以自己的出资对公司负责;同时公司的股东是基于相互间的信任而集合在一起的,股东间的关系较为紧密,股份的转让必须征得其他股东的同意等。

6.2.2 有限责任公司的设立

1. 有限责任公司的设立条件

要设立有限责任公司,应当具备的条件包括以下几个方面。

(1) 股东符合法定人数。我国《公司法》规定有限责任公司股东的人数上限为 50 人,对下限不作规定,由于我国承认一人有限责任公司的存在,因此,关于有限责任公司股东人数的下限应为 1 名股东,1 名股东设立的有限责任公司为一人有限责任公司。

(2) 符合法律规定的法定资本最低限额。有限责任公司作为独立的法律关系主体,必须具备一定的财产条件作为其开展经营和承担责任的物质基础。根据我国《公司法》的规定,有限责任公司注册资本的最低限额为人民币3万元。法律、行政法规对有限责任公司注册资本的最低限额有较高规定的,须从其规定。

注册资本为在公司登记机关登记的全体股东认缴的出资额。股东可以用货币出资,也可以用实物、知识产权、土地使用权等可以用货币估价并可以依法转让的非货币财产作价出资。

股东不按照前款规定缴纳出资的,除应当向公司足额缴纳外,还应当向已按期足额缴纳出资的股东承担违约责任。

有限责任公司成立后,发现作为设立公司出资的非货币财产的实际价额显著低于公司章程所定价额的,应当由交付该出资的股东补足其差额;公司设立时的其他股东承担连带责任。

(3) 股东共同制定公司章程。公司章程是确定公司性质、股东及其股份、公司权利能力范围、公司管理机构运行规则等公司基本问题的法定文件,相当于公司的"宪法",是股东、董事、监事、经理及其他所有公司成员必须遵守的准则。章程是对公司的存在与发展有着不可替代的重要意义的纲领性文件。根据《公司法》的要求,章程应当由有限责任公司的全体股东共同制定,载明下列事项:

① 公司名称和住所;
② 公司经营范围;
③ 公司注册资本;
④ 股东的姓名或者名称;
⑤ 股东的出资方式、出资额和出资时间;
⑥ 公司的机构及其产生办法、职权、议事规则;
⑦ 公司法定代表人;
⑧ 股东会会议认为需要规定的其他事项。

在公司章程所列举的事项中,前7个事项是《公司法》规定的必须记载的事项。属于必要记载事项,不记载或者记载违法者,章程无效。最后一项则授权股东会根据公司需要,可以记载的事项,属于可记载事项。可记载事项只要不违反法律的强行规定和公序良俗,章程制定人可以自由决定。但这些事项一旦记载于章程中,其效力等同于必要记载事项。

(4) 有公司名称,建立符合有限责任公司要求的组织机构。公司名称是本公司与其他公司、企业相区别的文字符号。设立有限责任公司必须有公司名称,并应当在其名称中标明有限责任公司或有限公司字样。有限责任公司是通过公司的组织机构进行运作的,所以设立有限责任公司必须建立相应的符合有限责任公司要求的组织机构。

(5) 有公司住所。即要有主要办事机构所在地。

2. 有限责任公司的设立程序

有限责任公司是一种封闭性的法人组织,其设立方式只能以发起设立为限,不得采用募集设立方式。所以,相对于股份公司的设立而言,有限责任公司的设立程序比较简单,

一般要经过以下步骤:
(1) 订立公司章程。公司章程是公司设立的基本文件,只有严格按照法律要求订立公司章程,并报经主管机关批准后,章程才能生效,才能继续进行公司设立的其他程序。
(2) 申请公司名称预先核准。设立有限责任公司,由全体股东指定的代表或者共同委托的代理人向公司登记机关申请公司名称预先核准。
(3) 法律、行政法规规定需经有关部门审批的要进行报批,获得批准文件。
(4) 股东缴纳出资并经法定的验资机构验资后出具证明。
(5) 向公司登记机关申请设立登记。
(6) 登记发照。对于设立申请,登记机关应当依法进行审查。对于不符合《公司法》规定条件的,不予登记;对于符合《公司法》规定条件的,依法核准登记,发给营业执照。营业执照的签发日期为有限责任公司的成立日期。

3. 出资证明书

有限责任公司成立后,应当向股东签发出资证明书。出资证明书应当载明下列事项:
(1) 公司名称;
(2) 公司成立日期;
(3) 公司注册资本;
(4) 股东的姓名或者名称、缴纳的出资额和出资日期;
(5) 出资证明书的编号和核发日期。
出资证明书应该由公司盖章。

6.2.3 有限责任公司组织机构

有限责任公司的组织机构是指为保证公司经营管理活动顺利进行和公司目标的实现,所确立的权力、决策、执行和监督机构的总称。在我国,公司的组织机构还有其他的说法,如公司法人机关、公司治理机制、公司治理的组织结构等,我国《公司法》明确使用了组织机构的概念。

公司的组织机构,各国的具体做法并不相同,主要有三分法和四分法两种。三分法,指公司的组织机构包括股东会、董事会和监事会;四分法在三分法的基础上,将经理也作为组织机构的一部分而加以确定。我国《公司法》原则上采用了四分法。

1. 有限责任公司股东会

有限责任公司股东会是公司的权力机构,由全体股东组成。按照《公司法》的规定,股东会的职权有:
(1) 决定公司的经营方针和投资计划;
(2) 选举和更换非由职工代表担任的董事、监事,决定有关董事、监事的报酬事项;
(3) 审议批准董事会的报告;
(4) 审议批准监事会或者监事的报告;
(5) 审议批准公司的年度财务预算方案、决算方案;

(6) 审议批准公司的利润分配方案和弥补亏损方案；

(7) 对公司增加或者减少注册资本作出决议；

(8) 对发行公司债券作出决议；

(9) 对公司合并、分立、解散、清算或者变更公司形式作出决议；

(10) 修改公司章程；

(11) 公司章程规定的其他职权。

首次股东会会议由出资额最多的股东召集和主持。

股东会会议分为定期会议和临时会议。定期会议应当依照公司章程的规定按时召开。

临时会议由代表1/10以上表决权的股东、1/3以上的董事、监事会或者不设监事会的公司的监事提议召开。

股东会会议由股东按照出资比例行使表决权，公司章程另有规定的除外。股东会的议事方式和表决程序，除《公司法》有特别规定外，由公司章程规定。但是，修改《公司章程》、增加或者减少注册资本的决议，以及公司合并、分立、解散或者变更公司形式的决议，必须经代表2/3以上表决权的股东通过。

2. 有限责任公司股东的权利和义务

股东权利是指股东作为出资者依法对公司所享有的权利，不同的国家对股东权利的具体规定不同。股东的权利主要包括：

(1) 股东身份权；

(2) 收益分配权；

(3) 重大决策权；

(4) 选择和监督管理者的权利；

(5) 知情权；

(6) 关联交易审查权；

(7) 提议、召集、主持股东会临时会议权；

(8) 退出权；

(9) 诉讼权和代位诉讼权。

根据我国有关法律、法规的规定，公司的股东应当承担如下义务。

(1) 遵守公司章程的义务。

(2) 缴纳认购的出资额的义务。股东无正当理由不履行缴纳出资额的义务，由此给公司造成经济损失的，应当负赔偿责任。

(3) 资本充实的义务。资本充实责任是指为贯彻资本充实原则，由公司发起人共同承担的相互担保出资义务履行、确保公司实收资本与章程所定资本相一致的民事责任。资本充实责任一般体现在不得抽逃注册资金和公司设立后股东负有填补资本的义务两个方面。

我国《公司法》规定：有限责任公司成立后，发现作为出资的实物、工业产权、非专利技术、土地使用权的实际价额显著低于公司章程所定价额的，应当由交付该出资的股东补交其差额,公司设立时的其他股东对其承担连带责任。

3. 有限责任公司董事会

有限责任公司董事会是指由股东会选举产生的负责公司经营管理活动的常设机构。董事会是公司经营决策机构、股东会决议的执行机构,并且向股东会负责。董事会对外代表公司,对内执行公司业务。我国《公司法》规定,董事会享有以下权利:

(1) 召集股东会会议,并向股东会报告工作;

(2) 执行股东会的决议;

(3) 决定公司的经营计划和投资方案;

(4) 制定公司的年度财务预算方案、决算方案;

(5) 制定公司的利润分配方案和弥补亏损方案;

(6) 制定公司增加或者减少注册资本以及发行公司债券的方案;

(7) 制定公司合并、分立、解散或者变更公司形式的方案;

(8) 决定公司内部管理机构的设置;

(9) 决定聘任或者解聘公司经理及其报酬事项,并根据经理的提名决定聘任或者解聘公司副经理、财务负责人及其报酬事项;

(10) 制定公司的基本管理制度;

(11) 公司章程规定的其他职权。

有限责任公司设立董事会的,股东会会议由董事会召集。有限责任公司设立董事会,其成员为3~13人。股东人数较少或者规模较小的有限责任公司,可以设1名执行董事,不设董事会。执行董事可以兼任公司经理。执行董事的职权由公司章程规定。

4. 有限责任公司监事会

有限责任公司监事会是以检查、监督公司的财务及业务执行状况为目的而设立的公司机构。监事会、不设监事会的公司的监事行使下列职权:

(1) 检查公司财务;

(2) 对董事、高级管理人员执行公司职务的行为进行监督,对违反法律、行政法规、公司章程或者股东会决议的董事、高级管理人员提出罢免的建议;

(3) 当董事、高级管理人员的行为损害公司的利益时,要求董事、高级管理人员予以纠正;

(4) 提议召开临时股东会会议,在董事会不履行公司章程规定的召集和主持股东会会议职责时召集和主持股东会会议;

(5) 向股东会会议提出提案;

(6) 依照《公司法》规定,对董事、高级管理人员提起诉讼;

(7) 公司章程规定的其他职权。

监事可以列席董事会会议,并对董事会决议事项提出质询或者建议。设监事会的有限责任公司,其成员不得少于3人。股东人数较少或者规模较小的有限责任公司,可以设一至两名监事,不设监事会。监事会应当包括股东代表和适当比例的公司职工代表,其中职工代表的比例不得低于1/3,监事会中的职工代表由公司职工通过职工代表大会、职工大会或者其他形式民主选举产生。

监事会每年度至少召开一次会议,监事可以提议召开临时监事会会议。

监事会的议事方式和表决程序,除《公司法》有规定的以外,由公司章程规定。

董事、高级管理人员不得兼任监事,监事的任期每届为3年。监事任期届满,连选可以连任。

5. 有限责任公司经理

有限责任公司经理是执行董事会的各项决定,组织领导公司的日常经营管理工作。经理由董事会决定聘任或者解聘,因此只对董事会负责。从法律关系上看,经理与公司董事会之间是委托关系,经理的职权由公司章程规定或者由董事会授予。我国《公司法》规定,经理行使下列职权:

(1) 主持公司的生产、经营、管理工作,组织实施董事会决议;
(2) 组织实施公司年度经营计划和投资方案;
(3) 拟订公司内部管理机构设置方案;
(4) 拟订公司的基本管理制度;
(5) 制定公司的具体规章;
(6) 提请聘任或者解聘公司副经理、财务负责人;
(7) 决定聘任或者解聘除应由董事会决定聘任或者解聘以外的负责管理人员;
(8) 董事会授予的其他职权。

公司章程对经理职权另有规定的,从其规定。经理列席董事会会议。

6. 有限责任公司董事、监事、经理的任职资格和义务

1) 有限责任公司董事、监事、经理的任职资格

根据《公司法》的规定,有下列情形之一的,不得担任有限责任公司的董事、监事、经理:

(1) 无民事行为能力或者限制民事行为能力;
(2) 因犯有贪污、贿赂、侵占财产、挪用财产罪或者破坏社会经济秩序罪,被判处刑罚,执行期满未逾5年,或者因犯罪被剥夺政治权利,执行期满未逾5年;
(3) 担任因经营不善破产清算的公司、企业的董事或者厂长、经理,并对该公司、企业的破产负有个人责任的,自该公司、企业破产清算完结之日起未逾3年;
(4) 担任因违法被吊销营业执照的公司、企业的法定代表人,并负有个人责任的,自该公司、企业被吊销营业执照之日起未逾3年;
(5) 个人所负数额较大的债务到期未清偿。

2) 有限责任公司董事、监事、经理及高级管理人员的义务

权利和义务是相互对应的。公司董事、监事、经理及高级管理人员在享有权利的同时,也要承担相应的义务,我国《公司法》规定,董事、监事、高级管理人员应当遵守法律、行政法规和公司章程,对公司负有忠实义务和勤勉义务。

忠实义务是指董事、监事、高级管理人员在执行公司事务时，必须忠心耿耿，应以公司和股东利益为最高准则，不得以损害公司、股东利益为代价而追求自己或者他人利益。忠实义务一般包括：禁止利用职务之便获得私利义务、利害关系交易的禁止或披露义务、禁止剥夺公司机会义务、保守公司秘密的义务等。

勤勉义务又称注意义务、善管义务或审慎义务，是指董事、监事、高级管理人员在执行公司事务时，必须诚实守信地履行其职责，表现出一般审慎者处于相似位置时在类似情况下所表现出的勤勉、注意和技能。对于勤勉义务的内容及判断标准，《公司法》并没有规定。从国外的相关立法和判例来看，主要是从业务判断规则和依赖权的合理性进行判断。

在我国《公司法》中，采用列举方式列出了禁止董事、监事、经理及高级管理人员进行的、违反忠实义务的行为：

（1）挪用公司资金；

（2）将公司资金以其个人名义或者以其他个人名义开立存储账户；

（3）违反公司章程的规定，未经股东会、股东大会或者董事会同意，将公司资金借贷给他人或者以公司财产为他人提供担保；

（4）违反公司章程的规定或者未经股东会、股东大会同意，与本公司订立合同或者进行交易；

（5）未经股东会或者股东大会同意，利用职务便利为自己或者他人谋取属于公司的商业机会，自营或者为他人经营与所任职公司同类的业务；

（6）接受他人与公司交易的佣金归为己有；

（7）擅自披露公司秘密；

（8）违反对公司忠实义务的其他行为。

董事、高级管理人员违反前款规定所得的收入应当归公司所有。

7. 有限责任公司股权的转让

1）公司股份转让权

股权转让是指有限公司内部各股东之间及股东与第三人之间依据法律的规定将所持公司股权进行的转让，从而使他人成为公司股东的民事法律行为。根据《公司法》的规定，有限责任公司的股东可以转让其全部或者部分股权。

根据受让对象的不同，股权转让可以分为股东之间的股权转让和股权对外转让。

股东之间的股权转让没有过多限制，当事人依据章程进行转让。

股东向股东以外第三人转让股权，应当经其他股东过半数同意。股东应就其股权转让事项书面通知其他股东征求同意，其他股东自接到书面通知之日起满30日未答复的，视为同意转让。其他股东半数以上不同意转让的，不同意的股东应当购买该转让的股权；不购买的，视为同意转让。

经股东同意转让的股权，在同等条件下，其他股东有优先购买权。两个以上股东主张行使优先购买权的，协商确定各自的购买比例；协商不成，按照转让时各自的出资比例行使优先购买权。

公司章程对股权转让另有规定的，从其规定。

2) 资本回购请求权

公司一般不得购买本公司的股权,但有下列情形之一的,对股东会该项决议投反对票的股东可以请求公司按照合理的价格收购其股权:

(1) 公司连续5年不向股东分配利润,而公司该5年连续盈利,并且符合《公司法》规定的分配利润条件的;

(2) 公司合并、分立、转让主要财产的;

(3) 公司章程规定的营业期限届满或者章程规定的其他解散事由出现,股东会会议通过决议修改章程使公司存续的;

(4) 自股东会会议决议通过之日起60日内,股东与公司不能达成股权收购协议的,股东可以自股东会会议决议通过之日起90日内向人民法院提起诉讼。

6.2.4 一人公司

1. 一人公司的概念及特征

一人公司是指只有1个自然人股东或者1个法人股东的有限责任公司。一人公司是有限责任公司的一种特殊形态,它具有有限责任公司的一般特征,也要遵守我国《公司法》关于有限责任公司的一般规定,但是,一人公司也有自己的特点,主要体现在以下几点:

(1) 一人有限责任公司出资主体是单一的,也就是说,股东只能是1人,1个自然人或者1个法人。法人包括企业法人、事业单位法人、社团法人、民办非企业法人。非法人企业(包括个人独资企业、合伙企业、非法人外商投资企业)不能投资设立一人有限责任公司。

(2) 一人有限责任公司的注册资本最低限额为人民币10万元。股东应当一次足额缴纳公司章程规定的出资额。

(3) 一人有限责任公司不设股东会。

(4) 一人有限责任公司应当在每一会计年度终了时编制财务会计报告,并经会计师事务所审计。

(5) 一人有限责任公司的股东不能证明公司财产独立于股东自己的财产的,应当对公司债务承担连带责任。

2. 一人公司的设立条件

一人公司是有限责任公司的一种特殊形态,因此在设立上,同样适用有限责任公司的一般规则,同时由于其特殊性,在设立时,也有其他的限制,具体包括以下几点:

(1) 股东符合法定人数。一人有限责任公司由1个而且只能由1个自然人股东或者1个法人股东出资设立。

(2) 股东出资达到法定资本最低限额。一人有限责任公司的注册资本最低限额为人民币10万元,并应当一次足额缴纳公司章程规定的出资额。

(3) 股东制定公司章程。

(4) 有公司名称,建立符合有限责任公司要求的组织机构。

(5) 有公司住所。

由于一人公司属于有限责任公司,对债权人承担有限责任,为了防止投资者利用公司的有限责任规避法定责任,《公司法》对一人公司的设立、经营和责任进行了一定的限制,包括以下几个方面。

(1) 规范了一人有限公司的设立条件,禁止滥设。即1个自然人只能投资设立1个一人有限责任公司,该一人有限责任公司不能投资设立新的一人有限责任公司。1个法人可以投资设立多个一人有限责任公司。

(2) 强化最低资本金制度,并严格规定了出资缴资方式。即一人有限责任公司的注册资本最低额为人民币10万元。股东应当一次足额缴纳公司章程规定的出资额。

(3) 规定了必要的登记和书面记载制度。即一人有限责任公司应当在公司登记中注明自然人独资或者法人独资,并在公司营业执照中载明。一人有限责任公司股东作出属于公司法规定的股东会决议时,应当采用书面形式,并由股东签名后置备于公司。

(4) 建立了公司财务制度,加强了对一人有限责任公司的财务监督。一人有限责任公司应当在每一会计年度终了时编制财务会计报告,并经会计师事务所审计。这一规定可以及时了解一人公司的年度财务状况,防止一人公司进行自我交易以及公司财产和股东财产的混同,加强了对一人公司财物的监督,能更好地保护公司债权人的利益。

(5) 引进了公司法人人格否认制度,对一人公司法人人格滥用行为进行规制。按照《公司法》规定,一人有限责任公司的股东不能证明公司财产独立于股东自己的财产的,应当对公司债务承担连带责任。

6.2.5 国有独资公司

1. 国有独资公司的概念及特征

国有独资公司是指国家单独出资、由国务院或者地方人民政府授权本级人民政府国有资产监督管理机构履行出资人职责的有限责任公司。

国有独资公司在本质上属于有限责任公司,但由于其投资者只有一个而且是国家,因此也有着许多和其他有限责任公司不一样的规定,具有自己的独特特征,具体表现为以下几点:

(1) 国有独资公司是特殊的一人公司。国有独资公司的股东是唯一的,是由一个股东投资设立的,从这个意义上来说,国有独资公司是一人公司,但是,它的投资主体不仅是唯一的,而且是法定的,即国有独资公司只能由国家单独出资设立。

(2) 国有独资公司是特殊的有限责任公司。同一般的有限责任公司一样,公司以其全部财产对公司债务承担责任,股东以其出资额为限对公司承担责任,公司与股东互相独立。国有独资公司与一般的有限责任公司在股东人数、股东身份、章程制定、公司的机构及其产生、职权等方面还是存在很大不同,即国有独资公司的财产所有权属于国家,公司并不具有财产所有权。

国有独资公司的股东虽仅为一人,但单一股东却并不因此而承担无限责任,股东仍仅以出资额为限对公司承担责任,因此,国有独资公司实质上是有限责任公司的一种特殊类型。

（3）国有独资公司经营具有国家垄断性。

国有独资公司在一定程度上具有国家垄断的性质。因为国务院确定的生产特殊产品的公司或者属于特定行业的公司应当采取国有独资公司的形式。

2. 国有独资公司的章程

国有独资公司作为有限责任公司的一种特殊形式，也要制定公司章程。根据《公司法》规定，国有独资公司章程由国有资产监督管理机构制定，或者由董事会制定报国有资产监督管理机构批准。国有独资公司章程的内容依照《公司法》的相关规定。

3. 国有独资公司的权力机构

国有独资公司作为一种特殊类型的公司，其权力机构也具有一定的特殊性。

1）股东会

国有独资公司不设股东会，由国有资产监督管理机构行使股东会职权。国有资产监督管理机构可以授权公司董事会行使股东会的部分职权，决定公司的重大事项。但公司的合并、分立、解散、增减注册资本和发行公司债券，必须由国有资产监督管理机构决定。其中，重要的国有独资公司合并、分立、解散、申请破产，应当由国有资产监督管理机构审核后，报本级人民政府批准。

2）董事会

国有独资公司设立董事会。董事会享有《公司法》规定的董事会的所有职权。同时，国有独资公司董事会的职权范围比一般有限责任公司董事会的职权更宽泛，在行使法律规定的董事会职权以外，还可以根据国有资产监督管理机构的授权行使公司股东会的部分职权。

国有独资公司董事的每届任期不得超过3年。同时董事会成员中应当有公司职工代表。职工代表由公司职工代表大会选举产生。董事会设董事长一人，可以设副董事长。但与一般的有限责任公司不同，国有独资公司的董事长、副董事长不是通过董事互选产生的，而是由国有资产监督管理机构从董事会成员中指定的。

3）经理

国有独资公司设经理，由董事会聘任或者解聘，依照《公司法》关于有限责任公司经理的相关规定行使其职权。经国有资产监督管理机构同意，董事会成员可以兼任经理。国有独资公司的董事长、副董事长、董事、高级管理人员，未经国有资产监督管理机构同意，不得在其他有限责任公司、股份有限公司或者其他经济组织兼职。

4）监事会

国有独资公司设立监事会，监事会成员不得少于5人，其中职工代表的比例不得低于1/3，具体比例由公司章程规定。监事会成员由国有资产监督管理机构委派；职工代表监事由公司职工代表大会选举产生。监事会主席由国有资产监督管理机构从监事会成员中指定。监事会除了依据《公司法》的规定享有一般有限责任公司的职权外，还享有国务院规定的其他权利。

6.3 股份有限公司

6.3.1 股份有限公司的概念及特征

1. 股份有限公司的概念

股份有限公司是指由一定人数以上的股东组成、公司全部资本分为等额股份、股东以其所持股份为限对公司承担责任、公司以全部资产对公司的债务承担责任的企业法人。

2. 股份有限公司的特征

股份有限公司有以下特征：
(1) 股东人数具有广泛性；
(2) 股东的出资具有股份性，即公司全部资本分为等额股份；
(3) 股东责任具有有限性，即股东以其所持股份为限对公司承担责任；
(4) 股份发行和转让具有公开性、自由性；
(5) 公司财务账目具有公开性；
(6) 公司信用基础具有资合性。

6.3.2 股份有限公司的设立

1. 股份有限公司的设立条件

股份有限公司的设立条件如下：
(1) 发起人符合法定人数。设立股份有限公司，需要有 2 人以上 200 人以下为发起人，其中须有半数以上的发起人在中国境内有住所。
(2) 发起人认购和募集的股本达到法定资本最低限额。股份有限公司注册资本的最低限额为人民币 500 万元。法律、行政法规对股份有限公司注册资本的最低限额有较高规定的，从其规定。
(3) 股份发行、筹办事项符合法律规定。
(4) 发起人制定公司章程，采用募集方式设立的经创立大会通过。股份有限公司章程应当载明下列事项：
① 公司名称和住所；
② 公司经营范围；
③ 公司设立方式；
④ 公司股份总数、每股金额和注册资本；
⑤ 发起人的姓名或者名称、认购的股份数、出资方式和出资时间；
⑥ 董事会的组成、职权和议事规则；
⑦ 公司法定代表人；
⑧ 监事会的组成、职权和议事规则；

⑨ 公司利润分配办法；
⑩ 公司的解散事由与清算办法；
⑪ 公司的通知和公告办法；
⑫ 股东大会会议认为需要规定的其他事项。
(5) 有公司名称,建立符合股份有限公司要求的组织机构。必须在公司名称中标明股份有限公司或者股份公司字样。
(6) 有公司住所。

2. 股份有限公司的设立方式

股份有限公司的设立,可以采取发起设立或者募集设立的方式。发起设立,是指由发起人认购公司应发行的全部股份而设立公司。以发起设立方式设立股份有限公司的,发起人应当书面认足公司章程规定其认购的股份。募集设立,是指由发起人认购公司应发行股份的一部分,其余股份向社会公开募集或者向特定对象募集而设立公司。发起人认购的股份不得少于公司股份总数的35%。法律、行政法规另有规定的,从其规定。

3. 创立大会

创立大会是指在发行股份的股款缴足后、自股款缴足之日起30日内由发起人主持召开、由所有认股人组成、决定公司设立重大事项的临时性机构。

创立大会行使下列职权：
(1) 审议发起人关于公司筹办情况的报告；
(2) 通过公司章程；
(3) 选举董事会成员；
(4) 选举监事会成员；
(5) 对公司的设立费用进行审核；
(6) 对发起人用于抵作股款的财产的作价进行审核；
(7) 发生不可抗力或者经营条件发生重大变化直接影响公司设立的,可以作出不设立公司的决议。

创立大会对上述事项作出决议,须经出席会议的认股人所持表决权过半数通过。

4. 董事会申请股份有限公司设立登记提交的文件

董事会申请股份有限公司设立登记应提交以下文件：
(1) 公司登记申请书；
(2) 创立大会的会议记录；
(3) 公司章程；
(4) 验资证明；
(5) 法定代表人、董事、监事的任职文件及其身份证明；
(6) 发起人的法人资格证明或者自然人身份证明；
(7) 公司住所证明。

以募集方式设立股份有限公司公开发行股票的,还应当向公司登记机关报送国务院证券监督管理机构的核准文件。

5. 股份有限公司的发起人承担的责任

股份有限公司的发起人应当承担下列责任:

(1) 公司不能成立时,对设立行为所产生的债务和费用负连带责任。

(2) 公司不能成立时,对认股人已缴纳的股款,负返还股款并加算银行同期存款利息的连带责任。

(3) 在公司设立过程中,由于发起人的过失致使公司利益受到损害的,应当对公司承担赔偿责任。

(4) 股份有限公司成立后,发起人未按照公司章程的规定缴足出资的,应当补缴;其他发起人承担连带责任。

(5) 股份有限公司成立后,发现作为设立公司出资的非货币财产的实际价额显著低于公司章程所定价额的,应当由交付该出资的发起人补足其差额;其他发起人承担连带责任。

6.3.3 股份有限公司的组织机构

股份有限公司设立股东大会、董事会、监事会和经理,有限责任公司的相关规定基本适用于股份有限公司,但也有特殊规定。

1. 股东大会

股份有限公司股东大会由所有股东组成,是股份有限公司的最高权力机构。公司的一切重大事项均由股东大会做出决议。《公司法》关于有限责任公司股东会职权的规定同样适用于股份有限公司的股东大会。股东出席股东大会会议,所持每一股份有一表决权。但是,公司持有的本公司股份没有表决权。

股东大会作出决议,必须经出席会议的股东所持表决权过半数通过。但是,股东大会作出修改公司章程、增加或者减少注册资本的决议,以及公司合并、分立、解散或者变更公司形式的决议,必须经出席会议的股东所持表决权的 2/3 以上通过。

股东大会选举董事、监事,可以依照公司章程的规定或者股东大会的决议,实行累积投票制,股东可以委托代理人出席股东大会会议,代理人应当向公司提交股东授权委托书,并在授权范围内行使表决权。

股东大会可以分为定期股东大会和临时股东大会。定期股东大会每年召开一次。临时股东大会则根据法律或者公司章程及企业情况决定是否召开。

按照《公司法》的规定,发生下列情况时应当在两个月内召开临时股东大会:

(1) 董事人数不足《公司法》规定人数或者公司章程所定人数的 2/3 时;

(2) 公司未弥补的亏损达实收股本总额 1/3 时;

(3) 单独或者合计持有公司 10% 以上股份的股东请求时;

(4) 董事会认为必要时;

(5) 监事会提议召开时;
(6) 公司章程规定的其他情形。

2. 董事会

股份有限公司董事会是由所有董事组成的负责公司经营管理活动的集体机构。它是公司对内执行业务、对外代表公司的常设理事机构,向股东大会负责。《公司法》关于有限责任公司的董事会职权的规定适用于股份有限公司。

股份有限公司设董事会,其成员为 5～19 人。董事会成员中可以有公司职工代表。董事会中的职工代表由公司职工通过职工代表大会、职工大会或者其他形式民主选举产生。

董事会设董事长一人,可以设副董事长。董事长和副董事长由董事会全体董事的过半数选举产生。

董事会每年度至少召开两次会议。每次会议应当于会议召开 10 日前通知全体董事和监事。代表 1/10 以上表决权的股东、1/3 以上董事或者监事会,可以提议召开董事会临时会议。董事长应当自接到提议后 10 日内,召集和主持董事会会议。

董事会会议应有过半数的董事出席方可举行。董事会决议的表决,实行一人一票,董事会作出决议,必须经全体董事的过半数通过。

3. 监事会

监事会是对董事会、董事、经理及其他管理人员执行业务活动进行监督的机构。监事由股东大会从股东中选任,董事或高级管理人员不得兼任。《公司法》关于有限责任公司的监事会职权的规定,适用于股份有限公司的监事会。

股份有限公司设监事会,其成员不得少于 3 人。应当包括股东代表和适当比例的公司职工代表,其中职工代表的比例不得低于 1/3,具体比例由公司章程规定。监事会中的职工代表由公司职工通过职工代表大会、职工大会或者其他形式民主选举产生。

监事会设主席一人,可以设副主席。监事会主席和副主席由全体监事过半数选举产生。监事会主席召集和主持监事会会议。

监事会每 6 个月至少召开一次会议。监事可以提议召开临时监事会会议。

监事会的议事方式和表决程序,除《公司法》有规定的外,由公司章程规定。

4. 经理

股份有限公司设经理,由董事会决定聘任或者解聘。《公司法》关于有限责任公司的经理职权的规定,适用于股份有限公司经理。

公司董事会可以决定由董事会成员兼任经理。

6.3.4 上市公司

上市公司是指所发行的股票经国家主管部门的批准、依照法定条件和程序在证券交易所上市交易的股份有限公司。

上市公司作为股份有限公司的一种形式,具备股份有限公司的特征。与未上市的股份有限公司相比,上市公司也有不同之处,体现在以下几点：

(1) 上市公司相对于非上市股份公司对财务披露要求更为严格。

(2) 上市公司的股份可以在证券交易所中挂牌自由交易流通,非上市公司的股份不可以在证交所交易流动。

(3) 上市公司和非上市公司的组织机构也不一样。除与非上市公司一样,具有股东大会、董事会、监事会、经理等基本组织机构外上市公司还设立独立董事和董事会秘书。董事会秘书负责公司股东大会和董事会会议的筹备、文件保管以及公司股东资料的管理,办理信息披露事务等事宜。

(4) 上市公司上市必须具备相应的条件,非上市公司可以具有。

上市公司最大的特点在于可利用证券市场进行筹资。

6.3.5 股份有限公司的股份发行和转让

股份有限公司的资本划分为股份,每一股的金额相等。股票是公司签发的证明股东所持股份的凭证。股票的发行实行公平、公正的原则,同种类的每一股份应当具有同等权利。同次发行的同种类股票,每股的发行条件和价格应当相同。任何单位或者个人所认购的股份,每股应当支付相同的价额。股票发行价格可以按票面金额,也可以超过票面金额,但不得低于票面金额。

股票应当载明下列主要事项：①公司名称；②公司成立日期；③股票种类、票面金额及代表的股份数；④股票的编号。

股票由法定代表人签名、公司盖章。发起人的股票应当标明发起人股票字样。公司发行的股票,可以为记名股票,也可以为无记名股票。公司向发起人、法人发行的股票,应当为记名股票,并应当记载该发起人、法人的名称或者姓名。股东持有的股份可以依法转让。股东转让其股份,应当在依法设立的证券交易场所进行或者按照国务院规定的其他方式进行。记名股票,由股东以背书方式或者法律、行政法规规定的其他方式转让。发起人持有的本公司股份,自公司成立之日起一年内不得转让。

公司公开发行股份前已发行的股份,自公司股票在证券交易所上市交易之日起一年内不得转让。公司董事、监事、高级管理人员应当向公司申报所持有的本公司的股份及其变动情况,在任职期间每年转让的股份不得超过其所持有本公司股份总数的25%。所持本公司股份自公司股票上市交易之日起一年内不得转让。上述人员离职后半年内,不得转让其所持有的本公司股份。

公司章程可以对公司董事、监事、高级管理人员转让其所持有的本公司股份作出其他限制性规定。

公司不得收购本公司股份。但是,有下列情形之一的除外：

(1) 减少公司注册资本；

(2) 与持有本公司股份的其他公司合并；

(3) 将股份奖励给本公司职工；

(4) 股东因对股东大会作出的公司合并、分立决议持异议,要求公司收购其股份。

记名股票被盗、遗失或者灭失,股东可以依照《中华人民共和国民事诉讼法》规定的公示催告程序,请求人民法院宣告该股票失效。人民法院宣告该股票失效后,股东可以向公司申请补发股票。

6.4 公司合并与分立

6.4.1 公司合并

1. 公司合并的概念和特征

公司合并是指两个或两个以上的公司订立合并协议、依照公司法的规定不经过清算程序直接合并为一个公司的法律行为。

公司合并具有以下几个法律特征:

(1) 公司合并是参与合并的公司之间的契约行为,而不是股东之间的契约行为。公司合并以公司之间的自愿契约为基础。

(2) 公司合并不经过清算程序直接进行,并由此导致公司的废存、改变公司的财产状况和股权结构等。

(3) 公司合并前后具有一定的承接关系。因合并而消灭的公司的股份全部转换为存续公司或新设公司的股份,其股东自然成为合并后存续公司或新设公司的股东;因合并而消灭的公司的资产及债权、债务等,一并归入合并后的公司。

2. 公司合并的方式

公司合并可以采取吸收合并和新设合并两种方式。一个公司吸收其他公司为吸收合并,被吸收的公司解散。两个以上公司合并并设立一个新的公司为新设合并,合并各方解散。

公司合并不同于公司资产的收购。从法律性质上看,公司合并的本质是公司人格的合并,而资产收购的性质是资产买卖行为,不影响公司的人格。公司合并也不同于公司股权收购。公司合并实质上是公司人格的合并,而股权收购的本质是股权的买卖行为,不影响公司的人格。从本质上讲,股权收购和资产收购都是买卖行为,而非公司合并的本质——公司人格的合并。

3. 公司合并的程序

公司合并的程序如下:

(1) 订立合并协议。对合并协议应包括哪些主要条款,《公司法》没有规定。

(2) 通过合并协议。合并协议是导致公司资产重新配置的法律行为,直接关系股东的权益,是公司的重大事项,由各自的股东(大)会进行决议。在我国,有限责任公司股东会对公司合并的决议,必须经代表 2/3 以上表决权的股东通过;国有独资公司的合并应由国家授权投资的机构或者国家授权的部门决定;股份有限公司股东大会对公司合并作出决议,必须经出席会议的股东所持表决权的 2/3 以上通过。

(3) 编制资产负债表和财产清单。

(4) 通知债权人和公告。根据《公司法》的规定,参与合并的公司不清偿债务或者不提供相应的担保的,公司不得合并。因此,公司在进行吸收合并时,应公告通知债权人。

(5) 主管机关批准。股份有限公司合并或者分立,必须经国务院授权的部门或者省级人民政府批准。所以,主管机关的批准是股份有限公司合并的必经程序。

(6) 办理公司变更、注销登记。公司合并后,登记事项发生变更的,应当依法向公司登记机关办理变更登记。被吸收公司因解散应向公司登记机关办理注销登记。

4. 公司合并的法律效果

公司合并后产生的法律效果有以下几点:

(1) 公司消灭,在此特指被吸收公司消灭。由于消灭的公司的全部权利和义务已由吸收公司概括承受,所以,它的解散与一般公司的解散不同,无须经过清算程序,公司法人人格直接消灭。

(2) 公司的变更。

(3) 权利与义务的概括承受。

5. 公司合并无效之诉

我国《公司法》没有直接规定公司合并无效制度。但是由于公司合并是参与合并的公司基于合并合同而进行的法律行为,如合并行为存在违反法律、行政法规的强制性规范的事由,利害关系人当然可以提起请求确认无效之诉。

1) 合并无效的原因

公司合并只要违反了法律和行政法规的强制性规范,都可以作为合并无效的原因。具体包括以下几点。

(1) 违反《公司法》相关规定,公司合并未经股东(大)会决议;

(2) 违反《公司法》规定,股份有限公司合并未经主管机关批准;

(3) 违反《公司法》规定,债权人要求公司清偿债务或者提供相应担保,但公司不清偿债务或者不提供相应的担保。

2) 无效原因的补正

虽然公司合并存在无效的原因,但为了保护交易的安全,稳定社会关系,在法院判决合并无效之前,应给予当事人以补正的机会。若当事人在法院判决前,补正有关无效原因,合并应确认有效。

3) 合并无效的法律后果

公司合并无效的法律后果如下:

(1) 恢复到合并前的状态。在吸收合并中,消灭公司应从存续公司中分离,存续公司进行变更。

(2) 无效判决的溯及力的限制。合并无效的判决只对将来有效,不影响此前存续公司以合并有效为前提而产生的法律关系。如果合并无效判决溯及既往,自合并开始无效,则影响交易安全,导致法律关系混乱,损害第三方利益。

(3) 缔约过失责任。

6.4.2 公司分立

公司分立,是指一个公司依照法律的规定分为两个或两个以上的公司的法律行为。

1. 公司分立的方式

公司分立可以采取派生分立和新设分立两种方式。一个公司将一部分资产和负债分割出去另设一个或若干个新的公司,原公司保留为派生分立;一个公司将全部资产和负债划分给两个或两个以上的新公司,该公司解散为新设分立。

2. 公司分立的程序

公司分立的程序如下:
(1) 对公司的财产作相应的分割并作会计处理,编制新的资产负债表。
(2) 签订分立协议。
(3) 派生分立,存续的公司申请变更登记,新设的公司申请设立登记;新设分立,原公司申请注销登记,新设公司申请设立登记。

公司分立申请登记应提交的文件、证件参照公司合并,不需要提交协议,但应在股东会决议中明确分立事宜。

股东会决议的内容一般应包括分立前公司的名称、住所和法定代表人,分立前公司的资产负债情况、注册资本数额和股东的持股比例,分立方式,公司财产分割方案,分立后各公司的拟申请的名称、住所和法定代表人,分立后各公司的注册资本和股东的持股比例,原公司债权、债务的承继方案,职工安置办法,违约责任及争议的解决等。

公司分立审查要点参照公司合并。

3. 公司分立的法律后果

根据我国《公司法》及相关法律的规定,公司分立发生以下法律后果。
(1) 公司主体资格发生变化。在新设分立的情况下,原公司解散,并成立新的公司;在派生分立的情况下,原公司发生变更,并成立新的公司。
(2) 公司股东发生变化。公司分立后,原公司的股东可以选择是否加入分立后的新公司。
(3) 原公司的债权、债务由分立后的公司承担。公司分立前的债务由分立后的公司承担连带责任。但是,公司在分立前与债权人就债务清偿达成书面协议另有约定的除外。

6.5 公司的清算

6.5.1 公司清算的条件

公司清算是指处理解散公司的各项未了事务、分配其剩余财产、最终结束解散公司所有法律关系、消灭其法人资格的法律行为。除了因公司合并、分立原因解散的公司外,因其他原因解散的公司都应进行清算。通过清算,公司才能消灭法人资格。公司清算的原因可归纳为以下几种情况。

1. 股东会决议解散公司而引起的清算

股东会决议解散是公司进行清算的主要原因,决议解散的事由由《公司法》及公司章程规定,主要有:

(1) 章程所规定的营业期限届满;
(2) 公司所营事业已成就或不能成就;
(3) 股东全体的同意或股东会解散的决议;
(4) 股东人数不足组织公司的法定人数;
(5) 公司章程规定的其他解散事由的出现。

2. 政府命令公司解散而引起的清算

政府命令公司解散通常是因为公司违反了国家法律、法规或危害了公共利益,导致对社会管理秩序的严重破坏。如:公司设立时隐瞒真实情况,弄虚作假;从事违法活动,伪造、涂改、出租、出借、转让、出卖企业法人营业执照;抽逃、转移资金,隐匿财产逃避债务;公司逾期未完成污染治理任务等。政府命令公司解散的形式主要有勒令停办、关闭、停产、吊销营业执照等。

3. 公司破产而引起的清算

《公司法》规定,公司因依法宣告破产而解散。公司破产后,公司的财产交由法院指定的清算组织进行清算。破产清算,与公司股东会决议解散、政府命令公司解散而引起的清算程序及法律适用均不相同,在第8章中将作讲述。

6.5.2 公司清算组织

公司清算组织是指在公司解散过程中依法定程序产生的,专门负责清算和处理公司财产与债权债务的机构。清算组织取代了公司董事会的地位,在清算期间,原公司的法人机关董事会停止行使职权,公司的财产管理权、必要的业务经营权由清算组织行使,对外代表公司的权利也由清算组织行使。

1. 清算组织的产生

清算组织的产生包括下面两种情况。
(1) 股东会决议解散公司的清算组织。
根据《公司法》规定,公司在股东会决议解散的情况下,"应当在十五日内成立清算组,有限责任公司的清算组由股东组成,股份有限公司的清算组由股东大会确定其人选;逾期不成立清算组进行清算的,债权人可以申请人民法院指定有关人员组成清算组,进行清算。人民法院应当受理该申请,并及时指定清算组成员,进行清算"。因此,在股东会决议解散公司的情形下,清算组织由公司全体股东组成。

(2) 政府命令公司解散的清算组织。

根据《公司法》第一百九十二条规定："公司违反法律、行政法规被依法责令关闭的,应当解散,由有关主管机关组织股东、有关机关及有关专业人员成立清算组,进行清算。"因此,在政府命令公司解散的情形下,清算组的组成人员不是由公司全体股东组成,而是由有关主管机关组织股东,并在有关机关及有关专业人员共同参与下进行清算,以示政府对清算过程的参与和监督。

2. 清算组织的法律地位与权利义务

清算组织的法律地位与公司董事会相当,因此清算组织在执行清算事务范围内,它所承担的义务和享有的权利都与公司董事会相同。又由于有限责任公司的清算组织由全体股东组成,因此,对于有限责任公司而言,其清算组织的地位实质上是与公司股东会相同。清算组织的权利义务包括召集股东大会、对外代表公司参加民事诉讼等;有义务遵守国家法律、法规以及公司章程、股东会的决议,有义务维护公司股东和债权人的利益等。

公司清算在经济上要公正地处理公司的财产,在法律上要消灭公司的人格,是一项非常复杂且工作量很大的任务。为了保证清算的各项工作顺利进行,提高清算效率,减少清算损失,维护债权人、股东及其他利益相关人的合法权益,清算组在清算期间可以行使下列职权:

(1) 清理公司财产,分别编制资产负债表和财产清单;
(2) 通知、公告债权人;
(3) 处理与清算有关的公司未了结的业务;
(4) 清缴所欠税款以及清算过程中产生的税款;
(5) 清理债权、债务;
(6) 处理公司清偿债务后的剩余财产;
(7) 代表公司参与民事诉讼活动。

6.5.3 公司清算程序

我国《公司法》对清算程序作了如下规定:
(1) 成立清算组。这是公司清算中的首要环节,依法成立的清算组才能执行清算事务。这一环节的主要工作包括:
① 根据《公司法》的规定组成清算组;
② 推选清算组组长;
③ 制定清算过程中的议事规则。
(2) 清理公司财产。分别编制资产负债表和财产清单,这是公司清算中的基础性工作,只有对解散公司的财产状况有了清晰的了解后,清算组才能进一步执行其清算事务。这一环节的主要工作包括:
① 编制公司自年初起至决定清算日为止的会计报表,包括资产负债表、利润表及有关附表,凭此进行财产的盘点清查,核证账实物是否相符;
② 清查全部财产和债权、债务,编制财产目录和债权、债务明细表;

③ 清查工作结束后,应着手确定财产的清算价值;

④ 在清算价值确定后,则可按清算要求重新编制资产负债表,然后将资产负债表和财产清单一并交公司股东会通过,成为公司清偿债务和分配剩余财产的依据。

(3) 通知或公告债权人。清算组应当自成立之日起 10 日内通知债权人,并于 60 日内在报纸上至少公告 3 次,债权人应当自接到通知书之日起 30 日内,未接到通知书的自第一次公告之日起 90 日内,向清算组申报其债权。这里的"通知"主要适用于公司已明确知道的债权人;而"公告"则适用于公司尚不知道、或无法通知的债权人。这一环节的主要工作包括:

① 通知或公告债权人申报债权;

② 对债权进行登记,查验是否有遗漏债权人;

③ 对债权人申报的债权,核对其证明材料。

(4) 处理与清算有关的公司未了结的业务,收取公司债权。清算组为了了结公司未了结的业务,终结公司的各种法律关系,可开展一些必要的"为了了结公司现务"范围之内的经营活动。这一环节的主要工作包括:

① 为了结公司现务而对尚未履行完毕的合同进行清理,包括继续履行或终止履行或解除合同;

② 催收应收款,收回债权;

③ 代表公司参与民事诉讼活动。

(5) 制定清算方案。清算组在清理公司财产、编制资产负债表和财产清单后,应当制定清算方案,并报股东大会或者有关主管机关确认。具体步骤如下:

① 公司财产能够清偿公司债务的,则按法定顺序清偿公司债务;

② 公司财产可能不足清偿公司债务的,则清算组应当及时通知债权人,就清偿债务进行协商。协商达成协议的,由清算组按法定顺序并根据清偿协议清偿公司债务。协商未达成协议的,则债权人可以到法院起诉,由人民法院就债务清偿作出处理;

③ 公司财产不足清偿债务的,清算组应根据《公司法》第一百九十六条"因公司解散而清算,清算组在清理公司财产、编制资产负债表和财产清单后,发现公司财产不足清偿债务的,应当立即向人民法院申请宣告破产"之规定,停止清算活动并立即向人民法院申请宣告破产。

(6) 确认并实施清算方案。清算组制定的方案经股东会或者有关主管机关确认后,清算组即可按清算方案执行。清偿顺序如下:

① 支付清算费用。清算组为开展清算工作而支付的全部费用,如公告费、咨询费、差旅费、办公费、清算组成员的报酬等都应从公司财产中优先拨付。

② 支付职工工资和劳动保险费用。职工工资是职工在公司宣布解散前,参加公司生产、经营活动而应获取的报酬;劳动保险费用则是法律、法规规定的,公司应为职工缴纳的各种保险费。职工工资和劳动保险费用都与职工切身利益有关,因此《公司法》规定,拨付清算费用后,应首先支付职工工资和劳动保险费用。

③ 缴纳所欠税款。纳税是公司的法定义务,公司在宣布解散前所欠国家税款都应在清算中一并补齐。

④ 清偿公司债务。清算组清算公司债务,应于通知和公告规定的债权申报期届满以后进行。

⑤ 分配剩余财产。清算组在支付清算费用、职工工资和劳动保险费用、缴纳所欠税款、清偿公司债务后,如公司财产尚有剩余,则按公司章程或按照股东的出资比例进行分配。

(7) 提交清算报告。公司清算结束后,清算组应制作清算报告,并造具清算期内收支报表和各种财务账册,将这些材料一并提交股东会或政府主管部门(国有独资公司),由上述机构对这些材料的真实性与合法性予以确认。清算报告内容包括:

① 公司解散原因及日期;
② 清算组的组成;
③ 清算的形式;
④ 清算的步骤与安排;
⑤ 公司债权、债务的确认和处理;
⑥ 清算方案;
⑦ 清算方案的执行情况;
⑧ 清算组成员履行职责情况;
⑨ 其他有必要说明的内容。

(8) 办理注销登记。清算报告和清算期内收支报表、各种财务账册经股东会或国有独资公司的政府主管部门分别确认后,清算组应将清算报告报送公司登记机关,申请注销登记。经公司登记机关核准后,公告公司终止。

6.5.4 公司清算的中止与终止

清算组在清理公司财产、编制资产负债表和财产清单后,发现公司财产不足清偿债务的,应当依法向人民法院申请宣告破产。公司经人民法院裁定宣告破产后,清算组应当将清算事务移交给人民法院。这种情形属于清算的中止。

公司清算结束后,清算组应当制作清算报告,报股东会、股东大会或者人民法院确认,并报送公司登记机关,申请注销公司登记,公告公司终止。此种情形,视为公司终止。

案例讨论

不该产生的信赖

美国坎布里奇市有一家小银行,资本金是 10 万美元,平均储蓄款约 30 万美元。银行有收支员、会计、出纳和收发员各 1 人。倒霉的德莱塞尔是该银行总裁,也是大股东。自 1903 年至事发,法兰克·埃尔利是银行的收支员,科尔曼是收发员。事情就出在这位胆大妄为的科尔曼身上。早在 1903 年 8 月,埃尔利退休时,银行请一位审计员查账,就发现账目不清,无法查明存款究竟是多少。但由于银行账簿由科尔曼个人保管,没有单独的出纳室,此事后来不了了之。1904 年和 1905 年,银行连续发现短缺少量现金。1905 年 10 月,科尔曼开始兼任出纳。实际上,几年以来正是他在偷钱。由于偷取现金的风险较大,科尔曼在银行设立了一个可以开支票的小额储蓄账号,需要钱时先开支票,然后与另外一个城市的经纪人交换支票,用后者的支票取出现款。当自己的支票经结算中心到银行时,就把支票取出。而这时只在账簿上记录其他人的支票,把钱算到股东储蓄账户或者其他储户存款账户上,然后,交给收支员结算中心显示总数的纸条。收支员按数照付,其中科尔曼开的支票也就照付了。由于平时科尔曼处事小心谨慎,使自己账面的收支始终与收支员的账面保持一致,深得周围人的信任。

到 1910 年 2 月银行倒闭时,科尔曼共窃取了 31 万多美元。这一数字几乎是该银行一年的储蓄数额,银行成了他名副其实的私人钱柜。然而,1909 年 2 月,银行的董事们开会讨论储蓄金额显著下降时,得出的结论是因为竞争对手太多。1909 年 12 月州管理部门来人检查,没有发现任何异常情况。在全国银行每半年一次的例行检查中,也未发现异常情况。收支员太相信科尔曼,其他人又从不怀疑科尔曼。如果收支员打开结算中心寄来的信,就会看到支票,只要稍稍查一下储蓄账簿,就可以发现真相。(案例为 1920 年美国最高法院审理的贝茨诉德莱塞尔案)

讨论题

1. 公司有哪些形式?各自有何特点?
2. 公司的组织结构包括哪些?
3. 公司董事应承担哪些义务?
4. 公司股东享有哪些权利?

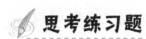

思考练习题

1. 有限责任公司转变为股份有限公司的条件有哪些?
2. 我国《公司法》对有限责任公司和股份有限公司股东的知情权的法律特征有哪些?

本章相关法律与法规

《中华人民共和国公司法》
《最高人民法院关于适用〈中华人民共和国公司法〉若干问题的规定(一)》
《最高人民法院关于适用〈中华人民共和国公司法〉若干问题的规定(二)》
《最高人民法院关于适用〈中华人民共和国公司法〉若干问题的规定(三)》
《中华人民共和国证券法》
《中华人民共和国证券投资基金法》
《中华人民共和国票据法》
《中华人民共和国保险法》
《中华人民共和国海商法》

第 7 章 合伙企业法

> **开篇案例**
>
> **陌生的债权人**
>
> 孙某弟兄俩与万某共同出资 20 万元(其中万某出资 10 万元,孙某弟兄俩各 5 万元)合伙开办一食品超市,具体业务由孙某弟兄俩负责。
>
> 经营一年多后,该超市便盈利 10 万元,按照当时的合伙协议,万某分得了 5 万元的红利,孙某弟兄俩则一人分得 2.5 万元。弟兄俩见该超市利润丰厚,便以"万某不会经营"为借口,将万某的投资从超市提出,退给万某,并强制将万某从该超市除名,不让万某到超市上班。万某曾多次找孙某弟兄俩质问,都没有结果。
>
> 于是万某决定到法院起诉孙某弟兄俩,可孙某弟兄俩却说,合伙企业是我们三人的事,对这种事,法院不管。(案例摘自找法网)

7.1 合伙企业的概念及种类

7.1.1 合伙企业的概念

1. 合伙企业的定义

根据《中华人民共和国合伙企业法》(以下简称《合伙企业法》)第二条的规定,合伙企业是在中华人民共和国境内设立的由各合伙人订立合伙协议、共同出资、合伙经营、共享收益、共担风险并对合伙企业债务承担无限连带责任的营利性组织。

2. 合伙企业的特征

合伙企业有以下几点特征:
(1) 合伙企业是不具备法人资格的营利性经济组织。

合伙企业的非法人性,使得它与具有法人资格的市场主体相区别;合伙企业的营利性,使得它与其他具有合伙形式但不以营利为目的的合伙组织相区别;合伙企业的组织性,使得它与一般民事合伙区别开来,从而成为市场经济活动的主体和多种法律关系的主体。

(2) 全体合伙人订立书面合伙协议。

合伙企业是由全体合伙人根据其共同意志而自愿组成的经济组织。该组织的设立、活动、变更、解散等一系列行为都必须符合一定的行为规则,而合伙协议就是合伙企业的行为规则。合伙协议必须是书面的。如果没有合伙协议,合伙企业就不能成立,其运作也就无从谈起。

(3) 合伙人共同出资、合伙经营、共享收益、共担风险。

合伙企业的资本是由全体合伙人共同出资构成。共同出资的特点决定了合伙人原则上均享有平等地参与执行合伙事务的权利,各合伙人互为代理人。

共同出资的特点也决定了对于合伙经营的收益和风险,由合伙人共享、共担。合伙企业作为人和企业,它完全建立在合伙人相互信赖的基础上,因此各合伙人彼此间的权利和义务并无不同,不存在特殊的合伙人。

(4) 合伙人根据合伙企业形式对合伙企业的债务承担不同的清偿责任。

普通合伙企业的合伙人对合伙企业的债务承担无限连带清偿责任。即当合伙企业财产不足清偿合伙企业债务时,各合伙人对于不足的部分承担连带清偿责任。有限合伙企业的合伙人则承担有限责任。

3. 合伙企业的优点

合伙企业的优点如下:

(1) 合伙企业的资本来源比独资企业广泛,它可以充分发挥企业和合伙人个人的力量,增强企业经营实力,使得其规模相对扩大。

(2) 由于合伙人共同承担合伙企业的经营风险和责任,因此,合伙企业的风险和责任相对于独资企业要分散一些。

(3) 法律对于合伙企业不作为一个统一的纳税单位征收所得税,因此,合伙人只需将从合伙企业分得的利润与其他个人收入汇总缴纳一次所得税即可。

(4) 由于法律对合伙关系的干预和限制较少,因此,合伙企业在经营管理上具有较大的自主性和灵活性,每个合伙人都有权参与企业的经营管理工作,这点与股东对公司的管理权利不同。

4. 合伙企业的缺点

合伙企业的缺点如下:

(1) 相对于公司而言,合伙企业的资金来源和企业信用能力有限,不能发行股票和债券,这使得合伙企业的规模不可能太大。

(2) 合伙人的责任比公司股东的责任大得多,合伙人之间的连带责任使合伙人需要对其合伙人的经营行为负责,更加重了合伙人的风险。

(3) 由于合伙企业具有浓重的人合性,任何一个合伙人破产、死亡或退伙都有可能导致合伙企业解散,因而其存续期限不可能很长。

7.1.2 合伙企业的种类

1. 普通合伙企业

普通合伙企业,是指由普通合伙人组成、合伙人对合伙企业债务依照《合伙企业法》规定承担无限连带责任的一种合伙企业。普通合伙企业具有以下特点。

(1) 由普通合伙人组成。所谓普通合伙人,是指在合伙企业中对合伙企业的债务依法承担无限连带责任的自然人、法人和其他组织。《合伙企业法》规定,国有独资公司、国有企业、上市公司以及公益性事业单位、社会团体不得成为普通合伙人。

(2) 合伙人对合伙企业债务依法承担无限连带责任,法律另有规定的除外。所谓无限连带责任,包括两个方面。一是连带责任。即所有的合伙人对合伙企业的债务都有责任向债权人偿还,不管自己在合伙协议中所承担的比例如何。一个合伙人不能清偿对外债务的,其他合伙人都有清偿的责任。但是,当某一合伙人偿还合伙企业的债务超过自己所应承担的数额时,有权向其他合伙人追偿。二是无限责任。即所有的合伙人不仅以自己投入合伙企业的资金和合伙企业的其他资金对债权人承担清偿责任,而且在不够清偿时还要以合伙人自己所有的财产对债权人承担清偿责任。

2. 特殊的普通合伙企业

《合伙企业法》第五十七条规定:一个合伙人或者数个合伙人在执业活动中因故意或者重大过失造成合伙企业债务的,应当承担无限责任或者无限连带责任,其他合伙人以其在合伙企业中的财产份额为限承担责任。合伙人在执业活动中非因故意或者重大过失造成的合伙企业债务以及合伙企业的其他债务,由全体合伙人承担无限连带责任。特殊的普通合伙企业可以是以专业知识和专门技能为客户提供有偿服务的专业服务机构。

3. 有限合伙企业

有限合伙企业是指由2个以上50个以下的普通合伙人和有限合伙人组成,普通合伙人对合伙企业债务承担无限连带责任,有限合伙人以其认缴的出资额为限对合伙企业债务承担责任。有限合伙企业,合伙人中至少有1人是普通合伙人。

4. 有限合伙与普通合伙的区别

有限合伙与普通合伙的区别有以下几点。

(1) 普通合伙人不得同本企业进行交易,但是合伙协议另有约定或者全体合伙人另有约定的除外;有限合伙人可以同本企业进行交易,但是合伙协议另有约定的除外。

(2) 普通合伙人不得自营或者同他人合营与本合伙企业相竞争的业务;有限合伙人可以,但是合伙协议另有约定的除外。

(3) 普通合伙企业的合伙协议不得约定将全部利润分配给部分合伙人;有限合伙企业不得将全部利润分配给部分合伙人,但是合伙协议另有约定的除外。

(4) 普通合伙人以其在合伙企业中的财产份额出质的,须经其他合伙人一致同意,未经其他合伙人一致同意,其行为无效;有限合伙人可以将其在有限合伙企业中的财产份额出质,但是合伙协议另有约定的除外。

7.2 合伙企业的设立

7.2.1 合伙企业设立的条件

1. 合伙企业设立的条件概述

设立合伙企业,应当具备下列条件:
(1) 有两个以上合伙人。合伙人为自然人的,应当具有完全民事行为能力。
(2) 有书面合伙协议。
(3) 有合伙人认缴或者实际缴付的出资。
(4) 有合伙企业的名称和生产经营场所。
(5) 法律、行政法规规定的其他条件。

设立普通合伙企业,在名称中应当标明"普通合伙"字样;设立有限合伙企业,在名称中应当标明"有限合伙"字样;特殊的普通合伙企业名称中应当标明"特殊普通合伙"字样。

2. 合伙协议载明的事项

合伙协议应当载明下列事项:
(1) 合伙企业的名称和主要经营场所的地点;
(2) 合伙目的和合伙经营范围;
(3) 合伙人的姓名或者名称、住所;
(4) 合伙人的出资方式、数额和缴付期限;
(5) 利润分配、亏损分担方式;
(6) 合伙事务的执行;
(7) 入伙与退伙;
(8) 争议解决办法;
(9) 合伙企业的解散与清算;
(10) 违约责任。

合伙协议经全体合伙人签名、盖章后生效。合伙人按照合伙协议享有权利,履行义务。

有限合伙企业,合伙协议除上述内容外,还应当载明下列事项:
(1) 普通合伙人和有限合伙人的姓名或者名称、住所;
(2) 执行事务合伙人应具备的条件和选择程序;
(3) 执行事务合伙人权限与违约处理办法;
(4) 执行事务合伙人的除名条件和更换程序;
(5) 有限合伙人入伙、退伙的条件、程序以及相关责任;

(6) 有限合伙人和普通合伙人相互转变程序。

7.2.2 合伙企业设立的程序

1. 申请人与登记机关

设立合伙企业,应由全体合伙人指定的代表或者共同委托的代理人向企业登记机关申请设立登记。登记机关为工商行政管理部门。

2. 申请时应提交的材料

申请设立合伙企业,应向企业登记机关提交登记申请书、合伙协议书、全体合伙人的身份证明等文件。

3. 登记

企业登记机关应自收到申请人提交所需的全部文件之日起 20 日内,作出是否登记的决定。予以登记的,发给营业执照,合伙企业的营业执照签发日期,为合伙企业成立之日。不予登记的,登记机关应当给予书面答复并说明理由。

合伙企业领取营业执照之前,合伙人不得以合伙企业的名义从事合伙业务。合伙企业可以设立分支机构。合伙企业设立分支机构的,应当向分支机构所在地的企业登记机关申请登记,领取营业执照。

7.3 合伙人的权利和义务

7.3.1 合伙人的权利和义务概述

1. 合伙人的权利

合伙人主要拥有以下权利:

(1) 合伙事务的执行权。即合伙人对执行合伙事务享有同等的权利。有限合伙人不执行合伙事务,不得对外代表有限合伙企业。

(2) 合伙事务的监督权。不执行合伙事务的合伙人有权监督执行事务合伙人执行合伙事务的情况。

(3) 经营状况和财务状况的知情权。主要是指合伙人有权随时了解企业的经营状况和财务状况,查阅各种账册和财务报表等资料。并要求执行事务合伙人应当定期向其他合伙人报告事务执行情况以及合伙企业的经营和财务状况。

(4) 重大事项的决议权。即合伙企业的有关重要事项必须经过全体合伙人讨论,一致同意方可决定。

(5) 异议及撤销权。即合伙人分别执行合伙事务的,执行事务合伙人可以对其他合伙人执行的事务提出异议,受委托执行合伙事务的合伙人不按照合伙协议或者全体合伙人的决定执行事务的,其他合伙人可以决定撤销该委托。

2. 合伙人的义务

对合伙人义务的规定,主要体现在3个方面:

(1) 不得同业竞争,即合伙人在本企业以外另从事有经营活动的,不得与本企业相竞争;

(2) 不得擅自与本企业进行交易,合伙人另从事经营因业务需要与本合伙企业发生交易的,应事先征得其他合伙人的同意;

(3) 不得从事损害本企业利益的活动,包括从事各种可能明显损害或有损害合伙企业利益潜在危险的活动。

3. 应当经全体合伙人一致同意的事项

除合伙协议另有约定外,应当经全体合伙人一致同意的事项如下:

(1) 改变合伙企业的名称;
(2) 改变合伙企业的经营范围、主要经营场所的地点;
(3) 处分合伙企业的不动产;
(4) 转让或者处分合伙企业的知识产权和其他财产权利;
(5) 以合伙企业名义为他人提供担保;
(6) 聘任合伙人以外的人担任合伙企业的经营管理人员。

4. 有限合伙人的限止行为

有限合伙人的下列行为,不视为执行合伙事务:

(1) 参与决定普通合伙人入伙、退伙;
(2) 对企业的经营管理提出建议;
(3) 参与选择承办有限合伙企业审计业务的会计师事务所;
(4) 获取经审计的有限合伙企业财务会计报告;
(5) 对涉及自身利益的情况,查阅有限合伙企业财务会计账簿等财务资料;
(6) 在有限合伙企业的利益受到侵害时,向有责任的合伙人主张权利或者提起诉讼;
(7) 执行事务合伙人怠于行使权利时,督促其行使权利或者为了本企业的利益以自己的名义提起诉讼;
(8) 依法为本企业提供担保。

7.3.2 入伙与退伙

1. 入伙

入伙是指原来没有合伙人资格的人,通过一定的程序,取得合伙人资格的行为。

新合伙人入伙时,应当经全体合伙人同意,并依法订立书面入伙协议。订立入伙协议时,原合伙人应当向新合伙人告知原合伙企业的经营状况和财务状况。

入伙的新合伙人与原合伙人享有同等权利,承担同等责任。入伙协议另有约定的,从其约定。新合伙人对入伙前合伙企业的债务承担无限连带责任。新入伙的有限合伙人对入伙前有限合伙企业的债务,以其认缴的出资额为限承担责任。

2. 退伙

退伙是指合伙人由于某些原因,退出合伙企业,从而丧失合伙人资格的行为。按照我国《合伙企业法》的规定,退伙包括自愿退伙,当然退伙和除名三种情况。

1) 自愿退伙

发生下列情况之一,合伙人可以自愿退伙:

(1) 合伙协议约定的退伙事由出现;
(2) 经全体合伙人一致同意;
(3) 发生合伙人难以继续参加合伙的事由;
(4) 其他合伙人严重违反合伙协议约定的义务。

合伙协议未约定合伙期限的,合伙人在不给合伙企业事务执行造成不利影响的情况下,可以退伙,但应当提前30日通知其他合伙人。合伙人违反规定退伙,应当赔偿由此给合伙企业造成的损失。

2) 当然退伙

发生下列情况之一,合伙人可以当然退伙:

(1) 作为合伙人的自然人死亡或者被依法宣告死亡;
(2) 个人丧失偿债能力;
(3) 作为合伙人的法人或其他组织依法被吊销营业执照、责令关闭撤销,或被宣告破产;
(4) 法律规定或者合伙协议约定合伙人必须具有相关资格而丧失该资格;
(5) 合伙人在合伙企业中的全部财产份额被人民法院强制执行。

合伙人被依法认定为无民事行为能力人或者限制民事行为能力人的,经其他合伙人一致同意,可以依法转为有限合伙人,普通合伙企业依法转为有限合伙企业。其他合伙人未能一致同意的,该无民事行为能力或者限制民事行为能力的合伙人退伙。

退伙事由实际发生之日为退伙生效日。

3) 除名

除名也是合伙人丧失合伙人资格的一种情况。合伙人有下列情况之一,其他合伙人一致同意,可以决议将其除名:

(1) 未履行出资义务;
(2) 因故意或者重大过失给合伙企业造成损失;
(3) 执行合伙事务时有不正当行为;
(4) 发生合伙协议约定的事由。

对合伙人的除名决议应当书面通知被除名人。被除名人接到除名通知之日,除名生效,被除名人退伙。

7.4 合伙企业的解散与清算

7.4.1 合伙企业的解散

合伙企业解散的原因如下：
(1) 合伙期限届满，合伙人决定不再经营；
(2) 合伙协议约定的解散事由出现；
(3) 全体合伙人决定解散；
(4) 合伙人已不具备法定人数满 30 天；
(5) 合伙协议约定的合伙目的已经实现或者无法实现；
(6) 依法被吊销营业执照、责令关闭或者被撤销；
(7) 法律、行政法规规定的其他原因。

7.4.2 合伙企业的清算

清算是指依法对宣布解散的合伙企业的财产进行清理、收回债权、清偿债务，并最后分配所剩财产和分担债务的行为。合伙企业解散，应当由清算人进行清算。

1. 清算人的确定

合伙企业解散，清算人由全体合伙人担任；不能由全体合伙人担任的，经全体合伙人过半数同意，可以自合伙企业解散后 15 日内指定一名或数名合伙人，或者委托第三人担任清算人。15 日内未确定清算人的，合伙人或者其他利害关系人可以申请人民法院指定清算人。

2. 清算人的职责

清算人在清算期间执行下列事务：
(1) 清理合伙企业财产，分别编制资产负债表和财产清单；
(2) 处理与清算有关的合伙企业未了结的事务；
(3) 缴清合伙企业所欠税款；
(4) 清理债权、债务；
(5) 处理合伙企业清偿债务后的剩余财产；
(6) 代表合伙企业参与民事诉讼活动。
清算人在清算中具有法律禁止的行为，应当依法予以法律制裁。

3. 财产分配

合伙企业存续期间，合伙企业的财产主要由两部分组成：一是合伙人出资形成的财产；二是合伙经营创造和积累的财产，即以合伙名义取得的收益。
《合伙企业法》规定：合伙人的出资、以合伙企业名义取得的收益和依法取得的其他财产,均为合伙企业的财产。在法律上确认了合伙企业的财产范围,即无论是合伙人的出资还是以合伙企业名义取得的收益均为合伙企业的财产,这些财产归合伙企业所有,并由全体合伙人依照《合伙企业法》共同管理和使用。这一规定表明,合伙人自投入特定财产后,不能再为对抗其他合伙人的目的而主张所有权,这些财产已经成为合伙企业的财产,由全体合伙人通过合伙企业占有和使用。合伙企业进行清算前,合伙人不得请求分割合伙企业的财产。

合伙企业财产在支付清算费用后,按下列顺序分配:
(1) 合伙企业所欠招用的职工工资和劳动保险费用;
(2) 合伙企业所欠税款;
(3) 合伙企业的债务;
(4) 返还合伙人的出资。

合伙企业财产按上述顺序清偿后仍有剩余的,由各合伙人按照合伙协议规定的比例分配;合伙协议未规定比例的,由各合伙人平均分配。

4. 合伙债务的承担

合伙企业清算时,其全部财产不足清偿其债务的,其不足的部分由各合伙人按照合伙协议约定的比例,用其在合伙企业以外的财产承担清偿责任;合伙协议未约定的,由各合伙人用其在合伙企业以外的财产平均分担清偿责任。合伙人由于承担连带责任,所清偿数额超过其应当承担的数额时,有权向其他合伙人追偿。

特别需要注意的是,合伙企业解散后,原合伙人对合伙企业存续期间的债务仍然应当承担连带责任,但债权人在5年内未向债务人提出偿债请求的,该责任消灭。

5. 合伙企业注销登记

合伙企业的注销登记,是合伙企业消灭其主体资格的法定程序。合伙企业清算结束后,清算人应当编制清算报告,经全体合伙人签字、盖章后,在15日内报送给企业登记机关,办理合伙企业的注销登记。

案例讨论

在不信任中经营

天泰电子科贸商行(下称天泰商行)是一家由自然人投资者和法人投资者共同组建的有限合伙制企业,全体合伙人实际认缴的总注册资本为400万元人民币。其中,法人型合伙人洪峰电子公司(下称洪峰公司)出资300万元,自然人合伙人李某和张某除以劳务出资外再各自现金出资50万元,三方的股权结构按照40%、30%、30%的比例构成。合伙协议约定,由李某和张某出面负责经营天泰商行,李某为执行合伙人;洪峰公司只负责出资300万元但不承担具体的经营责任,李某与张某承诺以每年不低于100万元的回报率向洪峰公司支付红利分配金;如果天泰商行出现亏损,由李某与张某负责清理和偿还一切债权债务,除已认缴的300万元出资外洪峰公司不承担任何亏损理赔义务;天泰商行经清算后有剩余财产的,按照三方的现金出资比例进行分配。

　　在天泰商行的经营过程中,三方曾多次发生争议。较严重的一次是在李某和张某不知情的情形下洪峰公司以天泰商行的名义与第三方长信信息产品经销公司(下称长信公司)签订供货合同,由于洪峰公司违约致使天泰商行遭到长信公司的索赔而产生了200余万元的损失,李某和张某要求洪峰公司承担该笔损失但遭拒。李某、张某遂将天泰商行有关真实的经营及财务信息予以掩盖,并拒绝洪峰公司的任何监督要求。洪峰公司发现李某、张某二人有账外经营行为后,遂以自身的名义行使诉权要求李、张二人将所获得的收益交回天泰商行。在三方发生纠纷前,洪峰公司经李某、张某同意曾与天泰商行发生过一笔交易,天泰商行对洪峰公司负有130万元的经营性债务。在洪峰公司涉诉后,李某、张某以洪峰公司与天泰商行之间存在竞业关系为由而拒绝偿付该笔债务。

　　由于三方纠纷频发,已经丧失了继续合伙经营的互信基础,故三方协商解散天泰商行并进行清算。(案例引自北大法律信息网)

讨论题

1. 合伙企业的性质是什么?
2. 有限合伙具有哪些特点?
3. 有限合伙企业的合伙人如何对外承担法律责任?
4. 合伙企业清算包括哪些程序?

思考练习题

1. 简述无限公司与合伙企业的区别。
2. 如何理解有限合伙与普通合伙?

本章相关法律与法规

《中华人民共和国合伙企业法》
《中华人民共和国合伙企业登记管理办法》
《外国企业或者个人在中国境内设立合伙企业管理办法》
《外商投资合伙企业登记管理规定》
《中华人民共和国公司法》

第 8 章 破产法

开篇案例

凤凰涅槃

"科弘系"5家企业的倒闭,被业内认为是多年来企业金融风险"积重难返"和企业"盲目扩张"种下的"恶果"导致。金融危机的爆发,又成了压垮"科弘系"的最后一根"稻草"。

而在不到一年的时间,曾经面临着270多起诉讼案件、申报债权金额高达110亿元、涉及债权人达1 450多家的"科弘系",却在濒临全面破产的危急关头,通过"破产重整"而"浴火重生"。近日,主持"科弘系"破产重整的江苏省常熟市人民法院作出了裁定,正式批准了"管理人"团队作出的重整计划,宣布常熟"科弘系"5家企业破产重整成功,中国五矿集团公司和浙江物产集团出资36亿多元成为了5家企业的新投资者。

"科弘系"企业之所以受到广泛关注,源于它在国内乃至世界钢铁行业中的知名度。在新加坡上市的台资企业中国金属集团于2003年成立,旗下子公司投资的5家企业是常熟科弘材料科技有限公司、常熟星宇新兴建材有限公司、常熟星岛新兴建材有限公司、常熟星海新兴建材有限公司、常熟常钢板材有限公司。这5家公司均系外商独资企业。与其合作的金融机构,几乎涵盖了国内所有银行,花旗、渣打、法国巴黎、德商等在内的世界著名银行也赫然在列。

据了解,短短几年间"科弘系"企业"膨胀"程度一度令业内"刮目"——仅在2007年即实现销售额113亿元,跻身中国制造业500强行列,在常熟市当地成为第一纳税大户。公司高层还高调宣称2010年将达到500万吨镀锌钢铁的产能,成为钢铁行业一艘新兴的"航空母舰"。

然而,由于金融危机的影响,钢铁行业受到了较大冲击。事后的调查报告显示:"科弘系"企业近年将大量资金投入企业并购和产能扩张中,而其快速扩张又恰恰是通过短期融资方式来实现,正常贸易产生的利润被高额融资成本所消耗,同时企业的生产经营管理也存在较大问题。

资金链断裂,成为压垮企业的最后一根"稻草",并最终引发了2008年10月7日晚,在没有任何预兆的情况下,包括董事佘春泰在内的30多名台籍高管"集体撤离"事件,并迅速导致了上千家债权人的集中诉讼。

对企业来说,应稳定员工情绪和尽快恢复生产,这也是引导债权人理性考虑今后"方向"的最重要的方面。据徐健介绍,在协调领导小组的协调下,常熟地方政府先行垫付了用于员工工资、企业正常的运营费用、办公支出的金额近1亿元,还采用了第三方先行支付农民工工资的方式,避免了群体性"讨薪"事件的发生。

随着部分管理层陆续回到岗位,加上设备完好、技术骨干基本在岗等有利因素的存在,"科弘系"的"破产之路"逐步走上了各界预期的重整方向。2008年11月18日,常熟市法院应建行常熟支行、中行常熟支行等多家债权银行的申请,正式裁定"科弘系"公司依据《破产法》的规定进入司法重整程序,同时依法指定了江苏竹辉律师事务所作为该司法重整的"管理人"。

"从去年11月18日到今年的8月31日,是该事件发生后的第二阶段。"孔伟文说,政府虽然不能直接介入司法程序,但始终发挥着协调、服务和支持法院依法重整的作用。

据介绍,其间,江苏省政府特别成立了以副省长赵克志为首的省政府处理科弘破产重整协调小组,并先后在南京举行了两次会议。

2008年11月19日,"管理人"正式进场,同时接管了5家企业,并成功保留了企业管理团队。

在法院的具体指导下,"管理人"还聘请了以毕马威会计师事务所上海分所为首的财务中介机构,从实物资产盘点评估入手,结合企业账面的债权债务清理工作和债权登记工作,全面展开清产核资工作,以摸清企业家底。而此时法院在事发当天及时采取的各项证据保全措施,则发挥出了重大作用。

据介绍,在截至2009年2月2日的债权申报期内,"管理人"共受理了1454家债权人申报债权,总额达110多亿元,最终确定债权达80多亿元,其规模堪称"绝无仅有"。其中,不仅包括了全球33家包括花旗、渣打、法国巴黎、德商等在内的世界著名银行,也包括建设、中国、农业、工商、浦发等在内的国内银行,还包括中国五矿、上海实业、浙江物产等在内的大批国内贸易商、工程承包商等。在整个债权中,仅因工程债权需要进行工程审计的项目,就达200多项。

2009年2月9日至13日,常熟市法院在债权申报期届满后主持召开"科弘系"企业第一次债权人会议之前,"管理人"还采取了与多家意向投资人进行关于企业复工、复工条件、复工模式和重整的商谈,还创造性地采取了"代工"模式,即由复工参与人选择订单,提供给企业加工,由复工参与人提供资金、原材料等,并由"科弘系"企业收取加工费。"这些举措很快为全体债权人所接受,且因为符合国际惯例而取得了预期效果。"

在获得法院许可后,"科弘系"企业于2008年12月8日开始复工。

重整方向是维护各方利益的唯一正确的"道路",而为打消"暗箱操作"的疑虑而作出的种种强有力的举措,促成了重整方案一次性获得通过。这在全国所有的破产案件中,几乎是"绝无仅有"的。

2009年8月12日,5家企业全体职工大会对重整计划草案"一次性"予以通过。同样的局面也发生在2009年8月20日至23日,在"科弘系"企业第二次债权人会议上,包括职工债权、税务债权、小额债权、有担保债权、普通债权、出资人共6个组进行了对重整计划草案的表决,均以高票获得通过。

2009年8月24日,江苏竹辉律师事务所作为"科弘系"5家企业的重整"管理人",依法向常熟市法院提交了批准重整计划的申请。8月31日,常熟市法院裁定正式批准了重整计划,并终止了重整程序,标志着"科弘系"企业最终重整成功。

9月3日,常熟科弘材料科技有限公司内,沉寂了10个多月的冷轧2号生产线又"活"了起来。随着冷轧钢卷源源不断地从生产线上流出,陷入停产危机达10个月的企业得以"起死回生"。(案例摘自济南市律师协会网站)

8.1 破产和破产法的概念

8.1.1 破产和破产界限

破产是指当企业法人不能清偿到期债务,并且资产不足以清偿全部债务或者明显缺乏清偿能力时,由债务人或者债权人向法院提出申请,法院通过一定程序将债务人的全部资产供其债权人受偿,从而使债务人免除不能清偿的其他债务的行为。

破产界限也叫破产原因,是破产法律制度中的一个核心概念,它是指在什么情况下法院可以宣告债务人破产。企业只有达到了法定的破产界限,债权人或者债务人才能提出破产申请,法院也才能进行破产宣告。根据我国《破产法》的规定,企业法人不能清偿到期债务,并且资产不足以清偿全部债务或者明显缺乏清偿能力的,构成了我国企业的破产界限。企业只有达到了法定的破产界限,债权人或者债务人才能提出破产申请,法院也才能进行破产宣告。

8.1.2 破产法的概念

1. 破产法的定义

破产法是规定在债务人丧失清偿能力时,法院强制对其全部财产进行清算分配,公平清偿给债权人,或通过债务人与债权人会议达成的和解协议清偿债务,或进行企业重整,避免债务人破产的法律规范的总称。破产法有广义和狭义之分。在我国,狭义的破产法特指2006年8月27日通过的《中华人民共和国企业破产法》;广义的破产法则还包括其他有关破产的法律、法规、行政规章、司法解释,及散见于其他立法中的调整破产关系的法律规范。

2. 破产法的性质

破产法是实体与程序内容合一的综合性法律,其调整范围一般限于债务人丧失清偿能力的特殊情况,解决的主要是如何公平清偿债务,即执行问题,对当事人间的实体权利、义务争议(如债之存在、数额多少等)则应在破产程序之外通过民事诉讼、仲裁等方式解决。因为破产法不具备解决民事权利义务争议时保障当事人诉讼权利的各项制度。

破产法的基本制度主要源于民事债权和民事执行制度,并根据破产程序的特点、原则加以变更,对当事人的权利、义务予以必要的扩张或限制,同时兼顾对社会利益的维护。由于破产法社会涉及面甚广,不仅《民法》、《民事诉讼法》与之相关,《企业法》、《公司法》、《劳动法》、《社会保障法》乃至《刑法》、《行政法》等都与之有密切联系,破产法的实施要依靠这些相关法律及配套制度的保障。

8.2 破产的申请与受理

8.2.1 破产申请

破产申请,是指债权人或者债务人依据法律规定的条件和程序向人民法院提出宣告债务人破产的请求的行为。申请(被申请)破产的债务人应当具备法人资格,不具备法人资格的企业、个体工商户、合伙组织、农村承包经营户不具备破产主体资格。破产申请必须采用书面形式提出。债权人和债务人均可以提出破产申请,但两者的条件和要求有所不同。

1. 债权人申请

债权人申请债务人破产的条件是"债务人不能清偿到期债务"。债权人申请债务人破产,应当向人民法院提交破产申请书和有关证据。破产申请书应该包括以下内容:

(1) 申请人、被申请人的基本情况;
(2) 申请目的;
(3) 申请的事实和理由;
(4) 人民法院认为应当载明的其他事项。

2. 债务人申请

债务人提出申请的,除要提交破产申请书及相关证据以外,还应当向人民法院提交财产状况说明、债务清册、债权清册、有关财务会计报告、职工安置预案以及职工工资的支付和社会保险费用的缴纳情况。

8.2.2 破产案件的受理

1. 破产案件的受理概述

破产案件的受理,是指人民法院就破产申请进行审查后,对其中符合法定申请条件和要求的案件予以立案的行为。

债权人提出破产申请的,人民法院应当自收到申请之日起5日内通知债务人。债务人对申请有异议的,应当自收到人民法院的通知之日起7日内向人民法院提出。人民法院应当自异议期满之日起10日内裁定是否受理。除此以外,人民法院应当自收到破产申请之日起15日内裁定是否受理。有特殊情况时,经上一级人民法院批准,可以延长

15 日。

债权人提出申请的,人民法院自裁定作出之日起 5 日内送达债务人。债务人应当自裁定送达之日起 15 日内,向人民法院提交财产状况说明、债务清册、债权清册、有关财务会计报告以及职工工资的支付和社会保险费用的缴纳情况。

人民法院裁定不受理破产申请的,应当自裁定作出之日起 5 日内送达申请人并说明理由。申请人对裁定不服的,可以自裁定送达之日起 10 日内向上一级人民法院提起上诉。

人民法院受理破产申请后至破产宣告前,经审查发现债务人不符合法律规定的破产情形的,可以裁定驳回申请。申请人对裁定不服的,可以自裁定送达之日起 10 日内向上一级人民法院提起上诉。

2. 破产案件受理后的工作行为

人民法院受理破产案件后,破产程序即行开始。破产程序开始后,人民法院应当进行以下行为。

(1) 向相关当事人送达破产受理裁定书。

(2) 指定管理人。

(3) 自裁定受理破产申请之日起 25 日内通知已知债权人,并予以公告。通知和公告应当载明下列事项:

① 申请人、被申请人的名称或者姓名;

② 人民法院受理破产申请的时间;

③ 申报债权的期限、地点和注意事项;

④ 管理人的名称或者姓名及其处理事务的地址;

⑤ 债务人或者财产持有人应当向管理人清偿债务或者交付财产;

⑥ 第一次债权人会议召开的时间和地点;

⑦ 人民法院认为应当通知和公告的其他事项。

3. 人民法院受理破产案件的法律后果

人民法院受理破产案件产生的法律后果包括以下几点。

(1) 自人民法院受理破产申请的裁定送达债务人之日起至破产程序终结之日,债务人的有关人员承担下列义务:

① 妥善保管其占有和管理的财产、印章和账簿、文书等资料;

② 根据人民法院、管理人的要求进行工作,并如实回答询问;

③ 列席债权人会议并如实回答债权人的询问;

④ 未经人民法院许可,不得离开住所地;

⑤ 不得新任其他企业的董事、监事、高级管理人员。

前款所称有关人员,是指企业的法定代表人。经人民法院决定,可以包括企业的财务管理人员和其他经营管理人员。

(2) 人民法院受理破产申请后,债务人对个别债权人的债务清偿无效。

（3）人民法院受理破产申请后，债务人或者财产持有人应当向管理人清偿债务或者交付财产。

（4）人民法院受理破产申请后，管理人对破产申请受理前成立而债务人和对方当事人均未履行完毕的合同有决定权。

（5）人民法院受理破产申请后，有关债务人财产的保全措施应解除，执行程序应中止。

（6）人民法院受理破产申请后，已经开始而尚未终结的有关债务人的民事诉讼或者仲裁应当中止；在管理人接管债务人的财产后，该诉讼或者仲裁继续进行。

（7）人民法院受理破产申请后，有关债务人的民事诉讼，只能向受理破产申请的人民法院提起。

8.3 破产管理人

破产管理人是破产程序中最重要的一个组织，始终参与破产程序的全过程，具体管理破产中的各项事务，我国《破产法》引入管理人制度，不仅在于使企业破产公平、公正，而且使企业破产专业化，也是为了更好地防止企业在破产过程中，欺诈、恶意逃债以及其他违法行为的发生。

8.3.1 破产管理人的概念及任职限制

破产管理人，是指在人民法院受理破产案件以后，由法院按照相关法律规定指定的，在破产程序进行过程中依法接管破产企业并负责破产财产的管理、处分、清算等事务的人或者专门组织或机构。

管理人可以由有关部门、机构的人员组成的清算组或者依法设立的律师事务所、会计师事务所、破产清算事务所等社会中介机构担任。人民法院根据债务人的实际情况，可以在征询有关社会中介机构的意见后，指定该机构具备相关专业知识并取得执业资格的人员担任管理人。

由于破产管理人的行为贯穿企业破产的全部过程，对破产企业的债权人、债务人都能产生较大的影响，因此，法律对于管理人的资格进行了限制，具体包括以下几点。

（1）因故意犯罪受过刑事处罚。

（2）曾被吊销相关专业执业证书。

（3）与本案有利害关系。

社会中介机构、清算组成员有下列情形之一，可以被认为有利害关系：

① 与债务人、债权人有未了结的债权、债务关系；

② 在人民法院受理破产申请前3年内，曾为债务人提供相对固定的中介服务；

③ 现在是或者在人民法院受理破产申请前3年内曾经是债务人、债权人的控股股东或者实际控制人；

④ 现在担任或者在人民法院受理破产申请前3年内曾经担任债务人、债权人的财务顾问、法律顾问；

⑤ 人民法院认为可能影响其忠实履行管理人职责的其他情形。

清算组成员的派出人员、社会中介机构的派出人员、个人管理人有下列情形之一，可能影响其忠实履行管理人职责的，可以认定为利害关系：

a. 具有上述规定情形；

b. 现在担任或者在人民法院受理破产申请前3年内曾经担任债务人、债权人的董事、监事、高级管理人员；

c. 与债权人或者债务人的控股股东、董事、监事、高级管理人员存在夫妻、直系血亲、三代以内旁系血亲或者近姻亲关系；

d. 人民法院认为可能影响其公正履行管理人职责的其他情形；

（4）人民法院认为不宜担任管理人的其他情形包括：

① 因执业、经营中故意或者重大过失行为，受到行政机关、监管机构或者行业自律组织行政处罚或者纪律处分之日起未逾3年；

② 因涉嫌违法行为正被相关部门调查；

③ 因不适当履行职务或者拒绝接受人民法院指定等原因，被人民法院从管理人名册除名之日起未逾3年；

④ 缺乏担任管理人所应具备的专业能力；

⑤ 缺乏承担民事责任的能力；

⑥ 人民法院认为可能影响履行管理人职责的其他情形。

个人担任管理人的，应当参加执业责任保险。

8.3.2 破产管理人的职责

1. 破产管理人的权利

按照《破产法》的规定，管理人享有以下权利：

（1）接管债务人的财产、印章和账簿、文书等资料；

（2）调查债务人财产状况，制作财产状况报告；

（3）决定债务人的内部管理事务；

（4）决定债务人的日常开支和其他必要开支；

（5）在第一次债权人会议召开之前，决定继续或者停止债务人的营业；

（6）管理和处分债务人的财产；

（7）代表债务人参加诉讼、仲裁或者其他法律程序；

（8）提议召开债权人会议；

（9）人民法院认为管理人应当履行的其他职责。

2. 破产管理人的义务

《破产法》规定，管理人应当勤勉尽责，忠实执行职务。因此，可以看出，破产管理人的责任主要体现在两个方面，一是勤勉义务；一是忠实义务。

管理人没有正当理由不得辞去职务。管理人辞去职务应当经人民法院许可。

8.3.3 破产管理人的更换

破产管理人的行为受人民法院和债权人会议的监督,如果债权人会议认为管理人不能依法、公正执行职务或者有其他不能胜任职务情形的,可以申请人民法院予以更换。人民法院也可以依据职权决定予以更换。

1. 社会中介机构任破产管理人的更换

社会中介机构任破产管理人有下列情形的,人民法院可以根据申请或依据职权决定更换管理人:

(1) 执业许可证或者营业执照被吊销或者注销;
(2) 出现解散、破产事由或者丧失承担执业责任风险的能力;
(3) 与本案有利害关系;
(4) 履行职务时,因故意或者重大过失导致债权人利益受到损害;
(5) 有重大债务纠纷或者因涉嫌违法行为正被相关部门调查。

2. 个人管理人的更换

个人管理人有下列情形的,人民法院可以根据申请或依据职权决定更换管理人:

(1) 执业资格被取消、吊销;
(2) 与本案有利害关系;
(3) 履行职务时,因故意或者重大过失导致债权人利益受到损害;
(4) 失踪、死亡或者丧失民事行为能力;
(5) 因健康原因无法履行职务;
(6) 执业责任保险失效;
(7) 重大债务纠纷或者因涉嫌违法行为正被相关部门调查。

人民法院决定更换管理人的,原管理人应当自收到决定书之次日起,在人民法院监督下向新任管理人移交全部资料、财产、营业事务及管理人印章,并及时向新任管理人书面说明工作进展情况。管理人申请辞去职务未获人民法院许可,但仍坚持辞职并不再履行管理人职责,或者人民法院决定更换管理人后,原管理人拒不向新任管理人移交相关事务,人民法院可以根据相关法律给予处罚。

8.4 债权人会议

债权人会议是指在破产程序中,债权人向人民法院申报债权而组成的,体现全体债权人共同意志、参与破产程序并对有关破产事项进行讨论和表决的程序性机构。债权人会议由申报债权的债权人组成。债权人会议主席由人民法院在有表决权的债权人中指定。必要时,人民法院可以指定多名债权人会议主席,成立债权人会议主席委员会。债权人会议的决议,对于全体债权人均有约束力。

8.4.1 债权人会议及其职权

第一次债权人会议由人民法院召集,自债权申报期限届满之日起 15 日内召开。以后的债权人会议,在人民法院认为必要时,或者管理人、债权人委员会、占债权总额 1/4 以上的债权人向债权人会议主席提议时召开。

债权人会议职权如下:
(1) 核查债权;
(2) 申请人民法院更换管理人,审查管理人的费用和报酬;
(3) 监督管理人;
(4) 选任和更换债权人委员会成员;
(5) 决定继续或者停止债务人的营业;
(6) 通过重整计划;
(7) 通过和解协议;
(8) 通过债务人财产的管理方案;
(9) 通过破产财产的变价方案;
(10) 通过破产财产的分配方案;
(11) 人民法院认为应当由债权人会议行使的其他职权。

8.4.2 债权人会议的程序规则

1. 债权人会议的组成

债权人会议包括以下几部分:
(1) 债权人会议成员。债权人依法申报债权后,成为债权人会议的成员。凡是债权人会议的成员,都享有出席会议的权利。

债权人会议成员分为有表决权的债权人和无表决权的债权人两种。

① 有表决权的债权人是指有权出席债权人会议和发表意见,并有权对债权人会议决议事项投票表达个人意志的债权人。凡是依法申报债权的债权人,除了存在法律规定无表决权的情形者外,都享有表决权。

有表决权的债权人分为两种情况:一是对所有的表决事项都有表决权的债权人;二是对部分表决事项有表决权的债权人。这是指有财产担保而未放弃优先受偿权利的债权人,对于通过和解协议的决议和通过破产分配方案的决议,不享有表决权。

② 无表决权的债权人是指有权出席债权人会议和发表意见,但无权对债权人会议决议事项投票表达个人意志的债权人。主要包括:

第一,债权尚未确定,而人民法院未能为其行使表决权而临时确定债权额的,不得行使表决权;

第二,债权附有停止条件,其条件尚有待成就的,或者债权附有解除条件,其解除条件已成就的,不享有表决权;

第三,尚未代替债务人清偿债务的保证人或者其他连带债务人,不享有表决权。

③ 表决代理。债权人可以委托代理人出席债权人会议,行使表决权。代理人出席债权人会议,应当向人民法院或者债权人会议主席提交债权人的授权委托书。

(2) 债权人会议主席。债权人会议主席为债权人会议的召集人,由人民法院从有表决权的债权人中指定。

(3) 职工代表。职工为企业的内部成员,同时又与企业存在着劳动关系。职工基于劳动关系在企业享有的工资等请求权,受到《破产法》的特殊保护。因此,职工不是债权人会议的成员。但债权人会议应当有债务人的职工和工会的代表参加,对有关事项发表意见。

2. 债权人会议决议与效力

债权人会议的决议,由出席会议的有表决权的债权人过半数通过,并且其所代表的债权额占无财产担保债权总额的1/2以上。但是,关于通过重整计划的规定和通过和解协议草案的规定需要有表决权的债权人2/3以上绝大多数票才能通过。

债权人会议的决议,对于全体债权人均有约束力。一旦决议依法定程序获得通过,各债权人无论是否出席了会议,无论是否参加表决,也无论是否投票赞成,都当然地受到决议的约束。债权人认为债权人会议的决议违反法律规定,损害其利益的,可以自债权人会议作出决议之日起15日内,请求人民法院裁定撤销该决议,责令债权人会议依法重新作出决议。

3. 债权人委员会

债权人会议可以决定设立债权人委员会。债权人委员会由债权人会议选任的债权人代表和1名债务人的职工代表或者工会代表组成。债权人委员会成员不得超过9人。

债权人委员会成员应当经人民法院书面决定认可。

债权人委员会行使下列职权:

(1) 监督债务人财产的管理和处分;

(2) 监督破产财产分配;

(3) 提议召开债权人会议;

(4) 债权人会议委托的其他职权。

债权人委员会执行职务时,有权要求管理人、债务人的有关人员对其职权范围内的事务作出说明或者提供有关文件。管理人、债务人的有关人员违反《破产法》规定拒绝接受监督的,债权人委员会有权就监督事项请求人民法院作出决定。人民法院应当在5日内作出决定。

4. 管理人的行为

管理人实施的下列行为,属于对债权人利益关系重大的处分行为,应当及时报告债权人委员会:

(1) 涉及土地、房屋等不动产权益的转让;

(2) 探矿权、采矿权、知识产权等财产权的转让;

(3) 全部库存或者营业的转让；

(4) 借款；

(5) 设定财产担保；

(6) 债权和有价证券的转让；

(7) 履行债务人和对方当事人均未履行完毕的合同；

(8) 放弃权利；

(9) 担保物的取回；

(10) 对债权人利益有重大影响的其他财产处分行为。

未设立债权人委员会的，管理人实施以上行为应当及时报告人民法院。

在重整程序中，债务人自行管理企业事务的，其行为视为管理人的行为，其实施上述行为时也应当履行对债权人委员会的报告义务。

债权人委员会对管理人行为有异议的，可以向管理人提出，也可以向人民法院提出。必要时，可以提议召开债权人会议，由债权人会议作出决议，请求人民法院更换管理人。管理人的重大处分行为构成渎职的，可以根据《破产法》的规定，追究其相应的法律责任。

8.5 企业破产重整

8.5.1 企业重整

1. 重整的概念

重整也叫作企业再生或破产保护，是指企业在出现法律规定的特定情况下，由债权人、债务人或利害关系人向人民法院提出申请，在法院的主持下，通过达成协议。制定重组计划，使债务人摆脱破产困境的程序。

2. 重整的条件

企业重整应具备以下条件：

(1) 不能清偿到期债务，并且资产不足以清偿全部债务或者明显缺乏清偿能力的；

(2) 有明显丧失清偿能力可能的。

3. 重整程序的启动

重整程序的启动有以下几种方式：

(1) 由债权人向人民法院提出；

(2) 由债务人向人民法院提出；

(3) 破产案件受理后，破产宣告前，债权人申请债务人破产清算的，债务人或者持有债务人注册资本 1/10 以上的一名或数名出资人提出。

4. 重整程序的特点

重整程序的特点如下：

(1) 重整申请人的范围更为广泛,扩展至债务人的股东;
(2) 债务人有机会自行管理企业财产及营业事务;
(3) 担保物权暂停行使;
(4) 重整计划的多样性;
(5) 重整计划具有强制性,包括重整计划的强制批准和强制执行。

5. 重整的法律后果

在重整期间,经债务人申请,人民法院批准,债务人可以在管理人的监督下自行管理财产和营业事务,对债务人的特定财产享有的担保权暂停行使。债务人合法占有的他人财产,该财产的权利人在重整期间要求取回的,应当符合事先约定的条件。

在重整期间,债务人的出资人不得请求投资收益分配。在重整期间,债务人的董事、监事、高级管理人员不得向第三人转让其持有的债务人的股权。

8.5.2 重整计划

1. 重整计划的概念

重整计划是债务人或者管理人在人民法院裁定重整后,由债务人或者管理人制定的阐述债务人继续营业的依据、债务清偿方案与程序、以避免进入破产清算程序为内容的协议。重整计划是公司重整程序中最为重要的法律文件,是公司继续营业的依据。

重整计划应该自法院裁定重整之日 6 个月内,向人民法院和债权人会议提交重整计划草案。经债务人或者管理人请求,有正当理由的,人民法院可以裁定延期 3 个月。未按期提出重整计划草案的,人民法院裁定终止重整程序,并宣告债务人破产。

债务人自行管理财产和营业事务的,由债务人制作重整计划草案。管理人负责管理财产和营业事务的,由管理人制作重整计划草案。

2. 重整计划的内容

重整计划的内容包括以下几个方面:
(1) 债务人的经营方案;
(2) 债权分类;
(3) 债权调整方案;
(4) 债权受偿方案;
(5) 重整计划的执行期限;
(6) 重整计划执行的监督期限;
(7) 有利于债务人重整的其他方案。

3. 重整计划的特征

重整计划的特征如下:
(1) 重整计划以企业拯救和债务清理为目的;

(2) 重整计划由管理人或自行营业的债务人负责制定；

(3) 重整计划包括债务清偿方案和经营方案，以及融资方案、资产重组方案和有助于企业复兴的其他方案；

(4) 重整计划需征得债权人会议的通过；

(5) 重整计划经法院批准后生效；

(6) 重整计划由债务人负责执行。

4. 重整计划的表决

重整计划的表决可分为以下两种情况：

(1) 重整计划草案制定并提交后，债权人会议依照债权分类，分组对重整计划草案进行表决：

① 对债务人的特定财产享有担保权的债权；

② 债务人所欠职工工资和医疗、伤残补助、抚恤费用，所欠的应当划入职工个人账户的基本养老保险、基本医疗保险费用，及法律、行政法规规定应支付给职工的补偿金；

③ 债务人所欠税款；

④ 普通债权。

人民法院在必要时可以决定在普通债权组中设小额债权组对重整计划草案进行表决。

出席会议的同一表决组的债权人过半数同意重整计划草案，并且其所代表的债权额占该组债权总额的 2/3 以上的，即为该组通过重整计划草案。债务人或者管理人应当向债权人会议就重整计划草案作出说明，并回答询问。

部分表决组未通过重整计划草案的，债务人或者管理人可以同未通过重整计划草案的表决组协商。该表决组可以在协商后再表决一次。

(2) 未通过重整计划草案的表决组拒绝再次表决或者再次表决仍未通过重整计划草案，但重整计划草案符合下列条件的，债务人或者管理人可以申请人民法院批准重整计划草案：

① 按照重整计划草案，对债务人的特定财产享有担保权的债权将获得全额清偿，其因延期清偿所受的损失将得到公平补偿，并且其担保权未受到实质性损害，或者该表决组已经通过重整计划草案；

② 按照重整计划草案，债务人所欠职工的工资和医疗费、伤残补助、抚恤费用，所欠的应当划入职工个人账户的基本养老保险、基本医疗保险费用，以及法律、行政法规规定应当支付给职工的补偿金、债务人所欠税款将获得全额清偿，或者相应表决组已经通过重整计划草案；

③ 按照重整计划草案，普通债权所获得的清偿比例，不低于其在重整计划草案被提请批准时依照破产清算程序所能获得的清偿比例，或者该表决组已经通过重整计划草案；

④ 重整计划草案对出资人权益的调整公平、公正，或者出资人组已经通过重整计划草案；

⑤ 重整计划草案公平对待同一表决组的成员,并且所规定的债权清偿顺序不违反法律的规定;

⑥ 债务人的经营方案具有可行性。

重整计划通过之日起 10 日内,债务人或者管理人应当向人民法院提出批准重整计划的申请。人民法院经审查认为重整计划符合法律规定的,自收到申请之日起 30 日内裁定批准,终止重整程序,并予以公告。重整计划草案未获得通过且未依照本法第八十七条的规定获得批准,或者已通过的重整计划未获得批准的,人民法院应当裁定终止重整程序,并宣告债务人破产。

5. 重整计划的执行

1) 重整计划执行的主体

重整计划由债务人负责执行。人民法院裁定批准重整计划后,已接管财产和营业事务的管理人应当向债务人移交财产和营业事务。

2) 重整计划执行的监督

自人民法院裁定批准重整计划之日起,在重整计划规定的监督期内,由管理人监督重整计划的执行。在监督期内,债务人应当向管理人报告重整计划执行情况和债务人财务状况。

监督期届满时,管理人应当向人民法院提交监督报告。自监督报告提交之日起,管理人的监督职责终止。

管理人向人民法院提交的监督报告,重整计划的利害关系人有权查阅。经管理人申请,人民法院可以裁定延长重整计划执行的监督期限。

3) 重整计划对债权人的影响

经人民法院裁定批准的重整计划,对债务人和全体债权人均有约束力。债权人未依法申报债权的,在重整计划执行期间不得行使权利;在重整计划执行完毕后,可以按照重整计划规定的同类债权的清偿条件行使权利。债权人对债务人的保证人和其他连带债务人所享有的权利,不受重整计划的影响。

4) 重整计划的终止

债务人不能执行或者不执行重整计划的,人民法院经管理人或者利害关系人请求,将裁定终止重整计划的执行,并宣告债务人破产。

人民法院裁定终止重整计划执行的,债权人在重整计划中作出的债权调整的承诺失去效力。债权人因执行重整计划所受的清偿仍然有效,债权未受清偿的部分作为破产债权。且对于剩下的债权,债权人只有在其他同顺位债权人同自己所受的清偿达到同一比例时,才能继续接受分配。重整计划被终止执行后,为重整计划的执行提供的担保继续有效。

5) 执行完毕

按照重整计划减免的债务,自重整计划执行完毕时起,债务人不再承担清偿责任。

8.6 破产和解

8.6.1 和解的概念及提出

和解是指债务人与债权人会议就延期或分期清偿债务、免除或者部分免除债务人的债务达成协议,以中止破产程序,防止债务人破产的法律程序。

破产和解可以分为破产程序开始前的和解与破产程序开始后的和解。

(1) 破产程序开始前的和解,是指债务人在出现破产原因时,于破产申请前主动向法院申请的和解,或者在法院驳回或申请人依法撤销破产申请后亦可提出和解。和解申请一经法院许可,债权人不得再向法院申请宣告债务人破产,全体债权人必须参加此和解程序。

(2) 和解的开始只能由当事人提出申请,而不能由法院依职权做出。法院在接到和解申请以后,一般在法定期限内,对和解申请进行形式和实质审查。形式审查内容大致包括法院对和解案件是否具有管辖权,申请人或被申请人是否适合等。法院对和解申请的实质审查则包括债务人是否具有和解原因,以及债务人是否具有和解障碍。

8.6.2 和解的效力

法院许可和解申请,便会产生和解程序开始的效力,对债务人、债权人和其他利害关系人的程序和实体上的权利都会产生限制。和解开始的效力,发生于和解程序开始至和解成立或不成立时为止。法院裁定和解申请许可,债务人可以继续享有对财产和业务经营的处分权,但权力在行使时要受一些限制。和解申请经法院许可以后,对于债权人权利的行使,就具有合同效力。

8.6.3 和解的成立

和解开始后,债务人至少要向法院提交3份文件,包括债务状况文件、债权人名单和破产和解方案。在性质上,和解方案属于要约,是债务人通过法院向债权人提出的要约。和解方案的内容大致分为债务清偿延期一次性进行、债务清偿延期分批进行和减少部分债务。和解机构应在法定期间内召开债权人会议,法院也应该在法定期间内将和解方案转交债权人会议。债权人会议接到和解方案后,可以以协商方式要求债务人进行修改,最后交债权人会议进行表决。在和解程序中,债权人会议对每个债权人而言,只是一种权利,而非义务。一旦和解协议通过,对没有参加债权人会议的债权人和没有申报债权的债权人同样生效。此后,债权人只能等待或要求债务人按照和解协议来偿还债务而不能再提出破产申请。

8.6.4 和解失败

和解失败包括以下几种情况:

(1) 和解方案被债权人会议拒绝。法院应宣告和解程序终结,对有关的债务纠纷,或由债权人提出破产申请,或者也可以由债务人自己提出破产申请,法院再适用破产程序予以解决。

(2) 和解方案虽经债权人会议通过,但未经法院批准。法院拒绝批准和解方案时,应同时做出破产程序开始的宣告。

(3) 和解方案虽经债权人会议通过,法院也予以批准,但债务人却拒绝自行履行和解协议,此时由于和解协议没有强制执行的效力,债权人不能要求法院强制债务人履行和解协议,而只能请求法院终止和解,宣告其破产,法院也可以依职权宣告债务人破产。

8.7 破产宣告

8.7.1 破产宣告的原因及法律后果

1. 破产宣告的原因

企业进入破产宣告程序的原因有以下几点:
(1) 债务人不能清偿债务且与债权人不能达成和解协议的。
(2) 债务人不履行或者不能履行和解协议的。
(3) 债务人或者管理人未按期提出重整计划草案的。
(4) 债务人不能执行或者不执行重整计划的,人民法院经管理人或者利害关系人请求,应当裁定终止重整计划的执行,并宣告债务人破产。
(5) 在重整期间,有下列情形之一的,经管理人或者利害关系人请求,人民法院裁定终止重整程序,并宣告债务人破产:
① 债务人的经营状况和财产状况继续恶化,缺乏挽救的可能性;
② 债务人有欺诈、恶意减少债务人财产或者其他显著不利于债权人的行为;
③ 由于债务人的行为致使管理人无法执行职务。

2. 破产宣告的法律后果

破产宣告的法律后果如下:
(1) 债务人成为破产人;
(2) 债务人财产成为破产财产。

8.7.2 破产财产

1. 破产财产的构成

破产财产由下列财产构成:
(1) 债务人在破产宣告时所有的或者经营管理的全部财产,包括以下两个方面:
① 企业自有的财产;
② 属于债务人企业的财产权利,债务人财产包括债务人企业所享有的一切财产

权利。

（2）债务人在破产宣告后至破产程序终结前取得的财产，包括以下几个方面：

① 因破产企业债务人的清偿和财产持有人的交还而取得的财产。

② 因未履行合同的继续履行而取得的财产。由于这种合同属于双务合同，破产财产在接受给付时有相应的给付，而且这种给付通常具有等价性质。

③ 由破产企业享有的投资权益所产生的收益。例如公司股份的年终分红，在合资企业中获得的利润分配。

④ 破产财产所生的孳息或转让所得。例如房屋出租的收入，银行存款、有价证券带来的收益以及破产财产转让价值超过其账面净值的差额部分。

⑤ 继续营业的收益。在破产程序中，法院可能裁定准许债务人继续营业，这时因企业继续经营所获收益属于债务人财产。

⑥ 基于其他合法原因而取得的财产。

（3）应当由债务人行使的其他财产权利。

2．不属于破产财产的财产

下列财产不属于破产财产：

（1）债务人基于仓储、保管、加工承揽、委托交易、代销、借用、寄存、租赁等法律关系占有、使用的他人财产；

（2）抵押物、留置物、出质物，但权利人放弃优先受偿权的或者优先偿付被担保债权剩余的部分除外；

（3）担保物灭失后产生的保险金、补偿金、赔偿金等代位物；

（4）依照法律规定存在优先权的财产，但权利人放弃优先受偿权或者优先偿付特定债权剩余的部分除外；

（5）特定物买卖中，尚未转移占有但相对人已完全支付对价的特定物；

（6）尚未办理产权证或者产权过户手续但已向买方交付的财产；

（7）债务人在所有权保留买卖中尚未取得所有权的财产；

（8）所有权专属于国家且不得转让的财产；

（9）破产企业工会所有的财产。

8.7.3　破产债权

破产债权是指人民法院经过审理受理破产案件以后，经过债权人申报债权并得到查实后，能够从破产财产中得到清偿的债权。

破产债权包括如下几种：

（1）破产宣告前发生的无财产担保的债权；

（2）破产宣告前发生的虽有财产担保但是债权人放弃优先受偿的债权；

（3）破产宣告前发生的虽有财产担保但是债权数额超过担保物价值部分的债权；

（4）票据出票人被宣告破产，付款人继续付款或者承兑，付款人由此而产生的债权；

（5）管理人或者债务人依照《破产法》规定解除合同的，对方当事人以因合同解除所

产生的损害赔偿请求权申报债权;

(6) 债务人的受托人在债务人破产后,受托人不知该事实,继续处理委托事务的,受托人以由此产生的请求权申报债权;

(7) 连带债权人可以由其中1人代表全体连带债权人申报债权,也可以共同申报债权;

(8) 债务人的保证人或者其他连带债务人已经代替债务人清偿债务的,以其对债务人的求偿权申报债权;

(9) 债务人的保证人或者其他连带债务人尚未代替债务人清偿债务的,以其对债务人的将来求偿权申报债权,但是,债权人已经向管理人申报全部债权的除外;

(10) 连带债务人数人被裁定适用本法规定的程序的,其债权人有权就全部债权分别在各破产案件中申报债权;

(11) 人民法院认可的其他债权。

8.7.4 破产财产的清偿顺序

破产财产优先清偿破产费用和共益债务。其中破产费用具体包括:

(1) 破产案件的诉讼费用;

(2) 管理、变价和分配债务人财产的费用;

(3) 管理人执行职务的费用、报酬和聘用工作人员的费用。

共益债务包括:

(1) 因管理人或者债务人请求对方当事人履行双方均未履行完毕的合同所产生的债务;

(2) 债务人财产受无因管理所产生的债务;

(3) 因债务人不当得利所产生的债务;

(4) 为债务人继续营业而应支付的劳动报酬和社会保险费用以及由此产生的其他债务;

(5) 管理人或者相关人员执行职务致人损害所产生的债务;

(6) 债务人财产致人损害所产生的债务。

破产费用和共益债务由债务人财产随时清偿。

在优先清偿破产费用和共益债务后按以下顺序分配破产财产:

(1) 破产人所欠职工的工资和医疗费、伤残补助、抚恤费用,所欠的应当划入职工个人账户的基本养老保险、基本医疗保险费用,以及法律、行政法规规定应当支付给职工的补偿金;

(2) 破产人欠缴的除前项规定以外的社会保险费用和破产人所欠税款;

(3) 普通破产债权。

破产财产不足以清偿同一顺序的清偿要求的,按照比例分配。

破产企业的董事、监事和高级管理人员的工资按照该企业职工的平均工资计算。

案例讨论

企业重组

风华集团是国有独资公司,成立于1996年,注册资本1.2亿元人民币,主要从事各类高科技微电子基础元器件及相关产品的生产、研发和销售,是上市公司广东风华高新科技股份有限公司最大的股东。近年来,受行业发展不景气的影响,风华集团控股的资产质量逐渐下降,多年的亏损造成企业严重资不抵债,已经无法清偿到期债务。截至2007年6月30日,风华集团债权人的债权总额为26.62亿元,企业净资产为负18.63亿元。

2007年3月19日,肇庆市银华网络技术有限公司以风华集团欠其借款本息72 819 836元、无法偿还到期债务为由,根据有关规定,向肇庆市中级法院申请宣告风华集团破产还债。两天之后,肇庆市金叶投资发展有限公司也以风华集团欠其借款本金18 611万元及相应利息、无法偿还到期债务为由,向肇庆中院申请宣告风华集团破产还债。

肇庆中院受理了该破产案。风华集团随后提出了重整申请及重整预案。据风华集团管理人代表黄日雄介绍,风华集团是肇庆重要的大型企业,有9 000多名员工,每年税收过亿元,如果破产清算将对地方经济发展和社会稳定造成负面影响。肇庆中院经全面审查和慎重考虑后,裁定准许风华集团重整。

在努力协调下,各方最终同意了风华集团的重整计划草案。风华集团计划筹集资金8.77亿元用于清偿债务:自法院批准重整计划草案之日起半年内,对有财产担保的债权,按质押物的评估价值,获得100%一次性现金清偿;所欠职工债权,获得100%一次性现金清偿;所欠税款,获得100%一次性现金清偿,不实行减债;普通债权,获得21.95%的一次性现金清偿,其余78.05%的债务予以免除。(案例引自腾讯新闻广东企业破产重整第一案宣判)

讨论题

1. 企业破产的界限是什么?
2. 破产财产和破产债权包括哪些内容?
3. 债权人会议有哪些权利?
4. 破产清偿的顺序是什么?

思考练习题

1. 《破产法》解决的主要问题有哪些?
2. 简述企业破产清算程序。

本章相关法律与法规

《中华人民共和国企业破产法》

《最高人民法院关于〈中华人民共和国企业破产法〉施行时尚未审结的企业破产案件适用法律若干问题的规定》

最高人民法院执行《关于〈中华人民共和国企业破产法〉施行时尚未审结的企业破产案件适用法律若干问题的规定》的通知

《中华人民共和国公司法》

第3篇

权利篇

第 9 章 物 权

> **开篇案例**

史上"最牛钉子户"

　　一个被挖成10米深大坑的楼盘地基正中央,孤零零地立着一栋二层小楼,周围的房屋全部被拆除,房子边上的路也被挖断,这栋小楼似乎真的变成了无法靠近的孤岛。在小楼的房顶上,悬挂着一面鲜艳的五星红旗,和一个写着"公民的合法的私有财产不受侵犯!!!"的长条幅。这曾是重庆市内轰动一时的一个场景,后来被人拍了照片发布到网上,被网民称为"史上最牛钉子户"。

　　事情源于2004年,重庆南隆房地产开发有限公司与重庆智润置业有限公司决定共同对九龙坡区鹤兴路片区进行开发,拆迁工作从9月份开始。随后该片区280户陆续搬迁,仅剩一户未搬迁,一直矗立在工地上。这是一幢两层的酒店小楼,其户主为杨武、吴苹夫妻。在以下的几个月里,吴苹夫妇的房屋陆续地被断水、断电,并且在施工队进场后,房屋与外界的道路也被阻断。

　　2005年2月,在十余次协商未达成一致意见后,拆迁人向九龙坡区房管局提出拆迁行政裁决,要求裁决吴家限期搬迁。2006年9月14日开发商委托专人向吴苹送达安置意见书,但双方协商仍未达成一致意见。2007年1月11日九龙坡区房管局下达了拆迁行政裁决书,并于2月1日向九龙坡区人民法院提交了《先予强制拆迁申请书》,法院受理了此案。吴苹丈夫爬上孤房,一直等待解决方案达成。最终九龙坡区法院发布公告,责令吴苹夫妇在4月10日前自动搬迁,并将九龙坡区鹤兴路片区7号房屋交重庆南隆房地产开发有限公司拆迁,否则法院将依法实施强制拆除。2007年4月2日,重庆智润置业有限公司和吴苹夫妇达成协议。吴苹夫妇接受异地商品房安置,自愿搬迁,并获得90万元营业损失补偿。晚7时拆除施工开始。至此,吴苹夫妇长达三年的钉子户生涯结束,而开发商每天支付银行贷款利息这一项就达6万元的"悲惨"状况也就此停止。

　　改编自:东方今报,2007年3月10日

9.1 物权概述

法律上的物具有其特有的性质。《物权法》将物分成了动产和不动产。从传统物权理论上,物还可以区分为主物和从物、特定物和种类物等,这些分类同样具有法律意义。

《物权法》调整的是因物的归属和利用而产生的民事关系。归属和利用主要包括占有、使用、收益、处分。其中,权利人占有、使用、收益、处分自己的动产、不动产的权利就是所有权;权利人占有、使用、收益他人不动产的权利就是用益物权;银行基于借款关系占有、处分属于债务人的不动产、动产或者有价证券的权利就是担保物权。

《物权法》就是关于所有权、用益物权和担保物权的法律规则。

9.1.1 物权的概念和特征

1. 物权的概念

2007 年通过的《中华人民共和国物权法》(以下简称《物权法》),明确指出:物权是指权利人依法对特定的物享有直接支配和排他的权利,包括所有权、用益物权和担保物权。

可以从以下几个方面理解物权。

(1)物权是对物的支配权。物权是权利主体对特定物的支配权。具体表现为物权人可以根据自己的意志对物进行占有、使用、收益和处分,享受其利益。因此物权又被称为绝对权或者对世权。支配权有两个含义:一是支配物,通常不需要他人积极协助;二是物权人有权排除他人对其物所给予的侵害。

(2)物权的内容是对物的直接支配并享受其利益。物权直接表现为对物的支配,但对物进行支配只是手段,物权人的目的在于通过对物的支配而取得并享有其利益。因此,物权是一项具有财产性的民事权利。

(3)物权具有对抗第三人的效力。所谓对抗第三人,是指物权可以对抗一切不特定的义务人,任何人都不得妨害物权人行使其权利。因此,物权又被称为对世权。

(4)物权被分成两部分,其中所有权就是自物权;他物权指所有权以外的建立在物上的物权,包括用益物权和担保物权。

2. 物权的特征

物权既有人对物的内容,同时又具有直接对抗一般人的效力。其特征如下。

(1)物权是对世权。

物权是一种人对物的直接支配和排他的权利。因此,物权的权利人是特定的,义务人是不特定的,且义务内容不能妨碍物权人行使物权,物权因此是对世权和绝对权。

相对而言,债权则是只能由特定的权利主体对特定的义务主体享有,权利与义务对应产生,因此债权是对人权和相对权。

(2)物权是对物权。

物权的客体只能是物,不包括行为和精神财富,这就使物权与债权等其他权利区别开来。同时，物权作为支配权也进一步要求物权的客体必须是特定的独立之物。

《物权法》第二条中将物界定为不动产和动产，但同时也规定，如果法律规定权利作为物权客体的，可以依照其规定。

(3) 物权是支配权。

物权的支配性是物权的本质所在，直接体现为对财产利益的支配权，财产利益一般包括对物的利用、物的归属和就物的价值设立担保。

(4) 物权是排他权。

排他权首先表现为物权的权利人可以对抗一切不特定的人，其次，同一物上不能有内容互不相容的两个物权存在。

(5) 物权是法定权。

物权因其强烈的支配性和排他性，其创设、内容和效力均由法律规定，不允许任何当事人私自约定。

(6) 物权是追及权和优先权。

物权的追及权，是指原则上物权人可以追及其物，向实际占有人主张其权利。

优先权，是指当同一物上存有多种权利时，物权具有较其他权利优先行使的效力。最为典型的就是物权具有优先于债权的效力。

9.1.2 物的概念和分类

1. 物的概念

《物权法》第二条第二款规定："本法所称物，包括不动产和动产。法律规定权利作为物权客体的，依照规定。"

作为物权的标的，私法上所谓物，是指除人身之外的，具有财产意义且能够被人力所支配的物体。

物具有如下特点。

(1) 物是有体的。一般来说，物分有体物与无体物。《物权法》中的物指有体物，即占据一定空间、可以被人的五官感觉的物质，包括固体、液体、气体。人的身体以及人体的任何组成部分均不是物。

(2) 物是人力能够支配的。凡不能被人力支配的物，诸如日月星辰，不属于法律上的物。

(3) 物是有确定的界限或范围的。法律上的物，必须有确定的界限或范围，能够置于权利人排他的支配之下。或者说，许多客观存在的物，如弥漫的空气、浩瀚的海洋等，只有在确定了界限或者范围后，才能置于权利人的支配之下，才能成为法律上的物。

(4) 物是独立一体的。即物在形态上能够单独、个别存在。凡不能以单独存在的形式满足人的需要的，均不属于法律上的物。

随着社会的发展，物的概念有扩张的趋势。例如电、热、声、光、气味等虽然无体，但在法律上有排他的可支配性，已被广泛地作为物对待，故偷电应当构成盗窃罪；人体器官移植等科学技术的发展使人类活体的部分被作为交易的标的物，如被捐赠的血液、器官和脱离人身的毛发;单纯的空间,如建筑物"专有部分"和"车库"也被作为交易的标的物;"海域"、"无线电频谱"及地上、地下"空间"均被纳入"物"的概念之内。

2. 物的分类

1) 动产和不动产

动产和不动产是《物权法》明确作出的物的分类。

不动产是指不能移动或者移动就会损害其价值的物。各国均是先界定不动产的范围,通常指土地和地上定着物;动产则是指不动产以外的物。其中,所谓"定着物",指固定在土地上不可移动之物,如房屋等建筑物、堤坝、桥梁、城墙等,还包括生长在土地上的林木、农作物等。我国《物权法》虽然未明文规定不动产和动产的定义,也应作同样的解释。

动产与不动产的划分具有诸多法律意义。两者具有如下区别。

(1) 物权取得方式不同。不动产物权的取得、转移等,一般以不动产登记为准,为此各国都建立了不动产登记制度;而动产物权的取得、转移等,一般以动产交付为准。这是动产和不动产区别的本质意义。

(2) 担保的设定方式不同。在设定担保时,不动产可以设定抵押,但不能设定质押;而动产一般以设定质押为主,较少设定抵押。

(3) 租赁权的性质不同。不动产租赁权一般都有特殊的规定,即按照买卖不破租赁的原则,赋予不动产租赁权人特殊的先买权。另外,不动产的租赁权也要登记。动产的租赁一般没有这些特性。

(4) 诉讼管辖地不同。涉及不动产的各种案件,要求由该不动产所在地的法院管辖。

(5) 适用法律的原则不同。按国际通例,涉外不动产法律关系应当适用不动产所在地的法律;动产则可以根据意思自治原则适用当事人选择的法律。

(6) 转让合同形式的要求不同。法律对于动产的转让合同,常常没有严格的形式要件要求,不仅可以采用书面形式和口头形式,还可以采用其他形式;但不动产转让一般需要作成书面合同。

从《物权法》的发展趋势来看,动产和不动产呈现出相互渗透甚至是相互转化的状况。一方面,由于不动产证券化趋势的发展,不动产具有动产化的趋向;另一方面,某些动产,如船舶、航空器等也要在法律上采取登记制度,从而与不动产的规则完全一致。

关于不动产概念,还有一个重要问题:土地和建筑物,究竟是一个不动产或者两个不动产?我国改革开放以来的立法和实践,是将土地和地上建筑物作为两个不动产,办理两个登记,并以所谓"房随地走、地随房走"的原则,尽量避免发生土地与其地上建筑物分别属于不同权利人的情形。土地与建筑物分别属于不同的权利人,不可避免地会导致法律关系的复杂化。《物权法》虽然对此未设明文规定,也应作同样解释,于建立统一不动产等级制度和登记机构之后,仍应沿用两个登记,即土地登记和建筑物登记。

2) 原物和孳息

原物是产生孳息的物。孳息是原物产生的收益。孳息分天然孳息和法定孳息。天然孳息是原物因自然规律而产生的孳息,例如树生果、鸡生蛋等。法定孳息是原物根据法律规定而产生的利益,例如房屋租金、借款利息等。

物的这一分类的法律意义在于,如果没有法律特别规定或者当事人约定,孳息的所有权属于原物的所有人。

3) 主物和从物

主物和从物表示的是两个物之间的相互依存关系。主物是起主要作用的物;从物就是不作为主物的组成部分,而是辅助主物发挥效用的物。

应当注意,从物不是主物的组成部分,并未丧失其独立存在的价值。如果某物已经构成他物的组成部分,如房屋的门窗等,已经丧失独立存在的价值,则不属于从物。

物的这一分类的法律意义在于,如果没有法律特别规定或者当事人约定,从物的所有权属于主物的所有人。

4) 种类物和特定物

具有共同特征的物是种类物,具有单独特征的物是特定物。就其法律意义来说,物的特定化成为特定物是物权变动的前提。例如,甲公司将库存的5 000吨玉米中的1 500吨卖给乙公司,双方合同约定,自合同签订之日起,所买卖的1 500吨玉米的所有权归买方。这一约定没有效力,因为所涉及的1 500吨玉米尚没有特定化,其所有权不能发生变动。

9.1.3 物权法的基本原则

1. 平等保护原则

平等保护原则体现为《物权法》第四条:"国家、集体、私人的物权和其他权利人的物权受法律保护,任何单位和个人不得侵犯。"

平等保护原则是以现行宪法关于财产权平等保护的规定为根据的,是发展社会主义市场经济和建设法治国家的必然要求。其实质在于,对不同所有制性质的物权,给予同样的法律地位,赋予同样的法律效力,适用同样的法律规则,而与不同所有制性质的物权在国民经济中所占比重和所发挥的作用无关。

2. 物权法定原则

物权法定原则又称物权法定主义,这是《物权法》的一项基本原则,是指物权只能依据法律设定,当事人不得自行创设物权,也不得变更物权的种类、内容、效力和公示方法。当事人自己创设的物权或者当事人变更物权内容的约定均不产生物权效力,但如果符合其他法律规定,例如符合《合同法》的规定,可以产生《合同法》上的效力。

物权法定原则所说的"法律"是严格限定的,仅指全国人民代表大会和全国人民代表大会常务委员会制定的"法律"。不包括国务院制定的行政法规。当然更不包括地方性法规和部门规章。

3. 一物一权原则

一物一权中的"权"指的是所有权。所谓一物一权是指一个物上只能设定一个所有权,反过来,一个所有权的标的只能是一个物。这一原则可以概括为"一物一权,一权一物"。

4. 物权公示原则

物权公示,就是"公开表示",是指在物权设定、变动时,必须将物权设定、变动以某种方式向社会公开,使他人知道物权设定、变动的情况,以保护交易的安全。《物权法》第六条明确规定,不动产物权的设立、变更、转让和消灭,应当依照法律规定登记。动产物权的设立和转让,应当依照法律规定交付。

5. 禁止权利滥用原则

禁止权利滥用原则,指物权的取得和行使,不得超过其正当界限,超过其正当界限,则构成权利滥用,应承担侵权责任。此处的界限为,物权的取得和行使应当遵守法律,尊重社会公德,不得损害公共利益和他人合法权益。

6. 物权优先原则

《物权法》中对于物权优先原则没有明文规定,但并不等于《物权法》不承认这个原则,相反在司法实务中通常将其作为一项重要的法理规则而予以适用。

物权优先原则指的是,在一个不动产或者一个动产上面既有物权又有债权时,法院应当优先保护物权。

实践中,物权优先原则多适用于"一房多卖"的案件和企业破产案件的处理。但是《合同法》第二百二十九条规定的"买卖不破租赁",即"租赁物在租赁期间发生所有权变动的,不影响租赁合同的效力"属于物权优先原则的例外。《破产法》规定的工人工资债权也属于物权优先原则常见的例外情形,《破产法》基于特殊保护弱者、特殊保护劳动者等价值考虑,规定工人工资债权优先于银行的抵押权。

9.1.4 物权的变动

物权的变动,是指物权的取得、变更和消灭。物权的变动原因,通常包括法律行为,如买卖、赠与;事实行为和事件,如先占、加工等;法律的直接规定,如留置权等;公法上的原因,如法院判决、行政征收等。

1. 物权的取得

物权的取得分为原始取得和继受取得。原始取得,是指根据法律规定,最初取得财产的所有权或不依赖于原所有人的意思直接取得财产的所有权;继受取得,又称传来取得,是指通过某种法律行为从原所有人那里取得对财产的所有权。物权的取得有以下几种方式。

1) 劳动生产

指权利主体通过自己的劳动创造并享有劳动产品。

2) 收益

指权利主体通过合法途径取得的物质利益,包括天然孳息和法定孳息等收益。天然孳息指因物的自然属性而获得的收益,如树木的果实。天然孳息的归属可以由当事人约定,如果没有约定或者约定不明,法律规定由所有人取得。在所有人设定用益物权情况下,未约定归属或者约定不明的,则由用益物权人取得。例如集体土地上的自然收益本应归集体所有,但是如果未约定或约定不明,则归土地承包权人所有。

法定孳息是指原物依法律关系而产生的收益。如租金、利息等。当事人有约定的,按照约定取得;没有约定或者约定不明确的,按照交易习惯取得。

3) 没收

国家根据法律、法规采取强制措施或强制手段,剥夺违法犯罪分子的财产归国家所有。

4) 无主财产

此处的无主财产,除了确定不了所有人的财产外,还包括超过期限无人认领的所有人不明的漂流物、埋藏物、隐藏物和遗失物。

所有权人或者其他权利人有权追回遗失物。该遗失物通过转让被他人占有的,权利人有权向无处分权人请求损害赔偿,或者自知道或者应当知道受让人之日起2年内向受让人请求返还原物,但受让人通过拍卖或者向具有经营资格的经营者购得该遗失物的,权利人请求返还原物时应当支付受让人所付的费用。权利人向受让人支付所付费用后,有权向无处分权人追偿。

拾得人拾得遗失物,应当返还权利人。拾得人应当及时通知权利人领取,或者送交公安等有关部门。拾得人在遗失物送交有关部门前,有关部门在遗失物被领取前,应当妥善保管遗失物。因故意或者重大过失致使遗失物毁损、灭失的,应当承担民事责任。拾得人侵占遗失物的,无权请求保管遗失物等支出的费用,也无权请求权利人按照承诺履行义务。

权利人领取遗失物时,应当向拾得人或者有关部门支付保管遗失物等支出的必要费用。

权利人悬赏寻找遗失物的,领取遗失物时应当按照承诺履行义务。

有关部门收到遗失物,知道权利人的,应当及时通知其领取;不知道的,应当及时发布招领公告。遗失物自发布招领公告之日起6个月内无人认领的,归国家所有。

拾得漂流物、发现埋藏物或者隐藏物的,参照拾得遗失物的上述规定。《文物保护法》等法律另有规定的除外。

5) 善意取得

《物权法》第一百零六条规定了善意取得制度,善意取得制度是指无处分权人在将他人动产或不动产转让给第三人后,如果受让人在取得该动产时出于善意,就可依法取得对该动产的所有权。受让人在取得动产的所有权以后,原所有人不得要求受让人返还财产,而只能请求转让人(占有人)赔偿损失。

其构成要件主要包括以下几项。

(1) 在主体方面,转让人须为无处分权人,受让人为有民事行为能力人。

(2) 在客体方面,从《物权法》第一百零六条的规定可以看出,我国规定善意取得的客体包括动产和不动产,动产以交付为其公示原则,不动产以登记为其公示原则。

(3) 就主观方面来说,受让人应当是善意的。所谓"善意",主要指不知情,指行为人在为某种民事行为时不知存在某种足以影响该行为法律效力的因素的一种心理状态。

（4）在客观方面，善意取得必须依一定的法律行为而存在，这是善意取得的前提。受让人通过交易从转让人处取得财产，而受让人的这种行为是一种"支付合理对价"的法律行为。

6）征收

所谓征收，是指国家基于公共利益的需要，通过行使征收权，在依法支付一定补偿后，将集体、单位或者个人的财产移转给国家所有。

我国《宪法》第十条第三款规定："国家为了公共利益的需要，可以依照法律的规定对公民的私有财产实行征收或者征用并给予补偿。"《物权法》在宪法指导下，对征收制度也做出了具体规定。《物权法》第四十二条规定："征收制度，指的是为了公共利益的需要，依照法律规定的权限和程序可以征收集体所有的土地和单位、个人的房屋及其他不动产。"

从这个规定中可以看出，征收的条件首先是必须为了公共利益的需要。关于公共利益，法律中没有给出明确的解释和界定，一般认为在实践中判断某一具体行为是否属于公共利益，至少要遵循以下原则。①受益主体的不确定性原则。公共利益应该是全体社会公民享有，不能限定于某个特定群体或者阶层。②公益的明显性原则。通常认为，公共利益多体现在维护国家安全、经济发展、环境改善、提高生活水平、改变城市面貌、文物保护、公共福利等方面。③直接受益原则。社会公众可以直接从该项目中获取利益，而不是通过增加就业和税收，通过国民收入再次分配获取利益。④法定原则。在国家法律没有对公共利益做明确界定时，《土地管理法》等一些法律中已经明确规定的可以实施征收的情形，可以理解成对公共利益的一种变相规定。其次，征收需要依照法律规定的权限和程序。最后，征收仅限于集体所有的土地和单位、个人的房屋及其他不动产。

征收集体所有的土地，应依法足额支付土地补偿费、安置补助费、地上附着物和青苗的补偿费等费用，安排被征地农民的社会保障费用，保证被征地农民的生活，维护被征地农民的合法权益。国家对耕地实行特殊保护，严格限制农用地转为建设用地，控制建设用地总量。不得违反法律规定的权限和程序征收集体所有的土地。

征收单位、个人的房屋及其他不动产，应当依法给予拆迁补偿，维护被征收人的合法权益，征收个人住宅的，还应当保障被征收人的居住条件。

任何单位和个人不得贪污、挪用、私分、截留、拖欠征收补偿费等费用。

要特别注意征收制度和征用制度的区别。所谓征用，是指国家因抢险、救灾等公共利益的紧急需要而通过行使征用权，临时使用单位或者个人的财产的行为。

《物权法》第四十四条："因抢险、救灾等紧急需要，依照法律规定的权限和程序可以征用单位、个人的不动产或者动产。被征用的不动产或者动产使用后，应当返还被征用人。单位、个人的不动产或者动产被征用或者征用后毁损、灭失的，应当给予补偿。"

征收、征用都是国家基于公共利益的需要，通过行使行政权，对物权的限制。它们都不需要征得被征收、征用人同意，具有强制限制所有权的特征，并且都需要依法对被征收、征用人给予一定的补偿。但是征收会导致被征收人所有权移转,因此征收后做出补偿时应当充分考虑市场价格。征用属于在紧急情况下对所有权的限制,属于使用权的移转,征用结束后如果没有造成物的毁损、灭失,通常需要将被征用物返还给被征用人,不需要按照市场价格做出补偿。

7) 买卖

通过买卖,由买受人取得了原属出卖人的财产所有权。

8) 赠与、互易

赠与人自愿将其财产无偿转移给受赠人,一方以金钱之外的某种财产与他方的财产相互交换,也可导致所有权的移转。

9) 继承遗产

指继承人按照法律的直接规定或者合法有效遗嘱的指定,取得被继承人的合法财产。

10) 接受遗赠

指自然人、集体组织或者国家作为受遗赠人,按照被继承人生前所立的合法有效遗赠的指定,取得遗赠的财产。

11) 其他合法原因

因其他合法原因,也可以取得或形成财产所有权。

2. 物权的消灭

物权的消灭有广义与狭义之分,广义的物权消灭包括物权的绝对消灭和物权的相对消灭,狭义的物权消灭仅指物权的绝对消灭。

物权的绝对消灭通常指物的灭失导致物权永久失去,包括物的毁灭和物的抛弃。要注意的是,抛弃是单方民事事实行为,动产一经抛弃,物权即为消灭。但是,不动产的抛弃应当到建筑物登记机关办理注销登记后方为抛弃。

物权的相对消灭,是指物权由原权利主体转移到新权利主体,就是前面所述的继受取得,两者是从不同角度阐述同一件事。例如买卖某物,对于出卖人来说是物权的相对消灭,对于买受人来说则是物权的继受取得。

9.1.5 物权登记制度

1. 登记的效力

1) 登记生效要件

物权公示原则,要求动产和不动产变动时需要采用不同的公示方法,动产物权以交付为公示方法,不动产物权以登记为公示方法。

登记生效要件,就是物权自登记时设立或变动,未经登记,不发生物权设立或变动的效力。

《物权法》第九条:"不动产物权的设立、变更、转让和消灭,经依法登记,发生效力;未经登记,不发生效力,但法律另有规定的除外。依法属于国家所有的自然资源,所有权可以不登记。"

除此之外,设立建设用地使用权的,也应当向登记机构申请建设用地使用权登记,建设用地使用权自登记时设立。以建筑物和其他土地附着物、建设用地使用权,以荒地等可以抵押的土地承包经营权,正在建造的建筑物进行抵押时也采取登记生效要件。同时,《物权法》第二百二十六条、二百二十七条、二百二十八条还规定了以应收账款、基金份额、股权以及注册商标专用权、专利权、著作权等知识产权中的财产权出质的,当事人应当订立书面合同,质权自办理出质登记时设立。

2) 登记对抗要件

登记对抗要件,就是自愿登记,是指当事人可以自己决定登记或者不登记。不登记也可以取得物权,物权在合同生效时即告设立,但物权效力较低,不能对抗善意第三人,如果善意第三人登记了相同物权,则未登记物权消灭。

应特别注意的是,《物权法》将物权和债权区分开来。《物权法》第十五条明确规定:"当事人之间订立有关设立、变更、转让和消灭不动产物权的合同,除法律另有规定或者合同另有约定外,自合同成立时生效;未办理物权登记的,不影响合同效力。"

也就是说,《物权合同》自成立时生效,如果出卖人违约没有办理物权登记导致物权的设立、变更、转让行为没有发生效力,那么买受人依然可以请求法院强制出卖人办理产权过户登记,如果标的物已经被第三人合法取得、不可能办理产权过户登记,则买受人可以按照《合同法》关于违约责任的规定,追究出卖人的违约责任。

《物权法》第一百八十八条:"以本法第一百八十条第一款第四项、第六项规定的财产或者第五项规定的正在建造的船舶、航空器抵押的,抵押权自抵押合同生效时设立;未经登记,不得对抗善意第三人。"此处的抵押财产包括生产设备、原材料、半成品、产品,正在建造的船舶、航空器,交通运输工具。企业、个体工商户、农业生产经营者进行浮动抵押时也属于登记对抗要件。

除此之外,土地承包经营权的互换和转让、地役权的设立和变动以及船舶、航空器和机动车等物权的设立和变动均属于登记对抗要件。

值得注意的是,所有的动产物权登记均实行登记对抗要件。

3) 登记处分要件

登记处分要件,是指因继承和遗赠或其他事实行为发生的物权变动,虽然在办理登记或者交付之前已经发生效力,但是在完成登记或者交付之前,所有权人不能进行处分,登记在此时既不是生效要件,也不是对抗要件,而成为了处分要件。例如,张三因法院判决而取得争议房屋的所有权,张三的房屋所有权自法院判决生效时就已经发生效力。但在张三持判决书到不动产登记机构办理变更登记之前,张三不能出卖该房屋。

我国《物权法》中规定的登记处分要件主要体现在以下3种情形:

(1) 因人民法院、仲裁委员会的法律文书或者人民政府的征收决定等导致物权设立、变更、转让或者消灭的;

(2) 因继承或者受遗赠取得物权的;

(3) 因合法建造、拆除房屋等事实行为设立或者消灭物权的。

2. 登记机构

1) 管辖

登记机构的管辖范围如下:

(1) 不动产登记:由不动产所在地的登记机构办理。

(2) 浮动抵押:由抵押人住所地工商行政管理部门办理。

(3) 基金份额质押、股权质押:以基金份额、证券登记结算机构登记的股权出质的,质权自证券登记结算机构办理出质登记时设立;以其他股权出质的,质权自工商行政管理部门办理出质登记时设立。

(4) 应收账款质押:由信贷征信机构办理,具体而言是中国人民银行的征信中心。

2) 职责

登记机构应当履行下列职责:

(1) 查验申请人提供的权属证明和其他必要材料;

(2) 就有关登记事项询问申请人;

(3) 法律、行政法规规定的其他职责。

申请登记的不动产的有关情况需要进一步证明的,登记机构可以要求申请人补充材料,必要时可以实地查看。

登记机构不得要求对不动产进行评估,不得以年检等名义进行重复登记,也不得进行超出登记职责范围的其他行为。如因登记错误,给他人造成损害的,登记机构应当承担赔偿责任。登记机构赔偿后,可以向造成登记错误的人追偿。

3. 不动产登记簿

《物权法》已经明确将不动产登记确定为不动产登记机构依法将不动产权利和其他应当记载的事项在不动产登记簿上予以记载的行为,使不动产登记簿成为物权登记制度中一项重要的内容。因房屋属于不动产的主要表现形式,2008年7月1日起施行的《房屋登记办法》详细规定了房屋登记制度,并规定具有独立利用价值的特定空间以及码头、油库等其他建筑物、构筑物的登记,参照该办法执行。因此在此部分以《房屋登记办法》为主对不动产登记簿制度和房屋登记制度予以阐释。

1) 不动产登记簿的效力

不动产物权的设立、变更、转让和消灭,依照法律规定应当登记的,自记载于不动产登记簿时发生效力。

不动产权属证书是权利人享有该不动产物权的证明。不动产权属证书记载的事项,应当与不动产登记簿一致;记载不一致的,除有证据证明不动产登记簿确有错误外,以不动产登记簿为准。

不动产登记簿概念的引入,是登记基本制度的重大变革。在原来制度下,登记的核心是"发证",以不动产权属证书作为物权的唯一合法凭证。现行登记制度明确了不动产登记必须建立统一的登记簿,将不动产情况记载于登记簿是法定环节,此后才能根据登记簿记载的情况向权利人发证。不动产物权的设立、变更、转让和消灭只有在记载于不动产登记簿之后，才具有了登记力和排他力。

2) 不动产登记簿的管理

不动产登记簿是不动产权利归属和内容的根据，是不动产登记机构制作和管理的，用于记载不动产基本状况、不动产权利状况以及其他依法应当登记事项的特定簿册。登记簿可以采用纸介质，也可以采用电子介质。采用电子介质的，应能够转化为唯一、确定的纸介质形式；采用纸介质的，应采用活页等方便增页和编订的方式编制，注明目录和页码。

登记簿的内容应包括不动产基本状况、不动产权利状况以及其他状况部分。各地可以在《房屋登记办法》规定内容的基础上增加登记簿的内容。登记簿应包括以下几部分。

(1) 登记簿的不动产基本状况部分，记载不动产编号、不动产坐落、所在建筑物总层数、建筑面积、规划用途、不动产结构、土地权属性质、国有土地使用权取得方式、集体土地使用权类型、地号、土地证号、土地使用年限及房地产平面图等。

(2) 登记簿的不动产权利状况部分，记载不动产所有权、他项权利等有关情况。

不动产所有权的内容，记载不动产所有权人、身份证号码、户籍所在地、共有情况、不动产所有权取得方式、不动产所有权证书号、补换证情况、不动产性质、《房屋登记办法》第四十一条规定的注销事项等。

不动产他项权利的内容，记载抵押权人、抵押人和债务人、被担保主债权的数额、担保范围、债务履行期限、不动产他项权利证书号、补换证情况；最高额抵押权人、抵押人和债务人、最高债权额、担保范围、债务履行期限、债权确定的期限、最高债权额已经确定的事实和数额；在建工程抵押权人、抵押人和债务人、被担保主债权的数额或最高债权额、担保范围、债务履行期限、在建工程抵押登记证明号；地役权人、地役权设立情况、地役权利用期限等。

(3) 登记簿的其他状况部分，记载预告登记权利人和义务人、身份证号码、预告登记证明号、补换证情况；异议登记申请人、异议事项；查封机关、查封文件及文号、查封时间、查封期限、解除查封文件及文号、解除查封的时间等。

登记机构应建立严格的录入、审查和管理制度，明确登录人员，保证登记簿的记载信息与登记最终审核结果一致。各项房屋登记，都应在登记簿上记载登记时间和登记最终审核人员。登记簿有关内容发生改变的，应通过增加新的页面、界面和内容体现，不得直接在原内容上删改。未经合法程序，不得对登记簿记载的内容进行更改。

登记簿应永久保存并妥善保管。纸质登记簿应配备必要的安全保护设施并可以制作副本，电子登记簿应定期备份。登记簿有毁损的，登记机构应及时补造。登记簿记载相关信息后，申请登记的原始资料以及登记机构的内部审核文件应作为登记档案归档。

4. 房屋登记程序

其他权利的登记制度将在后面内容中分别阐述，此处，仅对房屋登记程序进行说明。

房屋登记由房屋所在地的房屋登记机构办理。办理房屋登记，应当遵循房屋所有权和房屋占用范围内的土地使用权权利主体一致的原则。

房屋应当按照基本单元进行登记。房屋基本单元是指有固定界限、可以独立使用并且有明确、唯一的编号(幢号、室号等)的房屋或者特定空间。

国有土地范围内成套住房,以套为基本单元进行登记;非成套住房,以房屋的幢、层、间等有固定界限的部分为基本单元进行登记。集体土地范围内村民住房,以宅基地上独立建筑为基本单元进行登记;在共有宅基地上建造的村民住房,以套、间等有固定界限的部分为基本单元进行登记。

非住房以房屋的幢、层、套、间等有固定界限的部分为基本单元进行登记。

办理房屋登记,一般依照下列程序进行。

1) 申请

申请房屋登记,应当由有关当事人双方共同申请,有下列情形之一的,可以由当事人单方申请:

(1) 因合法建造房屋取得房屋权利;

(2) 因人民法院、仲裁委员会的生效法律文书取得房屋权利;

(3) 因继承、受遗赠取得房屋权利;

(4) 变更登记;

(5) 房屋灭失;

(6) 权利人放弃房屋权利;

(7) 法律、法规规定的其他情形。

当事人申请登记,应当根据不同登记事项提供权属证明和不动产界址、面积等必要材料。申请登记材料应当提供原件。不能提供原件的,应当提交经有关机关确认与原件一致的复印件。申请人应当对申请登记材料的真实性、合法性、有效性负责,不得隐瞒真实情况或者提供虚假材料申请房屋登记。

共有房屋,应当由共有人共同申请登记。

未成年人的房屋,应当由其监护人代为申请登记。监护人代为申请未成年人房屋登记的,应当提交证明监护人身份的材料;因处分未成年人房屋申请登记的,还应当提供保障未成年人利益的书面保证。

2) 受理

申请人提交的申请登记材料齐全且符合法定形式的,应当予以受理,并出具书面凭证。申请人提交的申请登记材料不齐全或者不符合法定形式的,应当不予受理,并告知申请人需要补正的内容。

3) 审核

房屋登记机构应当查验申请登记材料,并根据不同登记申请就申请登记事项是否是申请人的真实意思表示、申请登记房屋是否是共有房屋、房屋登记簿记载的权利人是否同意更正以及申请登记材料中需进一步明确的其他有关事项询问申请人。询问结果应当经申请人签字确认,并归档保留。房屋登记机构认为申请登记房屋的有关情况需要进一步证明的,可以要求申请人补充材料。

办理下列房屋登记,房屋登记机构应当实地查看:

(1) 房屋所有权初始登记;

(2) 在建工程抵押权登记;

(3) 因房屋灭失导致的房屋所有权注销登记;

（4）法律、法规规定的应当实地查看的其他房屋登记。

房屋登记机构实地查看时，申请人应当予以配合。

4）记载于登记簿

（1）准予登记的条件

房屋准予登记的条件如下：申请人与依法提交的材料记载的主体一致；申请初始登记的房屋与申请人提交的规划证明材料记载一致，申请其他登记的房屋与房屋登记簿记载一致；申请登记的内容与有关材料证明的事实一致；申请登记的事项与房屋登记簿记载的房屋权利不冲突；不存在法律规定的不予登记的情形。

经登记的房屋所有权消灭后，原权利人未申请注销登记的，房屋登记机构可以依据人民法院、仲裁委员会的生效法律文书或者人民政府的生效征收决定办理注销登记，将注销事项记载于房屋登记簿，原房屋所有权证书收回或者公告作废。

（2）不予登记的情形

如登记申请不符合准予登记条件，房屋登记机构应当不予登记，并书面告知申请人不予登记的原因。下列情形不予登记：未依法取得规划许可、施工许可或者未按照规划许可的面积等内容建造的建筑申请登记的；申请人不能提供合法、有效的权利来源证明文件或者申请登记的房屋权利与权利来源证明文件不一致的；申请登记事项与房屋登记簿记载冲突的；申请登记房屋不能特定或者不具有独立利用价值的；房屋已被依法征收、没收，原权利人申请登记的；房屋被依法查封期间，权利人申请登记的；法律、法规规定的其他不予登记的情形。

（3）登记的时限

自受理登记申请之日起，房屋登记机构应当于下列时限内，将申请登记事项记载于房屋登记簿或者作出不予登记的决定：国有土地范围内房屋所有权登记，30个工作日；集体土地范围内房屋所有权登记，60个工作日；抵押权、地役权登记，10个工作日；预告登记、更正登记，10个工作日；异议登记，1个工作日。

房屋登记机构认为必要时，可以就登记事项进行公告，公告时间不计入上述时限，因特殊原因需要延长登记时限的，经房屋登记机构负责人批准可以延长，但最长不得超过原时限的一倍。

（4）登记错误的责任

申请人提供虚假材料申请登记，给他人造成损害的，应当承担赔偿责任。

房屋登记机构及其工作人员违反规定办理房屋登记，给他人造成损害的，由房屋登记机构承担相应的法律责任。房屋登记机构承担赔偿责任后，对故意或者重大过失造成登记错误的工作人员，有权追偿。

司法机关、行政机关、仲裁委员会发生法律效力的文件证明当事人以隐瞒真实情况、提交虚假材料等非法手段获取房屋登记的，房屋登记机构可以撤销原房屋登记，收回房屋权属证书，登记证明或者公告作废，但房屋权利为他人善意取得的除外。

5）发证

房屋登记机构应当根据房屋登记簿的记载，缮写并向权利人发放房屋权属证书。房屋权属证书是权利人享有房屋权利的证明，包括《房屋所有权证》、《房屋他项权证》等。申请登记房屋为共有房屋的,房屋登记机构应当在《房屋所有权证》上注明"共有"字样。

预告登记、在建工程抵押权登记以及法律、法规规定的其他事项在房屋登记簿上予以记载后,由房屋登记机构发放登记证明。

房屋权属证书、登记证明破损的,权利人可以向房屋登记机构申请换发。房屋登记机构换发前,应当收回原房屋权属证书、登记证明,并将有关事项记载于房屋登记簿。

房屋权属证书、登记证明遗失、灭失的,权利人在当地公开发行的报刊上刊登遗失声明后,可以申请补发。房屋登记机构予以补发的,应当将有关事项在房屋登记簿上予以记载。补发的房屋权属证书、登记证明上应当注明"补发"字样。

在补发集体土地范围内村民住房的房屋权属证书、登记证明前,房屋登记机构应当就补发事项在房屋所在地农村集体经济组织内公告。

房地产开发企业申请房屋所有权初始登记时,应当对建筑区划内依法属于全体业主共有的公共场所、公用设施和物业服务用房等房屋一并申请登记,由房屋登记机构在房屋登记簿上予以记载,不颁发房屋权属证书。

5. 特殊登记类型

1) 更正登记

权利人、利害关系人认为不动产登记簿记载的事项错误的,可以提交登记申请书、申请人的身份证明、证明房屋登记簿记载错误的材料申请更正登记。不动产登记簿记载的权利人书面同意更正或者有证据证明登记确有错误的,登记机构应当予以更正。办理更正登记期间,权利人因处分其房屋权利申请登记的,房屋登记机构应当暂缓办理。

2) 异议登记

权利人、利害关系人认为不动产登记簿记载的事项错误申请更正登记的,不动产登记簿记载的权利人不同意更正的,利害关系人可以持登记申请书、申请人的身份证明、房屋登记簿记载错误的证明文件等材料申请异议登记。

房屋登记机构受理异议登记的,应当将异议事项记载于房屋登记簿。异议登记期间,房屋登记簿记载的权利人处分房屋申请登记的,房屋登记机构应当暂缓办理。

权利人处分房屋申请登记,房屋登记机构受理登记申请但尚未将申请登记事项记载于房屋登记簿之前,第三人申请异议登记的,房屋登记机构应当中止办理原登记申请,并书面通知申请人。

异议登记期间,异议登记申请人起诉,人民法院不予受理或者驳回其诉讼请求的,异议登记申请人或者房屋登记簿记载的权利人可以持登记申请书、申请人的身份证明、相应的证明文件等材料申请注销异议登记。申请人在异议登记之日起15日内不起诉,异议登记失效。异议登记不当,造成权利人损害的,权利人可以向申请人请求损害赔偿。

3) 预告登记

当事人签订买卖房屋或者其他不动产物权的协议,为保障将来实现物权,按照约定可以向登记机构申请预告登记。预告登记后,未经预告登记的权利人同意,处分该不动产的,不发生物权效力。

从实质上说,预告登记是一种特殊的公示方法,所登记的并不是物权,而是买房人根据买卖合同请求交付房屋和移转房屋所有权的债权。合同上的债权,因为办理了预告登记而具有了对抗其他买房人的物权效力。

可以申请预告登记的情形包括:预购商品房;以预购商品房设定抵押;房屋所有权转让、抵押;法律、法规规定的其他情形。

预告登记后,债权消灭或者自能够进行不动产登记之日起3个月内未申请登记的,预告登记失效。

预售人和预购人订立商品房买卖合同后,预售人未按照约定与预购人申请预告登记,预购人可以单方申请预告登记。此时,如果预售人与预购人在商品房预售合同中对预告登记附有条件和期限的,预购人应当提交相应的证明材料。

9.1.6 动产交付制度

动产物权的设立和转让,采取交付生效主义,即自交付时发生效力,但法律另有规定的除外。同时船舶、航空器和机动车等物权的设立、变更、转让和消灭采取登记对抗主义,未经登记,不得对抗善意第三人。动产物权设立和转让前,权利人已经依法占有该动产的,物权自法律行为生效时发生效力。

动产交付制度中较为重要的一点是"以返还请求权代替交付",即《物权法》中第二十六条规定的:"动产物权设立和转让前,第三人依法占有该动产的,负有交付义务的人可以通过转让请求第三人返还原物的权利代替交付。"

这种规定主要针对的是运输中的动产和委托保管中的动产的买卖、质押。比如,运输合同中的货主在转让运输中的货物时,不必等待轮船到达目的港自己去提取货物后再交付给受让人,他可以将提单交给受让人以代替实际货物的交付,交付"提单"即等于"交付"货物,即发生货物所有权变动的效果。保管合同中的货物所有权,亦于出卖人将仓单交付于受让人之时移转于受让人。

《物权法》针对融资租赁也做了相关规定,第二十七条规定:"动产物权转让时,双方又约定由出让人继续占有该动产的,物权自该约定生效时发生效力。"其实质是用一项租赁合同关系实现标的物所有权移转,并满足出卖人继续占有该标的物的需要。这样的法律关系,主要是租赁合同关系,还有借用合同关系。

9.1.7 物权的保护

1. 物权确认权

《物权法》第三十三条规定,因物权的归属、内容发生争议的,利害关系人可以请求确认权利。确认物权的权利,不存在诉讼时效的问题。

2. 物权请求权

物权请求权又称为物上请求权,是指物权人的物权遇有妨害时,权利人可以请求排除妨害或者消除危险的权利。《物权法》第三十四、三十五、三十六条规定的就是物权请求权。需要注意的是,权利人在行使物权请求权时,以原物存在为前提条件,并且无须证明对方有过错,也不受诉讼时效限制,通常情况下物权请求权包括返还原物、排除妨害、消除危险、恢复原状等形式。

物权请求权分为返还请求权、妨碍除去请求权和妨碍防止请求权3种。

要注意物权请求权与占有保护请求权之间的区别,《物权法》第二百四十五条规定,占有的不动产或者动产被侵占的,占有人有权请求返还原物;对妨害占有的行为,占有人有权请求排除妨害或者消除危险;因侵占或者妨害造成损害的,占有人有权请求损害赔偿。

占有人返还原物的请求权,自侵占发生之日起1年内未行使的,该请求权消失。

9.2 所有权

根据《物权法》对物权的界定,物权包括所有权、用益物权和担保物权三大类,每个种类又分若干内容,包括:国家所有权和集体所有权、私人所有权;业主的建筑物区分所有权;相邻关系权;共有权;土地承包经营权;建设用地使用权;宅基地使用权;地役权;抵押权(包括一般抵押权、最高额抵押权);质权(包括动产质权、权利质权);留置权。

所有权包括财产所有权和人身权,是《宪法》赋予公民的基本民事权利,因此所有权的相关问题还应遵守《宪法》对财产权的规定;同时《民法通则》是根据宪法制定的民事法律通用法则,也应与《民法通则》保持一致。

需要注意的是,任何权利都不是绝对的,所有权也要受到种种限制,除了所有人自愿形成的用益物权和担保物权,其中比较典型的法定限制应是征收、征用制度以及相邻关系的限制。

9.2.1 所有权概述

1. 所有权的概念和特征

所有权是所有权人对自己的不动产或者动产,依法享有占有、使用、收益和处分的权利。

所有权通常涵盖人对物和人对人两个方面的权利,其中:人对物的权利是指人对物全面支配的权利,包括占有、使用、收益、处分这4项具体权利,是所有权的核心内容,属于所有权的积极内容;人对人的权利,是指所有人排除他人非法干预的法定权利,包括所有权返还请求权、所有权妨害排除请求权、所有权妨害预防请求权、所有权回复原状请求权等各项权利,属于救济权,是所有人基于对特定范围内财产的权利而产生的对非所有人的权利,属于所有权的消极内容。

和其他物权相比,所有权具有以下特征。

(1) 自权性:所有权是所有权人对自己的财产所享有的权利,可以直接、无条件地支配其所有的财产,并且依自己的意愿行使占有、使用、收益和处分其财产的权能,无须任何其他人的协助或限制。

(2) 完全性:所有权人在法律允许的范围内对财产享有占有、使用、收益、处分的所有权能。除所有权以外的任何其他类型物权,都是不完全物权。

(3) 恒久性：所有权没有存在期限的限制。

(4) 弹力性：所有权的权能可以通过设定他物权而分离,当他物权消灭时,离开整体的权能复归原位,所有权恢复到原来状态。

2. 所有权的权能

所有权的权能是指所有权的具体作用形式或实现方式。

1) 占有权能

占有权能是指权利主体对物实际掌握和控制的权能。通常情况下,所有权人是物的实际占有人,但也可以由非所有人占有。非所有人占有又包括合法占有和非法占有,非法占有又可分为善意占有和恶意占有两种。

需要注意的是,占有权能与占有、占有权是不同概念。占有是对物实际掌握和控制的事实,占有并不是占有权能的产生依据,而有无占有权能则是区分合法占有与非法占有的标准。占有权能与占有制度中的占有权也是不同的,占有制度中的占有权是一项独立的物权法律制度,其内涵要比占有权能丰富。

2) 使用权能

使用权能是指权利主体依照物的性能和用途对物加以利用,以实现其利益的权能。

根据法律规定或合同约定,非所有人也可以行使物的使用权能。例如,借用和租赁都会导致非所有人的使用权能。需要注意的依然是使用权能与使用也是两个概念,使用仅仅是一种事实,包括非法使用；使用权能是合法使用的依据。此外,要把使用权能与他物权带来的使用权区分开来,这里的使用权不仅包括使用权能,还包括占有权能和收益权能。

3) 收益权能

收益权能是指权利主体基于物而获取经济利益的权能。所谓经济利益,主要是指孳息,但也包括孳息以外的其他收益,比如运用原物经营所取得的利润。

孳息是指财产产生的收益,通常分为天然孳息和法定孳息。天然孳息是指因自然规律而产生的收益,比如树的果实。法定孳息是指根据法律的规定所产生的收益,比如利息和股息。《物权法》第一百一十六条规定："天然孳息,由所有权人取得。既有所有权人又有用益物权人的,由用益物权人取得。当事人另有约定的,按照约定。法定孳息,当事人有约定的,按照约定取得；没有约定或者约定不明确的,按照交易习惯取得。"

收益权能通常由所有权人享有,特殊情况下也可以由非所有权人享有,最典型的就是建设用地使用权人依法对国家所有的土地享有占有、使用、收益的权利。

4) 处分权能

处分权能是指权利主体对物在事实上和法律上进行最终处置的权利。

处分权能可分为事实上的处分和法律上的处分。事实上的处分引起财产所有权的绝对消灭,例如,果实因食用而消灭。法律上的处分引起财产所有权的相对消灭,例如,财产所有权人出售自己的财产导致自己原有权利的转移。

处分权能是财产所有人最基本的权能,也是财产所有权的核心内容,一般应由所有权人行使,非所有权人只有在法律有明确规定的情况下才能行使,例如,抵押权人因债务人不履行到期债务而依法以变卖、拍卖抵押物方式优先得到清偿。

综上,所有权是由上述权能有机结合而组成的完整权利,4 项权能都可以与所有权发生适当的分离。4 项权能在所有权的行使过程中,发挥着不同的作用,但所有权绝非这 4 项权能的简单相加,而是由这 4 项全能有机结合构成的完整权利。

9.2.2 国家所有权、集体所有权和私人所有权

1. 国家所有权

1) 国家所有权的概念

我国《民法通则》规定,国家财产属于全民所有。国家财产神圣不可侵犯,禁止任何组织或者个人侵占、哄抢、私分、截留、破坏。

《物权法》规定,法律规定属于国家所有的财产,即为全民所有。因此,国家所有权是社会主义全民所有制在法律上的表现,可以界定为国家对全民所有制财产进行占有、使用、收益和处分的权利。其权利主体是代表全体人民利益和意志的国家,其客体具有无限广泛性,一切全民所有制财产,不管是由国家直接占有,或是由国家机关、企事业单位、集体、个人占有,都是国家所有权的统一的客体。

2) 国家所有权的特征

国家所有权作为所有权的一种形态,具有所有权的一般特征,同时也具有较为独特的一些特征。

(1) 统一性和唯一性。中华人民共和国是国家所有权的统一的和唯一的主体,这是国家财产所有权的最基本的特征,是由全民所有制的性质决定的。

(2) 客体的广泛性和专有性。客体的广泛性,是指任何财产都可以成为国家所有权的客体,但并不等于任何财产就一定都是国家所有。客体的专有性是指根据宪法和法律的规定,有些财产只能作为国家所有权的客体,即国家专有如矿藏、水流、邮电通信、军用设施与物资等。

3) 国家所有权的范畴

国家所有权的范畴如下:

(1) 矿藏、水流、海域、野生动物资源、无线电频谱资源、城市的土地、国防资产;

(2) 法律规定属于国家所有的铁路、公路、电力设施、电信设施和油气管道等基础设施,农村和城市郊区的土地;

(3) 除法律规定属于集体所有的外,森林、山岭、草原、荒地、滩涂等自然资源;

(4) 法律规定属于国家所有的文物;

(5) 其他法律规定属于国家所有的财产,比如国家经营所得、损赠所得、受让所得、赔偿所得,战争缴获、没收等。

4) 国家所有权的行使

除法律另有规定外,国有财产由国务院代表国家行使所有权。

国家机关对其直接支配的不动产和动产,享有占有、使用以及依照法律和国务院的有关规定处分的权利。

国家举办的事业单位对其直接支配的不动产和动产,享有占有、使用以及依照法律和国务院的有关规定收益、处分的权利。

国家出资的企业,由国务院、地方人民政府依照法律、行政法规规定分别代表国家履行出资人职责,享有出资人权益。

国家所有的财产受法律保护,禁止任何单位和个人侵占、哄抢、私分、截留、破坏。

履行国有财产管理、监督职责的机构及其工作人员,应当依法加强对国有财产的管理、监督,促进国有财产保值增值,防止国有财产损失。滥用职权,玩忽职守,造成国有财产损失的,应当依法承担法律责任。

违反国有财产管理规定,在企业改制、合并分立、关联交易等过程中,低价转让、合谋私分、擅自担保或者以其他方式造成国有财产损失的,应当依法承担法律责任。

2. 集体所有权

集体经济是公有制经济的重要组成部分,明确集体财产的地位和范畴对集体所有权的保护和集体经济的发展至关重要,《宪法》、《民法通则》和《物权法》对此都有所规定。

1) 集体所有权的概念

集体所有权是指集体组织成员对依法属于集体的财产共同享有占有、使用、收益、处分的权利。集体所有的最基本特征是集体财产共同所有、集体事务共同管理、集体利益共同分享。

2) 集体所有权的特征

集体所有权的特征有以下几点。

(1) 权利主体的多元性。集体所有权的主体在表现形式上具有多元性,如农民集体组织、乡村集体企业、城镇集体企业等。集体内部所有成员的权利都是平等和相同的,经全体同意才能决定财产的使用和转让。

(2) 权利客体的限定性。集体组织的财产多与其成立的宗旨及其所从事的活动有关,并且不得拥有法律规定的国家专有财产、专有资源等重要财产。

(3) 权利行使的民主性。集体所有权非常强调权利行使过程中的民主性。我国现行法律、法规对农民集体所有权行使有明确规定,凡是与集体成员切身利益息息相关、关系到集体重大事务的事项,都需要经过民主议定程序进行决定,体现出集体民主与农村民主的政治要求。

3) 集体所有权的范畴

需要注意的是,集体所有权是公有制的一部分,集体的成员不能各自对集体财产行使权利,集体里的成员离开集体时也不能要求分割集体财产。集体所有权的范畴包括以下几个方面。

(1) 法律规定属于集体所有的土地、森林、山岭、草原、荒地和滩涂。此处要注意,土地的集体所有是指农民集体所有,不包括城镇集体,农民集体所有的土地主要指耕地,也包括宅基地和自留地、自留山。

(2) 集体所有的建筑物、生产设施、农田水利设施。

(3) 集体所有的教育、科学、文化、卫生、体育等设施。

(4) 集体所有的其他不动产和动产。

4) 集体所有权的行使

城镇集体所有的不动产和动产，主要是依照法律、行政法规的规定由本集体享有占有、使用、收益和处分的权利。此处的法律、法规主要指《宪法》、《民法通则》、《物权法》、《城镇集体所有制企业条例》等相关规定。

农村集体所有权有两点需要注意：第一，农村集体组织中的成员资格一律平等；第二，农民只能在一个农村集体组织内享有成员权利，不能同时享有更多集体的成员权利。

(1) 代表农村集体成员行使所有权的机构

属于村农民集体所有的，由村集体经济组织或者村民委员会代表集体行使所有权。此处的"村"是指设立村民委员会的村，而不是自然村。村民委员会是指按照《村民委员会组织法》建立的农村基层群众性自治组织。《民法通则》、《土地管理法》和《农村土地承包法》等多部法律都从法律上赋予了村民委员会对村集体所有财产进行经营、管理的经济职能。

分别属于村内两个以上农民集体所有的，由村内各集体经济组织或者村民小组代表集体行使所有权。村民小组通常是指村委会根据《村民委员会组织法》的规定，按照居住地区在本行政村内划分的由村民组成的自治组织。如果村内有集体经济组织的，就由村内的集体经济组织代表行使所有权；如果没有村内的集体经济组织，则由村民小组来行使。

属于乡镇农民集体所有的，由乡镇集体经济组织代表集体行使所有权。

需要注意的是，上述农村集体经济组织、村委会和村民小组不是集体财产的所有人，只是依法代表集体行使所有权，需要向所属集体负责并接受其监督。

(2) 需要集体决定的重大事项

农村集体经济组织中需要集体决定的重大事项包括以下几个方面。

① 土地承包方案以及将土地发包给本集体以外的单位或者个人承包。土地承包应当按照下列程序进行：首先，由本集体经济组织成员的村民会议选举产生承包工作小组；其次，承包工作小组依照法律法规的规定拟订并公布承包方案；再次，依法召开本集体经济组织成员的村民会议，讨论通过承包方案；接着，在承包方案经本集体经济组织成员的村民会议 2/3 以上成员或者 2/3 以上村民代表同意后，公开承包方案；最后，签订承包合同。

个别土地承包经营权人之间承包地的调整，也需要经过本集体经济组织成员的村民会议 2/3 以上成员或者 2/3 以上村民代表的同意。

② 土地补偿费等费用的使用、分配办法。国家依法征收农村集体所有的土地所支付的土地补偿费、安置补助费、土地附着物补偿费等费用的使用和分配办法必须经集体成员通过村民会议等方式决定。

③ 集体出资的企业的所有权变动等事项以及法律规定的其他事项。集体经济组织或者村民委员会、村民小组应当依照法律、行政法规以及相关章程、村规、民约向本集体成员公布集体财产的状况。集体所有的财产受法律保护，禁止任何单位和个人侵占、哄抢、私分、破坏。集体经济组织、村民委员会或者其负责人作出的决定侵害集体成员合法权益的，受侵害的集体成员可以请求人民法院予以撤销。

第 9 章 物权

3. 私人所有权

1）私人所有权的概念

私人所有权是自然人对依法取得的财产享有占有、使用、收益、处分的权利。此处的私人是与国家、集体相对应的权利主体，既包括我国公民，也包括在我国取得合法财产的外国人、无国籍人和多国籍人。

2）私人所有权的范畴

私人所有权的财产范围非常广泛，凡是法律允许私人所有的财物，都可以是私人所有权的客体，其中较为典型的是合法的收入、储蓄、投资及其收益，还有房屋、生活用品、生产工具、原材料等不动产和动产。私人的合法财产受法律保护，禁止任何单位和个人侵占、哄抢、破坏。

此处需要注意的是，私人只有对其合法获得的财产才能享有所有权，如果属于贪污、抢夺、盗窃等方式非法获取的财产，不受法律保护，并且还要被追究相应的法律责任。

9.2.3 建筑物区分所有权

1. 基本概念的界定

1）业主

业主是指依法登记取得建筑物专有部分所有权的人。基于与建设单位之间的商品房买卖的民事法律行为，已经合法占有建筑物专有部分，但尚未依法办理所有权登记的人，也属于业主。

2）建筑物区分所有权

建筑物区分所有权是一种特殊的复合性不动产所有权，是由专有部分的专有权、共有部分的共有权以及因共有关系而产生的共同管理权的总称。

专有权指建筑物内业主对建筑物内专有部分享有的占有、使用、收益、处分的权利。

共有权指的是业主依照法律、合同以及业主公约，对建筑物的共有部分所共同享有的权利。建设单位或者其他行为人擅自占用、处分业主共有部分，改变其使用功能或者进行经营性活动，权利人可以请求排除妨害、恢复原状、确认处分行为无效或者赔偿损失。需要注意的是，业主不得以放弃共有权利为理由不履行相应的义务。例如，业主不得以不使用电梯为由，不交纳电梯维修费用。

共同管理权是指业主基于同一建筑物的构造、权利归属及使用上的密切关系而形成的作为建筑物管理团体成员之一而享有的权利和承担的义务。

3）建筑物内专有部分

根据《关于审理建筑物区分所有权纠纷案件具体应用法律若干问题的解释》的规定，建筑区划内符合下列条件的房屋以及车位、摊位等特定空间，应当认定为《物权法》第六章所称的专有部分。

（1）具有构造上的独立性，能够明确区分。

（2）具有利用上的独立性，可以排他使用。

(3) 能够登记成为特定业主所有权的客体。

(4) 规划上专属于特定房屋,且建设单位销售时已经根据规划列入该特定房屋买卖合同中的露台等,也应当认定为专有部分的组成部分。此处所称房屋也包括整栋建筑物。

4) 建筑物内共有部分

建筑物内共有部分通常是指除建筑物内的住宅、经营性用房等专有部分以外的部分,既包括建筑物内的楼梯、走廊、电梯、外墙面、水、电、气管线等部分,也包括建筑区划内由业主共同使用的物业管理用房、绿地、道路、公用设施以及其他公共场所等,但法律另有规定的除外。

《物权法》第七十三条规定:"建筑区划内的道路,属于业主共有,但属于城镇公共道路的除外。建筑区划内的绿地,属于业主共有,但属于城镇公共绿地或者明示属于个人的除外。建筑区划内的其他公共场所、公用设施和物业服务用房,属于业主共有。"

《物权法》第七十四条第三款:"占用业主共有的道路或者其他场地用于停放汽车的车位,属于业主共有。"

除法律、行政法规规定的共有部分外,建筑区划内的以下部分,也应当认定为共有部分:

(1) 建筑物的基础、承重结构、外墙、屋顶等基本结构部分;

(2) 通道、楼梯、大堂等公共通行部分;

(3) 消防、公共照明等附属设施、设备;

(4) 避难层、设备层或者设备间等结构部分。

其他不属于业主专有部分,也不属于市政公用部分或者其他权利人所有的场所及设施等。

5) 业主大会及业主委员会

业主大会是业主的自治组织,是由全体业主组成的建筑区划内建筑物及其附属设施的管理机构。建筑区划内的任何业主都有权参加业主大会,行使权利。

业主委员会是本建筑区划内所有建筑物的业主大会的执行机构,具体执行业主大会决定的事项,并就建筑区划内的一般性日常事务做出决定。

6) 物业管理和物业服务企业

物业管理,是指业主通过选聘物业管理企业,由业主和物业管理企业按照《物业服务合同约定》,对房屋及配套的设施、设备和相关场地进行维修、养护、管理,维护相关区域内的环境卫生和秩序的活动。

物业服务企业,是指依法设立、具有独立法人资格、从事物业管理服务、活动的企业。国家对从事物业管理活动的企业实行资质管理制度,从事物业管理的人员也应当按照国家有关规定取得职业资格证书。

1个物业管理区域由1个物业服务企业实施物业管理,由业主委员会与业主大会与选聘出的物业服务企业订立书面的物业服务合同。《物业服务合同》应当对物业管理事项、服务质量、服务费用、双方的权利和义务、专项维修资金的管理与使用、物业管理用房、合同期限、违约责任等内容进行约定。物业服务企业未能履行物业服务合同的约定,导致业主人身、财产安全受到损害的,应当依法承担相应的法律责任。物业服务合同终止时,业主大会选聘了新的物业服务企业的,物业服务企业之间应当做好交接工作。物业服务企业可以将物业管理区域内的专项服务业务委托给专业性服务企业,但不得将该区域内的全部物业管理一并委托给他人。

2. 业主的权利

业主拥有以下权利。

1) 重大事项决定权

(1) 制定和修改业主大会议事规则。

(2) 召开并参加业主大会会议,行使投票权。业主可以委托代理人参加业主大会会议。

(3) 制定和修改建筑物及其附属设施的管理规约。

(4) 选举业主委员会或者更换业主委员会成员,并享有被选举权。

(5) 选聘和解聘物业服务企业或者其他管理人。

(6) 筹集和使用建筑物及其附属设施的维修资金。

(7) 改建、重建建筑物及其附属设施。

(8) 有关共有和共同管理权利的其他重大事项。比如改变共有部分的用途、利用共有部分从事经营性活动、处分共有部分,以及业主大会依法决定或者《管理规约》依法确定应由业主共同决定的事项都属于此处的其他重大事项。

决定上述第六项和第七项规定的事项,应当经专有部分占建筑物总面积 2/3 以上的业主且占总人数 2/3 以上的业主同意。其他事项,应当经专有部分占建筑物总面积过半数的业主且占总人数过半数的业主同意。

此处的专有部分面积和建筑物总面积,可以按照下列方法认定。

(1) 专有部分面积:按照不动产登记簿记载的面积计算;尚未进行物权登记的,暂按测绘机构的实测面积计算;尚未进行实测的,暂按《房屋买卖合同》记载的面积计算。

(2) 建筑物总面积:按照前项的统计总和计算。

此处的业主人数和总人数,可以按照下列方法认定。

(1) 业主人数:按照专有部分的数量计算,1个专有部分按1人计算。但建设单位尚未出售和虽已出售但尚未交付的部分,以及同一买受人拥有1个以上专有部分的,按1人计算。

(2) 总人数:按照前项的统计总和计算。

2) 监督权

(1) 监督物业服务企业履行物业服务合同;

(2) 监督业主委员会的工作;

(3) 监督物业共用部位、共用设施设备专项维修资金(以下简称专项维修资金)的管理和使用;

(4) 监督物业共用部位、共用设施设备和相关场地的使用情况。

3) 知情权

业主有权请求公布、查阅下列应当向业主公开的情况和资料:

(1) 建筑物及其附属设施的维修资金的筹集、使用情况；
(2) 管理规约、业主大会议事规则以及业主大会或者业主委员会的决定及会议记录；
(3) 物业服务合同、共有部分的使用和收益情况；
(4) 建筑区划内规划用于停放汽车的车位、车库的处分情况；
(5) 其他应当向业主公开的情况和资料。

3. 业主的义务

业主的义务包括以下几个方面。

(1) 遵守法律、法规以及管理规约。

管理规约、业主公约等对全体业主具有约束力，应当包括对有关物业的使用、维护、管理，业主的共同利益，业主应当履行的义务，违反管理规约应当承担的责任等事项。管理规约应当尊重社会公德，不得违反法律、法规或者损害社会公共利益。

(2) 行使专有权利不得危及建筑物的安全，不得损害其他业主的合法权益。

业主需要装饰、装修房屋的，应当事先告知物业服务企业。业主基于对住宅、经营性用房等专有部分特定使用功能的合理需要，无偿利用屋顶以及与其专有部分相对应的外墙面等共有部分的，不应认定为侵权。但违反法律、法规、管理规约，损害他人合法权益的除外。

业主或者其他行为人违反法律、法规、国家相关强制性标准、管理规约，或者违反业主大会、业主委员会依法作出的决定，实施下列行为的，可以认定为损害他人合法权益的行为：

① 损害房屋承重结构，损害或者违章使用电力、燃气、消防设施，在建筑物内放置危险、放射性物品等危及建筑物安全或者妨碍建筑物正常使用；

② 违反规定破坏、改变建筑物外墙面的形状、颜色等损害建筑物外观；

③ 违反规定进行房屋装饰、装修；

④ 违章加建、改建，侵占、挖掘公共通道、道路、场地或者其他共有部分。

对业主任意弃置垃圾、排放污染物或者噪声、违反规定饲养动物、违章搭建、侵占通道、拒付物业费等损害他人合法权益的行为，业主委员会有权依照法律、法规以及管理规约，要求行为人停止侵害、消除危险、排除妨害、赔偿损失，受损害的权利人也可以依法提起诉讼。

(3) 遵守物业服务合同，按时交纳物业服务费用。

建设单位依法与物业服务企业签订的前期物业服务合同，以及业主委员会和业主大会与依法选聘的物业服务企业签订的物业服务合同，对业主也具有约束力，业主应该遵守并在违反上述内容时承担责任。

物业服务企业公开作出的服务承诺及制定的服务细则，应当认定为物业服务合同的组成部分。

物业服务企业将物业服务区域内的全部物业服务业务一并委托他人而签订的委托合同，或者物业服务合同中存在免除物业服务企业责任、加重业主委员会或者业主责任、排除业主委员会或者业主主要权利的条款，业主可以请求确认合同或者合同相关条款无效。

(4) 遵守物业管理区域内物业共用部位和共用设施与设备的使用、公共秩序和环境卫生的维护等方面的规章制度。

业主不得随意将住宅改变为经营性用房，业主将住宅改变为经营性用房的，除遵守法律、法规以及管理规约外，应当经有利害关系的业主同意。

业主将住宅改变为经营性用房，本栋建筑物内的其他业主，属于有利害关系的业主。建筑区划内，本栋建筑物之外的业主，主张与自己有利害关系的，应证明其房屋价值、生活质量受到或者可能受到不利影响。

(5) 执行业主大会的决定和业主大会授权业主委员会作出的决定。

业主大会或者业主委员会的决定，对业主具有约束力。

业主大会或者业主委员会作出的决定侵害业主合法权益的，受侵害的业主可以在知道或者应当知道业主大会或者业主委员会作出决定之日起1年内请求人民法院予以撤销。

(6) 按照国家有关规定交纳专项维修资金和其他费用。

住宅物业、住宅小区内的非住宅物业或者与单幢住宅楼结构相连的非住宅物业的业主，应当按照国家有关规定交纳专项维修资金。

专项维修资金属于业主所有，专项用于物业保修期满后物业共用部位、共用设施设备的维修和更新、改造，不得挪作他用。

建筑物及其附属设施的费用分摊、收益分配等事项，有约定的，按照约定；没有约定或者约定不明确的，按照业主专有部分占建筑物总面积的比例确定。

(7) 法律、法规规定的其他义务。

4. 业主大会和业主委员会

1) 业主大会及业主委员会的设立

同一个物业管理区域内的业主，应当在物业所在地的区、县人民政府房地产行政主管部门或者街道办事处、乡镇人民政府的指导下成立业主大会，并选举产生业主委员会。但是，只有1个业主的，或者业主人数较少且经全体业主一致同意，决定不成立业主大会的，由业主共同履行业主大会、业主委员会职责。

业主委员会应当自选举产生之日起30日内，向物业所在地的区、县人民政府房地产行政主管部门和街道办事处、乡镇人民政府备案。

业主委员会委员应当由热心公益事业、责任心强、具有一定组织能力的业主担任。业主委员会主任、副主任在业主委员会成员中推选产生。

2) 业主大会的召开

业主大会会议分为定期会议和临时会议。业主大会定期会议应当按照业主大会议事规则的规定召开。经20%以上的业主提议，业主委员会应当组织召开业主大会临时会议。

召开业主大会会议，应当于会议召开15日以前通知全体业主。住宅小区的业主大会会议，应当同时告知相关的居民委员会。业主委员会应当做好业主大会会议记录。

业主大会会议可以采用集体讨论的形式，也可以采用书面征求意见的形式。但是，应当有物业管理区域内专有部分占建筑物总面积过半数的业主且占总人数过半数的业主参加。业主大会议事规则应当就业主大会的议事方式、表决程序、业主委员会的组成和成员任期等事项作出约定。

3) 业主大会和业主委员会的职责

业主委员会执行业主大会的决定事项,履行下列职责:

(1) 召集业主大会会议,报告物业管理的实施情况;

(2) 代表业主与业主大会选聘的物业服务企业签订物业服务合同;

(3) 及时了解业主、物业使用人的意见和建议,监督和协助物业服务企业履行物业服务合同;

(4) 监督管理规约的实施;

(5) 业主大会赋予的其他职责。

业主大会、业主委员会作出的决定违反法律、法规的,物业所在地的区、县人民政府房地产行政主管部门或者街道办事处、乡镇人民政府,应当责令限期改正或者撤销其决定,并通告全体业主。

业主大会、业主委员会应当配合公安机关,与居民委员会相互协作,共同做好维护物业管理区域内的社会治安等相关工作。

在物业管理区域内,业主大会、业主委员会应当积极配合相关居民委员会依法履行自治管理职责,支持居民委员会开展工作,并接受其指导和监督。

住宅小区的业主大会、业主委员会作出的决定,应当告知相关的居民委员会,并认真听取居民委员会的建议。

9.2.4 相邻关系

1. 相邻关系的界定

相邻关系是指两个以上不动产的相邻权利人,在行使不动产的占有、使用、收益和处分权时,相互之间应当给予便利或者接受限制而发生的权利、义务关系。

理解相邻关系要从以下几点切入:

(1) 相邻的不动产既包括土地,也包括附着于土地的建筑物。相邻土地可能产生的相邻关系一般涉及通行、引水等内容;相邻的建筑物可能产生的相邻关系多涉及通风、采光等内容。

(2) 相邻关系一般指不动产的相邻权利人之间的关系,但也不是绝对的。例如上游的权利人排水需要经过下游权利人的土地,此时,当事人之间土地并不相邻,但产生的权利是相互邻接的。

(3) 不动产的相邻权利人,既包括不动产的所有人,也包括不动产的用益物权人和占有人。

2. 相邻关系的原则和依据

《物权法》第八十四条规定:"不动产的相邻权利人应当按照有利生产、方便生活、团结互助、公平合理的原则,正确处理相邻关系。"这条规定明确指出了相邻关系的基本原则。

现实生活中,需要用法律调整的相邻关系种类繁多,范围也在不断扩大。《物权法》选择最具有普遍性的一些相邻关系进行了规定。同时为了给其他没有规定的相邻关系以法律依据,《物权法》第八十五条规定:"法律、法规对处理相邻关系有规定的,依照其规定;法律、法规没有规定的,可以按照当地习惯。"这就极大地拓宽了相邻关系的法律依据。

3. 典型相邻关系

下面介绍几种典型的相邻关系:

1) 用水排水相邻关系

《物权法》第八十六条规定:"不动产权利人应当为相邻权利人用水、排水提供必要的便利。对自然流水的利用,应当在不动产的相邻权利人之间合理分配。对自然流水的排放,应当尊重自然流向。"

(1) 关于自然流水的分配与使用。一方擅自堵截或者独占自然流水,影响他方正常生产、生活的,他方有权请求排除妨碍;造成他方损失的,受益人应负赔偿责任。

(2) 关于自然流水以及生产、生活用水的排放。相邻一方必须使用另一方的土地排水的,应当予以准许,但应在必要限度内使用并采取适当的保护措施排水。如仍造成损失的,由受益人合理补偿。相邻一方可以采取其他合理的措施排水而未采取,向他方土地排水毁损或者可能毁损他方财产,他方可以要求致害人停止侵害、消除危险、恢复原状、赔偿损失。

(3) 关于房屋滴水。处理相邻房屋滴水纠纷时,对有过错的一方造成他方损害的,可以请求人民法院责令其排除妨碍、赔偿损失。

2) 土地相邻关系

土地相邻关系包括以下 3 种情形:

(1) 通行权。

《物权法》第八十七条规定:"不动产权利人对相邻权利人因通行等必须利用其土地的,应当提供必要的便利。一方必须在相邻一方使用的土地上通行的,应当予以准许;因此给对方造成损失的,受益人应当给予适当补偿。"

对于一方所有的或者使用的建筑物范围内历史形成的必经通道,所有权人或者使用权人不得堵塞。因堵塞影响他人生产、生活,他人有权要求排除妨碍或者恢复原状,但有条件另开通道的,也可以另开通道。

(2) 临时使用权。

不动产权利人因建造、修缮建筑物必须利用相邻土地、建筑物的,该土地、建筑物的权利人应当提供必要的便利。

相邻一方因施工临时占用他方使用的土地,占用的一方如未按照双方约定的范围、用途和期限使用的,应当责令其及时清理现场、排除妨碍、恢复原状、赔偿损失。

(3) 管线安设权。

铺设电线、电缆、水管、暖气和煤气管线等必须利用相邻土地、建筑物的,该土地、建筑物的权利人应当提供必要的便利,但应选择损害最小的处所及方法安设,仍有损害的,应支付赔偿金。

3) 建筑物相邻关系

随着城市土地价值的提升,建筑物之间的距离越来越缩小,高层建筑大量增加,这些都使得建筑物之间通风、采光和日照的问题越来越多。因此,《物权法》第八十九条规定:"建造建筑物,不得违反国家有关工程建设标准,妨碍相邻建筑物的通风、采光和日照。"

在《物权法》的指导性规定之外,我国还存在着操作性规范,如建设部颁布的《建筑采光设计标准》、《工程建设标准强制性条文》、《城市居住区规划设计规范》等,规定旧区改造住宅日照标准按照大寒日的日照不低于1小时执行。

4) 污染物排放的相邻关系

不动产权利人不得违反国家规定弃置固体废物,排放大气污染物、水污染物、噪声、光、电磁波辐射等有害物质。

需要注意的是,按照前面所述的《物权法》规定的"有利生产、方便生活、团结互助、公平合理"的原则,相邻不动产权利人之间应当互负容忍义务。也就是说,在国家规定的标准以内应当容忍。只有在超过国家规定标准时,才有权要求侵害人停止侵害、消除危险、排除妨害以及赔偿损失。

5) 相邻不动产的安全关系

不动产权利人挖掘土地、建造建筑物、铺设管线以及安装设备等,不得危及相邻不动产的安全。

挖掘土地、建造建筑物时,要注意避免影响相邻土地的地基,致使相邻土地的地上建筑物受到损害。我国《建筑法》对施工现场对相邻建筑物的安全、地下管线的安全提出了明确要求。该法第三十九条第二款规定:"施工现场对毗邻的建筑物、构筑物和特殊作业环境可能造成损害的,建筑施工企业应当采取安全防护措施。"如埋设水管时,要预防土沙崩溃、水或污水渗漏到相邻不动产。在自己使用的土地上挖水沟、水池、地窖等或者种植的树木根枝伸延,不得危及另一方建筑物的安全和正常使用,否则对方有权要求消除危险、恢复原状、赔偿损失。

9.2.5 共有

1. 共有的概念和特征

共有指两个以上权利主体对同一财产的共享所有权。共有人可以是自然人,也可以是法人。

共有的法律特征如下:

(1) 主体多数。共有财产的主体是多个共有人,这和公有是不一样的,公有财产的主体是单一的,在我国为国家或集体组织。

(2) 客体特定。在客体方面,共有的财产和单独所有的财产并没有区别,都是特定的客体,由各共有人共同享有所有权。

(3) 内容复杂。和单独所有相比,各共有人之间的权利、义务关系内容相对复杂。

我国现行法律中将共有划分为按份共有和共同共有。同时还规定如果共有人对共有的不动产或者动产没有约定为按份共有或者共同共有,或者约定不明确的,除共有人具有家庭关系外,均视为按份共有。按份共有人对共有的不动产或者动产享有的份额,没有约定或者约定不明确的,按照出资额确定;不能确定出资额的,视为等额享有。

2. 按份公有

按份共有是指共有人按照各自份额对共有财产享有权利和承担义务的共有关系。

1) 共有物的管理

(1) 共有物的保存

对共有物的保存是共有人最普通的管理行为,通常表现为以避免共有物的毁损、灭失为目的,维持共有物的现状。对共有物的保存有约定的按约定办理;没有约定或者约定不明确的,各共有人都有妥善保存的权利和义务。

(2) 共有物的使用

按份共有人按照其份额对共有物进行使用及收益分配。

(3) 共有物的处分和重大修缮

《物权法》对按份共有人对共有物作处分和重大修缮实行"绝对多数决定"的原则,即处分共有的不动产或者动产以及对共有的不动产或者动产作重大修缮的,应当经占份额 2/3 以上的按份共有人同意,但共有人之间另有约定的除外。

这样的规定既能体现物尽其用的原则,又能兼顾多数共有人的利益,兼顾了效率原则与公平原则。

(4) 共有物的转让

《物权法》第一百零一条规定:"按份共有人可以转让其享有的共有的不动产或者动产份额。其他共有人在同等条件下享有优先购买的权利。"从这一规定中可以看出,按份共有人转让其享有的共有物份额,并不需要取得其他共有人的同意,其他共有人对该转让仅享有优先购买权。但是,按份共有人依然要遵守其他法律的特别规定,如《城市房地产管理法》第三十七条规定:"共有房地产,未经其他共有人书面同意的,不得转让。"同时,如果在共有关系中有禁止共有人转让其份额的约定时,按份共有人也必须遵守。

其他共有人的优先购买权是指其他共有人与此外的其他人出价相同时,所拥有的优先购买权。我国的其他法律也有类似规定,如《民法通则》第七十八条规定:"按份共有财产的每个共有人有权要求将自己的份额分出或者转让。但在出售时,其他共有人在同等条件下,有优先购买的权利。"《合同法》第三百四十条规定:"合作开发完成的发明创造,除当事人另有约定的以外,申请专利的权利属于合作开发的当事人共有。当事人一方转让其共有的专利申请权的,其他各方享有以同等条件优先受让的权利。"

(5) 管理费用的分担

在按份共有中,对共有物的管理费用以及其他负担,有约定的,按照约定;没有约定或者约定不明确的,按份共有人按照其份额负担。

2) 共有物的分割

(1) 分割方式

共有人可以协商确定分割方式。达不成协议的,共有的不动产或者动产可以分割并且不会因分割减损价值的,应当对实物予以分割;难以分割或者因分割会减损价值的,应当对折价或者拍卖、变卖取得的价款予以分割。

(2) 分割原则

共有人对共有财产的分割有约定的依其约定;没有约定或者约定不明确的,按份共有人可以随时请求分割。按份共有人对其应有份额所享有的其实是相对独立的所有权,按份共有人因此有权请求从共有财产中分割出属于自己的份额,并不需要征得其他共有人的同意。但如果共有人约定不得分割共有的不动产或者动产,以维持共有关系的,应当按照约定。

因分割对其他共有人造成损害的,应当给予赔偿。

3) 共有物的债权债务关系

(1) 对外效力

因共有的不动产或者动产产生的债权债务,在对外关系上,共有人享有连带债权、承担连带债务,但法律另有规定或者第三人知道共有人不具有连带债权债务关系的除外。

(2) 内部效力

因共有财产产生的债权债务关系,在共有人内部关系上,除共有人另有约定外,按份共有人按照份额享有债权、承担债务。

(3) 追偿权

偿还债务超过自己应当承担份额的按份共有人,有权向其他共有人追偿。

3. 共同共有

共同共有是指共有人依据某种共同关系不分份额对共有财产享有权利并承担义务的共有关系。

1) 共有物的管理

(1) 共有物的保存

对共有物的保存是共有人最普通的管理行为,通常表现为以避免共有物的毁损、灭失为目的,维持共有物的现状。对共有物的保存有约定的按约定办理;没有约定或者约定不明确的,各共有人都有妥善保存的权利和义务。

(2) 共有物的使用

共有人使用共有财产时有约定的依约定;没有约定的,共有人在各自使用时,要尽合理的注意义务,以避免共有财产的毁损。

(3) 共有物的处分和重大修缮

《物权法》对共同共有人对共有物作处分和重大修缮实行全体共有人"一致决定"的原则,处分共有的不动产或者动产以及对共有的不动产或者动产作重大修缮的,应当经全体共同共有人同意,但共有人之间另有约定的除外。共同共有人对共有财产享有共同的权利、承担共同的义务。在共同共有关系存续期间,部分共有人擅自处分共有财产的,一般认定无效。其他共有人明知而未提出异议的,可以认定有效。

(4) 管理费用的分担

在共同共有中,对共有物的管理费用以及其他负担,有约定的,按照约定;没有约定或者约定不明确的,共同共有人共同负担。

(5) 共有物的分割

共同共有人对共有物的分割基本上和按份共有人的分割一致,共有人约定不得分割共有的不动产或者动产以维持共有关系的,应当按照约定;但共有人有重大理由需要分割的,可以请求分割;没有约定或者约定不明确的,共同共有人在共有的基础丧失或者有重大理由需要分割时可以请求分割。所谓的共有的基础丧失,如夫妻共有在婚姻关系解除时就失去了共有的基础,可以请求分割共有财产。所谓有重大理由需要分割,如在婚姻关系存续期间,夫妻约定由原来的夫妻共同财产制,改变为夫妻分别财产制,此时,也可以请求分割共有财产。

因分割对其他共有人造成损害的,应当给予赔偿。

2) 共有物的债权债务关系

共同共有人因共有物形成的债权债务关系在对外效力和追偿权部分和按份共有人相同,仅在内部效力上不同。因共有财产产生的债权债务关系,在共有人内部关系上,除共有人另有约定外,共同共有人共同享有债权、承担债务。

3) 夫妻共有

夫妻共有作为共同共有最典型的表现形式,也是现实生活中出现纠纷和问题最多的一个方面,因此,此处对夫妻共有做一个简要的归纳和整理。

(1) 法定共有财产内容

依据《婚姻法》第十七条的规定,在婚姻关系存续期间任何一方所得的财产,原则上均属于夫妻共同共有财产。夫妻在婚姻关系存续期间所得的下列财产,归夫妻共同所有:工资、奖金;生产、经营的收益;婚姻关系存续期间,实际取得或者已经明确可以取得的财产性知识产权收益;继承或赠与所得的财产;其他应当归共同所有的财产。此处的其他应当归共同所有的财产通常包括:一方以个人财产投资取得的收益;男女双方实际取得或者应当取得的住房补贴、住房公积金;男女双方实际取得或者应当取得的养老保险金、破产安置补偿费。

法律上明确规定不属于夫妻共有财产内容的包括:一方的婚前财产;一方因身体受到伤害获得的医疗费、残疾人生活补助费等费用;遗嘱或赠与合同中确定只归夫或妻一方的财产;一方专用的生活用品;其他应当归一方的财产。

夫妻可以自由约定婚前及婚内所得财产归各自分别所有、共同所有、部分分别所有或者部分共同所有。约定应当采用书面形式,否则依旧适用法定财产制。如果夫妻对婚姻关系存续期间所得的财产约定归各自所有的,夫或妻一方对外所负的债务,第三人知道该约定的,以夫或妻一方所有的财产清偿。此时夫妻一方对此负有举证责任。

(2) 夫妻对共同所有财产的处理权

依据《婚姻法》第十七条第二款的规定:"夫妻对共同所有的财产,有平等的处理权,具体包括:夫或妻在处理夫妻共同财产上的权利是平等的,因日常生活需要而处理夫妻共同财产的,任何一方均有权决定;夫或妻非因日常生活需要对夫妻共同财产做重要处理决定,夫妻双方应当平等协商,取得一致意见。他人有理由相信其为夫妻双方共同意思表示的,另一方不得以不同意或不知道为由对抗善意第三人。"

(3) 离婚诉讼中夫妻共有财产的处理

离婚时，夫妻的共同财产由双方协议处理；协议不成时，由人民法院根据财产的具体情况，按照照顾子女和女方权益的原则判决。

涉及分割发放到军人名下的复员费、自主择业费等一次性费用的，以夫妻婚姻关系存续年限乘以年平均值，所得数额为夫妻共同财产。平均值，是将发放到军人名下的上述费用总额按具体年限均分得出的数额。其具体年限为人均寿命70岁与军人入伍时实际年龄的差额。

夫妻双方分割共同财产中的股票、债券、投资基金份额等有价证券以及未上市股份有限公司股份时，协商不成或者按市价分配有困难的，人民法院可以根据数量按比例分配。

涉及分割夫妻共同财产中以一方名义在有限责任公司的出资额，另一方不是该公司股东的，夫妻双方协商一致将出资额部分或者全部转让给该股东的配偶，过半数股东同意、其他股东明确表示放弃优先购买权的，该股东的配偶可以成为该公司股东；夫妻双方就出资额转让份额和转让价格等事项协商一致后，过半数股东不同意转让，但愿意以同等价格购买该出资额的，人民法院可以对转让出资所得财产进行分割，过半数股东不同意转让，也不愿意以同等价格购买该出资额的，视为其同意转让，该股东的配偶可以成为该公司股东。

涉及分割夫妻共同财产中以一方名义在合伙企业中的出资，另一方不是该企业合伙人的，当夫妻双方协商一致，将其合伙企业中的财产份额全部或者部分转让给对方时，其他合伙人一致同意的，该配偶依法取得合伙人地位；其他合伙人不同意转让，在同等条件下行使优先受让权的，可以对转让所得的财产进行分割；其他合伙人不同意转让，也不行使优先受让权，但同意该合伙人退伙或者退还部分财产份额的，可以对退还的财产进行分割；其他合伙人既不同意转让，也不行使优先受让权，又不同意该合伙人退伙或者退还部分财产份额的，视为全体合伙人同意转让，该配偶依法取得合伙人地位。

夫妻以一方名义投资设立独资企业的，人民法院分割夫妻在该独资企业中的共同财产时，一方主张经营该企业的，对企业资产进行评估后，由取得企业一方给予另一方相应的补偿；双方均主张经营该企业的，在双方竞价基础上，由取得企业的一方给予另一方相应的补偿；双方均不愿意经营该企业的，按照《中华人民共和国个人独资企业法》等有关规定办理。

双方对夫妻共同财产中的房屋价值及归属无法达成协议时，双方均主张房屋所有权并且同意竞价取得的，应当准许；一方主张房屋所有权的，由评估机构按市场价格对房屋作出评估，取得房屋所有权的一方应当给予另一方相应的补偿；双方均不主张房屋所有权的，根据当事人的申请拍卖房屋，就所得价款进行分割。

(4) 夫妻债务

离婚时，原为夫妻共同生活所负的债务，应当共同偿还。共同财产不足清偿的，或财产归各自所有的，由双方协议清偿；协议不成时，由人民法院判决。

债权人就婚姻关系存续期间夫妻一方以个人名义所负债务主张权利的，应当按夫妻共同债务处理。但夫妻一方能够证明债权人与债务人明确约定为个人债务，或者能够证明夫妻约定分别所有财产制，且第三人知道该约定的除外。

当事人的离婚协议或者人民法院的判决书、裁定书、调解书已经对夫妻财产分割问题作出处理的,债权人仍有权就夫妻共同债务向男女双方主张权利。夫或者妻一方就共同债务承担连带清偿责任后,可基于合法依据向另一方追偿;夫或妻一方死亡的,生存一方应当对婚姻关系存续期间的共同债务承担连带清偿责任。

9.3 用益物权

9.3.1 用益物权概述

随着经济发展,资源的有限性和资源需求之间的矛盾日益凸显。为了提高对土地等资源的有效利用,《物权法》中设立了用益物权法律制度,使得在不能取得资源的所有权前提下,其他非权利人也能通过对他人所有之物的占有、使用而获得收益,从而使资源得到更为有效、充分的实现。《物权法》第一百一十八条明确规定国家所有或者国家所有由集体使用以及法律规定属于集体所有的自然资源,单位、个人依法可以占有、使用和收益。《物权法》第一百一十九条也规定国家实行自然资源有偿使用制度,但法律另有规定的除外。

1. 用益物权的概念和特征

1) 用益物权的概念

用益物权就是非所有人对他人所有的不动产或者动产,依法享有占有、使用、收益的权利。

2) 用益物权的特征

用益物权属于在他人所有之物上设定的物权,是他物权的一种。《物权法》在所有权之外,规定了两种他物权:一是用益物权;一是担保物权。用益物权除了以对物的实际占有为前提,以使用、收益为目的以外,还有以下几个方面的特征。

(1) 用益物权是有限制的物权。

用益物权作为他物权,相对应的是所有权的自物权,取得的是所有权的 3 项权能,并不包含处分权能,这就意味着用益物权的权利范围受到限制,是不完全的物权。虽然用益物权人依法可以将其享有的用益物权予以转让、抵押等,但不具有对财产进行处分的权利。

(2) 用益物权是有期限的物权。

所有权具有恒久性,所有权人对所有物享有永久的权利,除非该物灭失。而用益物权则具有期限性。用益物权的期限可以是法定的,如《物权法》第一百二十六条规定了耕地的承包期为 30 年。用益物权的期限也可以是约定的,如《物权法》第一百六十一条规定了地役权的期限由当事人约定,但不得超过土地承包经营权、建设用地使用权等用益物权的剩余期限。

虽然用益物权设定的期限通常也较长,但并不是永久期限,期限届满时,用益物权人应将占有、使用之物返还于所有权人。

(3) 用益物权是独立性的物权。

用益物权虽然由所有权派生,但用益物权一经设立,便具有独立于所有权而存在的特性,用益物权人独立地享有对标的物的占有、使用、收益的权利,并不依附于其他权利,这也是用益物权区别于担保物权的重要一点。用益物权具有对物的直接支配性和排他性,可以对抗所有权人的干涉。同时,用益物权的义务人包括任何第三人,用益物权可以对抗所有第三人的侵害,包括干预、占有和使用客体物等。

但是用益物权人行使权利,应当遵守法律有关保护和合理开发利用资源的规定。

(4) 用益物权的标的通常限于不动产。

用益物权多以不动产尤其是土地为使用收益的对象。《物权法》中专章规定的土地承包经营权、建设用地使用权、宅基地使用权和地役权都设定在不动产之上,其他提及的海域使用权、探矿权、采矿权等也基本上涉及不动产。

2. 用益物权的类型

1) 专章规定 4 种用益物权

根据各国的政治、经济、历史和文化的不同背景,用益物权的权利类型在各个国家也有所不同。我国《物权法》根据我国的基本经济制度,以及建立和完善社会主义市场经济体制的要求,在用益物权编中设专章分别规定了土地承包经营权、建设用地使用权、宅基地使用权和地役权等用益物权。

2) 概括规定其他用益物权

除了专章规定外,《物权法》还概括规定了以下用益物权:

(1) 海域使用权。

《物权法》第一百二十二条规定:"依法取得的海域使用权受法律保护。"《物权法》考虑到海域使用权是一个综合性的权利,包括利用海域从事建设工程、海水养殖、海底探矿采矿、旅游等多种活动,因此没有在《物权法》中专章规定,仅是明确了海域使用权的用益物权属性,海域使用权首先要适用《海域使用管理法》的规定,没有规定的,适用《物权法》的相关规定。

(2) 探矿权和采矿权。

《民法通则》第八十一条第二款规定:"国家所有的矿藏,可以依法由全民所有制单位和集体所有制单位开采,也可以依法由公民采挖。国家保护合法的采矿权。"这一规定明确了采矿权的财产权属性。1996 年修改的《矿产资源法》及配套行政法规,明确了探矿权、采矿权依法取得并可以流转,确定了探矿权的物权属性,规定"勘查矿产资源,必须依法登记。开采矿产资源,必须依法申请取得采矿权"。但是在当时计划经济体制下,探矿权人、采矿权人是无偿取得探矿权和采矿权的。1996 年修改的《矿产资源法》规定国家实行探矿权、采矿权有偿使用的制度。根据《矿产资源法》的规定,勘查、开采矿产资源,必须依法分别申请,经批准取得探矿权、采矿权,并办理登记。国家对探矿权、采矿权有偿取得的费用,可以根据不同情况规定予以减缴、免缴。开采矿产资源,必须按照国家有关规定缴纳资源税和资源补偿费。

《物权法》做了概括规定,进一步明确了探矿权和采矿权的用益物权的性质,这两种权利首先要适用《矿产资源法》等法律的规定。目前,涉及探矿权和采矿权的法律、法规主要有《矿产资源法》、《煤炭法》、《草原法》、《森林法》、《水法》、《海域使用管理法》、《专属经济区和大陆架法》、《土地管理法》等。

(3) 取水权。

1988年颁布的《水法》从资源配置和行政许可的角度对取水权做出了规定。2002年8月修订的《水法》进一步规定了水资源有偿使用制度,并完善了取水许可制度。

对水利用的方式主要有3种:一是单位和个人直接从江河、湖泊或者地下取用水资源的,应当按照国家取水许可制度和水资源有偿使用制度的规定,向水行政主管部门或者流域管理机构申请领取取水许可证;二是农村集体经济组织及其成员使用本集体经济组织的水塘、水库中的水的,不需要申请取水许可;三是家庭生活和零星散养、圈养畜禽饮用等少量取水,不需要申请取水许可。国务院水行政主管部门负责全国取水许可制度和水资源有偿使用制度的组织实施。

(4) 养殖权和捕捞权。

我国《渔业法》对从事养殖和捕捞的权利做出了规定,国家对水域利用进行统一规划,确定可以用于养殖业的水域和滩涂。单位和个人使用国家规划确定用于养殖业的全民所有的水域、滩涂的,使用者应当向县级以上地方人民政府渔业行政主管部门提出申请,由本级人民政府核发养殖证,许可其使用该水域、滩涂从事养殖生产。县级以上地方人民政府在核发养殖证时,应当优先安排当地的渔业生产者。

我国对于捕捞业实行捕捞许可证制度。渔业捕捞许可证是国家批准从事捕捞生产的证书。从事捕捞生产的单位和个人,必须向县级以上主管部门提出申请,取得渔业捕捞许可证后,方准进行作业。县级以上渔业行政主管部门,按不同作业水域、作业类型、捕捞品种和渔船马力大小,实行分级审批发放。需要注意的是,《物权法》规定的捕捞权指的是在我国享有所有权的水域进行的捕捞,对于在公海、经济毗连区等我国不享有国家所有权的水域从事的捕捞行为,由《渔业法》进行调整,不属于《物权法》调整的范畴。

9.3.2 土地承包经营权

1. 土地承包经营权的概念及特征

1) 土地承包经营权的概念

土地承包经营权,是指土地承包经营权人为从事种植业、林业、畜牧业,对其承包的集体所有或者国家所有由农民集体使用的土地所享有的占有、使用、收益的权利。

依据《物权法》第一百二十四条第二款规定:"农民集体所有和国家所有由农民集体使用的耕地、林地、草地及其他用于农业的土地,依法实行土地承包经营制度。"

2) 土地承包经营权的特征

土地承包经营权是我国农村土地法律制度中所特有的概念,具有以下特征。

(1) 双层经营体制。

农村集体经济组织实行以家庭承包经营为基础、统分结合的双层经营体制是我国《宪法》、《物权法》等法律、法规都明确规定的农村集体经济组织的经营体制,也是农村的基本政策。包含了两个经营层次：一是家庭分散经营层次；二是集体统一经营层次。

(2) 土地承包经营权的法定性。

土地承包经营权是法律直接规定的用益物权，不能由当事人通过承包合同任意创设。国家依法保护农村土地承包关系的长期稳定。

(3) 土地承包经营权额期限性。

承包期限包括法定期限和约定期限两种。法定期限如《土地管理法》第十四条第一款规定："土地承包经营期限为30年；"约定期限如《土地管理法》第十五条第一款规定："土地承包经营的期限由承包合同约定。"约定期限不能超过法定期限的范围。

(4) 土地承包经营权主体的有限性。

土地承包经营权主体首先必须是从事农业生产的个人或家庭，并且是承包地所属的村集体经济组织的成员。其中妇女与男子享有平等的权利，承包中应当保护妇女的合法权益，任何组织和个人不得剥夺、侵害妇女应当享有的土地承包经营权。任何组织和个人不得剥夺和非法限制农村集体经济组织成员承包土地的权利，但是成员可以自愿放弃承包土地的权利。

通过招标、拍卖、公开协商等方式承包荒地等农村土地的，承包方可以是本集体经济组织以外的单位或者个人。但是发包方将农村土地发包给本集体经济组织以外的单位或者个人承包，应当事先经本集体经济组织成员的村民会议2/3以上成员或者2/3以上村民代表的同意，并报乡(镇)人民政府批准。以其他方式承包农村土地，在同等条件下，本集体经济组织成员在承包费、承包期限等主要内容相同的条件下享有优先承包权，但发包方将农村土地发包给本集体经济组织以外的单位或者个人，已经法律规定的民主议定程序通过，并由乡(镇)人民政府批准后不能主张优先承包权。

(5) 土地承包经营权客体是农村土地。

农村土地，是指农民集体所有和国家所有依法由农民集体使用的耕地、林地、草地以及其他依法用于农业的土地。从所有权的角度，包括集体所有的土地和国家所有但由农村集体使用的农业用地。农村土地承包后，土地的所有权性质不变，承包地不得买卖。

(6) 土地承包经营权可转让和可继承。

《农村土地承包法》专节规定了土地承包经营权的流转，明确规定国家保护承包方依法、自愿、有偿地进行土地承包经营权流转。通过家庭承包取得的土地承包经营权可以依法采取转包、出租、互换、转让或者其他方式流转。《农村土地承包法》确认了土地承包权的可继承属性，第三十一条规定：承包人应得的承包收益，依照《继承法》的规定继承。

林地承包的承包人死亡，其继承人可以在承包期内继续承包。

2. 土地承包程序

1) 家庭承包

家庭承包土地的程序如下：

(1) 本集体经济组织成员的村民会议选举产生承包工作小组；

(2) 承包工作小组依照法律、法规的规定拟订并公布承包方案；

(3) 依法召开本集体经济组织成员的村民会议，讨论通过承包方案，承包方案应当按照依法经本集体经济组织成员的村民会议 2/3 以上成员或者 2/3 以上村民代表的同意；

(4) 公开组织实施承包方案；

(5) 签订承包合同。

2) 其他形式承包

不宜采取家庭承包方式的荒山、荒沟、荒丘、荒滩等农村土地，可以通过招标、拍卖、公开协商等方式承包。

发包方将农村土地发包给本集体经济组织以外的单位或者个人承包，应当事先经本集体经济组织成员的村民会议 2/3 以上成员或者 2/3 以上村民代表的同意，并报乡(镇)人民政府批准。

由本集体经济组织以外的单位或者个人承包的，应当对承包方的资信情况和经营能力进行审查后，再签订承包合同。当事人的权利和义务、承包期限等，由双方协商确定。以招标、拍卖方式承包的，承包费通过公开竞标、竞价确定；以公开协商等方式承包的，承包费由双方议定。

荒山、荒沟、荒丘、荒滩等可以直接通过招标、拍卖、公开协商等方式实行承包经营，也可以将土地承包经营权折股分给本集体经济组织成员后，再实行承包经营或者股份合作经营。

3. 承包合同

发包方应当与承包方签订书面承包合同，土地承包经营权自土地承包经营权合同生效时设立，同时县级以上地方人民政府应当向土地承包经营权人发放土地承包经营权证、林权证、草原使用权证，并登记造册，确认土地承包经营权。承包合同生效后，发包方不得因承办人或者负责人的变动而变更或者解除，也不得因集体经济组织的分立或者合并而变更或者解除。国家机关及其工作人员不得利用职权干涉农村土地承包或者变更、解除承包合同。

承包合同一般包括以下条款。

(1) 发包方、承包方的名称，发包方负责人和承包方代表的姓名、住所。

发包方根据土地所有权不同而有所不同，农民集体所有的土地依法属于村民集体所有的，由村集体经济组织或者村民委员会发包；已经分别属于村内两个以上农村集体经济组织的农民集体所有的，由村内各该农村集体经济组织或者村民小组发包，国家所有依法由农民集体使用的农村土地，由使用该土地的农村集体经济组织、村民委员会或者村民小组发包。

承包方是指以家庭承包方式承包本集体经济组织农村土地的农户，以及以其他方式承包农村土地的单位或者个人。

(2) 承包土地的名称、坐落、面积、质量等级。

(3) 承包期限和起止日期。

依据《物权法》第一百二十六条规定：耕地的承包期为 30 年；草地的承包期为 30~50 年；林地的承包期为 30~70 年，特殊林木的林地承包期，经国务院林业行政主管部门批准可以延长。如果承包期届满，由土地承包经营权人按照国家有关规定继续承包。承包合同约定或者土地承包经营权证等证书记载的承包期限短于《农村土地承包法》规定的期限,承包方请求延长的,应予支持。

承包期内,承包方可以自愿将承包地交回发包方。承包方自愿交回承包地的,应当提前半年以书面形式通知发包方。承包方在承包期内交回承包地的,在承包期内不得再要求承包土地。

(4) 承包土地的用途。

农村土地承包应当遵守法律法规,保护土地资源的合理开发和可持续利用。未经依法批准不得将承包地用于非农建设。国家鼓励农民和农村集体经济组织增加对土地的投入,培肥地力,提高农业生产能力。承包方将承包地用于非农建设或者对承包地造成永久性损害,发包方可以请求承包方停止侵害、恢复原状或者赔偿损失。

(5) 发包方和承包方的权利和义务。

(6) 违约责任。

此处要注意的是,承包合同采取生效对抗要件,不登记也生效。如果发包方就同一土地签订两个以上承包合同,承包方均主张取得土地承包经营权的,则已经依法登记的承包方,取得土地承包经营权;如果均未依法登记的,生效在先合同的承包方取得土地承包经营权;如果不能判定生效时间先后的,已经根据承包合同合法占有、使用承包地的人取得土地承包经营权,但争议发生后一方强行先占承包地的行为和事实,不得作为确定土地承包经营权的依据。

4. 土地发包方的权利和义务

1) 土地发包方的权利

土地发包方享有下列权利:

(1) 发包本集体所有的或者国家所有依法由本集体使用的农村土地;

(2) 监督承包方依照承包合同约定的用途合理利用和保护土地;

(3) 制止承包方损害承包地和农业资源的行为;

(4) 法律、行政法规规定的其他权利。

2) 土地发包方的义务

土地发包方承担下列义务。

(1) 维护承包方的土地承包经营权,不得非法变更、解除承包合同。

① 承包期内,发包方不得收回承包地。

承包期内,承包方全家迁入城镇落户的,应当按照承包方的意愿,保留其土地承包经营权或者允许其依法进行土地承包经营权流转。

承包期内,承包方全家迁入设区的市,转为非农业户口的,应当将承包的耕地和草地交回发包方。承包方不交回的,发包方可以收回承包的耕地和草地。

承包期内,承包方交回承包地或者发包方依法收回承包地时,承包方对其在承包地上投入而提高土地生产能力的,有权获得相应的补偿。

承包期内,妇女结婚,在新居住地未取得承包地的,发包方不得收回其原承包地;妇女离婚或者丧偶,仍在原居住地生活或者不在原居住地生活但在新居住地未取得承包地的,发包方不得收回其原承包地。

② 承包期内,发包方不得调整承包地。承包期内,因自然灾害严重毁损承包地等特殊情形对个别农户之间承包的耕地和草地需要适当调整的,必须经本集体经济组织成员的村民会议 2/3 以上成员或者 2/3 以上村民代表的同意,并报乡(镇)人民政府和县级人民政府农业等行政主管部门批准。承包合同中约定不得调整的,按照其约定。

③ 承包期内,发包方不得单方面解除承包合同。不得假借少数服从多数的理由强迫承包方放弃或者变更土地承包经营权,不得以划分"口粮田"和"责任田"等为由收回承包地搞招标承包,不得将承包地收回抵顶欠款。

④ 不得随意违反承包合同的其他条款。

(2) 尊重承包方的生产经营自主权,不得干涉承包方依法进行正常的生产经营活动。

(3) 依照承包合同约定为承包方提供生产、技术、信息等服务。

(4) 执行县、乡(镇)土地利用总体规划,组织本集体经济组织内的农业基础设施建设。

(5) 法律、行政法规规定的其他义务。

5. 土地承包经营权人的权利和义务

1) 土地承包经营权人的权利

承包方享有如下权利。

(1) 占有、使用、收益权。《物权法》第一百二十五条规定:"土地承包经营权人依法对其承包经营的耕地、林地、草地等享有占有、使用和收益的权利,有权从事种植业、林业、畜牧业等农业生产。"

(2) 获得补偿权。根据《物权法》规定,承包地被征收的,土地承包经营权人有权获得相应补偿。

(3) 依法享有土地承包经营权流转的权利。

2) 土地承包经营权人的义务

承包方承担下列义务:

(1) 维持土地的农业用途,不得用于非农建设;

(2) 依法保护和合理利用土地,不得给土地造成永久性损害;

(3) 法律、行政法规规定的其他义务。

6. 土地承包经营权的流转

依据《物权法》第一百二十八条规定,土地承包经营权人依照《农村土地承包法》的规定,有权将土地承包经营权采取转包、互换、转让等方式流转。

1) 土地承包经营权的流转原则

依据《农村土地承包法》第三十三条规定,土地承包经营权流转应当遵循以下原则:

(1) 平等协商、自愿、有偿,任何组织和个人不得强迫或者阻碍承包方进行土地承包经营权流转;

(2) 不得改变土地所有权的性质和土地的农业用途;

(3) 流转的期限不得超过承包期的剩余期限;

(4) 受让方须有农业经营能力;

(5) 在同等条件下,本集体经济组织成员享有优先权;

(6) 承包方对其在承包地上投入而提高土地生产能力的,土地承包经营权依法流转时有权获得相应的补偿。

2) 土地承包经营权的流转方式

土地承包经营权采取转包、出租、互换、转让或者其他方式流转,当事人双方应当签订书面合同。采取转让方式流转的,应当经发包方同意;采取转包、出租、互换或者其他方式流转的,应当报发包方备案。

承包方之间为方便耕种或者各自需要,可以对属于同一集体经济组织的土地的土地承包经营权进行互换。

承包方有稳定的非农职业或者有稳定的收入来源的,经发包方同意,可以将全部或者部分土地承包经营权转让给其他从事农业生产经营的农户,由该农户同发包方确立新的承包关系,原承包方与发包方在该土地上的承包关系即行终止。

土地承包经营权采取互换、转让方式流转,当事人要求登记的,应当向县级以上地方人民政府申请登记。未经登记,不得对抗善意第三人。

承包方可以在一定期限内将部分或者全部土地承包经营权转包或者出租给第三方,承包方与发包方的承包关系不变。承包方将土地交由他人代耕不超过一年的,可以不签订书面合同。承包方之间为发展农业经济,可以自愿联合将土地承包经营权入股,从事农业合作生产。

3) 土地承包经营权的流转合同

土地承包经营权采取转包、出租、互换、转让或者其他方式流转,当事人双方应当签订书面合同。采取转让方式流转的,应当经发包方同意;采取转包、出租、互换或者其他方式流转的,应当报发包方备案。

土地承包经营权流转合同一般包括以下条款。

(1) 双方当事人的姓名、住所。土地承包经营权流转的主体是承包方。承包方有权依法自主决定土地承包经营权是否流转和流转的方式。

(2) 流转土地的名称、坐落、面积、质量等级。

(3) 流转的期限和起止日期。

(4) 流转土地的用途。

(5) 双方当事人的权利和义务。

(6) 流转价款及支付方式。土地承包经营权流转的转包费、租金、转让费等,应当由当事人双方协商确定。流转的收益归承包方所有,任何组织和个人不得擅自截留、扣缴。

(7) 违约责任。

7. 土地承包经营争议的解决

因土地承包经营发生纠纷的,双方当事人可以通过协商解决,也可以请求村民委员会、乡(镇)人民政府等调解解决。如果当事人不愿协商、调解或者协商、调解不成的,可以向农村土地承包仲裁机构申请仲裁,也可以直接向人民法院起诉。

依据《农村土地承包法》第五十四条规定,发包方有下列行为之一的,应当承担停止侵害、返还原物、恢复原状、排除妨害、消除危险、赔偿损失等民事责任:

(1) 干涉承包方依法享有的生产经营自主权;

(2) 违反本法规定收回、调整承包地;

(3) 强迫或者阻碍承包方进行土地承包经营权流转;

(4) 假借少数服从多数的理由强迫承包方放弃或者变更土地承包经营权而进行土地承包经营权流转;

(5) 以划分"口粮田"和"责任田"等为由收回承包地搞招标承包;

(6) 将承包地收回抵顶欠款;

(7) 剥夺、侵害妇女依法享有的土地承包经营权;

(8) 其他侵害土地承包经营权的行为。

当事人一方不履行合同义务或者履行义务不符合约定的,应当依照《合同法》的规定承担违约责任。任何组织和个人强迫承包方进行土地承包经营权流转的,该流转无效。任何组织和个人擅自截留、扣缴土地承包经营权流转收益的,应当退还。违反土地管理法规,非法征用、占用土地或者贪污、挪用土地征用补偿费用,构成犯罪的,依法追究刑事责任;造成他人损害的,应当承担损害赔偿等责任。

国家机关及其工作人员有利用职权干涉农村土地承包,变更、解除承包合同,干涉承包方依法享有的生产经营自主权,或者强迫、阻碍承包方进行土地承包经营权流转等侵害土地承包经营权的行为,给承包方造成损失的,应当承担损害赔偿等责任;情节严重的,由上级机关或者所在单位给予直接责任人员行政处分;构成犯罪的,依法追究刑事责任。

承包方违法将承包地用于非农建设的,由县级以上地方人民政府有关行政主管部门依法予以处罚。承包方给承包地造成永久性损害的,发包方有权制止,并有权要求承包方赔偿由此造成的损失。

9.3.3 建设用地使用权

1. 建设用地使用权的概念和特征

建设用地使用权是指依法对国家所有的土地所享有的占有、使用和收益的权利。建设用地使用权具有以下特征。

(1) 建设用地使用权只能存在于国家或集体所有的土地之上。

(2) 建设用地使用权分层设立。由于土地资源的稀缺性和不可再生性,最大限度地发掘土地价值,分层次开发土地使用权已经成了各国立法的趋势。

我国土地的性质决定了土地上下空间的所有权只能属于国家和集体,当事人只能通过设定建设用地使用权等用益物权的方式利用土地以及上下空间。《物权法》第一百三十六条明确规定:"建设用地使用权可以在土地的地表、地上或者地下分别设立。新设立的建设用地使用权,不得损害已设立的用益物权。"在分层出让建设用地使用权时,不同层次的权利人在法律上的权利和义务是相同的,只不过其使用权所占用的空间范围有所区别。

2. 建设用地使用权的取得

任何单位和个人进行建设,需要使用土地的,必须依法申请使用国家所有的土地和国家征收的原属于农民集体所有的土地。但是,兴办乡镇企业和村民建设住宅经依法批准使用本集体经济组织农民集体所有的土地的,或者乡(镇)村公共设施和公益事业建设经依法批准使用农民集体所有的土地的除外。

1) 土地使用权划拨

依据《城市房地产管理法》第二十三条规定,土地使用权划拨,是指县级以上人民政府依法批准,在土地使用者缴纳补偿、安置等费用后将该幅土地交付其使用,或者将土地使用权无偿交付给土地使用者使用的行为。以划拨方式取得土地使用权的,除法律、行政法规另有规定外,没有使用期限的限制。

依据《土地管理法》第二条规定,国家依法实行国有土地有偿使用制度。但是,国家在法律规定的范围内划拨国有土地使用权的除外。下列建设用地,经县级以上人民政府依法批准,可以以划拨方式取得:

(1) 国家机关用地和军事用地;
(2) 城市基础设施用地和公益事业用地;
(3) 国家重点扶持的能源、交通、水利等基础设施用地;
(4) 法律、行政法规规定的其他用地。

2) 土地使用权出让

依据《城市房地产管理法》第八条规定,土地使用权出让,是指国家将国有土地使用权在一定年限内出让给土地使用者,由土地使用者向国家支付土地使用权出让金的行为。需要注意的是,城市规划区内的集体所有的土地,经依法征用转为国有土地后,该幅国有土地的使用权方可有偿出让。

土地使用权出让,必须符合土地利用总体规划、城市规划和年度建设用地计划。

土地使用权出让,可以采取拍卖、招标或者双方协议的方式。依据《物权法》第一百三十七条第二款规定,工业、商业、旅游、娱乐和商品住宅等经营性用地以及同一土地有两个以上意向用地者的,应当采取招标、拍卖等公开竞价的方式出让。采取双方协议方式出让土地使用权的出让金不得低于按国家规定所确定的最低价。

采取招标、拍卖、协议等出让方式设立建设用地使用权的,当事人应当采取书面形式订立建设用地使用权出让合同。土地使用权出让合同由市、县人民政府土地管理部门与土地使用者签订。建设用地使用权出让合同一般包括下列条款。

(1) 当事人的名称和住所。在出让合同中,国家作为土地的所有权人并不直接列为出让人,而是由市、县人民政府土地管理部门代表国家作为出让人,与土地使用者签订出让合同。

(2) 土地界址、面积等。为了准确界定建设用地的基本数据,应附图标明建设用地的位置、四至范围等。

(3) 建筑物、构筑物及其附属设施占用的空间。由于建设用地使用权分层设立,因此必须界定建设用地使用权具体占用的空间,使建设用地使用权人的权利范围得以确定。

(4) 土地用途。土地用途可以分为工业、商业、娱乐、住宅等,不同用途的建设用地的使用期限是不同的,建设用地使用权人不得擅自改变建设用地的用途,如需要改变土地使用权出让合同约定的土地用途的,必须取得出让方和市、县人民政府城市规划行政主管部门的同意,签订土地使用权出让合同变更协议或者重新签订土地使用权出让合同,并相应调整土地使用权出让金。

(5) 使用期限。土地使用权出让最高年限按不同用途有所不同,其中,居住用地70年;工业用地50年;教育、科技、文化、卫生、体育用地50年;商业、旅游、娱乐用地40年;综合或者其他用地50年。

国家对土地使用者依法取得的土地使用权,在出让合同约定的使用年限届满前不收回;在特殊情况下,根据社会公共利益的需要,可以依照法律程序提前收回,并根据土地使用者使用土地的实际年限和开发土地的实际情况给予相应的补偿。

土地使用权出让合同约定的使用年限届满,土地使用者需要继续使用土地的,应当至迟于届满前一年申请续期,除根据社会公共利益需要收回该幅土地的,应当予以批准。经批准准予续期的,应当重新签订土地使用权出让合同,依照规定支付土地使用权出让金。

土地使用权出让合同约定的使用年限届满,土地使用者未申请续期或者虽申请续期但依照前款规定未获批准的,土地使用权由国家无偿收回。

住宅建设用地使用权期间届满的,自动续期。非住宅建设用地使用权期间届满后的续期,依照法律规定办理。该土地上的房屋及其他不动产的归属,有约定的,按照约定;没有约定或者约定不明确的,依照法律、行政法规的规定办理。

(6) 出让金等费用及其支付方式。土地使用者必须按照出让合同约定,支付土地使用权出让金;土地使用者应当在签订土地使用权出让合同后60日内,支付全部土地使用权出让金。逾期未全部支付的,出让方有权解除合同,并可请求违约赔偿。

土地使用者按照出让合同约定支付土地使用权出让金的,市、县人民政府土地管理部门必须按照出让合同约定,提供出让的土地;未按照出让合同约定提供出让的土地的,土地使用者有权解除合同,由土地管理部门返还土地使用权出让金,土地使用者并可以请求违约赔偿。

土地使用权出让金应当全部上缴财政,列入预算,用于城市基础设施建设和土地开发。土地使用权出让金上缴和使用的具体办法由国务院规定。

(7) 解决争议的方法。

土地使用者必须按照出让合同约定,支付土地使用权出让金;未按照出让合同约定支付土地使用权出让金的,土地管理部门有权解除合同,并可以请求违约赔偿。

3) 国有土地租赁

国有土地租赁是指国家将国有土地出租给使用者使用,由使用者与县级以上人民政府土地行政主管部门签订一定期限的土地租赁合同,并支付租金的行为。国有土地租赁是国有土地有偿使用的一种形式,是出让方式的补充。

(1) 国有土地可租赁的土地范围

对原有建设用地,法律规定可以划拨使用的仍维持划拨,不实行有偿使用,也不实行租赁。对因发生土地转让、场地出租、企业改制和改变土地用途后依法应当有偿使用的,可以实行租赁。对于新增建设用地,重点仍应是推行和完善国有土地出让,租赁只作为出让方式的补充。对于经营性房地产开发用地,无论是利用原有建设用地,还是利用新增建设用地,都必须实行出让,不实行租赁。

(2) 国有土地的租赁方式

国有土地租赁,可以采用招标、拍卖或者双方协议的方式。有条件的,必须采取招标、拍卖方式。采用双方协议方式出租国有土地的租金,不得低于出租底价和按国家规定的最低地价折算的最低租金标准,协议出租结果要报上级土地行政主管部门备案,并向社会公开披露,接受上级土地行政主管部门和社会监督。

(3) 国有土地租赁的租金

国有土地租赁,采用短期租赁的,一般按年度或季度支付租金;采用长期租赁的,应在国有土地租赁合同中明确约定土地租金支付时间、租金调整的时间间隔和调整方式。

(4) 国有土地租赁的租期

国有土地租赁可以根据具体情况实行短期租赁和长期租赁。对短期使用或用于修建临时建筑物的土地,应实行短期租赁,短期租赁年限一般不超过5年;对需要进行地上建筑物、构筑物建设后长期使用的土地,应实行长期租赁,具体租赁期限由租赁合同约定,但最长租赁期限不得超过法律规定的同类用途土地出让最高年限。

国家对土地使用者依法取得的承租土地使用权,在租赁合同约定的使用年限届满前不收回;因社会公共利益的需要,依照法律程序提前收回的,应对承租人给予合理补偿。承租土地使用权期满,承租人可申请续期,除根据社会公共利益需要收回该幅土地的,应予以批准。未申请续期或者虽申请续期但未获批准的,承租土地使用权由国家依法无偿收回,并可要求承租人拆除地上建筑物、构筑物,恢复土地原状。

(5) 国有土地的租赁合同

租赁期限6个月以上的国有土地租赁,应当由市、县土地行政主管部门与土地使用者签订租赁合同。租赁合同内容应当包括出租方、承租方,出租宗地的位置、范围、面积、用途,租赁期限,土地使用条件,土地租金标准、支付时间和支付方式,土地租金标准调整的时间和调整幅度,出租方和承租方的权利和义务等。

承租人未按合同约定开发建设,未经土地行政主管部门同意转让、转租或不按合同约定按时交纳土地租金的,土地行政主管部门可以解除合同,依法收回承租土地使用权。

(6) 国有土地的转租和抵押

国有土地租赁,承租人取得承租土地使用权。承租人在按规定支付土地租金并完成开发建设后,经土地行政主管部门同意或根据租赁合同约定,可将承租土地使用权转租、转让或抵押。承租土地使用权转租、转让或抵押,必须依法登记。

承租人将承租土地转租或分租给第三人的,承租土地使用权仍由原承租人持有,承租人与第三人建立了附加租赁关系,第三人取得土地的他项权利。

承租人转让土地租赁合同的,租赁合同约定的权利和义务随之转给第三人,承租土地使用权由第三人取得,租赁合同经更名后继续有效。

地上房屋等建筑物、构筑物依法抵押的,承租土地使用权可随之抵押。但承租土地使用权只能按合同租金与市场租金的差值及租期估价,抵押权实现时土地租赁合同同时转让。

3. 建设用地土地使用权的流转

《物权法》第一百四十三条规定:"建设用地使用权人有权将建设用地使用权转让、互换、出资、赠与或者抵押,但法律另有规定的除外。"从而进一步明确了建设用地使用权的流转方式。

1) 建设用地使用权的转让

(1) 土地使用权转让的类型

土地使用权转让是指土地使用者将土地使用权再转移的行为,包括出售、交换和赠与。出售是指转让人以土地使用权作为交易条件,取得一定收益的行为。交换是指土地使用者之间互相转移土地使用权的行为。赠与是指转让人将土地使用权无偿转移给受让人的行为。

(2) 土地使用权转让的法律后果

土地使用权转让时,土地使用权出让合同和登记文件中所载明的权利、义务随之转移。土地使用权转让应当签订转让合同,土地使用者通过转让方式取得的土地使用权,其使用年限为土地使用权出让合同规定的使用年限减去原土地使用者已使用年限后的剩余年限。

土地使用权转让的,转让土地上的地上建筑物、其他附着物所有权随之转让。地上建筑物、其他附着物的所有人或者共有人,享有该建筑物、附着物使用范围内的土地使用权。土地使用者转让地上建筑物、其他附着物所有权时,其使用范围内的土地使用权随之转让,但地上建筑物、其他附着物作为动产转让的除外。土地使用权和地上建筑物、其他附着物所有权转让,应当依照规定办理过户登记。

(3) 土地使用权转让的限制

未按土地使用权出让合同规定的期限和条件投资开发、利用土地的,土地使用权不得转让。

土地使用权转让价格明显低于市场价格的,市、县人民政府有优先购买权。土地使用权转让的市场价格不合理上涨时,市、县人民政府可以采取必要的措施。

土地使用权转让后,需要改变土地使用权出让合同规定的土地用途的,应当征得出让方同意并经土地管理部门和城市规划部门批准,依法重新签订土地使用权出让合同,调整土地使用权出让金,并办理登记。

2) 建设用地使用权的出租

土地使用权出租是指土地使用者作为出租人将土地使用权随同地上建筑物、其他附着物租赁给承租人使用,由承租人向出租人支付租金的行为。未按土地使用权出让合同规定的期限和条件投资开发、利用土地的,土地使用权不得出租。土地使用权出租,出租人与承租人应当签订租赁合同,租赁合同不得违背国家法律、法规和土地使用权出让合同的规定。出租人应当依照规定办理登记。土地使用权出租后,出租人必须继续履行土地使用权出让合同。

3) 建设用地使用权的抵押

土地使用权可以依法抵押。土地使用权抵押时,其地上建筑物、其他附着物随之抵押。地上建筑物、其他附着物抵押时,其使用范围内的土地使用权随之抵押。土地使用权和地上建筑物、其他附着物抵押,应当按照规定办理抵押登记。

土地使用权抵押,抵押人与抵押权人应当签订抵押合同,抵押合同不得违背国家法律、法规和土地使用权出让合同的规定。抵押人到期未能履行债务或者在抵押合同期间宣告解散、破产的,抵押权人有权依照国家法律、法规和抵押合同的规定处分抵押财产。

因处分抵押财产而取得土地使用权和地上建筑物、其他附着物所有权的,应当依照规定办理过户登记。

4) 建设用地使用权的终止

土地使用权因土地使用权出让合同规定的使用年限届满、提前收回及土地灭失等原因而终止。土地使用权期满,土地使用权及其地上建筑物、其他附着物所有权由国家无偿取得。土地使用者应当交还土地使用证,并依照规定办理注销登记。

划拨土地出现以下情形,由人民政府土地行政主管部门报经原批准用地的人民政府或者有批准权的人民政府批准,可以收回国有土地使用权:

(1) 为公共利益需要使用土地的;

(2) 为实施城市规划进行旧城区改建,需要调整使用土地的;

(3) 土地出让等有偿使用合同约定的使用期限届满,土地使用者未申请续期或者申请续期未获批准的;

(4) 因单位撤销、迁移等原因,停止使用原划拨的国有土地的;

(5) 公路、铁路、机场、矿场等经核准报废的。

无偿收回划拨土地使用权时,对其地上建筑物、其他附着物,市、县人民政府应当根据实际情况给予适当补偿。

4. 建设用地使用权人的权利和义务

1) 建设用地使用权人的权利

依据《物权法》规定,建设用地使用权人享有以下权利。

(1) 占有、使用、收益权。依据《物权法》第一百三十五条规定,建设用地使用权人依法对国家所有的土地享有占有、使用和收益的权利,有权利用该土地建造建筑物、构筑物及其附属设施。

建设用地使用权人建造的建筑物、构筑物及其附属设施的所有权属于建设用地使用权人,但有相反证据证明的除外。

(2) 流转权。建设用地使用权人有权将建设用地使用权转让、互换、出资、赠与或者抵押。使用期限由当事人约定,但不得超过建设用地使用权的剩余期限。

建设用地使用权转让、互换、出资或者赠与的,附着于该土地上的建筑物、构筑物及其附属设施一并处分。建筑物、构筑物及其附属设施转让、互换、出资或者赠与的,该建筑物、构筑物及其附属设施占用范围内的建设用地使用权一并处分。

(3) 获得补偿权。建设用地使用权期间届满前,因公共利益需要提前收回该土地的,应当对该土地上的房屋及其他不动产给予补偿,并退还相应的出让金。

(4)自动续期权。住宅建设用地使用权期间届满的,自动续期。

非住宅建设用地使用权期间届满后的续期,依照法律规定办理。该土地上的房屋及其他不动产的归属,有约定的,按照约定;没有约定或者约定不明确的,依照法律、行政法规的规定办理。

2)建设用地使用权人的义务

依据《物权法》的规定,建设用地使用权人必须履行以下义务。

(1)建设用地使用权人应当依照法律规定以及合同约定支付出让金等费用。

(2)建设用地使用权人应当合理利用土地,不得改变土地用途;需要改变土地用途的,应当依法经有关行政主管部门批准。

9.3.4 宅基地使用权

1. 宅基地使用权的概念和特征

宅基地使用权是农村集体经济组织成员依法享有的依法利用集体所有的土地建造住宅及其附属设施的权利。宅基地使用权是我国特有的用益物权形式,具有以下特点。

(1)宅基地归集体所有。

《宪法》和《土地管理法》都规定,宅基地和自留地、自留山一样,属于集体所有,这是宅基地使用权能够成为用益物权的前提。

(2)宅基地使用权的主体特定。

因为宅基地是有限的,并且是与农民生存息息相关的,所以宅基地仅限于本集体经济组织特定的成员享有使用权,农村集体经济组织之外的人员不能申请并取得宅基地使用权。同时,宅基地虽然属于集体经济组织所有,但是国家法律不允许集体经济组织随意改变土地用途。

《中共中央国务院关于切实加强农业基础建设进一步促进农业发展增收的若干意见》规定:城镇居民不得到农村购买宅基地、农民住宅或"小产权房"。《国务院关于深化改革严格土地管理的决定》也规定:加强农村宅基地管理,禁止城镇居民在农村购置宅基地。《国务院办公厅关于严格执行有关农村集体建设用地法律和政策的通知》规定:农村住宅用地只能分配给本村村民,城镇居民不得到农村购买宅基地、农民住宅或"小产权房"。

(3)宅基地使用权的有限性。

和土地承包经营权不同,宅基地涉及农民的住房建设,为了防止农民流离失所,一般不允许宅基地使用权的出卖或转让,任何组织和个人不得侵占、买卖或者以其他形式非法转让宅基地使用权。

《土地管理法》第六十二条规定:"农村村民一户只能拥有一处宅基地,其宅基地的面积不得超过省、自治区、直辖市规定的标准。农村村民建住宅,应当符合乡(镇)土地利用总体规划,并尽量使用原有的宅基地和村内空闲地。农村村民住宅用地,经乡(镇)人民政府审核,由县级人民政府批准。其中,涉及占用农用地的,依法办理审批手续。农村村民出卖、出租住房后,再申请宅基地的,不予批准。"《担保法》也规定,宅基地的使用权不允许抵押。

(4) 宅基地使用权的福利性。

宅基地使用权和土地承包经营权一样,由作为集体成员的农民无偿取得,无偿使用。

2. 宅基地使用权的取得

农村村民1户只能拥有1处宅基地,面积不得超过省、区、市规定的标准。各地应结合本地实际,制定统一的农村宅基地面积标准和宅基地申请条件。不符合申请条件的不得批准宅基地。农村村民将原有住房出卖、出租或赠与他人后,再申请宅基地的,不得批准。

农村村民建住宅需要使用宅基地的,应向本集体经济组织提出申请,并在本集体经济组织或村民小组张榜公布。公布期满无异议的,报经乡(镇)审核后,报县(市)审批。依法批准的宅基地,农村集体经济组织或村民小组应及时将审批结果张榜公布。

在宅基地审批过程中,乡(镇)国土资源管理所要做到"三到场"。即:受理宅基地申请后,要到实地审查申请人是否符合条件、拟用地是否符合规划等;宅基地依法批准后,要到实地丈量批放宅基地;村民住宅建成后,要到实地检查是否按照批准的面积和要求使用土地。各地一律不得在宅基地审批中向农民收取新增建设用地土地有偿使用费。

严禁城镇居民在农村购置宅基地,严禁为城镇居民在农村购买和违法建造的住宅发放土地使用证。

宅基地使用权的取得具有无偿性、福利性,申请取得宅基地使用权后,满两年未建设房屋或房屋坍塌、拆除两年以上未恢复使用的,其宅基地使用权由集体经济组织无偿收回。

3. 宅基地使用权的消灭

从物理属性上讲,土地是不可能消灭的。但是由于宅基地的使用用途仅限修建住宅和相关附属设施,因此,就可能因为自然灾害等原因使得原有宅基地不可能再用于建设住宅,此时原宅基地使用权消灭,对失去宅基地的村民,应当重新分配宅基地。

重新分配宅基地要按照国家有关规定,注意节约利用和保护耕地,应当符合乡(镇)土地利用总体规划,尽可能利用原有的宅基地和村内空闲地。

已经登记的宅基地使用权转让或者消灭的,应当及时办理变更登记或者注销登记。

9.3.5 地役权

1. 地役权的概念和特征

地役权是指以提高自己的不动产的效益为目的按照合同约定利用他人不动产的权利。地役权涉及两个不同归属的不动产,为他人不动产利用提供便利的不动产称为供役地,而享有地役权的不动产称为需役地。

地役权是传统民法用益物权中的一项重要权利,具有以下特点。

(1) 地役权主要是依据合同设立产生的。地役权和相邻权同属对他人所有权的利用,但是相邻权是基于法律直接规定而产生的,而地役权是根据需役地权利人与供役地权利人自愿达成协议而产生的。同时,相邻权不是一项独立的他物权,属于所有权的内容,而地役权是独立物权形式,为用益物权的一种。

(2) 地役权的从属性。地役权虽然也是一种独立的用益物权,但必须从属于需役地而存在,不能脱离特定的需役地而设定地役权,同时地役权不能单独处分,只能与需役地上的所有权以及其他用益物权一并处分,处于从属的法律地位。

(3) 地役权的不可分性。地役权是为需役地的便利而存在于供役地之上的,必须给予需役地和供役地的全部,不能分割为数个部分或仅为需役地的某一部分而存在。

(4) 地役权的权利主体可以是不动产的所有权人,也可以是不动产的使用人。《物权法》中规定了土地所有人、土地使用权人、农村土地承包经营权人、宅基地使用权人都可以作为地役权人。

(5) 地役权的客体通常是土地。各国都有类似规定,我国《物权法》的规定也体现了这一特点。

2. 地役权的取得

如前所述,地役权主要是根据合同产生的用益物权,但是也存在着法定取得的特殊情形。

1) 地役权的约定取得

设立地役权应当采取书面形式订立地役权合同,地役权自地役权合同生效时设立。地役权合同一般包括下列条款。

(1) 当事人的姓名或者名称和住所。按照现行法律规定,地役权合同的双方当事人可以是土地所有人、建设用地使用权人、宅基地使用权人和土地承包经营权人等权利人,要将当事人界定清楚。

(2) 供役地和需役地的位置。应当标明供役地和需役地的方位、四至以及面积,尤其对供役地的位置更应详细记录和界定,并尽可能配以图示。

(3) 利用目的和方法。地役权人应当按照合同约定的利用目的和方法利用供役地,尽量减少对供役地权利人物权的限制。例如,如果合同约定的目的仅仅是通行权,地役权人就只能从供役地通行而不能从事其他的行为。如果合同约定的通行方法是步行通过,那么地役权人的机动车就不得穿行。

(4) 利用期限。即利用供役地的具体起止时间。地役权的期限是地役权存续的依据,应有明确的约定。没有约定或者约定不明确的,地役权人可以随时终止合同。地役权的期限不得超过土地承包经营权、建设用地使用权等用益物权的剩余期限。现行法律对土地承包经营权的期限,《农村土地承包法》和《物权法》都规定:耕地的承包期为30年,草地的承包期为30~50年,林地的承包期为30~70年,特殊林木的林地承包期,经国务院林业行政主管部门批准可以延长。《城镇国有土地使用权出让和转让暂行条例》对土地使用权出让的最高年限作了规定,居住用地70年,工业用地50年,教育、科技、文化、卫生、体育用地50年,商业、旅游、娱乐用地40年,综合或者其他用地50年。

(5) 费用及其支付方式。地役权可有偿使用或无偿使用,主要取决于当事人的约定。
(6) 解决争议的方法。双方可以约定合同争议的解决途径和方式。

地役权合同是地役权设立的最主要依据,因此,合同的条款是否齐备、清楚,决定了地役权能否顺利实现。上述条款,仅仅是一般地役权合同应当包括的条款,不是必备条款也不是全部条款,仅起到提示和示范的作用。

我国在地役权设立方面采取的是登记对抗主义,地役权合同不登记也生效,但是未经登记,不得对抗善意第三人。当事人要求登记的,可以根据《房屋登记办法》第六十四条和第六十五条的规定向登记机构申请地役权登记。但是需要注意的是,已经登记的地役权变更、转让或者消灭的,应当及时办理变更登记或者注销登记。

同时《物权法》第一百六十三条规定:"土地上已设立土地承包经营权、建设用地使用权、宅基地使用权等权利的,未经用益物权人同意,土地所有权人不得设立地役权,以保护用益物权人的合法权益。"

2) 地役权的法定取得

地役权的法定取得在《物权法》中体现为两种情况。

(1) 因需役地及地上用益物权的转让而取得。地役权具有从属性,需要依附于需役地所有权或用益物权而存在。虽然地役权与土地承包经营权和建设用地使用权同属于用益物权,但地役权的设立必须依托于一定的土地,而在我国现有实践中,这种权利多半在土地承包经营权、建设用地使用权已存在的情况下设立。因此,《物权法》第一百六十四条规定:"地役权不得单独转让。土地承包经营权、建设用地使用权等转让的,地役权一并转让,但合同另有约定的除外。"《物权法》第一百六十六条规定:"需役地以及需役地上的土地承包经营权、建设用地使用权部分转让时,转让部分涉及地役权的,受让人同时享有地役权。"《物权法》第一百六十七条规定:"供役地以及供役地上的土地承包经营权、建设用地使用权部分转让时,转让部分涉及地役权的,地役权对受让人具有约束力。"

上述情况中,地役权主体因此会发生变更,导致新的地役权主体因为受让需役地或者某种用益物权而取得相附随的地役权。

(2) 原有地役权的法定承受。《物权法》第一百六十二条规定:"土地所有权人享有地役权或者负担地役权的,设立土地承包经营权、宅基地使用权时,该土地承包经营权人、宅基地使用权人继续享有或者负担已设立的地役权。"

从该规定可以看出,需役地的土地所有权人享有地役权之后,如果在该土地上设立承包经营权、宅基地使用权的,该土地承包经营权人、宅基地使用权人有权继续享有已设立的地役权。

供役地的土地所有权人负担地役权之后,在该土地上设立承包经营权、宅基地使用权的,该土地承包经营权人、宅基地使用权人也需要继续负担已设立的地役权。此处需要特别注意的是:如果地役权没有登记,且供役地后设立的承包经营权人、宅基地使用权人为善意第三人的,则他们不承担继续负担已设立的地役权的义务。

类似的规定还有《物权法》第一百六十五条:"地役权不得单独抵押。土地承包经营权、建设用地使用权等抵押的,在实现抵押权时,地役权一并转让。"

3. 地役权的消灭

地役权消灭的原因如下：

（1）地役权合同期限届满或者约定的消灭事由出现。

（2）供役地人依法解除地役权合同的。根据《物权法》第一百六十八条的规定，地役权人有下列情形之一的，供役地权利人有权解除地役权合同，地役权消灭：①地役权人违反法律规定或者合同约定，滥用地役权的；②地役权人有偿利用供役地的，约定的付款期间届满后，在合理的期限内经两次催告仍未支付费用的。

（3）地役权的放弃。无偿取得的地役权，地役权人可以随时放弃地役权；有偿取得的地役权，地役权人需要向供役地人支付剩余费用后，才可以放弃。

（4）需役地或供役地灭失的，从属的地役权消灭。

土地承包经营权是指权利人依法对农民集体所有和国家所有由农民集体使用的耕地、林地、草地等享有占有、使用和收益的权利，有权从事种植业、林业、畜牧业等农业生产。《物权法》明确将农村土地承包经营权规定为用益物权，赋予了农民长期而有保障的土地使用权。《物权法》对承包经营权人的基本权利、承包经营权的期限和期满后的继续承包、承包经营权的流转、承包地的调整和收回、承包地被征收的补偿等做了规定。

建设用地使用权是指权利人依法对国家所有的土地享有占有、使用和收益的权利，有权利用该土地建造建筑物、构筑物及其附属设施。建设用地使用权是用益物权中的一项重要权利。建设用地使用权人通过出让或者划拨的方式取得对国家所有的土地使用和收益的权利，有权利用该土地建造建筑物、构筑物及其附属设施。《物权法》对建设用地使用权的取得方式、分层设立建设用地使用权、建设用地使用权的转让和出资或者抵押、建设用地使用权期满后的续期等做了规定。

宅基地使用权是指权利人依法对集体所有的土地享有占有和使用的权利，有权依法利用该土地建造住宅及其附属设施。《物权法》对宅基地使用权的取得、行使和转让等做了原则性的规定。

9.4 担保物权

担保是指为督促债务人履行债务而特别设定的、以第三人信用或者特定财产为依赖、保障债权人实现其债权利益的措施。担保有保证、抵押、质押、留置和定金5种形式。保证是信用担保，要了解保证人资格限制和保证责任的规定。抵押、质押、留置是物权担保，要明确优先权的法律意义。定金是金钱担保。本节主要从《物权法》的角度阐述物权担保，但为了保证知识体系的完整性，对担保物权之外的担保形式也会有所涉及。

在我国，有关担保的法律文件主要有《民法通则》、《物权法》、《合同法》、《担保法》以及最高人民法院《关于适用〈中华人民共和国担保法〉若干问题的解释》（以下简称《担保法解释》）。本节的阐述主要依据上述法律文件，其中，要注意的是，如果《担保法》的规定与《物权法》不一致的，以《物权法》为准。

9.4.1 概述

1. 担保的性质和分类

从广义上说,任何能保障或督促债务人履行债务的措施均可以称为担保。但是《担保法》意义上的担保是指为督促债务人履行债务而特别设定的、以第三人信用或者特定财产为依赖、保障债权人实现其债权利益的措施。债的担保以超出债务人自身的财产和信用保障债权人的利益,对平衡债权和债务关系,促进交易有序、顺利进行,具有特殊意义。

设立担保的目的在于保障债权债务关系顺利实现,因此担保的对象是债,称为债的担保。从理论上说,可以为任何种类的债设定担保。但是在实践中,绝大多数担保都是针对合同之债设定的。

可以从不同角度对担保进行分类,主要有以下几种:

1) 人的担保和物的担保

人的担保又称信用担保,是指以人的整体综合信用作为债权的担保。人的担保的典型方式就是保证。其他还有《特别法》中的票据保证、备用信用证保证等。

物的担保是指以特定的财产来担保债权的担保方式。在《担保法》中,抵押、质押、留置属于物的担保。为担保债权的履行而在特定财产上设定的权利,统称为担保物权。《物权法》规定:"担保物权的担保范围包括主债权及其利息、违约金、损害赔偿金、保管担保财产和实现担保物权的费用。当事人另有约定的,按照约定。"担保物权人在债务人不履行到期债务或者发生当事人约定的实现担保物权的情形,依法享有就担保财产优先受偿的权利,包括抵押权、质押权、留置权等。此处应该注意的是,当事人可以约定发生担保物权情形的内容,在制作担保物权合同时,可以将交叉违约情况列为实现担保物权的情形。另外,实践中存在的所有权保留也属于物的担保的范围。

依据《物权法》第一百七十六条,被担保的债权既有物的担保又有人的担保的,债务人不履行到期债务或者发生当事人约定的实现担保物权的情形,债权人应当按照约定实现债权;没有约定或者约定不明确,债务人自己提供物的担保的,债权人应当先就该物的担保实现债权;第三人提供物的担保的,债权人可以就该物的担保实现债权,也可以要求保证人承担保证责任。提供担保的第三人承担担保责任后,有权向债务人追偿。这种法律规定就将当事人的约定置于最优先的地位,尊重当事人自治的权利,并再次赋予债权人选择的权利。

担保物权合同与担保物权本身的效力是可以分离的,担保物权合同一般自合同成立时生效,而担保物权自登记时设立(在需要登记时),后面会做详细阐释。

2) 约定担保和法定担保

约定担保是指由当事人依法通过担保合同设定的担保。保证、抵押、质押、定金等均属于约定担保。约定担保为担保的主要形态。

法定担保是指由法律规定而直接存在的担保。我国《担保法》规定担保中,只有留置权属于法定担保。另外,其他相关法律规定的各种优先权也属于法定担保。例如,《合同法》第二百八十六条规定:"发包人未按照约定支付价款的,承包人可以催告发包人在合理期限内支付价款。发包人逾期不支付的,除按照建设工程的性质不宜折价、拍卖的以外,承包人可以与发包人协议将该工程折价,也可以申请人民法院将该工程依法拍卖。建设工程的价款就该工程折价或者拍卖的价款优先受偿。"

有学者认为,留置权的法定性与优先权的法定性不同,当事人可以事先约定不适用留置权的规定,但当事人不能约定排除优先权的适用。无论留置权还是其他法定优先权,除非因涉及公共利益而列入法律的强制性规定范围,当事人均应当有权约定排除其适用。

2. 担保的效力

担保的效力是指担保成立后所发生的法律后果。《物权法》第一百七十条规定:"担保物权人在债务人不履行到期债务或者发生当事人约定的实现担保物权的情形,依法享有就担保财产优先受偿的权利。"

依据《物权法》第一百七十四、一百七十五条规定,担保期间,担保财产毁损、灭失或者被征收等,担保物权人可以就获得的保险金、赔偿金或者补偿金等优先受偿;债权人允许债务人转移全部或者部分债务的,未经担保人书面同意,担保人不再承担相应的担保责任。

担保的效力基本体现在两个方面:一是在担保人与担保权人之间的效力,这是担保的基本效力;二是在担保人与被担保人、担保权人与被担保人之间的效力。

1) 担保对于担保权人的效力

担保对于担保权人的效力主要在于担保权人因担保而取得担保权。担保权是为担保债权而设定的民事权利,担保权人通过行使担保权,保障其债权及时、全面受偿。当然,有些担保如保证不具有对抗第三人的效力;而有些则可以对抗第三人,如抵押、质押、留置等。

2) 担保对于担保人的效力

担保对于担保人的效力主要表现为担保人负有担保债权得以实现的义务。一旦债务人不履行债务,担保人应当依法承担担保责任,或者负责履行债务,或者用其担保物清偿债务。

3) 担保对于被担保人的效力

担保的目的在于保障债权实现,因此担保的设定并不能减少债务人的债务。另外,担保人因为承担担保责任而受到的损失,有权向被担保人追偿。

3. 担保无效

担保无效是指担保合同因缺失法律要件而不能发生法律效力,即担保对各方当事人都不发生《担保法》上的权利和义务关系,主要是担保人不必承担担保责任。但是,担保无效,并非在当事人之间不发生任何法律后果。《物权法》第一百七十二条规定:"担保合同被确认无效后,债务人、担保人、债权人有过错的,应当根据其过错各自承担相应的民事责任。"

担保无效有以下两种情况。

(1) 担保合同因主合同无效而无效。担保关系在性质上属于从属法律关系。所谓从属法律关系是指依附主法律关系而存在的法律关系。从属法律关系的设立、生效、无效等均依附主法律关系。《担保法》第五条第一款规定:"担保合同是主合同的从合同,主合同无效,担保合同无效。担保合同另有约定的,按照约定。"

担保合同因主合同无效而被认定无效后,担保人不承担担保责任,但是仍可能承担其他民事责任,主要是赔偿责任。《担保法解释》第八条规定:"主合同无效而导致担保合同无效,担保人无过错的,担保人不承担民事责任;担保人有过错的,担保人承担民事责任的部分,不应超过债务人不能清偿部分的三分之一。"有学者指出,这一规定是不适当的,因为主合同无效不可能是由于担保人的过错造成,所以所谓"三分之一"责任实际上是不存在的。

同时,《物权法》第一百七十五条规定:"第三人提供担保,未经其书面同意,债权人允许债务人转移全部或者部分债务的,担保人不再承担相应的担保责任。"

(2) 担保合同自身无效。虽然担保合同是从合同,但仍然有其自己的合同地位和效力。如果担保合同缺乏有效要件,即使主合同有效,担保合同也无效。

《担保法》第五条第二款规定:"担保合同被确认无效后,债务人、担保人、债权人有过错的,应当根据其过错各自承担相应的民事责任。"《担保法解释》第七条规定:"主合同有效而担保合同无效的,债权人无过错的,担保人与债务人对主合同债权人的经济损失,承担连带赔偿责任;债权人、担保人有过错的,担保人承担民事责任的部分,不应超过债务人不能清偿部分的二分之一。"

《担保法解释》第九条第一款规定,"担保人因无效担保合同向债权人承担赔偿责任后,可以向债务人追偿,或者在承担赔偿责任的范围内,要求有过错的反担保人承担赔偿责任。"

4. 反担保

反担保是指为保障担保人追偿权的实现,由债务人或第三人向主债务的担保人提供的担保。《物权法》第一百七十一条第二款明确规定:"第三人为债务人向债权人提供担保时,可以要求债务人提供反担保。"《担保法解释》第二条规定:"反担保人可以是债务人,也可以是债务人之外的其他人。反担保方式可以是债务人提供的抵押或者质押,也可以是其他人提供的保证、抵押或者质押。"

从本质上说,反担保也是担保适用相关法律中关于担保的规定。担保适用的原则、方法、标的物、担保物种类均适用于反担保。但是反担保的担保方式只有保证、抵押、质押。反担保是担保人转移担保风险的一种措施,其本质和担保并无差别。

5. 对外担保

对外担保又称为涉外担保,是指中国境内机构(境内外资金融机构除外)向中国境外机构或者境内的外资金融机构提供的担保。

1996年10月1日起施行的《境内机构对外担保管理办法》是处理对外担保的主要依据。目前存在的问题是,该文件是中国人民银行的部门规章,其效力层次过低,其关于无效担保情形的规定与1999年生效的《合同法》关于无效合同的规定存在矛盾和抵触。这一问题应当尽快解决。

对外担保的担保人须具有提供对外担保的资格。例如,非金融企业法人对外提供的担保余额不得超过其净资产的50%,并不得超过其上年外汇收入;内资企业只能为其直属子公司或者参股企业中中方投资比例部分对外债务提供担保;贸易型内资企业在提供对外担保时,其净资产与总资产的比例原则上不得低于15%;非贸易型内资企业在对外担保时,其净资产与总资产的比例原则上不得低于30%。

根据规定,对外担保的担保人可以以保函、备用信用证、本票、汇票等形式出具对外保证,也可以设定对外抵押和质押,但不得以留置或者定金形式出具对外担保。

《担保法解释》第六条规定,有下列情形之一的,对外担保合同无效,但法律、法规另有规定的除外:

(1) 未经国家有关主管部门批准或者登记对外担保的;

(2) 未经国家有关主管部门批准或者登记,为境外机构向境内债权人提供担保的;

(3) 为外商投资企业注册资本、外商投资企业中的外方投资部分的对外债务提供担保的;

(4) 无权经营外汇担保业务的金融机构、无外汇收入的非金融性质的企业法人提供外汇担保的;

(5) 主合同变更或者债权人将对外担保合同项下的权利转让,未经担保人同意或者有关主管部门批准的,担保人不再承担担保责任。

9.4.2 抵押权

1. 抵押的概念和特征

为担保债务的履行,债务人或者第三人不转移财产的占有,将该财产抵押给债权人的,债务人不履行到期债务或者发生当事人约定的实现抵押权的情形,债权人有权就该财产优先受偿。在抵押关系中,债务人或者第三人为抵押人,债权人为抵押权人,提供担保的财产为抵押财产。

抵押的概念揭示了抵押的以下特征:

(1) 提供抵押担保的人可以是债务人自己,也可以是债务人之外的第三人。

(2) 不转移财产占有。即抵押人无须将抵押物交付抵押权人占有。这也是抵押与质押的主要区别。

(3) 抵押权是优先权。即当债务人不履行债务时,抵押权人可以就抵押物变现的价款优先于抵押人的其他债权人受偿。优先受偿权是抵押权的本质特征。

(4) 抵押权的行使必须以债务人不履行债务为前提。

(5) 抵押权人只能从抵押物变现的价款中优先受偿。就是说,债务人不履行债务时,债权人不能直接对抵押物行使所有权,而只能以折价或者以拍卖、变卖的方式从所得价款中受偿。《担保法》第四十条对此有明确规定:"订立抵押合同时,抵押权人和抵押人在合同中不得约定在债务履行期届满抵押权人未受清偿时,抵押物的所有权转移为债权人所有。"

《物权法》第一百八十六条规定：抵押权人在债务履行期届满前，不得与抵押人约定债务人不履行到期债务时抵押财产归债权人所有。

2. 抵押物

抵押物是指被用做抵押担保的财产。动产和不动产均可以用做抵押物。

1）可以抵押的财产

债务人或第三人有权处分的下列财产可以抵押：

(1) 建筑物和其他土地附着物；

(2) 建设用地使用权；

(3) 以招标、拍卖、公开协商等方式取得的荒地等土地承包经营权；

(4) 生产设备、原材料、半成品、产品；

(5) 正在建造的建筑物、船舶、航空器；

(6) 交通运输工具；

(7) 法律、行政法规未禁止抵押的其他财产。

抵押人可以将前款所列财产一并抵押。

以建筑物抵押的，该建筑物占用范围内的建设用地使用权一并抵押，以建设用地使用权抵押的，该土地上的建筑物一并抵押，如抵押人未能一并抵押的，未抵押的财产也视为一并抵押。乡（镇）、村企业的土地使用权不得单独抵押。以乡（镇）、村企业的厂房等建筑物抵押的，其占用范围内的土地使用权同时抵押。

上述一并抵押制度配合《物权法》第十条的房地产统一登记制度，可以杜绝之前房产、土地分开登记造成的混乱。曾经房产、土地分别抵押给不同的债权人，给债权的行使造成了很大的麻烦。

2）不能抵押的财产

不能被抵押的财产如下：

(1) 土地所有权。

(2) 耕地、宅基地、自留地、自留山等集体所有的土地使用权，但法律规定可以抵押的除外。

(3) 学校、幼儿园、医院等以公益为目的的事业单位、社会团体的教育设施、医疗卫生设施和其他社会公益设施。但是，如果抵押是以其教育设施、医疗卫生设施和其他社会公益设施以外的财产为自身债务设定抵押的，可以认定抵押有效。

(4) 所有权、使用权不明或者有争议的财产。抵押是对抵押物的处分，由于抵押人对这类财产的处分权不确定，所以不能抵押。抵押人对抵押财产是否有处分权，一般应以权属证书的证明为准。但是，《担保法解释》第四十九条第一款规定："以尚未办理权属证书的财产抵押的，在第一审法庭辩论终结前能够提供权利证书或者补办登记手续的，可以认定抵押有效。"

(5) 依法被查封、扣押、监管的财产。

(6) 法律、行政法规规定不得抵押的其他财产。

3）浮动担保

《物权法》第一百八十一条规定了浮动担保制度,即:经当事人书面协议,企业、个体工商户、农业生产经营者可以将现有的以及将有的生产设备、原材料、半成品、产品抵押,债务人不履行到期债务或者发生当事人约定的实现抵押权的情形,债权人有权就实现抵押权时的动产优先受偿。

企业、个体工商户、农业生产经营者设立此种抵押的,应当向抵押人住所地的工商行政管理部门办理登记。抵押权自抵押合同生效时设立。未经登记,不得对抗善意第三人。同时,该种抵押不得对抗正常经营活动中已支付合理价款并取得抵押财产的买受人。

3. 抵押合同和抵押权登记

需要注意的是,担保物权合同与担保物权本身的效力已经得到区分,二者可以分离,担保物权合同一般自合同成立时生效,而担保物权自登记时设立(在需要登记时)。

1）抵押合同

《物权法》第一百八十五条明确规定,设立抵押权,当事人应当采取书面形式订立抵押合同。抵押合同的内容主要有以下几项:①被担保的主债权种类、数额;②债务人履行债务的期限;③抵押物的名称、数量、质量、状况、所在地、所有权权属或者使用权权属;④抵押担保的范围;⑤当事人认为需要约定的其他事项。抵押合同不完全具备上述前款规定内容的,可以补正。抵押合同并不因此而无效。但是,抵押合同对主债权的种类或者抵押物没有约定或者约定不明,根据主合同和抵押合同不能补正或者无法推定的,抵押不成立。同时,《物权法》第一百八十六条规定:"抵押权人在债务履行期届满前,不得与抵押人约定债务人不履行到期债务时抵押财产归债权人所有。"

抵押合同自签订之日起生效。

2）抵押权登记

抵押权登记,是指抵押登记主管机关依法在登记簿上就抵押物上的抵押权状态予以记载的法律行为。

在我国,抵押权登记分为强制登记和自愿登记。

以下列财产抵押的,必须进行登记,抵押权自登记时设立;未登记的,抵押权不生效。

(1) 建筑物和其他土地附着物。

(2) 建设用地使用权。

(3) 以招标、拍卖、公开协商等方式取得的荒地等土地承包经营权。

(4) 正在建造的建筑物。

企业、个体工商户、农业生产经营者以现有的以及将有的生产设备、原材料、半成品、产品进行抵押的,应当向抵押人住所地的工商行政管理部门办理登记。虽然是强制登记,但抵押权自抵押合同生效时设立。依此进行抵押的不得对抗正常经营活动中已支付合理价款并取得抵押财产的买受人。未经登记,不得对抗善意第三人。

下列财产可以自愿办理抵押权登记,抵押权自抵押合同生效时设立;未经登记,不得对抗善意第三人。

(1) 生产设备、原材料、半成品、产品。
(2) 交通运输工具。
(3) 正在建造的船舶、航空器。

4. 抵押权的效力

抵押权的效力，是指抵押权所产生的法律后果。可以作如下理解。

1) 抵押权所担保的债权的范围

担保物权的担保范围包括主债权及其利息、违约金、损害赔偿金、保管担保财产和实现担保物权的费用。当事人另有约定的，按照约定。

担保期间，担保财产毁损、灭失或者被征收等，担保物权人可以就获得的保险金、赔偿金或者补偿金等优先受偿。被担保债权的履行期未届满的，也可以提存该保险金、赔偿金或者补偿金等。

抵押权不得与债权分离而单独转让或者作为其他债权的担保。债权转让的，担保该债权的抵押权一并转让，但法律另有规定或者当事人另有约定的除外。

2) 抵押权对抵押物的效力范围

抵押权的效力范围除抵押物本身外，还包括抵押物的从物、抵押物的从权利、抵押物的附合物、抵押物的天然孳息和法定孳息等。

债务人不履行到期债务或者发生当事人约定的实现抵押权的情形，致使抵押物被人民法院依法扣押的，自扣押之日起抵押权人有权收取该抵押物的天然孳息或者法定孳息，但抵押权人未通知应当清偿法定孳息的义务人的除外。抵押权人所收取的孳息应当先充抵收取孳息的费用。

建设用地使用权抵押后，该土地上新增的建筑物不属于抵押财产。该建设用地使用权实现抵押权时，应当将该土地上新增的建筑物与建设用地使用权一并处分，但新增建筑物所得的价款，抵押权人无权优先受偿。

依据《物权法》第一百九十六条的规定，在浮动担保情形下，抵押财产自下列情形之一发生时确定：

(1) 债务履行期届满，债权未实现；
(2) 抵押人被宣告破产或者被撤销；
(3) 当事人约定的实现抵押权的情形；
(4) 严重影响债权实现的其他情形。

抵押权人在债务履行期届满前，不得与抵押人约定债务人不履行到期债务时抵押物归债权人所有。为债务人抵押担保的第三人，在抵押权人实现抵押权后，有权向债务人追偿。

债务人不履行到期债务或者发生当事人约定的实现抵押权的情形，抵押权人可以与抵押人协议以抵押物折价或者以拍卖、变卖该抵押物所得的价款优先受偿。协议损害其他债权人利益的，其他债权人可以在知道或者应当知道撤销事由之日起1年内请求人民法院撤销该协议。

抵押权人与抵押人未就抵押权实现方式达成协议的，抵押权人可以请求人民法院参照市场价格拍卖、变卖抵押物,抵押财产折价或者拍卖、变卖后,其价款超过债权数额的部分归抵押人所有,不足部分由债务人清偿。

以土地承包经营权抵押的或者以乡(镇)、村企业的厂房等建筑物占用范围内的建设用地使用权一并抵押的,实现抵押权后,未经法定程序,不得改变土地所有权的性质和土地用途。

3)抵押人的权利

抵押人在提供抵押后,其对抵押物的权利受到抵押权的制约和限制,但仍享有下列权利:①抵押人在将抵押物设定抵押后仍享有对抵押物的占有、使用和收益权。②抵押人可以就抵押物的未设定抵押部分的价值再做后序位的抵押,即进行再抵押。③抵押期间,抵押人经抵押权人同意可以转让抵押财产,但应当将转让所得的价款向抵押权人提前清偿债务或者提存。转让的价款超过债权数额的部分归抵押人所有,不足部分由债务人清偿。如果抵押人未经抵押权人同意,则不得转让抵押财产,但受让人代为清偿债务消灭抵押权的除外。

4)抵押权人的权利

抵押权通常就是指抵押权人的权利,主要包括下列几种。

(1)保全权。即在抵押期间,如果抵押人的行为足以使抵押财产价值减少的,无论其有无过错,抵押权人均有权要求抵押人停止其行为。抵押财产价值减少的,抵押权人有权要求恢复抵押财产的价值,或者提供与减少的价值相应的担保。抵押人不恢复抵押财产的价值也不提供担保的,抵押权人有权要求债务人提前清偿债务。

(2)处分权。即抵押权人可以放弃抵押权或者抵押权的顺位。抵押权人与抵押人可以协议变更抵押权顺位以及被担保的债权数额等内容,但抵押权的变更,未经其他抵押权人书面同意,不得对其他抵押权人产生不利影响。

债务人以自己的财产设定抵押,抵押权人放弃该抵押权、抵押权顺位或者变更抵押权的,其他担保人在抵押权人丧失优先受偿权益的范围内免除担保责任,但其他担保人承诺仍然提供担保的除外。

(3)优先受偿权。即在抵押权实现时,抵押权人有权优先受偿。

同一财产向两个以上债权人抵押的,拍卖、变卖抵押物所得的价款依照下列规定清偿:

① 抵押权已登记的,按照登记的先后顺序清偿;顺序相同的,按照债权比例清偿。

② 抵押权已登记的先于未登记的受偿。

③ 抵押权未登记的,按照债权比例清偿。

值得注意的是,按照《物权法》第二百零二条规定,抵押权人应当在主债权诉讼时效期间行使抵押权;未行使的,人民法院将不予保护。

5)抵押权对租赁关系的影响

抵押人将已出租的财产抵押,即租赁在先,抵押在后的,应当书面告知承租人,但不需征得承租人同意,原租赁合同继续有效。即使在抵押权实现过程中,抵押物被变卖或者拍卖,抵押物的新所有者必须继续履行租赁合同。

抵押人将已抵押的财产出租即先抵押后租赁的,抵押权实现后,租赁合同对受让人不具有约束力。如果抵押人将已抵押的财产出租时未书面告知承租人该财产已抵押的,抵押人对出租抵押物造成承租人的损失承担赔偿责任;如果抵押人已书面告知承租人该财产已抵押的,抵押权实现造成承租人的损失,由承租人自己承担。

5. 最高额抵押

最高额抵押是指为担保债务的履行,债务人或者第三人对一定期间内将要连续发生的债权提供担保财产的,债务人不履行到期债务或者发生当事人约定的实现抵押权的情形,抵押权人有权在最高债权额限度内就该担保财产优先受偿。最高额抵押权设立前已经存在的债权,经当事人同意,可以转入最高额抵押担保的债权范围。

最高额抵押担保的债权确定前,部分债权转让的,最高额抵押权不得转让,但当事人另有约定的除外。

最高额抵押担保的债权确定前,抵押权人与抵押人可以通过协议变更债权确定的期间、债权范围以及最高债权额,但变更的内容不得对其他抵押权人产生不利影响。

依据《物权法》第二百零六条的规定,有下列情形之一的,抵押权人的债权确定:

(1) 约定的债权确定期间届满;

(2) 没有约定债权确定期间或者约定不明确,抵押权人或者抵押人自最高额抵押权设立之日起满二年后请求确定债权;

(3) 新的债权不可能发生;

(4) 抵押财产被查封、扣押;

(5) 法律规定债权确定的其他情形。

9.4.3 质权

质权是指债务人或者第三人将其动产或者权力移交债权人占有或者办理出质登记,作为债的担保,债务人不履行债务时,债权人有权以处分该动产或者权利的价款优先受偿。在质权法律关系中,提供担保的债务人或者第三人是出质人,债权人是质权人,质权人的权利是质权,用于质押的动产或者权利称为质物。

《物权法》第二百一十条规定,设立质权,当事人应当采取书面形式订立质权合同。质权分为动产质权和权利质权。对于动产质权合同,当事人双方在合同书上签字或者盖章,合同成立并生效。但是合同生效并不表示动产质权生效,它的效力体现为债权人有权请求出质人依约交付质物,出质人交付质物时,质权生效。

质权也是约定担保,当事人应当签订书面质权合同,质权合同自质物或者权利凭证移交质权人时生效。

1. 动产质权

1) 动产质权的概念

为担保债务的履行,债务人或者第三人将其动产出质给债权人占有,债务人不履行到期债务或者发生当事人约定的实现质权的情形,债权人有权就该动产优先受偿。凡是法律、行政法规禁止转让的动产均不得出质。

动产质权的规定,与抵押有许多相似之处。动产质权与抵押的主要区别是:动产质权没有登记的规定;动产质权不转移占有;动产质权的范围不包括不动产。出质人与质权人也可以协议设立最高额质权,可参照最高额抵押的相关规定。

2)动产质权合同

设立质权,当事人应当采取书面形式订立质权合同。质权合同一般包括下列条款:

(1)被担保债权的种类和数额;

(2)债务人履行债务的期限;

(3)质押财产的名称、数量、质量、状况;

(4)担保的范围;

(5)质押财产交付的时间。

除非合同另有约定,质权人有权收取质押财产的孳息,但应当先充抵收取孳息的费用。

《物权法》第二百一十一条同时规定:"质权人在债务履行期届满前,不得与出质人约定债务人不履行到期债务时质押财产归债权人所有。"

3)动产质权的效力

质权自出质人交付质押财产时设立。当债务人履行债务或者出质人提前清偿所担保的债权的,质权人应当返还质押财产。如果债务人不履行到期债务或者发生当事人约定的实现质权的情形,质权人可以与出质人协议以质押财产折价,也可以参照市场价格拍卖、变卖质押财产,对所得的价款优先受偿。但是,质权人在债务履行期届满前,不得与出质人约定债务人不履行到期债务时质押财产归债权人所有。

质押财产折价或者拍卖、变卖后,其价款超过债权数额的部分归出质人所有,不足部分由债务人清偿。

4)质权人的权利和义务

质权人具有以下权利和义务。

(1)保管责任。质权人负有妥善保管质押财产的义务。因保管不善致使质押财产毁损、灭失的,应当承担赔偿责任。

(2)赔偿责任。质权人在质权存续期间,未经出质人同意,擅自使用、处分质押财产,给出质人造成损害的,应当承担赔偿责任。同时《物权法》第二百一十七条对转质作了规定:"质权人在质权存续期间,未经出质人同意转质,造成质押财产毁损、灭失的,应当向出质人承担赔偿责任。"

(3)返还责任。质权人的行为可能使质押财产毁损、灭失的,出质人可以要求质权人将质押财产提存,或者要求提前清偿债务并返还质押财产。

(4)及时行使质权的责任。出质人可以请求质权人在债务履行期届满后及时行使质权。质权人不行使的,出质人可以请求人民法院拍卖、变卖质押财产。出质人请求质权人及时行使质权,因质权人怠于行使权利造成损害的,由质权人承担赔偿责任。

(5)对质物的担保请求权。因不能归责于质权人的事由可能使质押财产毁损或者价值明显减少,足以危害质权人权利的,质权人有权要求出质人提供相应的担保。出质人不提供的,质权人可以拍卖、变卖质押财产,并与出质人通过协议将拍卖、变卖所得的价款提前清偿债务或者提存。

（6）质权放弃权。质权人可以放弃质权。债务人以自己的财产出质,质权人放弃该质权的,其他担保人在质权人丧失优先受偿权益的范围内免除担保责任,但其他担保人承诺仍然提供担保的除外。

2. 权利质权

权利质权是指以所有权以外的可转让的财产权利作为债权的担保,债务人不履行债务时,债权人有权以处分该权利的价款优先受偿,是就债务人或第三人所享有的权利设定的质权。

1) 权利质权的范围

根据《物权法》第二百二十三条规定,债务人或者第三人有权处分的下列权利可以出质：

（1）汇票、支票、本票；

（2）债券、存款单；

（3）仓单、提单；

（4）可以转让的基金份额、股权；

（5）可以转让的注册商标专用权、专利权、著作权等知识产权中的财产权；

（6）应收账款；

（7）法律、行政法规规定可以出质的其他财产权利。

其中,以汇票、支票、本票、债券、存款单、仓单、提单出质的,当事人应当订立书面合同。质权自权利凭证交付质权人时设立;没有权利凭证的,质权自有关部门办理出质登记时设立。

以基金份额、股权出质的,当事人应当订立书面合同。以基金份额、证券登记结算机构登记的股权出质的,质权自证券登记结算机构办理出质登记时设立。以其他股权出质的,质权自工商行政管理部门办理出质登记时设立。

以注册商标专用权、专利权、著作权等知识产权中的财产权出质的,当事人应当订立书面合同。质权自有关主管部门办理出质登记时设立。

以应收账款出质的,当事人应当订立书面合同。质权自信贷征信机构办理出质登记时设立。

2) 权利质权的效力

汇票、支票、本票、债券、存款单、仓单、提单的兑现日期或者提货日期先于主债权到期的,质权人可以兑现或者提货,并与出质人协议将兑现的价款或者提取的货物提前清偿债务或者提存。

基金份额、股权出质后,不得转让,但经出质人与质权人协商同意的除外。出质人转让基金份额、股权所得的价款,应当向质权人提前清偿债务或者提存。

知识产权中的财产权出质后,出质人不得转让或者许可他人使用,但经出质人与质权人协商同意的除外。出质人转让或者许可他人使用出质的知识产权中的财产权所得的价款,应当向质权人提前清偿债务或者提存。

应收账款出质后,不得转让,但经出质人与质权人协商同意的除外。出质人转让应收账款所得的价款,应当向质权人提前清偿债务或者提存。

权利质权和动产质权同属质权,因此,动产质权的相关法律规定也适用于权利质权。

9.4.4 留置权

1. 留置权的概念

留置权,是债权人按照合同约定占有债务人的财产,在债务人逾期不履行债务时,有留置该财产,并就该财产优先受偿的权利。《物权法》第二百三十条规定:"债务人不履行到期债务,债权人可以留置已经合法占有的债务人的动产,并有权就该动产优先受偿。"其中,债权人为留置权人,占有的动产为留置财产。

2. 留置财产

债权人留置的动产应当与债权属于同一法律关系,但企业之间留置的除外。

法律规定或者当事人约定不得留置的动产,不得留置。留置财产为可分物的,留置财产的价值应当相当于债务的金额。

3. 留置权的效力

同一动产上已设立抵押权或者质权,该动产又被留置的,留置权优先,留置权人优先受偿。在留置期间,留置权人负有妥善保管留置财产的义务。因保管不善致使留置财产毁损、灭失的,应当承担赔偿责任。如果留置权人对留置财产丧失占有或者留置权人接受债务人另行提供担保的,留置权消灭。

4. 留置权的实现

留置权人与债务人应当约定留置财产后的债务履行期间。没有约定或者约定不明确的,留置权人应当给债务人两个月以上履行债务的期间,但鲜活易腐等不易保管的动产除外。债务人逾期未履行的,留置权人可以与债务人协议以留置财产折价,也可以参照市场价格拍卖、变卖留置财产,就所得的价款优先受偿。留置财产折价或者拍卖、变卖后,其价款超过债权数额的部分归债务人所有,不足部分由债务人清偿。

债务人可以请求留置权人在债务履行期届满后行使留置权。留置权人不行使的,债务人可以请求人民法院拍卖、变卖留置财产。

留置期间,留置权人有权收取留置财产的孳息,但需要先充抵收取孳息的费用。

9.4.5 担保物权之外的其他担保形式

1. 保证

1)保证和保证合同

依据《担保法》第六条,保证是指保证人和债权人约定,当债务人不履行债务时,保证人按照约定履行债务或者承担责任的行为。

保证是双方法律行为,是保证人与债权人之间的合同行为。尽管保证的产生一般都是基于债务人向保证人提出的请求,但债务人并不是保证合同关系的当事人。因此,不能因保证没有债务人意思表示的介入,就否定保证关系的存在或效力。

保证合同应当采取书面形式(《担保法》第十三条)。法律对保证合同的这一形式要求,不应当视为要件要求,而应当看成证据要求。即不能认为未采取书面形式的保证就是无效的。

保证可以是无偿的。

2) 保证人资格

《担保法》第七条规定:"具有代为清偿债务能力的法人、其他组织或者公民,可以作保证人。"

根据《担保法》的这一规定,只有具有代为清偿债务能力的当事人才能作为保证人,不具有代偿能力的当事人没有作为保证人的资格,其如果为他人债务作保证,则其保证将因主体不适合而无效。这一规定显然缺乏法理和逻辑依据,因为这实际等于说,债务可以没有保证,但保证不允分则不可以。鉴于《担保法》此项规定存在明显漏洞,最高人民法院以司法解释的方式进行了补救。《担保法解释》第十四条规定:"不具有完全代偿能力的法人、其他组织或者自然人,以保证人身份订立保证合同后,又以自己没有代偿能力要求免除保证责任的,人民法院不予支持。"

根据《担保法》及《担保法解释》的规定,可以作保证人的主体具体包括自然人、法人、没有法人资格但领取营业执照的各种企业、依法登记的社会团体。

以下3种组织不得为保证人:

(1) 国家机关不得为保证人,但经国务院批准为使用外国政府或者国际经济组织贷款进行转贷的除外。

(2) 学校、幼儿园、医院等以公益为目的的事业单位、社会团体不得为保证人。但是,根据《担保法解释》,从事经营活动的事业单位、社会团体为保证人的,如无其他导致保证合同无效的情况,其所签订的保证合同应当认定为有效。

(3) 企业法人的分支机构、职能部门不得为保证人。但企业法人的分支机构有法人书面授权的,可以在授权范围内提供保证。《担保法解释》进一步规定:

企业法人的分支机构未经法人书面授权提供保证的,保证合同无效。因此给债权人造成损失,债务人、保证人、债权人有过错的,应当根据其各自过错承担相应的民事责任。

企业法人的分支机构经法人书面授权提供保证的,如果法人的书面授权范围不明,法人的分支机构应当对保证合同约定的全部债务承担保证责任。企业法人的分支机构经营管理的财产不足以承担保证责任的,由企业法人承担民事责任。

企业法人的职能部门提供保证的,保证合同无效。债权人知道或者应当知道保证人为企业法人的职能部门的,因此造成的损失由债权人自行承担。债权人不知道保证人为企业法人的职能部门的,因此造成的损失由各方根据过错分别承担民事责任。

3) 保证方式

保证方式就是保证人承担保证责任的方式。保证方式有一般保证和连带责任保证两种。

(1) 一般保证

一般保证是指保证人仅对债务人不履行债务负补充责任的保证。《担保法》第十七条规定:"当事人在保证合同中约定,债务人不能履行债务时,由保证人承担保证责任的,为一般保证。""一般保证的保证人在主合同纠纷未经审判或者仲裁,并就主债务人财产依法强制执行仍不能履行债务前,对债权人可以拒绝承担保证责任。"可见,在一般保证中,保证人享有先诉抗辩权。

(2) 连带责任保证

连带责任保证是指在债务人不履行债务时,保证人与债务人承担连带责任的保证。《担保法》第十八条规定:"当事人在保证合同中约定保证人与债务人对债务承担连带责任的,为连带责任保证。""连带责任保证的债务人在主合同规定的债务履行期届满没有履行债务的,债权人可以要求债务人履行债务,也可以要求保证人在其保证范围内承担保证责任。"在连带责任保证中,债权人无须先起诉债务人并强制执行债务人财产,只要债务人不履行债务,保证人就应当承担保证责任。

当事人应当在保证合同中约定保证方式。当事人对保证方式没有约定或者约定不明确的,按照连带责任保证承担保证责任。无论一般保证还是连带责任保证,保证人均享有债务人的抗辩权,即便债务人放弃其对债权人的抗辩权,保证人仍有抗辩权。

4) 保证责任

保证责任是指保证人依照保证合同约定,在主债务人不履行债务时,向债权人承担的履行债务或者赔偿损失的义务。

(1) 保证责任的内容

保证责任的内容是指保证人承担的保证债务的内容。根据《担保法》第六条规定,保证人保证责任的内容,依当事人的约定分为两种。

① 代为履行责任。即债务人不履行债务时,如果债务不具有专属性,由保证人代债务人履行债务。

② 承担赔偿责任。即债务人不履行债务给债权人造成损害,由保证人负责赔偿债权人损失。

(2) 保证责任的范围

保证责任的范围是指保证人按照保证合同约定或者《担保法》规定应当承担的责任的范围。

保证合同的当事人可以根据实际情况,在合同中约定保证范围的具体内容。没有约定或者约定不明确的,保证人应当对全部债务承担责任。

(3) 保证期间

保证期间是保证责任的存续期间。保证期间届满,保证人不再承担保证责任。

一般保证的保证人与债权人未约定保证期间的,保证期间为主债务履行期届满之日起6个月。债权人必须在保证期间届满前起诉债务人,否则保证人免除保证责任。

连带责任保证的保证人与债权人未约定保证期间的,债权人应当自主债务履行期届满之日起6个月内要求保证人承担保证责任,否则保证人免除保证责任。

（4）免责情形

保证人免责主要有以下情形：

① 一般保证的保证人在主债权履行期间届满后，向债权人提供了债务人可供执行财产的真实情况的，债权人放弃或者怠于行使权利致使该财产不能被执行，保证人可以请求人民法院在其提供可供执行财产的实际价值范围内免除保证责任。

② 第三人向债权人保证监督支付专款专用的，在履行了监督支付专款专用的义务后，不再承担责任。

③ 保证期间，债权人依法将主债权转让给第三人的，保证债权同时转让，保证人在原保证担保的范围内对受让人承担保证责任。但是保证人与债权人事先约定仅对特定的债权人承担保证责任或者禁止债权转让的，保证人不再承担保证责任。

④ 保证期间，债权人许可债务人转让部分债务未经保证人书面同意的，保证人对未经其同意转让部分的债务，不再承担保证责任。但是，保证人仍应当对未转让部分的债务承担保证责任。

⑤ 保证期间，债权人与债务人对主合同数量、价款、币种、利率等内容作了变动，未经保证人同意的：如果减轻债务人的债务的，保证人仍应当对变更后的合同承担保证责任；如果加重债务人的债务的，保证人对加重的部分不承担保证责任。债权人与债务人协议变动主合同内容，但并未实际履行的，保证人仍应当承担保证责任。

同一债权既有物的担保，又有保证担保的，保证债权人在主合同履行期届满后怠于行使担保物权，致使担保物的价值减少或者毁损、灭失的，视为债权人放弃部分或者全部物的担保。保证人在债权人放弃权利的范围内减轻或者免除保证责任。

2. 定金

1）定金的概念

定金是合同当事人基于担保的目的，约定一方在合同义务履行之前预先向另一方支付一定金额。合同履行后，定金应当抵作合同价款或者收回。给付定金一方不履行合同的，无权要求返还定金；收取定金一方不履行合同的，应当双倍返还定金。

定金是一种约定的金钱担保，任何一方不履行合同时，均应当向对方支付相当于定金数额的金钱，以此保障合同履行。

2）定金的性质和要求

定金的性质和要求主要体现在以下几方面：

（1）定金应当明示。当事人必须以书面合同的方式明确其支付的金钱属于担保，否则不能产生担保的效力。根据《担保法解释》的规定，当事人约定交付留置金、担保金、保证金、订约金、押金、定金等，但没有约定定金性质的，不产生担保效力，即不能要求双倍返还或者不予返还。

（2）定金不能超过主合同标的的20%，否则超过的部分不产生定金效力。

（3）定金合同自定金交付之日生效。

（4）定金合同应当采取书面形式。《担保法》的这一规定并不是对定金合同要件的规定，未以书面形式订立的定金合同不属于无效合同。依据《担保法解释》第一百十五条的规定,当事人约定以交付定金作为订立主合同担保的,给付定金一方拒绝订立主合同的,无权要求返还定金;收受定金的一方拒绝订立合同的,应当双倍返还定金。

3) 定金的效力

因当事人一方迟延履行或者其他违约行为,致使合同目的不能实现,除了法律另有规定或者当事人另有约定以外,可以适用定金罚则。如果当事人一方没有完全履行合同,应当按照未履行部分所占合同约定内容的比例,适用定金罚则。

《担保法解释》第一百二十二条规定了不使用定金罚则的情况:"因不可抗力、意外事件致使主合同不能履行的,不适用定金罚则。"因合同关系以外第三人的过错,致使主合同不能履行的,适用定金罚则,但是受定金处罚的当事人,可以向第三人追偿。

案例讨论

1. 建筑物区分所有权案例

楼梯间的安全门

吴某在2002年购买了坐落于大连市区内的一幢楼房的六楼(该栋楼系每层一户)。进住后,吴某在五楼通往六楼的楼梯蹬上安装铁栅栏门。2007年8月,张某购买此幢楼的五楼,自此张某与吴某成了邻居。同年10月,吴某在栅栏门外又安装了铝合金门,并用胶合板封堵了楼梯扶手上的空间。张某以吴某安装的铁栅栏门拉动的噪音影响其休息,铁栅栏门和铝合金门影响其搬运大件物品,封堵楼梯影响其通风、采光,造成安全隐患为由,要求吴某予以拆除。吴某不从,双方因此发生纠纷。张某以吴某的行为影响其人身安全、正常休息、搬运大件物品、消防安全为由,于2008年3月15日诉至法院,要求被告拆除铁栅栏门、铝合金门、胶合板。

当地的法院(即原审法院)审理了此案件,并予以判决。法院认为:被告安装的铁栅栏门、铝合金门、胶合板并没有影响原告的通行、通风、挡光及正常生活,原告要求拆除,法院不予支持。原告主张铁栅栏门和铝合金门影响其休息和搬运大件物品问题,因未能提供充分证据,法院对此不予认定。依照《中华人民共和国民法通则》第八十三条之规定,判决如下:驳回原告张某的诉讼请求。

宣判后,张某不服,以楼梯为住户共有,吴某不应独占为由,第二次上诉至法院,要求吴某排除妨碍。吴某则抗辩称:张某在购房时已明知楼内的格局。我在五楼以上安装门对张某不造成影响,故同意原审法院判决。

讨论题

1. 文中发生争议的公共走廊从权属上看应属于谁?
2. 张某的上诉理由是否合理?
3. 吴某安装安全门是否侵权?如果侵权,那他在安装安全门之前应该怎么做?
4. 第一次审判后,吴某的抗辩理由是否成立?为什么?
5. 法院应该如何处理本案?

2. 不动产登记案例

恋爱时买房登记一方姓名 分手后产生纠纷

2008年7月,28岁的小周拿出自己几年来工作的积蓄,并通过多方借款,共筹得40万元准备在城郊购一套商品房,准备当做跟女友小李结婚的新房。2008年10月底的一天,小周和小李共同到房产登记部门办理了相关商品房产权登记手续,并将户主名登记为女友小李的名字。

然而,2009年9月,小李向小周表示自己已经有了新男朋友,要求和小周分手并解除婚约。由此,双方对房屋所有权的归属产生了纠纷。小周认为:购房款均是自己出资,为了能和小李结婚才将房产证户主登记为小李,故房屋应该是自己的婚前个人财产。而小李则认为:小周的行为构成了对房屋的赠与,同时房屋的登记户主是自己,依据《物权法》的不动产公示公信的有关规定,自己应该是房屋的唯一所有权人,小周不再享有任何权益。

讨论题

1. 该房屋的登记是否发生了公信力的问题?
2. 该房屋的赠与是否生效?
3. 该房屋是否可以看做两人的共有财产?为什么?

3. 质权纠纷案例

找不到的液晶电视

2009年3月1日,王某向张某借款2.5万元,提出可用其新买的索尼牌液晶电视作为质押,保证当年10月1日一次还本付息。张某遂与其签订书面质押借款合同。合同签订当日,张某将2.5万元现金交付给王某,同时要求王某向其交付液晶电视。王某称液晶电视现不在家中,而在市外郊区的母亲家,且交通不太方便,保证5日后一定取来交与张某,张某对此表示同意。

3月4日王某又向刘某借款2万元,同样提出以该液晶电视作为质押,双方签订了书面合同,并于当日相互交付现金及质物。

3月5日张某欲向王某索要液晶电视,却找不到其行踪。到3月中旬,张某尚未拿到液晶电视,经多方面打听,才知道液晶电视已被王某交给刘某作质押,于是找到刘某要液晶电视,被刘某拒绝。

2009年10月1日借款合同期限届满,张某要求王某归还借款,王某表示现在没有钱归还,请求再宽限3个月。张某不同意,遂将王某、刘某告上法院,要求就该液晶电视变卖的价款优先受偿。

讨论题

1. 质权成立的主要条件有哪些?
2. 张强和刘刚两人中,谁享有对该液晶电视的质权?请解释原因。

3. 张强有权起诉刘刚吗？请简要解释原因。
4. 法院应该怎样予以判决？

 思考练习题

1. 物权消灭的原因有哪些？
2. 动产所有权取得的主要方式有哪些？
3. 按份共有与共同共有的区别是什么？
4. 用益物权与担保物权有哪些不同之处？
5. 动产质权是如何取得的？

本章相关法律与法规

《中华人民共和国物权法》
《中华人民共和国担保法》
《中华人民共和国合同法》
《中华人民共和国民法通则》
《中华人民共和国土地管理法》
《中华人民共和国农村土地承包法》
《中华人民共和国城市房地产管理法》
最高人民法院关于适用《中华人民共和国担保法》若干问题的解释
国土资源部关于贯彻实施《中华人民共和国物权法》的通知
农业部关于贯彻实施《中华人民共和国物权法》稳定和完善渔业基本经营制度的通知
关于贯彻实施《中华人民共和国物权法》全面落实海域物权制度的通知
《中华人民共和国宪法》
《房屋登记办法》
《城镇集体所有制企业条例》
《中华人民共和国婚姻法》
《中华人民共和国渔业法》
《中共中央国务院关于切实加强农业基础建设 进一步促进农业发展增收的若干意见》
《城镇国有土地使用权出让和转让暂行条例》

第 10 章 债 权

> 开篇案例

失控的取款机，失控的取款人

2006年4月21日，一名广州青年与其朋友利用ATM故障漏洞取款，他共取出17.5万元，朋友取出1.8万元。事发后，朋友主动自首，被判处有期徒刑1年，而他却在潜逃1年后落网。2007年12月一审，他被广州市中级人民法院判处无期徒刑，并被剥夺政治权利终身。2008年2月22日，案件发回广州中院重审，他被改判5年有期徒刑。这就是入选2007年中国十大法治事件的著名广州"许霆案"。

事情还得从2006年4月21日晚说起。那日晚22时，案件的主人公许霆来到天河区黄埔大道某银行的ATM取款。取出1 000元后，他惊讶地发现银行卡账户里只被扣了1元，狂喜之下，许霆连续取款5.4万元。当晚，许霆回到住处，将此事告诉了同伴郭安山。两人随即再次前往提款，之后反复操作多次。后经查实，许霆先后共取款171笔，合计17.5万元；郭安山则取款1.8万元。事后，二人各自携赃款潜逃。

同年的11月7日，郭安山向公安机关投案自首，并全额退还赃款1.8万元。经天河区法院审理后，法院认定其构成盗窃罪，但考虑到其自首并主动退赃，故对其判处有期徒刑1年，并处罚金1 000元。而潜逃在外1年的许霆，17.5万元赃款因投资失败而被挥霍一空，2007年5月在陕西宝鸡火车站被警方抓获。

广州市中级人民法院于2007年11月20日作出一审判决，认为被告人许霆犯盗窃罪，判处无期徒刑，剥夺政治权利终身，并处没收个人全部财产；追缴被告人许霆的违法所得175 000元返还广州市商业银行。判决一经宣判，立即引起国内媒体的高度关注，网民们也纷纷争论，很多人对此判决结果提出异议，其中最大的异议就是认为许霆的行为是恶意交易，并因此恶意交易获得不当得利。而事实上，第一次在不知情的情况下取出的1 000元是不当得利，而后取出的那些钱的性质则具有很大的争议。许霆本人也不服，遂提出上诉。

2008年3月31日，广州市中级人民法院作出重审判决：被告人许霆犯盗窃罪，判处有期徒刑5年，并处罚金2万元；追缴被告人许霆的犯罪所得173 826元，发还受害单位。宣判后，被告人许霆不服，又向广东省高级人民法院提出上诉。

后经广东省高级人民法院二审和最高人民法院核准，最终维持二审判决，判处被告人许霆有期徒刑5年,并处罚金人民币2万元。

这就是轰动一时的"许霆案"的整个案情经过。从入选2007年中国十大法治事件,到最初仅局限于许霆有罪无罪的争议,到构成何罪的辩论,再到法院判决的裁定与社会意见的统一,到《许霆案深层解读》一书的出版,再到最后法律界对"许霆案"等新型案件的深刻法理思考,每一步的进展无一不让我们看到"许霆案"在中国法治进程中所具有的重要意义。

(案例来自广州中级人民法院,2008.3.31。)

10.1 债权概述

债是特定当事人之间请求为特定行为的法律关系。在债的关系中,债权人、债务人和债的内容都是特定的,债权人只能向债的关系的特定相对方即债务人主张权利。债分按份之债和连带之债。债的发生原因有合同、侵权、无因管理和不当得利4种。债的消灭原因有清偿、抵销、提存、免除、混同、解除、时效等。学习时应当重点掌握债发生的原因的具体内容,弄懂侵权归责的过错责任原则的基本要求。对诉讼时效和消灭时效应当有明确的概念。

10.1.1 债和债权

在债的法律关系中,有权请求对方为特定行为的当事人为债权人,按债权人请求为特定行为的当事人为债务人。所谓债权,就是请求对方为特定行为的权利。债权和债务是相互依存的,没有债权就无所谓债务,没有债务就无所谓债权。

债属于私法的范畴。债权是私法上的权利,是民事权利。因此,不能把一切请求权均视为债权,只有平等主体间因私法上的利益而产生的请求权才是债权。

应当注意的是,不能把债的关系仅理解为以金钱给付为唯一内容的债权债务关系。债的内容是广泛的,只要是私法内容的请求关系,就是债的关系,例如剧场根据演出合同请求演员表演,债权的内容就是请求对方表演,而不是给钱,演员的表演行为就是履行其债务。

债权具有以下三项权能。

(1) 给付请求权。在债权债务关系中,债权人有权请求债务人按照债的内容履行给付义务。"给付"是法律专用词,是指债务人按照债的内容或者债权人的请求履行其债务的行为。例如上面提到的演出合同,演员按照合同表演,就是"给付";借款人偿还银行贷款的行为是"给付";建筑公司按施工合同进行工程施工的行为也是"给付"。

请求债务人给付,是债权的最基本权能。因此,债权通常被认为是请求权,而所有权通常被认为是支配权。

(2) 给付受领权。债务人依照约定或者法律的规定履行债务时,债权人有权予以接受,并保持因债务人履行债务而得到的利益。受领债务人的给付并获得相应利益是债权的本质所在。

(3) 保护请求权。债务人不履行债务时,债权人可请求有关机关主要是法院给予保护,强制债务人履行债务。另外,债权保护请求权还体现在如果有人妨碍债权人合法行使其债权,债权人可以请求给予保护,以排除这种妨碍。

10.1.2 债权的特征

债权具有以下几个特征。

(1) 债权是请求权。请求权是指债权人根据债权的内容请求相对人为特定私法上行为的权利。债权人欲实现其利益目的,必须借助于债务人的给付行为,在债务人给付之前,债权人不能直接支配该项给付的标的,也不能直接支配债务人的行为,他只能通过请求债务人履行债务,才能实现自己的利益。

债权与请求权并不完全相同。一方面,请求权种类很多,债权请求权只是其中之一。除此以外,法律上的请求还有物权请求权(例如物之返还请求权等)、亲属法上的请求权、诉讼法上的请求权等。另一方面,请求权不是债权的全部内容。除请求权外,债权还有代位权、撤销权等。

(2) 债权是相对权。相对权是指债权人只能向特定的人即债务人主张其债权。在债的关系中,债权人、债务人和债的内容都是特定的,债权人只能向债的关系的特定相对方即债务人主张权利,债务人以外的其他人,因与债权人之间不存在债权债务关系,不负有对债权人的履行义务。

债权的相对性,并不意味着第三人可以侵害债权。债权是法律上的权利,不特定的第三人同样负有不得侵犯债权的消极义务。如果第三人侵害了债权,也要承担民事责任。

(3) 债权具有期限性。债权是有期限的权利,期限届满,债权即归于消灭。债权的存续期限主要有两种情形:

① 当事人约定的期限。因合同产生的债的期限就是当事人约定的期限。合同不可能没有期限,即便当事人没有约定期限,法律也不能认为其是永久的。合同约定的债的期限可以是固定的时间,也可以是事务的完成。

② 法律规定的期限。例如《民法通则》第六十九条规定,委托代理因代理人死亡或者丧失民事行为能力、作为被代理人或者代理人的法人终止而终止。另外,法律基于某些债权债务关系的性质,规定其存在的法定期限,如国有土地出让合同。另外,消灭时效也是法定的债的期限。

(4) 债权具有平等性。债权的平等性是指数个债权人对于同一个债务人,无论其债权发生是先是后,无论债的发生原因是什么,无论债的数额是大是小,其效力一律平等,在债务人破产时,应将债务人全部破产财产在债权人之间按比例进行分配。

在实践中,如果某一债务人有数个债权人,债务人的全部财产已经小于其债务总额,其中一个债权人先起诉了债务人,并申请法院查封了债务人的财产,在没有启动破产程序的情况下,申请查封债务人财产的债权人有条件在执行中实现其全部债权,而不是与其他债权人按比例分配债务人的财产。这种情况不是对债权的平等性的否定。

10.1.3 债的分类

可以按照不同的标准对债进行分类。

1. 意定之债和法定之债

根据债的设定及其内容是否允许当事人以自由意思决定,债可以分为意定之债与法定之债。债的发生及其内容由当事人依其自由意思决定的债是意定之债,合同之债和单方允诺之债均为意定之债。

法定之债,是指债的发生及其内容均由法律规定的债。侵权行为之债、无因管理之债和不当得利之债均属法定之债。

2. 特定之债和种类之债

根据债的标的物的不同属性,债可以划分为特定之债和种类之债。以特定物为标的的债称为特定之债,债发生时,其标的物即已特定化;以种类物为标的的债称为种类之债,债成立时其标的物尚未特定化,甚至尚不存在,当事人仅就其种类、数量、质量、规格或者型号等达成协议。

对于特定之债,除非债务履行前标的物已灭失,债务人不得以其他标的物代为履行,而且在法律规定或当事人约定的情况下,特定之债标的物的所有权可自债成立时发生转移,标的物意外灭失的风险随之转移。种类之债标的物的所有权及其意外灭失风险则自交付时起转移。

3. 按份之债和连带之债

按照债的多数主体之间的权利义务关系的差别,可以将债分为按份之债和连带之债。

1) 按份之债

按份之债,指债的多数主体各自按照确定的份额分享债权或者分担债务的债。数个债权人就自己确定的债权份额各自所享有的请求和接受清偿的权利,称为按份债权;数个债务人就自己各自负担的债务份额负有的清偿义务,称为按份债务。按份债权人只能就自己享有的债权份额请求债务人给付,但无权请求债务人向自己清偿全部债务。按份债务人仅就自己所负担的债务份额向债权人履行债务,无义务清偿其他债务人负担的债务份额。在按份债务中,某一债务人未适当履行其债务,只能由该债务人承担民事责任,与其他按份债务人无关。

2) 连带之债

连带之债是指债权人或者债务人有数人时,各债权人均可以请求债务人履行全部债务,各债务人均负有履行全部债务的义务。

连带之债的发生有两种情形,即法定连带之债和约定连带之债。

(1) 法定连带之债

法定连带之债主要有以下几种。①个人合伙债务。《民法通则》第三十五条第二款规定:"合伙人对合伙的债务承担连带责任,法律另有规定的除外。"②企业法人联营的债务。《民法通则》第五十二条规定：法人联营"依照法律的规定或者协议的约定负连带责任的,承担连带责任"。③代理上的连带责任。如《民法通则》第六十五条第三款规定："委托代理授权不明时,被代理人与代理人对第三人承担连带责任"④共同侵权行为人的责任。《民法通则》第一百三十条规定："二人以上共同侵权造成他人损害的,应当承担连带责任。"

另外,《担保法》《票据法》《公司法》《海商法》等也有关于连带债务的规定。

(2) 约定连带之债

约定连带之债是根据合同约定而产生的连带之债。例如《担保法》规定：保证合同应当约定保证方式,没有约定的,视为连带责任保证。即当事人可以约定保证人是否承担连带责任。连带之债须当事人对此加以明确约定,默示不能成立连带之债。

在连带债权中,各债权人均有权请求债务人履行全部债务;债务人也有权向任一债权人履行全部债务。在连带债务中,无论各债务人之间是否有相反约定,每一债务人均负有履行全部债务的义务。债权人有权向连带债务人中的一人、数人或者全体请求履行债务。履行了债务的人,有权要求其他负有连带义务的人偿付其应当承担的份额。

4. 单一之债与多数人之债

根据债的主体双方是单一的还是多数的,债可以分为单一之债和多数人之债。单一之债,是指债权人和债务人均为1人的债务;多数人之债,是指债权人和债务人至少有一方为2人或2人以上的债务。

10.2 债的发生原因

10.2.1 合同

合同是自然人、法人、其他组织设立、变更、终止民事权利义务关系的协议。这里的权利义务就是债权和债务,所以,合同就是关于债权债务安排的协议。例如货物买卖合同生效后,买卖双方产生了债权债务关系,卖方成为债务人,有权请求买方支付价款;买方成为债权人,有权请求卖方交付货物。

10.2.2 侵权行为

1. 侵权行为的概念和特点

侵权行为是不法侵害他人的合法权益、给他人造成损害、应当承担民事责任的行为。由于侵权行为,就在侵害人与受害人之间形成了债权债务关系：受害人有权要求侵害人赔偿因侵权而造成的损失;侵害人有义务赔偿受害人的损失。因侵权行为而产生的债,称为侵权行为之债。

侵权行为之债具有如下特点。

(1) 侵权行为之债是基于不法行为而产生的。这与基于合法行为如合同而产生的债是不同的。确定侵权行为之债,正是为了弥补侵权行为给受害人造成的损失。

(2) 侵权行为之债是法定的债。合同之债是基于当事人的约定,是意思自治原则的一种体现;而侵权行为之债并非基于行为人的意愿,而是基于法律的直接规定。

(3) 侵权行为之债的内容主要是损害赔偿。侵权行为所造成的损害,一般都可以通过赔偿的方式加以弥补,损害赔偿是侵权行为的主要法律后果。当然侵权行为之债的内容也有其他方面,如恢复名誉、赔礼道歉等。

(4) 侵权行为之债优先。因同一行为应当承担侵权责任和行政责任、刑事责任,侵权人的财产不足以支付的,先承担侵权责任。

2. 侵权行为的责任原则

1) 过错责任原则
(1) 过错责任原则的概念

过错责任原则的基本含义是:过错是侵权行为人承担民事责任的基本前提。如果加害人在主观上不存在过错,就不承担民事责任;如果加害人在主观上有过错,则应当承担民事责任。《民法通则》第一百零六条第二款规定:"公民、法人由于过错侵害国家的、集体的财产,侵害他人财产、人身的,应当承担民事责任。"可见过错责任原则是一种主观归责原则,它以行为人的主观心理状态作为确定和追究责任的依据。

过错责任原则包括认定过错和推定过错两种情况。《侵权责任法》第六条明确规定:"行为人因过错侵害他人民事权益,应当承担侵权责任。根据法律规定推定行为人有过错,行为人不能证明自己没有过错的,应当承担侵权责任。"

所谓过错,包括故意和过失两种情况。故意是指侵权行为人已经预见到其行为将侵害他人合法权利,却追求或者放任侵害结果的发生;过失是指侵权行为人应当预见其行为将产生侵权的后果,由于疏忽大意而没有预见,或者其已经预见侵权的后果却轻信能够避免该后果。无论故意还是过失,均是侵权行为人的主观状态。

过错责任原则表明行为人的过错是承担侵权责任的要件,因此证明行为人的过错成为确定与追究侵权责任的一个中心环节。同时,过错大小对责任轻重具有决定性的作用,因此,证明行为人过错的轻重程度、证明行为人与第三人的共同过错或证明受害人的过错或受害人与行为人的混合过错,对于责任范围的确定,均有十分重要的意义。

一般的侵权行为均适用过错责任原则,只有在法律特别规定适用无过错责任原则的情形下,才不适用过错责任原则。

(2) 过错责任原则的适用

过错责任原则有两种适用方法:一是一般适用方法,即谁主张谁举证,通常是由受害人对加害人的过错进行举证和证明,而加害人无须证明自己没有过错;二是特殊适用方法,即过错推定中举证责任的倒置,推定加害人有过错,而由加害人承担证明自己没有过错的责任。

适用过错责任原则,第三人的过错和受害人的过错对于责任的承担有重大影响。如果第三人有过错,应由第三人与加害人共同承担责任,构成共同侵权的,应当承担连带责任。受害人对于损害的发生有过错的,可以减轻侵害人的民事责任。

2) 无过错责任原则

(1) 无过错责任的概念

无过错责任指的是：在确定侵权责任时不考虑行为人是否有过错，侵权行为人有无过错对民事责任的构成和承担不产生影响。在无过错责任中，受害人无须举证证明加害人有过错，加害人也不得以其没有过错为由主张免责或减轻责任。因此，可以这样理解无过错责任：无论行为人有无过错，法律规定应当承担民事责任的，行为人应当对其行为所造成的损害承担民事责任。对此《侵权责任法》有明确规定："行为人损害他人民事权益，无论行为人有无过错，法律规定应当承担侵权责任的，依照其规定。"

(2) 无过错责任原则的适用

《民法通则》第一百零六条第三款规定：无过错责任的适用范围由法律专门规定。

根据《侵权责任法》的规定，以下侵权行为适用无过错责任原则。

① 无民事行为能力人、限制民事行为能力人致人损害的，由监护人承担侵权责任。监护人尽到监护责任的，可以减轻其侵权责任。

② 用人单位的工作人员因执行工作任务致人损害的，用人单位承担侵权责任。《侵权责任法》第三十四条规定了有关劳务派遣的侵权责任分配："劳务派遣期间，被派遣的工作人员因执行工作任务造成他人损害的，由接受劳务派遣的用工单位承担侵权责任；劳务派遣单位有过错的，承担相应的补充责任。"

③ 提供个人劳务一方因劳务致人损害的，接受劳务一方承担无过错责任。但是如果提供劳务一方因劳务自己受到损害的，根据双方各自的过错承担相应的责任。

④ 饲养的动物致人损害的，动物饲养人或者管理人承担无过错责任。如果能够证明损害是因被侵权人故意或者重大过失造成的，可以不承担或者减轻责任。因第三人的过错致使动物造成他人损害的，动物饲养人或者管理人赔偿后，有权向第三人追偿。

⑤ 特别注意的是，根据《侵权责任法》第八十条规定，饲养烈性犬等危险动物造成他人损害的，动物饲养人或者管理人承担侵权责任并且无免责事由。

⑥ 机动车与行人、非机动车驾驶人之间发生道路交通事故的，机动车一方承担无过错责任；如果有证据证明行人、非机动车驾驶人有过错的，根据过错程度适当减轻机动车一方的赔偿责任；机动车一方没有过错的，承担不超过10%的赔偿责任。

⑦ 因环境污染致人损害的，污染者承担无过错责任。污染者应当就法律规定的不承担责任或者减轻责任的情形及其行为与损害之间不存在因果关系承担举证责任。如果因第三人的过错污染环境造成损害的，污染者赔偿后，有权向第三人追偿。

⑧ 高度危险责任中，从事高度危险作业者，高度危险物品的经营者、占有人承担无过错责任。如果能够证明受害人对损害的发生故意或者有过失的，可以免除或者减轻经营者、占有人的责任。

⑨ 因产品存在缺陷造成他人损害的，生产者承担无过错责任。但因销售者、运输者、仓储者等第三人的过错使产品存在缺陷的，生产者赔偿后，有权向第三人追偿。

无过错责任的适用方法不考虑加害人有无过错，加害人不得以证明自己没有过错的方式进行免责抗辩。值得注意的是，无过错责任并不等于不可以免责。适用无过错责任的特殊侵权行为的免责条件由法律规定，特殊侵权行为的法定免责事由并不是完全相同的。但是,这并不意味原告无任何举证责任,原告仍需证明侵权行为、损害后果以及两者之间的因果关系。

3. 侵权行为的责任形式

侵权行为的责任形式如下:
(1) 停止侵害;
(2) 排除妨碍;
(3) 消除危险;
(4) 返还财产;
(5) 恢复原状;
(6) 赔偿损失;
(7) 赔礼道歉;
(8) 消除影响,恢复名誉。

其中,2人以上共同实施侵权行为,造成他人损害的,应当承担连带责任。其中1人或者数人的行为造成他人损害,能够确定具体侵权人的,由侵权人承担责任;不能确定具体侵权人的,行为人承担连带责任。连带责任人根据各自责任大小确定相应的赔偿数额;如果难以确定责任大小,则平均承担赔偿责任。支出超过自己赔偿数额的连带责任人,有权向其他连带责任人追偿。

10.2.3 无因管理

1. 无因管理的概念

无因管理是指没有法定的或者约定的义务,为避免他人利益受损失而进行管理或者服务的行为。《民法通则》第九十三条规定:"没有法定的或者约定的义务,为避免他人利益受损失进行管理或者服务的,有权要求受益人偿付由此而支付的必要费用。"在无因管理中,管理他人事务的人称管理人,被他人管理事务的人称本人。

在无因管理中,管理人有权请求本人偿还管理或服务所支出的必要费用,本人有义务偿还。管理人与本人之间因事务的管理或者服务而产生的这种权利义务关系,属于一种债的关系。从此角度来讲管理人是债权人,本人是债务人。因无因管理所产生的债称为无因管理之债。

无因管理是一种事实行为,基于无因管理产生的无因管理之债是法定之债,其内容由法律直接规定,而非当事人之间的约定。

2. 无因管理的构成

根据《民法通则》的规定,无因管理须具备以下3个条件才能成立:
(1) 管理他人事务。所谓管理他人事务,是指对他人的事务进行处理,包括对他人的事务的管理行为,如对他人财物的保存、利用、改良、管领、处分等;也包括向他人提供服务,如为他人提供劳务帮助。

（2）管理人主观上有管理的意思。管理人的管理意思，是指管理人在主观上有为他人利益进行管理的意思。管理人应当具有将其管理行为所生的利益归属于本人的意思。

（3）管理人没有法律上的义务。所谓"无因"，是指没有法律上的原因，即管理人没有法律上的义务。

无因管理成立后，发生两方面的法律效力：一是管理人的管理行为成为合法行为，而不是违法行为，管理人的行为不能成为侵权行为；二是在管理人与本人之间产生债权债务关系，即无因管理之债。

另外，无因管理的主体有别于其他一般民事主体。一般民事主体必须具有一定的民事行为能力，而无因管理的主体则无此限制，只要能从事一定的事实行为即可。任何自然人、法人及其他组织都可以成为无因管理的民事主体，即只要具有民事权利能力的主体均可以成为无因管理的主体。

10.2.4 不当得利

1. 不当得利的概念

不当得利是指没有合法根据取得利益而使他人受损失的事实。《民法通则》第九十二条规定："没有合法根据，取得不当利益，造成他人损失的，应当将取得的不当利益返还受损失的人。"不当得利是债的原因之一，取得不当利益并有义务返还的一方是债务人，受到损失的并有权要求返还的一方是债权人。

不当得利的成立条件可以概括为以下4项：

（1）一方受有利益。不当得利是以一方受有利益为前提的，没有一方受有利益，则无所谓利的当与不当的问题，也就无所谓不当得利。

（2）他方受有损失。若无他方的损失，一方的获利不可能成为不当得利。

（3）受益与受损之间有因果关系。即他方的损失是因一方受益造成的，二者之间有因果关系。

（4）没有合法根据。是指受益人取得利益没有法律上的理由或者依据。所谓合法依据，要么依据法律的规定，要么依据法律行为。非以法律规定或者民事法律行为为根据而取得利益的，就属于不当得利。

2. 不当得利的形态

依据不当得利是否基于给付行为而发生，将其分为给付不当得利与非给付不当得利。

给付不当得利的情形包括：主要指合同被认定无效、被撤销、被解除；非债清偿；超过20%的定金给付。

但以下情形虽没有给付原因，但排除不当得利的成立：①履行道德义务；②履行未到期债务；③明知无债务而清偿；④不法原因而为给付。如果是单方面违法，照样构成不当得利，如绑架的赎金、黑社会的保护费等。

非给付不当得利包括：基于受益人的行为（包括无权处分他人之物；无权使用或者消费他人之物；擅自出租或转租他人之物；侵害他人知识产权或人格权）；基于受损人的行

为;基于第三人行为;基于法律规定;基于事件等产生的不当得利行为。

3. 不当得利的效力

不当得利成立后,在受益人与受损人之间产生债权债务关系,即不当得利之债。其内容就是受益人返还不当得利的义务与受损人请求返还不当得利的权利。

10.3 债的保全

债的保全是指为防止债务人的财产不当减少而给债权人的债权带来危害。法律允许债权人突破债的相对性原则采取涉及第三方利益的法律措施。债的保全的具体措施有两种,一是债权人的代位权;二是债权人的撤销权。

10.3.1 债权人的代位权

债权人的代位权是指债务人怠于行使其到期债权,对债权人造成损害的,债权人可以向人民法院请求以自己的名义代位行使债务人的债权。

《合同法解释(一)》第十一条中对债权人提起代位权诉讼的条件进行了解释,债权人依照《合同法》第七十三条的规定提起代位权诉讼应当符合下列条件。

(1) 债权人对债务人的债权合法。

(2) 债务人怠于行使其到期债权,对债权人造成损害;其中《合同法解释(一)》第十三条对此进行了说明:"债务人怠于行使其到期债权对债权人造成损害,是指债务人不履行其对债权人的到期债务,又不以诉讼方式或者仲裁方式向其债务人主张其享有的具有金钱给付内容的到期债权,致使债权人的到期债权未能实现。"

(3) 债务人的债权已到期。

(4) 债务人的债权不是专属于债务人自身的债权。专属于债务人自身的债权,是指基于扶养关系、抚养关系、赡养关系、继承关系产生的给付请求权和劳动报酬、退休金、养老金、抚恤金、安置费、人寿保险、人身伤害赔偿请求权等权利。

在代位权诉讼中,次债务人(即债务人的债务人)对债务人的抗辩,可以直接向债权人主张,如果次债务人不认为债务人有怠于行使其到期债权情况的,应当承担举证责任。最终,如果债权人胜诉的,次债务人向债权人履行清偿义务,债权人与债务人、债务人与次债务人之间相应的债权债务关系即予消灭。

在代位权诉讼中,如果债权人行使代位权的请求数额超过债务人所负债务额或者超过次债务人对债务人所负债务额,超出部分不受法律保护。

债权人提起代位权诉讼的,由被告住所地人民法院管辖。《合同法解释(二)》第十七条规定:"债权人以境外当事人为被告提起的代位权诉讼,人民法院根据《中华人民共和国民事诉讼法》第二百四十一条的规定确定管辖。"

在实践中存在发生代位权诉讼冲突的时候,根据《合同法解释(一)》规定,如果债权人已经起诉债务人,又向同一法院对次债务人提起代位权诉讼,代位之诉成立的,应予受理。但是债权人与债务人之诉判决生效前,中止代位之诉。如果代位之诉不成立的,告知债权人向次债务人住所地人民法院另行起诉。

债权人提起代位权诉讼,未将债务人列为第三人的,人民法院可以追加债务人为第三人。如果两个或者两个以上债权人以同一次债务人为被告提起代位权诉讼,人民法院可以合并审理。

10.3.2 债权人的撤销权

债权人的撤销权是指债务人的不当行为对债权人造成损害,债权人可以请求人民法院撤销债务人的行为。

当债务人有以下不当行为时,债权人可以行使撤销权。

(1) 债务人放弃其到期债权或者无偿转让财产。

(2) 债务人以明显不合理的低价或明显不合理的高价受让财产,且受让人知道该情形。

明显不合理的低价的界定,应当以交易当地一般经营者的判断,并参考交易当时交易地的物价部门指导价或者市场交易价,结合其他相关因素综合考虑予以确认。对此《合同法解释(二)》第十九条明确规定:"转让价格达不到交易时交易地的指导价或者市场交易价70%的,一般可以视为明显不合理的低价;对转让价格高于当地指导价或者市场交易价30%的,一般可以视为明显不合理的高价。"

所谓受让人知道该情形,是指受让人知道或者应当知道转让财产的价格明显属于不合理的低价,以及这种低价转让损害了债权人的债权。

(3) 债务人放弃其未到期的债权或者放弃债权担保,或者恶意延长到期债权的履行期,对债权人造成损害。

值得注意的是,债权人撤销权是有时间限制的,即撤销权应自债权人知道或者应当知道撤销事由之日起1年内行使,自债务人的行为发生之日起5年内债权人没有行使撤销权的,该撤销权消灭。

《合同法解释(一)》对有关人民法院对撤销权的审理进行了规定,债权人提起撤销权诉讼的,由被告住所地人民法院管辖。债权人提起撤销权诉讼时只以债务人为被告,未将受益人或者受让人列为第三人的,人民法院可以追加该受益人或者受让人为第三人。如果两个或者两个以上债权人以同一债务人为被告,就同一标的提起撤销权诉讼的,人民法院可以合并审理。人民法院就债权人主张的部分进行审理,属于依法撤销的,该行为自始无效。

10.4 债的移转

10.4.1 债的移转的概念

债的移转,是指在债的内容与客体保持不变的情形下,债的主体发生变更。债的移转和债的变更虽然都是债的要素的改变,但前者改变的是债的主体,后者改变的是债的内容。债的移转以债权债务关系的存在为前提,它并不引起新的债权债务关系的出现。

10.4.2 债的移转原因

债的移转原因是指引起债的主体变更的法律事实。依据其性质可分为以下3种：

（1）法律行为。这种情况下须有让与人与受让人之间的合意才能发生，最常见的是合同行为，单方法律行为如遗嘱也可以发生债的移转。

（2）法律的直接规定。因法律直接规定而发生的债的移转，称为债的法定移转。如在法定继承中，被继承人的全部债权债务均由法定继承人承受。

（3）法院的裁决。债因为法院的裁决而发生移转，此种原因发生的债的移转称为裁判上的移转。

10.4.3 债的移转形式

1．债权让与

1）债权让与的概念

债权让与是指不改变债的内容，债权人将其债权移转于第三人的法律事实。

2）债权让与的构成要件

债权让与的构成要件如下：

（1）须存在有效的债权。

（2）被让与的债权须具有可让与性。依据《合同法》第七十九条规定，3类债权不得让与，分别是根据债权性质不得转让的债权，如基于信任关系产生的债权；按照当事人的约定不得转让的债权；依照法律规定不得转让的债权，如精神损害赔偿请求权。

（3）让与人与受让人须就债权的转让达成协议。

（4）债权的让与须通知债务人。《合同法》第八十条规定："债权人转让权利的，应当通知债务人。未经通知，该转让对债务人不发生效力。"

3）债权让与的效力

债权让与有效成立以后，即在让与人、受让人和债务人之间发生一定的法律效果。其中债权让与在让与人和受让人之间的效力，称为债权让与的内部效力；而债权让与对债务人的效力，称为债权让与的外部效力。

2．债务承担

1）债务承担的概念

债务承担是指在不改变债的内容的前提下，债务人通过与第三人订立转让债务的协议，将债务全部或部分移转给第三人的法律事实。

债务承担可以分为免责的债务承担和并存的债务承担。免责的债务承担是指原债务人不再对所移转的债务承担责任，第三人成为新的债务人，对所承受的债务负责。《合同法》第八十四条规定："债务人将合同的义务全部或者部分转移给第三人的，应当经债权人同意。"

并存的债务承担，是指债务人不脱离债的关系，第三人加入债的关系，与债务人共同承担债务。第三人加入后与债务人之间成立连带关系,对同一债务负连带责任。并存的债务承担,原则上无须债权人的同意,只要债务人或第三人通知债权人即可发生效力。

2) 债务承担的构成要件

债务承担的构成要件如下:

(1) 存在合法有效的债务;

(2) 被移转的债务应具有可移转性;

(3) 第三人与债权人或债务人就债务的移转达成合意。

3) 债务承担的效力

债务承担的效力如下:

(1) 第三人取得债务人的法律地位。

(2) 抗辩权随之移转。依据《合同法》第八十五条规定,债务人转移义务的,新债务人可以主张原债务人对债权人的抗辩。

(3) 从债务一并移转。《合同法》第八十六条规定:"债务人转移义务的,新债务人应当承担与主债务有关的从债务,但该从债务专属于原债务人自身的除外。"

3. 债的概括承受

债的概括承受是指债的一方主体将其全部或者部分债权债务一并移转于第三人。基于当事人之间的合同而产生的,称为意定概括承受;基于法律的直接规定而产生的,称为法定概括承受。《合同法》规定两种情形,即合同承受和企业合并。

合同承受,是指合同当事人一方与第三人订立合同,将其合同权利义务全部或者部分地移转给该第三人,经对方当事人同意后,由该第三人承受其地位,全部或部分地享受合同权利,承担合同义务。

企业合并,是指两个或两个以上的企业合并为一个企业,企业合并之前的债权和债务应由合并后的企业承担。

10.5 债的消灭

10.5.1 债的消灭的概念

债的关系是动态关系,有一个从发生到消灭的过程,过程的终点就是债的消灭,即债权债务关系终止,权利义务不复存在。债是债权人和债务人达到其利益目的的法律手段,因此可以说,设定债的目的往往又是通过各种方法去消灭债。

债的消灭,在法律上消灭了原债权债务关系。同时,依附主债权或者主债务的从属权利和从属义务一并消灭。

10.5.2 债的消灭的原因

1. 清偿

清偿即债的履行,是指为实现债的目的而履行债务的法律行为。债务人清偿债务,债权人的权利实现,债的目的达到,债当然消灭,清偿是最常见的债的灭失原因。

债务人为清偿而实施的行为有3种:一是事实行为,如劳务的提供;二是法律行为,如代购代销;三是不作为。

2. 抵消

抵消是指当事人互负同种类债务,一方债务与对方债务冲抵,各自债务在相等数额内一并消灭。抵消依其发生依据的不同,分为法定抵消和约定抵消。

1) 法定抵消

法定抵消是在符合法律明确规定的构成要件时,依当事人一方的意思表示而发生的抵消。我国《合同法》第九十九条规定:"当事人互负到期债务,该债务的标的物种类、品质相同的,任何一方可以将自己的债务与对方的债务抵消,但依照法律规定或者按照合同性质不得抵消的除外。"依照这一规定,法定抵消需要具备下列条件。

(1) 当事人互负债务。当事人互负债务是构成抵消的前提。抵消中双方所负的债务不是基于同一合同,也可能并非基于同一种债的发生原因。抵消也不要求双方享有的债权的数额相同。

(2) 债权应当都是现存有效,可以请求强制执行的。效力未定的合同债权、生效条件尚未成就的合同债权、诉讼时效期间届满的债权的债权人不能主动要求抵消,但可以被要求抵消。

(3) 双方互负的债务都已到期。抵消是替代清偿的合同权利义务终止方式,因此债务必须都已到期。当然,如果债务未到期的一方主张以其债务与对方已到期的债务抵消,意味着其放弃了自己的利益,应当允许。

(4) 双方互负的债务的标的物完全相同。

《合同法》第九十九条第二款规定:"当事人主张抵消的,应当通知对方。通知自到达对方时生效。"这一规定可以从三方面理解:第一,抵消取决于当事人的自愿,且双方当事人均享有抵消权;第二,抵消效力发生的必要条件是通知行为;第三,已经履行了的债务,不得主张抵消,不得要求对方返还已经发生的给付。

2) 约定抵消

约定抵消是指互负债务的当事人以协商一致的合同方式抵消其互负的债务。《合同法》第一百条规定:"当事人互负债务,标的物种类、品质不相同的,经双方协商一致,也可以抵消。"由于意思自治原则的存在,只要不损害国家或者他人利益,任何债务均可以协商抵消,无论标的物是否相同,无论债是否到期,无论债的内容是否相同。

3. 提存

1) 提存的概念

提存是指因债权人的原因致使债务人难以履行其到期债务的,债务人依法将合同标的物交付给提存部门保管,从而消灭自己的债务。根据《合同法》和1995年司法部颁布的《提存公证规则》,我国的提存包括清偿提存和担保提存。清偿提存旨在终止债务,担保提存旨在担保债务履行和替代其他担保形式。《担保法》第四十九条、第六十九条和第七十条等几条规定对担保提存进行了规定。

清偿提存的主要特点有以下几点：

(1) 因债权人的原因致使债务人难以履行其到期债务；

(2) 债务人将合同标的物交付给提存部门以消灭其债务；

(3) 提存后,债务人的债务消灭。

2) 提存的条件

根据《合同法》第一百零一条的规定,下列情况下债务人可以提存代替清偿。

(1) 债权人无正当理由拒绝受领。

(2) 债权人下落不明。

(3) 债权人死亡时未确定继承人或者其丧失民事行为能力未确定监护人。

(4) 法律规定的其他情形。例如,《提存公证规则》第五条第二项规定：债权人不在债务履行地又不能到履行地受领的,债务人可以提存。

如果标的物不适于提存(如腐蚀性、易燃易爆物品)或者提存费用过高的(如鲜活食品等),债务人依法可以拍卖或者变卖标的物,提存所得的价款(《合同法》第一百零一条第二款)。

3) 提存的效力

提存产生3方面法律效力：第一,债务人的债务消灭,债权人不能再向债务人请求履行债务；第二,标的物的所有权转移给债权人,提存部门的占有实际上是保管债权人的财产；第三,标的物的风险转移。《合同法》第一百零三条规定,"标的物提存后,毁损、灭失的风险由债权人承担。"可见,标的物毁损、灭失的风险随着提存人完成标的物的交付而转移。

4. 免除

免除是指债权人向其债务人表示其免除对方部分或全部债务的意思,从而使债权债务关系部分或全部消灭。《合同法》第一百零五条规定："债权人免除债务人部分或者全部债务的,合同的权利义务部分或者全部终止。"

免除是债权人处分其民事权利的单方民事法律行为。而且,免除属于无因行为,免除行为一旦生效,无论免除债务的原因发生什么变化,不影响免除的效力。

5. 混同

混同是指债权和债务同归于一人的客观情况。《合同法》第一百零六条规定："债权和债务同归于一人的,合同的权利义务终止,但涉及第三人利益的除外。"混同是法定的债的消灭原因,只要混同发生,债即告消灭。

混同产生的原因包括债权、债务的移转和主体合并等。

6. 解除

解除是指合同当事人依法解除合同，从而使合同之债消灭。

7. 时效

时效指时间的法律效力，即某种事实状态经过法定时间而产生的一定的法律后果。民法的时效分为取得时效与消灭时效，我国民法尚无取得时效制度，而仅规定了消灭时效的一种即诉讼时效。诉讼时效不导致权利本身的消灭，而仅使权利失去诉讼保护。

导致债的消灭的时效是消灭时效，其他时效并不能产生消灭债的效力。实践中常见的时效是诉讼时效，为便于读者理解，在此一并讨论诉讼时效和消灭时效。特别声明：诉讼时效不是债的消灭的原因。

1）诉讼时效

诉讼时效是指向人民法院请求保护民事权利的时间期限。民事权利受到侵害的权利人在法定的时效期间内不行使权利，时效期间届满时人民法院对权利人的权利不再进行保护。

普通诉讼时效期间是2年，《民法通则》第一百三十五条规定："向人民法院请求保护民事权利的诉讼时效期间为2年，法律另有规定的除外。"根据《民法通则》的规定，下列的诉讼时效期间为一年：①身体受到伤害要求赔偿的；②出售质量不合格的商品未声明的；③延付或者拒付租金的；④寄存财物被丢失或者损毁的。另外，其他法律还根据不同情况规定了不同的诉讼时效期间。

诉讼时效期间从权利人知道或者应当知道其权利被侵害时起计算。但是，超过诉讼时效期间，当事人自愿履行的，不受诉讼时效限制。

在诉讼时效期间的最后6个月内，因不可抗力或者其他障碍不能行使请求权的，诉讼时效中止，即停止计算。从中止时效的原因消除之日起，诉讼时效期间继续计算。

诉讼时效可以中断。所谓中断，就是从中断时开始重新计算诉讼时效。诉讼时效中断的原因有3种：一是债权人向债务人主张债权；二是债务人承认其债务（例如债务人实际偿还债务或者表示同意偿还债务等）；三是债权人提起诉讼或者仲裁。诉讼时效可以多次中断。

可见，诉讼时效消灭的是向法院起诉的权利，而不是消灭了债权。如果在诉讼时效届满后，债务人因不知诉讼时效已经届满而履行了债务，债务人不能以不当得利等理由要求债权人返还。

2）消灭时效

消灭时效是指导致债权债务关系消灭的时效。我国法律中规定的消灭时效的情况并不多见，仅在《票据法》、《合伙企业法》等几部法律中有消灭时效的规定。例如，根据《票据法》第十七条的规定，在作为债权的票据权利中，持票人对票据出票人和承兑人的权利，自票据到期日起2年内不行使，票据权利消灭；持票人对前手的追索权，自被拒绝承兑或者被拒绝付款之日起6个月内不行使，票据权利（追索权）消灭。

消灭时效届满,债务人因不知时效届满的情况而履行"债务"的,债务人可以要求受领给付的"债权人"返还不当得利,因为双方之间已经不存在债权债务关系了。

案例讨论

1. 债权发生原因方面的案例

丢失的母牛

李某是山东省一位养牛专业户。2008年春季的一天,他发现路边有一头无人看管的母牛,便把牛带回了家。回家后四处打听都没有发现附近有谁丢了牛,于是就将该牛与自己的牛一起喂养。

没过几天,牛配了种,怀上了小牛犊。不久,邻村的原某上门找到李某,说那头牛是自己前段时间丢失的。经多方面调查,该牛之前确实归原某所有。原某要求把牛领走,但李某认为母牛可以领走,但母牛产下的牛犊应该归自己所有,因为正是由于自己的精心喂养和照料才使母牛怀上牛犊,但原某认为自己的母牛生下的小牛犊理所当然地应归自己所有,双方因此争执不下。

讨论题

1. 李某照料牛的行为法律上属于什么行为?请说明理由。
2. 李某要求产后的牛犊归自己所有的主张能否成立?请说明理由。
3. 假如在李某照料牛时,牛突然发狂,踢伤李某,李某需为此支付医疗费500元,应如何处理?
4. 假如在李某照料牛期间,牛突然遭雷击死亡,几天后原某找到李某要求给予赔偿,李某需要支付此赔偿吗?为什么?

2. 债权消灭方面的案例

后知后觉的欠款

A公司是一家设备公司,与B公司在2000年7月10日签订一份合同,约定由A公司向B公司供应一套设备并负责送货、安装,货款总额300万元。同年10月10日,A公司将设备运抵B方,设备安装后,调试运转正常。B公司即付货款280万元,双方同意剩余20万元待设备运转3个月后如果没有质量问题时再行支付。3个月后,B公司未向A公司提出质量问题,A公司去函要求B公司支付余款20万元。B公司以目前尚不能肯定设备有无质量问题为由,要求再等3个月。A公司未允,去函要求B公司最迟于2001年2月10日前结清全部货款及迟延利息。B公司未答复。此后3年内,双方未再就此事进行交涉。2004年5月,A公司清理合同时发现B公司尚欠其20万元设备款,遂派人到B公司追讨。经双方协商,于2004年5月30日达成书面协议,B公司同意于2004年6月30日前付清所欠货款。至6月30日,B公司仍未付清此款。A公司遂起诉于法院。

讨论题

1. A 和 B 两家公司于 2000 年 7 月 10 日所签买卖合同的诉讼时效应截止于何时？
2. 设 B 公司在 2001 年 3 月 10 日发现设备有质量问题，能否要求 A 公司承担违约责任？为什么？
3. 一种意见认为，本案诉讼时效已过，B 公司有权拒付余款 20 万元，这种意见是否正确？为什么？
4. 如何看待 A 公司和 B 公司双方于 2004 年 5 月 30 日达成的协议？

思考练习题

1. 简述侵权责任的归责原则。
2. 债的消灭原因有哪些？
3. 如何理解债权中的时效制度？

本章相关法律与法规

《中华人民共和国民法通则》

《中华人民共和国侵权责任法》

《最高人民法院关于适用〈中华人民共和国侵权责任法〉若干问题的通知》

《中华人民共和国合同法》

《最高人民法院关于在民事审判和执行工作中依法保护金融债权 防止国有资产流失问题的通知》

《最高人民法院关于审理金融资产管理公司利用外资处置不良债权案件涉及对外担保合同效力问题的通知》

《最高人民法院关于判决生效后当事人将判决确认的债权转让债权受让人对该判决不服提出再审 申请人民法院是否受理问题的批复》

第 11 章 知识产权

> **开篇案例**
>
> ### 被侵犯的植物新品种
>
> 2000年5月1日,由山山东省莱州市农业科学院(以下简称莱州市农科院)自行培育的"登海9号"玉米杂交种被农业部授予植物新品种权,品种权号为CNA19990061.2。2001年1月15日,农科院将"登海9号"玉米杂交种品种权转让给了山东省登海种业有限公司(以下简称登海种业),该变更申请已在2001年第2期《植物新品种权保护公报》中予以公告,并于2001年4月6日缴纳了品种权维持年费。即登海种业享有"登海9号"玉米杂交种的植物新品种权。莱州市农科院于2001年5月25日经内蒙古自治区种子管理站批准,申请在赤峰市宁城县繁殖玉米,品种号为"披单53号"玉米组合,制种田落实在山头乡山头村,并与山头村村委会主任马军签订了《农作物种子预约生产合同》。其中"披单53号"玉米杂交种的生产面积为400亩,并办理了"主要农作物种子生产许可证",证号为0387。莱州市农科院在山头村生产(繁殖)的品种名为"披单53号"玉米杂交种,经呼和浩特市中级人民法院依法委托北京市农林科学院玉米研究中心利用DNA指纹技术、酯酶同工酶等电聚焦电泳和蛋白质电泳3种方法对诉前从制种田中保全的玉米杂交种进行技术鉴定,该品种为"登海9号"玉米杂交种。虽然鉴定结论中认定被告生产的种子中有46%的籽粒与"登海9号"不一样,但主要原因为制种过程中母本抽雄不彻底,造成自交结实和接受外来花粉而引起,即种子纯度不够,并非基因变异引起。登海种业提供了该单位的有关成本计算清单,其直接损失为被告生产的400亩种子乘以每亩350公斤,扣除生产成本和经营成本,利润为431 200元。登海种业以莱州市农科院侵犯植物新品种为由,向呼和浩特市中级人民法院提起诉讼。
>
> (案例引自呼和浩特市中级人民法院一审判决(呼和浩特市中级人民法院[2001]呼经初字第42号))

11.1 知识产权概述

11.1.1 知识产权与知识产权法概述

1. 知识产权的概念

知识产权是民事主体对其智力成果依法享有的专有权利,即知识产权是民事主体基于智力的创造性活动取得成果后依法享有的专项权利。在不同的时期和国家,知识产权有不同的称谓,如智力成果权、精神产权、智慧财权、智慧财产权、无体财产权等。

知识产权作为一种民事权利,在范围上有广义和狭义之分。狭义的即传统的知识产权包括著作权和工业产权,工业产权包括专利权和商标权。广义的知识产权由于国家及国际组织的不同,范围也不一致。其中有关协议规定的知识产权如下:

(1)《世界知识产权组织公约》规定,知识产权包括:与文学、艺术及科学作品有关的权利;与表演艺术家表演活动、录音制品及广播有关的权利;与人类创造性活动一切领域内发明有关的权利;与科学发现有关的权利;与工业品外观设计有关的权利;与防止不正当竞争有关的权利;一切其他来自工业科学及文学艺术领域的智力创作活动所产生的权利;与商品商标、服务商标、商号及其他商业标记有关的权利。

(2)与贸易有关的知识产权协议规定,知识产权包括版权与邻接权;商标权;地理标志权;工业品外观设计计权;专利权;集成电路布图设计权;未披露过的信息专有权。

(3)国际保护工业产权协会规定,知识产权包括以下两类:

① 创造性智力成果,包括发明专利权;集成电路权;植物新品种权;技术秘密权;工业品外观设计计权;版权;软件权。

② 识别性标记权利,包括商标权、商号权;其他与制止不正当竞争有关的权利。

2. 知识产权的法律特征

知识产权是人们对智力创造成果所享有的权利,知识产权的无形性是其主要特征,在此基础上,知识产权的特征具体体现为以下几点:

(1)法定性。知识产权法定性是指权利的获得一般需要国家机关依据特定的法律程序予以确认。例如,专利权需要由申请人向专利机关申请,由专利机关按照法律规定的程序和条件进行审查,批准授予专利权后才能享有;商标的专有使用权则需经商标注册才能取得等。而其他财产权的取得依据一定的法律事实即可,并不需要国家有关机关的介入。

(2)专有性。知识产权的专有性又称为垄断性、独占性。它不同于其他财产权:首先,知识产权为权利人所独占,没有法律规定或未经权利人许可,其他任何第三方不得行使该项权利;其次,对同一项知识产品而言,在同一法域内,不允许有两项或两项以上的知识产权并存。

(3)地域性。知识产权的地域性即知识产权在空间上的效力范围。权利人对知识产权的权利来自国家法律的授予,而一国的法律是有法域的,因此知识产权的效力仅局限于一国的法域范围之内,超出该法域就不具有法律效力。这与其他财产权不同,其他财产权没有地域范围的限制,权利标的物位于国外也不影响权利人行使权利,不存在不被外国法律承认和保护的问题。

(4) 时间性。法律在赋予权利人知识产权的同时,一般给予知识产权一定的有效期限,超过这个期限,知识产权便不复存在,相应的知识产品便成为整个社会的共同财富。这与法律对一般物权的保护具有永久性的特点不同,法律对一般物权的保护与物的自然寿命在时间上是一致的。

11.1.2 知识产权法

知识产权法是调整因知识产品的确认、使用和保护而产生的社会关系的法律规范的总和。改革开放以来,我国先后颁布了一系列知识产权方面的法律、法规,并适时修改。主要有《中华人民共和国商标法》及实施条例、《中华人民共和国专利法》及实施条例、《中华人民共和国著作权法》及实施条例、《中华人民共和国反不正当竞争法》、《计算机软件保护条例》、《知识产权海关保护条例》等,除此以外,我国还加入了一些国际知识产权公约,如《建立世界知识产权组织公约》、《保护工业产权巴黎公约》、《集成电路知识产权条约》、《商标国际注册马德里协定有关议定书》、《保护文学艺术作品的伯尔尼公约》、《世界版权公约》、《专利合作条约》、《国际承认用于专利程序的微生物保存布达佩斯条约》、《与贸易有关的知识产权协议》(TRIPs)、《保护植物新品种国际公约》、《工业品外观设计国际分类协定》、《国际专利分类斯特拉斯堡协定》(IPC)等,从而建立了比较完整的知识产权法律体系,为促进我国经济发展提供了较好的法律环境。

11.2 著作权

著作权又称版权,是指作者或其他著作权人依法对文学、艺术和科学、工程技术等作品所享有的各项专有权利。著作权除具备知识产权的一般特征外,还具有以下一些特征:

(1) 权利主体的范围非常广泛;
(2) 权利客体的范围非常广泛;
(3) 权利的内容十分丰富;
(4) 著作权具有强烈的个人特性。

11.2.1 著作权的法律要素

1. 著作权的主体

1) 著作权主体的概念

著作权主体也称做著作权人,是指依法对作品享有权利和承担义务的人或者组织。按照我国法律的规定,著作权人包括以下几类人。

(1) 作者。
(2) 其他依照著作权法享有著作权的公民、法人或者其他组织。

(3) 国家是特殊的民事主体,在下列几种情况下,也可以成为著作权人:

① 公民、法人将著作权中的财产权利赠给国家,国家即为著作权人;

② 作者不明的作品,著作权中的财产权利收归国有;

③ 非集体所有制组织的公民死亡时既无继承人又无受遗赠人的,著作权中的财产权利归国家所有;

④ 法人终止,没有承受其权利和义务的人的,著作权中的财产权利归国家所有。

2) 著作权的归属

著作权的归属包括以下几种情况。

(1) 著作权属于作者,如无相反证明,在作品上署名的公民、法人或者其他组织为作者。

(2) 创作作品的公民是作者。由法人或其他组织主持,代表法人或者其他组织意志创作,并由法人或者其他组织承担责任的作品,法人或者其他组织视为作者。

(3) 合作作品的作者共同享有著作权。

(4) 公民为完成法人或其他组织工作任务所创作的作品为职务作品。一般的职务作品,其著作权由作者享有,但法人或其他组织有权在其业务范围内优先使用。作品完成后两年内,未经单位同意,作者不得许可第三人以与单位使用的相同方式使用该作品。特殊的职务作品,作者只享有署名权,著作权中的其他权利由法人或其他组织享有,法人或其他组织可以给予作者奖励。特殊的职务作品包括以下几种。

① 主要是利用法人或其他组织的物质、技术条件创作,并由法人或其他组织承担责任的工程设计图、产品设计图、计算机软件、地图等;法律、行政法规规定或合同约定著作权由法人或其他组织享有的职务作品。

② 委托作品的著作权归属由委托人和受托人通过合同约定,合同未作明确约定或没有订立合同的,著作权属于受托人。

③ 电影作品和以类似摄制电影的方法创作的作品的著作权由制片者享有,但导演、编剧、作词、作曲和摄影等作者享有署名权,并有权按照与制片者签订的合同获取报酬。这类作品中的剧本、音乐等可以单独使用的作品的作者有权单独行使其著作权。

④ 改编、翻译、注释、整理已有作品而产生的作品,其著作权由改编、翻译、注释、整理人享有;汇编作品,其著作权由汇编人享有。

2. 著作权的客体

1) 著作权的客体的概念

著作权的客体是作品。《著作权法》所称的作品,是指文学、艺术和科学领域内具有独创性并能以某种有形形式复制的智力成果。一项智力成果构成作品,并且受法律保护,应该具备以下条件:

(1) 该智力成果应具有独创性。所谓独创性,是指必须由作者独立创作完成,不存在对他人已有作品的抄袭、剽窃或者复制。

(2) 该智力成果能够以某种有形载体体现出来。

2) 受《著作权法》保护的作品

在我国,受《著作权法》保护的作品包括:

(1) 文字作品;

(2) 口述作品;

(3) 音乐、戏剧、曲艺、舞蹈作品,杂技艺术作品;

(4) 美术、建筑作品;

(5) 摄影作品;

(6) 电影作品及以类似摄制电影的方法创作的作品;

(7) 工程设计图、产品设计图、地图、示意图等图形作品和模型作品;

(8) 计算机软件;

(9) 法律、行政法规规定的其他作品。

3) 不受《著作权法》保护的作品

不属于《著作权法》保护范围的作品有:

(1) 依法禁止出版、传播的作品,包括违背一般法律原则的作品、违背社会公德和社会伦理的作品和故意妨害公共秩序的作品等;

(2) 法律、法规,国家机关的决议、命令和其他属于立法、行政、司法性质的文件及其官方正式译文;

(3) 时事新闻;

(4) 历法、通用数表、通用表格和公式。

3. 著作权的内容

著作权的内容是指著作权人享有哪些权利。由于著作权具有人身和财产两方面的性质,因此,著作权分为著作人身权和著作财产权两部分。

1) 著作人身权

著作人身权也称"著作精神权利"、"作者人格权",是指作者基于作品而产生的与人身利益相联系而无直接财产内容的权利。包括:①发表权,即决定作品是否公之于众的权利,包括是否发表、何时发表、以何种形式发表等。②署名权,即作者在自己创作的作品及其复制件上标记姓名的权利,包括是否署名,属何名等。③修改权,即对已完成的作品进行修改的权利,包括是否修改,由自己还是授权他人修改。但是,出版机构对作品作文字性修改、删节,无须征得作者同意,另外,修改权不得对抗物权。④保护作品完整权,即保护作品不受歪曲、篡改的权利。

著作人身权一般由作者享有,由于其兼具人格权和身份权的双重特性,所以不可转让、继承。

2) 著作财产权

著作财产权是指著作权人自己使用或授权他人以一定方式使用作品而获取经济利益的权利。根据我国《著作权法》的规定,著作财产权包括:

(1) 复制权,即以印刷、复印、拓印、录音、录像、翻录、翻拍等方式将作品制作一份或者多份的权利;

(2) 发行权,即以出售或者赠与方式向公众提供作品的原件或者复制件的权利;

(3) 出租权,即有偿许可他人临时使用电影作品和以类似摄制电影的方法创作的作品、计算机软件的权利,计算机软件不是出租的主要标的的除外;

(4) 展览权,即公开陈列美术作品、摄影作品的原件或者复制件的权利;

(5) 表演权,即公开表演作品以及用各种手段公开播送作品的表演的权利;

(6) 放映权,即通过放映机、幻灯机等技术设备公开再现美术、摄影、电影和以类似摄制电影的方法创作的作品等的权利;

(7) 广播权,即以无线方式公开广播或者传播作品,以有线传播或者转播的方式向公众传播广播的作品,以及通过扩音器或者其他传送符号、声音、图像的类似工具向公众传播广播的作品的权利;

(8) 信息网络传播权,即以有线或者无线方式向公众提供作品,使公众可以在其个人选定的时间和地点获得作品的权利;

(9) 摄制权,即以摄制电影或者以类似摄制电影的方法将作品固定在载体上的权利;

(10) 改编权,即改变作品,创作出具有独创性的新作品的权利;

(11) 翻译权,即将作品从一种语言文字转换成另一种语言文字的权利;

(12) 汇编权,即将作品或者作品的片段通过选择或者编排,汇集成新作品的权利;

(13) 应当由著作权人享有的其他权利;

(14) 转让权,即著作权人可以转让上述部分或全部权利,并获取报酬的权利;

(15) 许可使用权,指著作权人通过与他人签订使用许可合同,许可他人使用其作品并获得报酬的权利;

(16) 获得报酬权,是指著作权人依法享有的因作品的使用或转让而获得报酬的权利。

4. 著作权的限制

著作权的限制是指在使用作品时,可以不经著作权人许可,不向其支付报酬,指明作者姓名、作品名称,并且不得侵犯著作权人其他权利的情况。在我国,著作权的限制包括:

(1) 为个人学习、研究或者欣赏,使用他人已经发表的作品;

(2) 为介绍、评论某一作品或者说明某一问题,在作品中适当引用他人已经发表的作品;

(3) 为报道时事新闻,在报纸、杂志、广播电台、电视台等媒体中不可避免地再现或者引用已经发表的作品;

(4) 报纸、期刊、广播电台、电视台等媒体刊登或者播放其他报纸、期刊、广播电台、电视台等媒体已经发表的关于政治、经济、宗教问题的时事性文章,但作者声明不许刊登、播放的除外;

(5) 报纸、期刊、广播电台、电视台等媒体刊登或者播放在公众集会上发表的讲话,但作者声明不许刊登、播放的除外;

(6) 为学校课堂教学或者科学研究,翻译或者少量复制已经发表的作品,供教学或者

科研人员使用,但不得出版发行;

(7) 国家机关为执行公务在合理范围内使用已经发表的作品;

(8) 图书馆、档案馆、纪念馆、博物馆、美术馆等为陈列或者保存版本的需要,复制本馆收藏的作品;

(9) 免费表演已经发表的作品,该表演未向公众收取费用,也未向表演者支付报酬;

(10) 对设置或者陈列在室外公共场所的艺术作品进行临摹、绘画、摄影、录像等;

(11) 将中国公民、法人或者其他组织已经发表的以汉语言文字创作的作品翻译成少数民族语言文字作品在国内出版发行;

(12) 将已经发表的作品改成盲文出版。

11.2.2 著作邻接权

著作邻接权又称"作品传播者权"、"与著作权有关的权益",意思是与著作权邻近的权利。著作邻接权通常是指表演者、录音制作者(也称唱片制作者)和广播电视组织(也称广播组织)对其表演活动、录音制品和广播电视节目享有的一种类似著作权的权利。

1. 著作权与著作邻接权的区别

著作权与著作邻接权的区别如下:

(1) 主体不同。著作权的主体是作者;而邻接权的主体是作品的传播者。

(2) 保护的客体不同。著作权保护的客体是文学、艺术和科学作品;邻接权保护的客体是用以传播的作品。

(3) 内容不同。著作权的内容包括著作人身权和财产权;而邻接权的内容主要包括出版者对其出版的书刊的权利、表演者对表演的权利、音像制作者对其音像制品的权利、广播电视组织对其广播电视节目的权利、出版者对其出版的图书和期刊的版式设计享有的权利等。

(4) 保护的前提不同。作品只要符合法定条件,一经产生就可获得著作权保护;而邻接权的获得须以著作权人的授权及对作品的再利用为前提。

(5) 保护期限不同。著作权保护期限除了署名权、修改权、保护作品完整权不受限制,归作者所有以外,其余权利保护期限的计算兼采用死亡起算法和发行起算法;而邻接权的保护期限,除了表演者表明表演者身份和保护表演形象不受歪曲的权利不受限制外,其余权利的保护期限均采用发行起算法,即截止于表演发生后、首次出版或播放后的第50年的12月31日。

2. 著作邻接权的内容

在我国,著作邻接权的主要包含以下内容:

(1) 出版者的权利。包括出版者享有对版式的专有使用权,出版者享有对装帧设计的专有使用权,图书出版者享有专有出版权。

（2）表演者的权利。包括表明表演者身份的权利，保护表演形象不受歪曲的权利限制外，许可他人从现场直播的权利，许可他人录音、录像并获得报酬的权利。

（3）录像制品制作者的权利、录音制品制作者的权利、许可他人复制其录音录像制品并获得报酬的权利。

（4）电视台对其制作的非作品的电视节目的权利、广播电台的权利。

（5）播放权，包括许可他人播放并获得报酬、许可他人复制和发行其制作的节目并获得报酬的权利。

11.2.3 著作权的取得与保护

1. 著作权的取得

著作权的取得即著作权的产生，指作者通过创作作品或者法律规定而取得著作权，从而享有相应的著作人身权和财产权的法律事实。著作权的取得制度各国著作权法规定的并不相同，主要有两种：一种是登记取得制度；另一种是自动取得制度。所谓登记取得，即著作权的取得以著作权人向相关著作权管理机构办理登记手续为要件；所谓自动取得，即著作权的取得以作者创作完成作品为要件，无须办理上述相关登记手续。

我国采取自动取得原则。即作品一经产生，无论整体还是局部，只要具备了作品的属性即产生著作权。

2. 著作权的保护

1）保护期限

关于著作权的保护期限规定如下：

（1）著作人身权中的署名权、修改权、保护作品完整权的保护期不受限制；

（2）著作财产权的保护期为50年；

（3）法人、其他组织为著作权人的，自作品正式发表之日起至第50年的12月31日止；

（4）著作权人为自然人的，自作品正式发表之日起至作者有生之年加死后第50年的12月31日止。

2）侵犯著作权的法律责任

侵犯著作权是指未经著作权人同意，又没有法律上的根据，擅自对享有著作权的作品进行使用以及其他擅自行使著作权的行为。采用不同的标准，可以对侵犯著作权的行为进行不同的划分，如根据侵权的对象，可以分为侵犯著作人身权、侵犯著作财产权；根据侵权的性质，可以分为一般侵权和特殊侵权；根据侵权的内容，可以分为直接侵权、间接侵权、违约侵权和部分侵权等。

根据侵犯著作权行为的性质、危害后果和主观状态等因素，可以追究民事责任、行政责任和刑事责任。民事责任包括停止侵害、消除影响、恢复名誉、赔礼道歉、赔偿损失。行政责任包括没收违法所得，没收、销毁侵权复制品，罚款，没收工具设备等。构成侵犯知识产权罪时，承担相应的刑事处罚。

11.3 专利法

11.3.1 专利权的概念和特征

1. 专利权的概念

专利权是指法律赋予发明创造人或者其权利受让人对其被授予专利权的发明创造在一定范围内依法享有的专有权利。

2. 专利权的特征

专利权具有以下特征。

(1) 专有性。也称为独占性,即同一内容的发明创造只能授予一次专利,即使有两个发明人或者设计人分别独立完成内容相同的发明创造,专利权也仅能授予申请在先者。同时,发明创造一旦被授予专利权,除法律另有规定外,任何其他单位和个人不得非法实施该专利,否则就构成侵权。

(2) 公开性。专利的公开性是指专利技术的公开。即指专利申请人必须以说明书等专利申请文件的形式充分公开其申请专利的发明创造的内容。技术公开是申请人向社会换取专利权的条件,否则不能获得专利权。

(3) 法定性。专利权不是基于发明创造的事实产生,而是基于专利申请人的申请和专利行政部门的授权而产生。

(4) 时间性。所谓时间性,指专利权人对其发明创造所拥有的专有权只在法律规定的时间内有效,期限届满后,专利权人对其发明创造就不再享有制造、使用、销售和进口的专有权。这样,原来受法律保护的发明创造就成了社会的公共财富,任何单位或个人都可以无偿地使用。

(5) 地域性,指一个国家依照其本国授予的专利权,仅在该国法律管辖的范围内有效,对其他国家没有任何约束力,外国对其专利权不承担保护的义务。

专利制度的作用在于,通过赋予专利权人充分的物质利益和精神利益,给予发明创造人的智力成果积极的肯定和充分的法律保护,从而鼓励和保护发明创造,促进发明创造的推广应用,促进技术信息的公开和交流,同时避免因重复研究而造成不应有的浪费。

11.3.2 专利权的要素

1. 专利权的主体

专利权主体即专利权人,是指依法享有专利权并承担相应义务的人。

1) 非职务发明创造的发明人、设计人

所谓发明人或者设计人,是指对发明创造的实质性特点作出创造性贡献的人。在完成发明创造过程中,只负责组织工作的人、为物质技术条件的利用提供方便的人或者从事其他辅助工作的人,不是发明人或者设计人。

2) 职务发明创造单位

职务发明创造单位,即发明人、设计人所在的单位。对于职务发明创造来说,专利权的主体是该发明创造的发明人或者设计人的所在单位。职务发明创造,是指执行本单位的任务或者主要是利用本单位的物质技术条件所完成的发明创造。

职务发明创造分为两类。

(1) 执行本单位任务所完成的发明创造。包括 3 种情况。

① 在本职工作中作出的发明创造。

② 履行本单位交付的本职工作之外的任务所作出的发明创造。

③ 退休、调离原单位后或者劳动、人事关系终止后 1 年内作出的发明创造,与其在原单位承担的本职工作或者原单位分配的任务有关的发明创造。在此情况中,两个条件同时具备,才构成职务发明创造。

(2) 主要利用本单位的物质技术条件所完成的发明创造。"本单位的物质技术条件"是指本单位的资金、设备、零部件、原材料或者不对外公开的技术资料等。一般认为,如果在发明创造过程中,全部或者大部分利用了单位的资金、设备、零部件、原料以及不对外公开的技术资料,这种利用对发明创造的完成起着必不可少的决定性作用,就可以认定为主要利用本单位物质技术条件。如果仅仅是少量利用了本单位的物质技术条件,且这种物质条件的利用,对发明创造的完成无关紧要,则不能因此认定是职务发明创造。对于利用本单位的物质技术条件所完成的发明创造,如果单位与发明人或者设计人订有合同,对申请专利的权利和专利权的归属作出约定的并从其约定。

职务发明创造的专利申请权和取得的专利权归发明人或设计人所在的单位。发明人或设计人享有署名权和获得奖金、报酬的权利,即发明人和设计人有权在专利申请文件及有关专利文献中写明自己是发明人或设计人。被授予专利权的单位应当按规定向职务发明创造的发明人或者设计人发给奖金。在发明创造专利实施后,单位应根据其推广应用的范围和取得的经济效益,对发明人或者设计人给予合理的报酬。发明人或设计人的署名权可以通过书面声明放弃。

3) 合法受让人

合法受让人成为专利权主体有两种方式,一是通过转让、继承、赠与等方式承受发明创造并申请获得专利权;二是通过转让、继承、赠与等方式直接受让他人专利权。

2. 专利权的客体

专利权的客体,是指《专利法》保护的对象,即依法可以取得专利权的发明创造。根据我国《专利法》,可以授予专利权的客体包括发明、实用新型和外观设计。

1) 发明

发明是指对产品、方法或者其改进所提出的新的技术方案,具体包括产品发明和方法发明。产品发明是指通过智力创造出以有形形式表现的各种新产品、新材料、新物质等。《专利法》上的产品,可以是一个独立、完整的产品,也可以是一个设备或仪器中的零部件。方法发明是指将一种物品或者物质改变成另一种状态或另一种物品或物质所采用的操作方法、制造方法以及工艺流程等技术方案的发明。

2)实用新型

实用新型是指对产品的形状、构造或者其结合所提出的适于实用的新的技术方案实用新型是一种产品而不是工艺方法,该产品必须具备一定的形状和结构或者形状与结构相结合。

3)外观设计

外观设计通常又被称为"工业品外观设计",是指对产品的形状、图案或者其结合以及色彩与形状、图案的结合所作出的富有美感并适于工业应用的新设计。

3. 专利权的内容

专利权包括人身权利和财产权利两个方面,以财产权为主。

1)专利权人的人身权利

专利权人的人身权利是指专利权人为发明人时,其本人所享有的与其人身不可分离的权利。例如发明人或者设计人有在专利文件中写明自己是发明人或者设计人的权利。

2)专利权人的财产权利

专利权人的财产权利主要包括以下几种。

(1)独占实施权。独占实施权包括两方面:

① 专利权人自己实施其专利的权利,即专利权人对其专利产品依法享有的进行制造、使用、销售、允许销售的专有权利,或者专利权人对其专利方法依法享有的专有使用权以及对依照该专利方法直接获得的产品的专有使用权和销售权。

② 专利权人禁止他人实施其专利的特权。除《专利法》另有规定的以外,发明和实用新型专利权人有权禁止任何单位或者个人未经其许可实施其专利,即为生产经营目的制造、使用、销售、允许销售、进口其专利产品,或者使用其专利方法以及使用、销售、允许销售、进口依照该专利方法直接获得的产品;外观设计专利权人有权禁止任何单位或者个人未经其许可实施其专利,即为生产经营目的制造、销售、进口其外观设计专利产品。

(2)转让权,是指专利权人将其获得的专利所有权转让给他人的权利。转让专利权的,当事人应当订立书面合同,并向国务院专利行政部门登记,由国务院专利行政部门予以公告。专利权的转让自登记之日起生效。中国单位或者个人向外国人转让专利权的,必须经国务院有关主管部门批准。

(3)许可实施权。许可实施权是指专利权人通过实施许可合同的方式,许可他人实施其专利并收取专利使用费的权利。

(4)标记权。标记权即专利权人有权自行决定是否在其专利产品或者该产品的包装上标明专利标记和专利号。

(5)请求保护权。请求保护权是专利权人认为其专利权受到侵犯时,有权向人民法院起诉或请求专利管理部门处理以保护其专利权的权利。保护专利权是专利制度的核心,他人未经专利权人许可而实施其专利,侵犯专利权并引起纠纷的,专利权人可以直接向人民法院起诉,也可以请求管理专利工作的部门处理。

(6)放弃权。专利权人可以在专利权保护期限届满前的任何时候,以书面形式声明或以不缴纳年费的方式自动放弃其专利权。《专利法》规定:专利权人以书面声明放弃其专利权的,专利权在期限届满前终止。专利权人提出放弃专利权声明后,一经国务院专利行政部门登记和公告,其专利权即可终止。

放弃专利权时需要注意:第一,在专利权由两个以上单位或个人共有时,必须经全体专利权人同意才能放弃;第二,专利权人在已经与他人签订了专利实施许可合同许可他人实施其专利的情况下,放弃专利权时应当事先得到被许可人的同意,并且还要根据合同的约定,赔偿被许可人由此造成的损失,否则专利权人不得随意放弃专利权。

(7) 质押权。根据《担保法》,专利权人还享有将其专利权中的财产权进行出质的权利。

11.3.3 专利权的取得

1. 专利的申请

就一项发明创造向国家专利行政部门申请专利的人或者组织称为申请人,申请人提交申请文件,并在申请过程中遵循单一性原则、书面申请原则、先申请原则、优先权原则、禁止重复授权等专利申请的基本原则。

申请人申请发明或者实用新型专利的,应当提交请求书、说明书及其摘要和权利要求书等文件。申请外观设计专利的,应当提交请求书、该外观设计的图片或者照片以及对该外观设计的简要说明等文件。请求书应当写明发明或者实用新型的名称,发明人的姓名,申请人姓名或者名称、地址以及其他事项。说明书应当对发明或者实用新型作出清楚、完整的说明,以所属技术领域的技术人员能够实现为准。说明书应当包括技术领域、背景技术、发明内容、附图说明、具体实施方式等。

说明书摘要应当写明发明或者实用新型专利申请所公开内容的概要,即写明发明或者实用新型的名称和所属技术领域,并清楚地反映所要解决的技术问题、解决该问题的技术方案的要点以及主要用途。

权利要求书应当以说明书为依据,清楚、简要地限定要求专利保护的范围,记载发明或者实用新型的技术特征。权利要求书应当有独立权利要求,也可以有从属权利要求。

依赖遗传资源完成的发明创造,申请人应当在专利申请文件中说明该遗传资源的直接来源和原始来源;申请人无法说明原始来源的,应当陈述理由。

2. 授予专利权的条件

专利法对不同的专利规定了不同的授予条件。但一般将这些条件总结为"三性",即新颖性、创造性和实用性。

1) 新颖性

新颖性是指该发明或者实用新型不属于申请日以前在国内外为公众所知的技术;也没有任何单位或者个人就同样的发明或者实用新型在申请日以前向国务院专利行政部门提出过申请,并记载在申请日以后公布的专利申请文件或者公告的专利文件中。

所谓申请日,是指国务院专利行政部门收到专利申请文件之日。如果申请文件是邮寄的,以寄出的邮戳日为申请日。

优先权,是指申请人在申请专利时,要求将第一次提出申请的日期作为后来再就同一主题申请专利的日期的权利。优先权一般分为外国优先权和本国优先权。按照我国法律的规定,外国优先权是指申请人自发明或者实用新型在外国第一次提出专利申请之日起12个月内,或者自外观设计在外国第一次提出专利申请之日起6个月内,又在中国就相同主题提出专利申请的,依照该外国同中国签订的协议或者共同参加的国际条约,或者依照相互承认优先权的原则,可以享有优先权。本国优先权是指申请人自发明或者实用新型在中国第一次提出专利申请之日起12个月内,又向国务院专利行政部门就相同主题提出专利申请的,可以享有优先权。但是,在提出后一申请时,先申请的主题有下列情形之一的,不得作为要求本国优先权的基础:

(1) 已经要求外国优先权或者本国优先权的;
(2) 已经被授予专利权的;
(3) 属于按照规定提出的分案申请的。

申请专利的发明创造在申请日以前6个月内,有下列情形之一的,不丧失新颖性。

(1) 在中国政府主办或者承认的国际展览会上首次展出的。中国政府承认的国际展览会,是指《国际展览会公约》规定的在国际展览局注册或者由其认可的国际展览会。
(2) 在规定的学术会议或者技术会议上首次发表的。学术会议或者技术会议,是指国务院有关主管部门或者全国性学术团体组织召开的学术会议或者技术会议。
(3) 他人未经申请人同意而泄露其内容的。

2) 创造性

创造性是指与申请日以前在国内外为公众所知的技术相比,该发明具有突出的实质性特点和显著的进步,该实用新型具有实质性和进步性特点。

3) 实用性

实用性是指该发明或者实用新型能够制造或者使用,并且能够产生积极效果。

授予外观设计专利的要求如下:

(1) 授予专利权的外观设计,应当不属于现有设计。即授予专利权的外观设计,应当不属于申请日以前在国内外为公众所知的设计。
(2) 没有任何单位或者个人就同样的外观设计在申请日以前向国务院专利行政部门提出过申请,并记载在申请日以后公告的专利文件中。
(3) 授予专利权的外观设计与现有设计或者现有设计特征的组合相比,应当具有明显区别。
(4) 授予专利权的外观设计不得与他人在申请日以前已经取得的合法权利相冲突。

我国《专利法》规定,下列各项不能授予专利权:

(1) 科学发现;
(2) 智力活动的规则和方法;
(3) 疾病的诊断和治疗方法;
(4) 动物和植物品种,但对于其生产方法,可以授予专利权;
(5) 用原子核变换方法获得的物质;
(6) 对平面印刷品的图案、色彩或者二者的结合作出的主要起标识作用的设计。

当然，违反法律、社会公德或妨害公共利益的发明创造也排除在专利保护的范围之外。对违反法律、行政法规的规定获取或者利用遗传资源，并依赖该遗传资源完成的发明创造，不授予专利权。

3. 授予专利权的程序

我国对专利申请的审查主要分为初步审查和实质性审查。

初步审查也叫做形式审查，是专利审批程序的初始阶段。初步审查主要对专利申请文件进行格式的审查，对专利申请中是否有违反国家法律、社会公德或者妨害公共利益、按照法律规定不授予专利权的，以及是否属于国家安全或者重大利益而要求保密等内容的审查。

实用新型和外观设计专利申请经初步审查没有发现驳回理由的，由国务院专利行政部门作出授予实用新型专利权或者外观设计专利权的决定，发给相应的专利证书，同时予以登记和公告。实用新型专利权和外观设计专利权自公告之日起生效。

实质性审查是指由国务院专利行政部门对发明专利申请的实质内容是否具有新颖性、创造性和实用性进行的审查。实质性审查是在初步审查的基础上进行的。实质性审查通过较全面的文献检索，判断申请专利的发明是否具有新颖性，并判断该发明是否具有创造性和实用性。

发明专利申请，经过初步审查，对符合形式条件的，应自申请日起满18个月进行早期公开。发明专利自申请日起3年内，国务院专利行政部门可以根据申请人随时提出的请求，对其申请进行实质性审查。申请人无正当理由逾期不请求实质性审查的，该申请被视为自动撤回。

发明专利申请经实质性审查没有发现驳回理由的，国务院专利行政部门应当作出授予发明专利权的决定，并发给专利证书，同时予以登记和公告。发明专利权自公告之日起生效。

依据我国《专利法》的规定，发明专利权的期限为20年，实用新型和外观设计专利权的保护期限为10年，均自申请日起计算。

11.3.4 专利权的限制

专利权的限制是指按照《专利法》规定的，允许第三人在某些特殊情况下可以不经专利权人许可而实施其专利，且其实施行为并不构成侵权的一种法律制度。法律对专利权的限制主要有两方面，一是合理利用；二是强制许可。

1. 合理利用

按照我国《专利法》的规定，以下行为不视为侵犯专利权：

（1）权利枯竭，即专利产品或者依照专利方法直接获得的产品，由专利权人或者经其许可的单位、个人售出后，使用、许诺销售、销售、进口该产品；

（2）先用人权利，即在专利申请日前已经制造相同产品、使用相同方法或者已经作好制造、使用的必要准备，并且仅在原有范围内继续制造、使用；

(3) 临时过境,即临时通过中国领陆、领水、领空的外国运输工具,依照其所属国同中国签订的协议或者共同参加的国际条约,或者依照互惠原则,为运输工具自身需要而在其装置和设备中使用有关专利;

(4) 专为科学研究和实验而使用有关专利;

(5) 为提供行政审批所需要的信息,制造、使用、进口专利药品或者专利医疗器械的,以及专门为其制造、进口专利药品或者专利医疗器械。

为生产经营目的使用、许诺销售或者销售不知道是未经专利权人许可而制造并售出的专利侵权产品,能证明该产品合法来源的,不承担赔偿责任。

2. 强制许可

专利实施的强制许可,指国务院专利行政部门依照法律规定,可以不经专利权人的同意,直接许可申请人实施专利权人的发明或实用新型专利的行政措施。强制许可包括以下几种情况。

(1) 专利权人自专利权被授予之日起满3年,且自提出专利申请之日起满4年,无正当理由未实施或者未充分实施其专利的。未充分实施其专利是指专利权人及其被许可人实施其专利的方式或者规模不能满足国内对专利产品或者专利方法的需求。

(2) 专利权人行使专利权的行为被依法认定为垄断行为,为消除或者减少该行为对竞争产生的不利影响的。

(3) 在国家出现紧急状态或者非常情况时,或者为了公共利益的目的,国务院专利行政部门可以给予实施发明专利或者实用新型专利的强制许可。

(4) 为了公共健康目的,对取得专利权的药品,国务院专利行政部门可以给予制造并将其出口到符合中华人民共和国参加的有关国际条约规定的国家或者地区的强制许可。取得专利权的药品,是指解决公共健康问题所需的医药领域中的任何专利产品或者依照专利方法直接获得的产品,包括取得专利权的制造该产品所需的活性成分以及使用该产品所需的诊断用品。

(5) 一项取得专利权的发明或者实用新型比已经取得专利权的发明或者实用新型具有显著经济意义的重大技术进步,其实施又有赖于前一发明或者实用新型的实施的,国务院专利行政部门根据后一专利权人的申请,可以给予实施前一发明或者实用新型的强制许可。在依照前款规定给予实施强制许可的情形下,国务院专利行政部门根据前一专利权人的申请,也可以给予实施后一发明或者实用新型的强制许可。

强制许可涉及的发明创造为半导体技术的,其实施限于公共利益的目的和专利权人行使专利权的行为被依法认定为垄断行为,为消除或者减少该行为对竞争产生的不利影响的情形,国务院专利行政部门作出的给予实施强制许可的决定,应当及时通知专利权人,并予以登记和公告。

给予实施强制许可的决定,应当根据强制许可的理由规定实施的范围和时间。强制许可的理由消除并不再发生时,国务院专利行政部门应当根据专利权人的请求,经审查后作出终止实施强制许可的决定。取得实施强制许可的单位或者个人不享有独占的实施权,并且无权允许他人实施。取得实施强制许可的单位或者个人应当付给专利权人合理的使用费,或者依照中华人民共和国参加的有关国际条约的规定处理使用费问题。付给使用费的,其数额由双方协商;双方不能达成协议的,由国务院专利行政部门裁决。

11.3.5 专利权的保护

专利权的保护范围,发明和实用新型专利以其权利要求书中的内容为准,说明书及附图可以用于解释权利要求的内容。外观设计专利权的保护范围则以表示在图片或者照片中的该产品的外观设计为准,简要说明可以用于解释图片或者照片所表示的该产品的外观设计。

1. 专利侵权行为的界定

专利侵权行为,是指在专利权的有效期限内,行为人未经专利权人许可又没有法律上的根据,以营利为目的实施他人专利或者假冒他人专利的行为。专利侵权行为主要包括未经专利权人许可实施其专利和假冒他人专利。

假冒他人专利是指未经专利权人许可标明他人专利的专利标记或专利号,企图使社会公众误认是他人专利产品的行为。假冒专利行为具体表现为以下几点:

(1) 在未被授予专利权的产品或者其包装上标注专利标识,专利权被宣告无效后或者终止后继续在产品或者其包装上标注专利标识,或者未经许可在产品或者产品包装上标注他人的专利号以及销售上述产品的行为;

(2) 在产品说明书等材料中将未被授予专利权的技术或者设计称为专利技术或者专利设计,将专利申请称为专利,或者未经许可使用他人的专利号,使公众将所涉及的技术或者设计误认为是专利技术或者专利设计;

(3) 伪造或者变造专利证书、专利文件或者专利申请文件;

(4) 其他使公众混淆,将未被授予专利权的技术或者设计误认为是专利技术或者专利设计的行为。

另外,以非专利产品冒充专利产品的行为虽然没有侵犯已有的专利权,但这种行为也是法律所禁止的。

2. 侵犯专利权的法律责任

侵犯专利权可能承担民事责任、行政责任甚至刑事责任。

1) 民事责任

侵犯专利权的民事责任主要有以下几种:

(1) 停止侵权。即专利权人可以请求司法机关责令侵权人停止侵权行为。

(2) 赔偿损失。按照《专利法》的规定,侵权赔偿可以按照下列标准计算:

① 侵犯专利权的赔偿数额按照权利人因被侵权所受到的实际损失确定;

② 实际损失难以确定的,可以按照侵权人因侵权所获得的利益确定;

③ 权利人的损失或侵权人获得利益难以确定的,参照该专利许可使用费的倍数合理确定;

④ 赔偿数额还应当包括权利人为制止侵权行为所支付的合理开支;

⑤ 权利人的损失、侵权人获得的利益和专利许可使用费均难以确定的,人民法院可以根据专利权的类型、侵权行为的性质和情节等因素,确定给予 1 万元以上 100 万元以下的赔偿。

此外,为了制止专利侵权行为,在证据可能灭失或者以后难以取得的情况下,专利权人或者利害关系人可以在起诉前向人民法院申请保全证据。

2) 行政责任

侵犯专利权应承担的行政责任包括行政处分、没收违法所得、罚款等。

3) 刑事责任

侵权人实施专利侵权行为情节严重,触犯刑律,构成犯罪的,应承担刑事责任。

此外,违反法律规定向外国申请专利,泄露国家秘密,构成犯罪的,依法追究刑事责任。

11.4 商标权

11.4.1 商标与商标权

1. 商标的概念

商标是商品的标记,是指任何能够将自然人、法人或者其他组织的商品、服务与他人的商品、服务区别开来的可视性标志,包括文字、图形、字母、数字、三维标志和颜色组合以及上述要素的组合。商标是生产经营者为区别商品或者服务来源,在其商品或者提供服务上使用的标记。

2. 商标的分类

可以根据不同的标准对商标进行分类:
(1) 根据识别对象的不同,商标可划分为商品商标和服务商标;
(2) 根据构成要素不同,商标可划分为文字商标、图形商标和组合商标;
(3) 根据商标是否注册,商标可划分为注册商标和未注册商标;
(4) 根据商标的用途,商标可划分为证明商标、等级商标、防卫商标和集体商标。

3. 商标权的概念

商标权,又称商标专用权,是指商标所有人在法律规定的有效期内,对其经商标主管机关核准注册的商标享有的独占的、排他的使用和处分的权利。商标权是商标注册人对其注册商标所享有的专有权利,是一项受法律保护的重要民事权利。

4. 商标权的特征

商标权具有以下几个特征:
(1) 专有性。商标权的专有性又称为独占性或垄断性,是指注册商标所有人对其注册商标享有专有使用权,其他任何单位及个人非经注册商标所有人的许可,不得使用该注册商标。

（2）时间性。商标权的时间性也称法定时间性，是指商标权为一种有期限的权利，在有效期限内才受法律保护，超过有效期限，商标权即终止，不再受法律保护。在我国，注册商标的有效期限为10年，并可续展。

（3）地域性。商标权具有严格的地域性，只有在一国法域内享有专有使用权，如果要在其他国家享有商标权，必须依照该国法律进行申请商标注册，或依据相关的国际公约或条约提出注册申请。

11.4.2 商标权的主体

商标权的主体是指注册商标的所有人，即权利主体。

根据我国法律的规定，自然人、法人或者其他组织对其生产、制造、加工、拣选或者经销的商品，需要取得商标专用权的，应当向商标局申请商品商标注册。

自然人、法人或者其他组织对其提供的服务项目，需要取得商标专用权的，应当向商标局申请服务商标注册。外国人或者外国企业在中国申请商标注册的，应当按其所属国和中华人民共和国签订的协议或者共同参加的国际条约办理，或者按对等原则办理。

由此可以看出，在我国，商标的权利主体范围非常广泛，自然人、法人或者其他组织，以及与中国签订有协议或共同参加国际公约或以对等原则相互保护商标权的外国公民或法人，都可以在我国申请注册商标，其申请一旦获准，他们就成为我国商标权的权利主体。

11.4.3 商标权的客体

商标权客体是与商标权主体相对应的，指的是商标法律关系中主体权利义务所指向的对象，商标权作为一种无形财产权，其物化的载体就是商标。也就是说，商标权虽说是一种无形权利，但它必须授予某一具体的民事主体，并依附于某一具体的客体，才能确定其商标权保护的具体内容。并不是所有的商标都是商标权的客体，只有当事人提出申请，并经过商标管理机构审查通过，具备法律规定的条件，才能成为商标权的客体。

1. 商标注册的条件

商标注册需要以下几个条件：

（1）商标必须具备法定的构成要素。商标构成的法定要素，主要指商标所使用文字、图形、字母、数字、三维标志和颜色组合以及上述要素的组合。

（2）商标必须具备显著特征，以便于消费者识别。

（3）商标必须与他人注册商标不相混同。

（4）商标必须不是禁用的标志。

按照《商标法》的规定：任何能够将自然人、法人或者其他组织的商品与他人的商品区别开的可视性标志，包括文字、图形、字母、数字、三维标志和颜色组合以及上述要素的组合，均可以作为商标申请注册。因此，只要具备上述法律规定的条件，都可以成为商标的构成要素。但是，有些文字、图形、数字等是不能作为商标的，主要包括：

(1) 同中华人民共和国的国家名称、国旗、国徽、军旗、勋章相同或者近似的,以及同中央国家机关所在地特定地点的名称或者标志性建筑物的名称、图形相同的;

(2) 同外国的国家名称、国旗、国徽、军旗相同或者近似的,但该国政府同意的除外;

(3) 同政府间国际组织的名称、旗帜、徽记相同或者近似的,但经该组织同意或者不易误导公众的除外;

(4) 与表明实施控制、予以保证的官方标志、检验印记相同或者近似的,但经授权的除外;

(5) 同"红十字"、"红新月"的名称、标记相同或者近似的;

(6) 带有民族歧视性的;

(7) 夸大宣传并带有欺骗性的;

(8) 有害于社会主义道德风尚或者有其他不良影响的。

县级以上行政区划的地名或者公众知晓的外国地名,不得作为商标。但是,地名具有其他含义或者作为集体商标、证明商标组成部分的除外。已经注册的使用地名的商标继续有效。

2. 禁止作为商标注册的标志

下列标志不得作为商标注册。

(1) 仅有本商品的通用名称、图形、型号的。

(2) 仅直接表示商品的质量、主要原料、功能、用途、重量、数量及其他特点的。

(3) 缺乏显著特征的。前款所列标志经过使用取得显著特征并便于识别的,可以作为商标注册。

此外,以三维标志申请注册商标的,仅由商品自身的性质产生的形状、为获得技术效果而需有的商品形状或者使商品具有实质性价值的形状,不得注册。就相同或者类似商品申请注册的商标是复制、模仿或者翻译他人未在中国注册的驰名商标,容易导致混淆的,不予注册并禁止使用。就不相同或者不相类似商品申请注册的商标是复制、模仿或者翻译他人已经在中国注册的驰名商标,误导公众,致使该驰名商标注册人的利益可能受到损害的,不予注册并禁止使用。

11.4.4 商标权的内容

商标权的内容,是指权利主体依法享有的权利和义务主体应承担的义务。从我国法律规定来看,商标权既包括法律赋予商标所有人专有使用的权利,也包括商标所有人禁止或排除第三者侵犯商标专用的权利。商标权的核心是商标的专有使用权。其他权利都是以专有使用权为存在基础,并由其派生和衍化而来。

1. 商标专有使用权

商标专有使用权是商标权中最重要的权利。商标权人对其注册商标享有独占使用权。只有商标权人有权把注册商标使用在核定使用的商品上,其他人未经许可使用,就是侵权行为。商标使用是指把注册商标用于商品、商品包装或者容器上,或者为了商业目的把商标用于各种广告宣传及商品交易文书上,或者用于展览及其他推销商品活动中。注册商标的专有使用权,以核准注册的商标和核定使用的商品为限。

2. 商标许可使用权

注册商标许可使用权是指商标权人可以通过签订商标使用许可合同,许可他人使用其注册商标的权利。许可使用权是一项从属的权利,是从专有使用权中派生出来的。商标许可制度是国际上通行的一种制度。注册商标的许可使用是指商标权人将注册商标许可他人使用,但被许可人要支付一定使用费。

我国《商标法》赋予商标权人享有许可使用权,同时对这种权利的行使规定了一些限制性条件。其中包括以下几点:

(1) 必须签订书面合同;
(2) 被许可使用注册商标人必须具备注册商标申请人资格;
(3) 许可人应当监督被许可人使用注册商标的商品质量,被许可人应当保证使用该注册商标商品的质量;
(4) 在使用该注册商标的商品上标明被许可人的名称和商品产地。

商标许可使用合同有以下几种。

(1) 独占许可合同。许可方许可对方在一定范围内使用注册商标,许可方和任何第三方在该范围内均无使用权。
(2) 独家许可合同。许可方许可对方在一定范围内使用注册商标,许可方保留自己在该范围内的使用权,但不能再与第三方签订许可使用合同。
(3) 普通许可合同。许可人可就同一注册商标在同一范围内同任何第三人签订使用许可合同,即在同一范围内允许许多人共同使用。
(4) 分许可合同。经商标权人授权,被许可人还可以允许第三人使用注册商标。

3. 商标转让权

在商标有效期内,商标权人可依法将注册商标转让给他人。转让经核准后,转让人丧失专用权,受让人获得专用权。权利、义务主体都发生了转移。转让注册商标时,转让人和受让人应当共同向商标局提出申请,申请手续由受让人办理。

注册商标转让有以下条件:

(1) 受让人必须具备注册商标申请人资格;
(2) 受让人必须保证使用该注册商标商品的质量;
(3) 转让人要将其在同一种或类似商品上注册的相同或近似商标一起转让,否则会出现不同商品生产者在同一种或类似商品上使用相同或近似商标的情况;
(4) 转让人用药品、烟草制品注册商标时,必须附送主管机关证明文件。

对可能产生误认、混淆或者其他不良影响的转让注册商标申请,商标局予以驳回。对驳回转让申请不服的,可向商标评审委员会申请复审。

4. 放弃商标权

注册商标期满前,商标权人可以向商标局申请注销注册商标。

11.4.5 商标注册

商标注册是指商标主管机关根据商标使用人的申请,经过审核予以注册登记。经注册的商标,其持有人取得商标专用权。

商标注册是取得商标权的前提。我国和大多数国家一样,采用商标自愿注册的原则,即除规定的少数商品外,是否注册商标,由商标使用者自愿决定,不注册也可以使用商标,但不能获得商标专用权。现行《商标法》规定了两种必须进行商标注册的商品,一是人用药品,二是烟草制品。在我国,注册商标的有效期为10年,自核准注册之日起计算。注册商标的有效期满,需要继续使用的,应当申请续展注册。续展次数不限。

11.4.6 商标权的法律保护

1. 侵犯商标权行为的界定

根据规定,侵犯商标权行为的表现形式主要有以下几种:

(1) 非法使用,是指未经商标权人的许可,在同一种商品或者类似商品上使用与注册商标相同或者近似的商标。具体可分为4种情形:

① 在同一种商品上使用与他人的注册商标相同的商标;
② 在同一种商品上使用与他人的注册商标近似的商标;
③ 在类似商品上使用与他人的注册商标相同的商标;
④ 在类似商品上使用与他人的注册商标近似的商标。

(2) 非法销售,是指销售侵犯他人注册商标专用权的商品,既包括生产者自己销售,也包括销售他人生产的侵犯商标权的商品。

(3) 伪造商标标识,是指伪造、擅自制造他人注册商标标识,或者销售伪造、擅自制造的注册商标标识。

(4) 更换商标,是指未经商标注册人同意,更换其注册商标并将该更换商标的商品又投入市场的行为。

《商品法》还规定了其他损害他人注册商标专用权的行为。例如,在同一种商品或类似商品上将与他人的注册商标相同或相近似的文字、图形作为自己生产的商品名称或者商品装潢使用,并足以造成误认的;故意为侵犯他人商标专用权提供仓储、运输、邮寄、隐匿等便利条件的;在文学艺术作品中给他人注册商标造成损害的等。

2. 侵犯商标权的法律责任

1) 民事责任

商标侵权的民事责任主要包括停止侵权行为、消除影响、赔偿损失等。以下主要讨论商标侵权的赔偿范围问题。

根据《商标法》及其实施细则,商标侵权损害赔偿的范围或者数额的确定有3种方法。

(1) 按照权利人因被侵权所受到的直接及间接损失确定。其中,直接损失是指被侵权人在被侵权期间所减少的利润;间接损失为被侵权人承担的因调查侵权人的侵权行为所支付的代理费、调查费等合理费用。

（2）按照侵权人侵犯注册商标专用权所获得的利益确定。按照有关规定，在商标侵权案件中，侵权人所经营的全部侵权商品（已销售的及库存的）均应计算非法经营额。

（3）被侵权人的损失或者侵权人获得的利益难以确定的，由人民法院根据侵权行为的情节判决给予50万元以下的赔偿。

另外，根据《商标法》，销售不知道是侵犯注册商标专用权的商品，能够证明该商品是自己合法取得的并能说明提供者的，不承担赔偿责任，但是应当停止销售行为。

2）行政责任

《商标法》第五十四条规定："对侵犯注册商标专用权行为，工商行政管理部门有权依法查处。"

工商行政管理部门认定商标侵权行为成立的，有权采取以下措施：①责令立即停止侵权行为。没收、销毁侵权商品和专门用于制造、伪造注册商标标识的工具。②罚款。对侵犯注册商标专用权的行为，尚未构成犯罪的，工商行政管理部门可根据情节处以非法经营额50%以下或者侵权所获利润5倍以下的罚款；对侵犯注册商标专用权的单位和直接责任人员，可根据情节处以1万元以下的罚款。

3）刑事责任

侵犯注册商标专用权罪，是指从事工商业活动的法人和自然人为牟取非法利润，违反商标管理法规，未经注册商标所有人的许可，在同一种商品上使用与其注册商标相同的商标或者销售明知是假冒注册商标的商品以及伪造、擅自制造他人注册商标标识或者销售伪造、擅自制造的商标标识，情节严重或销售金额数额较大的行为。

《中华人民共和国刑法》规定，侵犯注册商标专用权的犯罪有：假冒他人注册商标罪，销售明知是假冒注册商标商品罪，伪造、擅自制造他人注册商标标识罪或者销售伪造、擅自制造的注册商标标识罪。

侵犯注册商标专用权罪最高可以处7年有期徒刑。

3. 驰名商标的特别保护

驰名商标，是指在市场上享有较高声誉并为相关公众熟知的注册商标。国家工商行政管理局于1996年9月发布了《驰名商标认定和管理暂行规定》，对驰名商标的概念、认定和管理等作出了规定，2001年修订的《商标法》对驰名商标的认定和保护也作出了规定。

国家工商行政管理局商标局负责认定驰名商标。根据《商标法》规定，对驰名商标的认定需要考虑如下因素：①相关公众对该商标知晓程度；②该商标使用的持续时间；③该商标的任何宣传工作的持续时间、程度和地理范围；④该商标作为驰名商标受保护的记录；⑤该商标驰名的其他因素。

对驰名商标的特殊保护体现在两个方面：就相同或者类似商品申请注册的商标是复制、模仿或者翻译他人未在中国注册的驰名商标，容易导致混淆的，不予注册并禁止使用；就不相同或者不相类似商品申请注册的商标是复制、模仿或者翻译他人已经在中国注册的驰名商标，误导公众，致使该驰名商标注册人的利益可能受到损害的，不予注册并禁止使用。

> 案例讨论

真假"老干妈"

原告老干妈食品公司与被告华越公司均为生产系列风味调味品的企业,均以"老干妈"为各自生产的风味豆豉辣酱的商品名称。原告老干妈食品公司的前身是贵阳南明实惠饭店,成立于1994年1月,创始人为陶华碧女士,该店以特产风味豆豉辣酱著称。1994年11月,该饭店变更为贵阳南明陶氏风味食品店,推出了以"老干妈"为产品名称的风味食品,尤以"老干妈"风味豆豉辣酱深受消费者欢迎。1996年8月,该店生产销售的"老干妈"风味豆豉辣酱使用了由该店经理李贵山设计的包装瓶瓶贴。贵阳南明陶氏风味食品店更名为贵阳南明陶氏风味食品厂,1997年11月,贵阳南明陶氏风味食品店最后更名为现在的老干妈食品公司。1997年12月27日,李贵山就其设计的"老干妈"风味豆豉瓶贴向国家专利局申请了外观设计专利,并于1998年8月22日获得国家知识产权局的授权。1997年12月30日,李贵山在贵州省版权局又将该瓶贴进行了产品设计图纸的版权登记。1998年,贵阳市人民政府将"老干妈"风味豆豉列为贵阳市名牌产品,1999年1月,贵州省经济贸易委员会和贵州省技术监督局确认陶华碧牌"老干妈"风味豆豉为贵州省名牌产品,1999年11月28日,中国食品工业协会颁发给老干妈食品公司先进企业证书。1999年原告生产的"老干妈"风味豆豉辣酱完成了1.3亿元的销售额,该产品已销往全国各地,该企业为国家纳税1500万元。

被告华越公司成立于1997年9月15日。1997年11月,华越公司与贵阳南明唐蒙食品厂签订了《关于联合生产"老干妈"系列调味品合同》,合同规定,由华越公司与贵阳南明唐蒙食品厂联合生产"老干妈"系列调味品,由贵阳南明唐蒙食品厂提供技术,华越公司提供生产所需的设备、设施及场地。1997年11月,华越公司与贵阳南明唐蒙食品厂联合生产的"老干妈"风味豆豉辣酱开始上市,该产品所使用的包装瓶瓶贴与原告老干妈食品公司生产的"老干妈"风味豆豉辣酱所使用的包装瓶瓶贴相比,除陶华碧女士肖像换成了刘湘球女士肖像及产品批号、执行标准、生产厂家、厂址电话、邮编的文字不同外,其余图案的色彩、图形、文字排列等均相同。1998年1月20日,华越公司以其法定代表人易长庚设计的"老干妈"风味豆豉辣酱的瓶贴向国家知识产权局申请了外观设计专利,该瓶贴图案与该公司以前所使用的瓶贴图案相比,除黄色椭圆形图案变成黄色菱形图案外,其余均未有实质性变化。国家知识产权局经初步审查,于1998年10月10日向华越公司颁发了该瓶贴的外观设计专利证书。1998年年初,华越公司与贵阳南明唐蒙食品厂对其联合生产的风味豆豉辣酱瓶贴按照其申请外观设计专利后的图案进行了改版,改版后的瓶贴中仍使用了与原告产品瓶贴中字形相同的"老干妈"三字。1998年4月20日,华越公司与贵阳南明唐蒙食品厂签订《合同终止协议书》,解除了双方的联营关系。此后,华越公司单独生产风味豆豉等系列调味品,仍以"老干妈"为风味豆豉辣酱的商品名称,并继续使用其取得外观设计专利权的瓶贴进行包装。1998年12月,湖南省经济贸易委员会与湖南省技术监督局向华越公司颁发了其生产的"老干妈"风味豆豉获得1998年度湖南名牌产品称号的证书,1999年5月,湖南省统计信息中心在"1999年度湖南市场品牌调查活动"中为华越公司生产的"华越老干妈"颁发"99湖南市场占有率最高品牌"荣誉证书。华越公司为宣传其生产的"老干妈"风味豆豉辣酱花费了一定数量的广告费。

1999年5月,被告望京购物中心开始为北京市兴蜀蓉府南食品有限公司代销华越公司生产的"老干妈"风味系列调味品,望京购物中心审查了由北京市兴蜀蓉府南食品有限公司提供的华越公司企业法人营业执照、卫生许可证、进京食品许可证、食品用产品卫生质量认可证、外观设计专利证书、税务登记书及购销合同等相关文件。望京购物中心销售的华越公司生产的"老干妈"风味豆豉辣酱的包装瓶上使用的是华越公司取得外观设计专利的瓶贴。

原告老干妈食品公司分别于1996年8月、1996年12月、1997年5月和1998年4月共4次向国家工商行政管理局商标局申请注册"老干妈"商标,但被国家商标局以"老干妈"为普通人称称谓驳回两次。1998年6月21日,国家商标局核准了"陶华碧及肖像"商标注册申请。1998年12月1日,被告华越公司向国家商标局申请注册"老干妈"商标,国家商标局对"刘湘球肖像"及"老干妈"文字商标进行了公告。目前,国家商标局初步审定对"陶华碧老干妈及图"和"刘湘球老干妈及图"商标分别予以核准注册。1998年5月至1999年1月,各地工商管理部门分别对贵阳市、长沙市、四川省郫县、遵义市、兰州市等地出现的假冒原告"老干妈"风味豆豉辣酱产品等多个厂家进行了查处。

针对上述事实,原告"老干妈"食品公司认为,被告华越公司未经原告公司许可,在其生产的风味豆豉产品上,盗用原告公司的企业字号及产品的特有名称,并仿冒原告公司产品瓶贴外观设计,在消费者中造成混淆、误认,严重侵犯了原告公司的合法权益。被告望京购物中心违法销售被告华越公司生产的仿冒"老干妈"产品,亦侵犯了原告公司的合法权益,应当承担侵权责任。故诉至北京市第二中级人民法院,请求:①要求被告华越公司立即停止使用与原告公司"老干妈"风味豆豉产品瓶贴相近似的包装装潢;②要求被告华越公司在其全部产品上停止使用原告公司企业字号及原告公司产品特有的名称"老干妈";③责令被告华越公司销毁其现存全部侵权产品的标识、瓶贴;④责令被告望京购物中心立即停止销售侵权产品;⑤责令被告华越公司公开赔礼道歉、消除影响;⑥责令华越公司赔偿原告经济损失40万元;⑦本案诉讼费用由二被告共同承担。

被告华越公司辩称,首先,原告的产品不是知名商品,判定一个商品的知名度,要依据主张者提供的商品广告、销售历史、销售数量和市场占有率等方面的证据进行综合性判断。虽原告产品被评为贵州省名牌产品,但该评比结果并不意味着其产品在贵州省以外的市场上也有知名度。相反,本公司生产的"老干妈"风味豆豉比原告生产的"老干妈"风味豆豉在一定地区的市场上更具有知名度,因为本公司所作的商品宣传广告覆盖面比较大,仅在1998年到1999年间,本公司为宣传自己生产的"老干妈"风味豆豉就支出广告费270余万元。从产品的销售量和市场占有率方面看,本公司产品已从湖南省走向全国,从地方品牌转变成全国性品牌。从市场评价方面看,本公司产品不但被湖南省工商局认定为湖南省知名商品,还在1997年中国国际食品博览会上获国际名牌食品奖。其次,本案诉争的"老干妈"风味豆豉的商品名称、包装、装潢并不为原告所特有,相反,本公司对所诉争的商品的包装、装潢享有外观设计专利权。原告商品名称是"'陶华碧'老干妈风味豆豉",本公司商品名称是"老干妈风味豆豉",尽管双方均在商品名称上使用了"老干妈",但"老干妈"是一个通俗的称谓,不能为任何人所特有和独占。在包装、装潢方面,本公司产品的包装、装潢设计是自己独创性的作品,并已取得外观设计专利。最后,事实上,双方商品的包装、装潢不能造成消费者误认的结果。原告使用"陶华碧牌"界定自己的商品足已以使消费者将不同地方风味的食品区别开来认购,虽然双方产品均是以大豆和辣椒为原料的调味品,但一个产地在贵州,一个产地在湖南,不同的味道、不同的厂家、不同的产地、不同的品牌,相关消费者不会把两种产品相混淆。综上,本公司的行为不构成不正当竞争,故请求法院驳回原告的诉讼请求。(案例摘自北京市第二中级人民法院[1999]二中知初字第132号判决书)

讨论题

1. 知识产权的范围包括哪些内容?
2. 商标权的权利范围包括哪些内容?
3. 商标权与外观设计专利发生权利冲突,应该怎样处理?
4. 如何理解法院的司法审批权和知识产权局的行政权之间的关系?

思考练习题

1. 什么是知识产权?它与一般财产权的区别有哪些?
2. 简述著作权与专利权的区别。
3. 取得注册的商标需要哪些条件?

本章相关法律与法规

《中华人民共和国商标法》
《中华人民共和国专利法》
《中华人民共和国著作权法》
《中华人民共和国反不正当竞争法》
《计算机软件保护条例》
《知识产权海关保护条例》

第4篇 运行篇

第12章 合同法

> **开篇案例**

新政策出台，买房贷款需谨慎

2010年3月，黄女士与一房地产开发公司签订了一份商品房买卖合同。合同约定，黄女士购买该公司的一套房屋，房屋总价为40万元。其中，黄女士计划贷款28万元。在签订合同当日，黄女士即向房地产开发公司支付了12万元首付款。在黄女士与房地产开发公司签订合同后不久，"国十条"调控政策出台。"国十条"要求严格限制各种名目的炒房和投机性购房。商品住房价格过高、上涨过快、供应紧张的地区，商业银行可根据风险状况，暂停发放购买第三套及以上住房贷款。在随后办理贷款过程中，银行以此套房屋属于第三套房为由拒绝向黄女士发放贷款。在无法获得银行贷款的情况下，黄女士要求解除与房地产公司签订的商品房买卖合同，并返还当初支付的12万元首付款。开发公司却认为，在黄女士申请银行贷款问题上开发公司并无过错，黄女士不能以此为由拒绝履行合同。黄女士除一次性付清28万元余款外，还应按合同约定承担逾期付款的违约责任。至此，买卖双方因贷款问题引发的纠纷开始不断升级。购房者因无法获得银行贷款而导致无法继续履行合同的，违约责任究竟该由谁承担？要具体情况具体分析，不能一概而论。

在黄女士买房纠纷中，黄女士与开发公司签订的商品房买卖合同是在房贷新政发布前签订的，合同成立后客观情况发生了改变，这是黄女士在签订合同时无法预见的。在此情况下，如果要求黄女士继续履行合同，对其明显不公平。根据最高人民法院关于适用《中华人民共和国合同法》若干问题的解释（二）第二十六条规定："合同成立以后客观情况发生了当事人在订立合同时无法预见的、非不可抗力造成的不属于商业风险的重大变化，继续履行合同对于一方当事人明显不公平或者不能实现合同目的，当事人请求人民法院变更或者解除合同的，人民法院应当根据公平原则，并结合案件的实际情况确定是否变更或者解除。"

人民法院可根据实际情况确定是否变更或解除合同，但适用形式变更原则并非简单地豁免债务人的义务而使债权人承受不利后果，而是要充分注意利益均衡，公平合理地调整双方利益关系。在诉讼过程中，人民法院一般采取的是积极引导当事人重新协商，改订合同;重新协商不成的,争取调解解决。对买卖双方而言,不管是主动还是被动违约,都有可能要承担违约责任。

12.1 合同与合同法概述

合同法是调整合同关系的法律规范的总称。合同法有广义和狭义之分。广义的合同法是指所有涉及合同关系的法律规范。例如,《合伙企业法》中关于合伙合同的规定,《中外合资经营企业法》中关于合资合同的规定等。狭义合同法仅指《中华人民共和国合同法》法典。

《中华人民共和国合同法》经九届人大二次会议通过后,自1999年10月1日起施行。该法是在我国以前并行的3部合同法,即《中华人民共和国经济合同法》、《中华人民共和国涉外经济合同法》和《中华人民共和国技术合同法》的基础上制定的,是一部更加完善的合同法,体现了社会主义市场经济对合同法的要求。

合同法属于私法范畴,它调整的是平等主体的自然人、法人和其他组织设立、变更、终止民事权利义务关系。而政府管理及相应的协议约定、法人内部管理关系、有关身份关系的协议(如离婚协议)等,不适用合同法。

本章将从《中华人民共和国合同法》总则展开,分则部分内容因篇幅所限没有涉及,可查阅《中华人民共和国合同法》相关法律条文。

12.1.1 合同的概念和特征

英国法学家梅因曾经提出过"从身份到契约"这一著名公式,抛开其中的历史内涵和法理基础不谈,首先涉及的就是合同的概念。合同到底如何界定?合同和协议是什么关系?这些看起来简单的问题可能困惑着很多人。

《中华人民共和国合同法》中给出的定义简洁明了,该法第二条明确指出:"本法所称合同是平等主体的自然人、法人、其他组织之间设立、变更、终止民事权利义务关系的协议。婚姻、收养、监护等有关身份关系的协议,适用其他法律的规定"。

从这一概念中可以看出合同具有如下特征。

(1) 合同是双方民事法律行为。单方行为不能形成合同。

(2) 合同是平等主体间的民事法律行为。合同当事人的法律地位平等,一方不得将自己的意志强加给另一方,非平等主体间不能形成合同关系。

(3) 合同是一种合意,是当事人协商一致的结果。在合同法律实践中,人们将"合同"和"协议"混同使用,这本身并没有问题。但是有些人误以为合同不同于协议,认为协议的法律效力低于合同,只有合同才是正式法律文件,协议只是意向或者不具有确定的法律效力。对于这种误解,在此必须说明,合同的特征是当事人意思一致,因此,只要具备这个特征(当然还有其他条件),就是合同,至于合同的书面形式的名称是"合同"还是"协议"或者其他什么,对合同法律关系并没有实质影响。

(4) 合同是关于民事权利义务关系的协议。所谓民事权利义务关系就是平等主体的自然人、法人、其他组织间的财产关系和人身关系(人身关系中有关婚姻、收养、监护等身份关系不在《合同法》调整范围内)。应当注意的是,在实践中有很多名为合同或协议,实际并不涉及民事关系的文件,不能把它们作为合同或协议对待,例如,市长与区长签署的关于环境保护责任制的协议、学校与学生签署的关于积分奖惩的协议等。

(5) 合同具有法律的约束力。依法成立的合同,对合同当事人具有法律约束力,各当事人必须履行合同约定的义务,否则应当承担违约合同所带来的民事法律责任。合同的效力具有相对性,即合同只能约束合同当事人,不能约束合同之外的第三人;当事人违约的,守约方也只能要求违约方承担违约责任,不能要求其他人承担违约责任。

(6) 合同是约定,是当事人关于民事权利义务安排的约定。这一特征说明,合同的内容是将来发生的而不是已经发生的,合同只能证明存在着某种约定,并不能证明该种约定已经实现。

案例:陈某于2009年10月12日在法院起诉高某,要求法院判令高某偿还欠款人民币10万元及利息。陈某向法院提供的证据是陈某与高某于2008年4月20日签订的一份《借款合同》。该合同的主要条款是:一、陈某借给高某人民币10万元;二、借款期限一年,自2008年5月1日至2009年4月30日;三、利息按年息10%计算。陈某在法庭上称,高某没有在约定的还款期还款,因此必须立即还款并承担违约责任。高某不同意陈某的诉讼请求,理由是,双方签订合同后,陈某没有按合同约定支付这10万元借款,所以双方没有发生借款的事实,不存在债权债务关系,也无所谓还款问题。

在本案中,高某是否欠陈某的钱是核心问题。由于高某说陈某未支付借款,所以原告陈某应当拿出证据证明其已经向高某支付了借款。现在陈某的唯一证据是双方的借款合同,由于合同是一种约定,其仅能证明双方"将要"去做合同中约定的行为,不能证明双方"已经"完成了这些行为。因此,法院不能仅凭双方借款合同就认定发生了借款事实从而判令高某还款。对于陈某来说,如果他确实已经按合同支付了借款,就应当让高某出具收据,或者在合同中声明借款已经支付给高某。在合同实践过程中,可以根据合同条款列出已经发生的事实,以使合同文本准确发挥证据作用。

12.1.2 合同的分类

从不同的标准出发,可以对合同做不同的分类。《中华人民共和国合同法》的法律条文上没有对合同做基本分类,但是基于法理,合同可以做如下分类。

1. 有名合同与无名合同

有名合同是指法律上已经确定了一定的名称及规则的合同。如我国《合同法》分则中从买卖合同开始到居间合同结束所规定的15类合同,都属于有名合同。除《合同法》之外,一些单行法律也规定了一些合同关系,如《担保法》中规定的保证合同、抵押合同和质押合同,《保险法》中规定的保险合同,《城市房地产管理法》中规定的土地使用权出让合同与转让合同等。

无名合同是指法律上尚未确定一定的名称与规则的合同。例如,使用他人肖像的合同、加盟店合同、企业咨询合同等。

法律不禁止当事人订立无名合同,也不要求当事人必须按照有名合同的规定来订立合同。《合同法》第一百二十四条规定了无名合同适用法律的规则:"本法分则或者其他法律没有明文规定的合同,适用本法总则的规定,并可以参照本法分则或者其他法律最相类似的规定。"

2. 诺成合同与实践合同

诺成合同是指当事人一方的意思表示一旦经对方同意即能产生法律效力的合同。其特点在于当事人双方意思表示一致,合同即宣告成立。实践中的大部分合同都是诺成合同。

实践合同是指除当事人双方意思表示一致以外,尚需交付标的物才能成立或者生效的合同。例如,定金合同,法律规定在定金交付时才生效。

3. 要式合同与不要式合同

要式合同是指具备法律规定的形式才产生法律效力的合同。例如,《担保法》规定,抵押合同自抵押权登记时生效;又如,中外合资经营企业合同经政府批准后生效。这些合同都是要式合同。

不要式合同是指并不需要采取特定的形式也能生效的合同。

要式合同与不要式合同的区别在于是否应以一定的形式作为合同成立或生效的条件。除法律有特别规定以外,合同均为不要式合同。

4. 主合同与从合同

根据合同相互间的主从关系,可以将合同分为主合同与从合同。主合同是指不需要其他合同的存在即可独立存在的合同。从合同是以其他合同的存在而为存在前提的合同。例如,就保证合同而言,设立主债务的合同就是主合同,保证合同就是从合同。

从合同的主要特点在于其附属性,发生、效力、消灭等多个方面均依附主合同。

5. 单务合同与双务合同

根据合同当事人是否互相负有义务,可将合同分为单务合同与双务合同。双务合同是指双方当事人互相负有义务的合同,如买卖合同、租赁合同、运输合同等。单务合同是仅有一方当事人承担义务的合同,常见如赠与合同。

双务合同中存在同时履行抗辩权和风险负担的问题,而这些情形并不存在于单务合同中。

6. 有偿合同与无偿合同

根据合同当事人是否因给付取得对待给付为标准,可将合同分为有偿合同与无偿合同。有偿合同是指合同当事人为从合同中得到利益要支付相应对待给付的合同,此给付并不局限于财产的给付,也包含劳务等非财产利益的给付,通常买卖合同、租赁合同等都是有偿合同。无偿合同是指只有一方当事人作出给付,或者虽然是双方作出给付但双方的给付间不具有对价意义的合同。赠与合同是典型的无偿合同。相对来说,有偿合同当事人应对故意和一切过失负责,违约责任较重。

12.1.3 合同法的基本原则

1. 平等原则

《合同法》第三条规定:"合同当事人的法律地位平等,一方不得将自己的意志强加给另一方。"

平等原则是民法基本原则在《合同法》中的延伸,包含:合同主体的法律地位平等;民事主体权利义务平等;合同主体合法权益受法律的平等保护;合同主体的民事责任平等。

2. 合同自由原则

《合同法》第四条规定:"当事人依法享有自愿订立合同的权利,任何单位和个人不得非法干预。"

合同自由原则体现在很多方面。例如,合同条款具有优先于《合同法》的任意性规范而适用的效力;当事人有权自由决定是否签约,与何人签约以及签什么样的约,也有权自由选择违约补救方式,选择仲裁或诉讼解决合同争议等。

3. 公平原则

《合同法》第五条规定:"当事人应当遵循公平原则确定各方的权利和义务。"

公平原则也是民法基本原则在《合同法》中的延伸,包含:合同主体参与合同法律关系的机会平等;合同主体关系上利益应均衡;合同主体应合理地承担民事责任。

4. 诚实信用原则

合同当事人在合同的订立、履行、变更、解除的各个阶段,甚至在合同关系终止以后,都应当严格依据诚实信用原则行使权利和履行义务。《合同法》中很多条款和规定体现了诚实信用原则的要求。例如,合同订立阶段的缔约过失责任制度;合同履行阶段当事人的协作义务、瑕疵等告知义务;合同终止后的保密、通知后合同义务等。

5. 合法原则

《合同法》第七条规定:"当事人订立、履行合同,应当遵守法律、行政法规,尊重社会公德,不得扰乱社会经济秩序,损害社会公共利益。"这就是《合同法》要求的合法原则。《合同法》规定的无效合同的情形,主要都与违反法律、违反公共利益有关。

6. 鼓励交易原则

鼓励交易原则也被称为维持合同效力原则。合同是社会经济活动的纽带,合同的无效、终止、被撤销、被解除等均导致经济活动的非正常停止。因此《合同法》对上述各种情况规定了严格的条件和程序,以体现鼓励交易的原则。例如,当合同条款存在歧义时,应当尽量将合同解释为有效。

7. 情势变更原则

最高人民法院的司法解释中明确了情势变更原则的法律地位,该原则内涵为:合同成立以后客观情况发生了当事人在订立合同时无法预见的、不可抗力造成的不属于商业风险的重大变化,继续履行合同对于一方当事人明显不公平或者不能实现合同目的,当事人请求人民法院变更或者解除合同的,人民法院应当根据公平原则,并结合案件的实际情况确定是否变更或者解除。

情势变更原则是一项重要的合同法原则,是对于"合同必须守信"原则的例外。因为在某种情况下,固守绝对契约的观念会给当事人造成极其不公的后果,因此,中国大陆法和英美法两大法系国家大多规定情势变更原则,并在司法实践中发挥作用。

情势变更原则是一个国际通例。国际示范立法——《国际商事合同通则》对情势变更原则也明确规定:因发生根本改变双方当事人利益均衡的事件,任何一方当事人都可以请求法院变更或者终止该合同。

12.2 合同的成立

12.2.1 合同的内容

1. 合同的主要条款

合同主要条款是指根据特定合同的性质而必须具备的条款,任何一个主要条款缺失,将导致合同不能成立。例如,买卖合同的数量条款就是其主要条款,没有数量条款,买卖合同就不能成立。

我国《合同法》没有规定一般合同应当具备哪些主要条款,这就要求法院在审理合同案件时根据合同性质和案情合理认定。当然,合同当事人有权约定哪些条款属于其特定合同的主要条款。

《合同法》中仅对合同的常用条款进行了如下归纳:

(1) 当事人的名称或者姓名和住所。这是必备条款,当事人作为合同的主体必须明确,否则就无法确定权利义务关系,发生纠纷也难以解决,特别是在合同涉及多方当事人的时候就更是如此,合同中首先就应该把各方当事人名称或者姓名和住所都规定清楚。

(2) 标的。标的是合同中权利义务所指向的对象,可以是有形财产,也可以是无形财产和劳务,要约定清楚标的的名称、型号、规格等细节,以避免不必要的麻烦和纠纷。

(3) 数量。数量是合同的重要条款。对于有形财产,数量主要体现为个数、体积、面积等;对于无形财产,数量主要表现为个数、件数等;劳务对应的数量一般为劳动量 合同的数量应选择当事人共同接受的计量单位或计量方法。

(4) 质量。无论是有形财产还是无形财产都应该有质量标准,除国家有强制性标准规定外,合同中应当对质量问题作细致规定,通常也应该约定质量评价标准、保质期、对质量提出异议的条件与期限等。

(5) 价款或者报酬。价款一般是指对应财产所支付的货币,如买卖合同中的货款。报酬一般是指对应劳务和工作成果所支付的货币,如建设工程合同中的勘察费、设计费、工程款等。在遵循政府定价和政府指导价的基础上,合同中应约定价款或报酬,也可以约定计算价款或者报酬的方法。

(6) 履行期限、地点和方式。履行期限是指合同中双方当事人履行各自义务的时间界限,是判定合同是否按期履行的重要标准,应当尽量明确、具体,或者明确规定计算期限的方法。履行地点是指当事人履行合同义务的地点。履行地点有时会是确定风险由谁承担以及所有权是否转移的依据,也常常是发生纠纷时确定法院管辖权的依据。履行方式是指当事人履行合同义务的具体形式,可以是一次性的,也可以是分期、分批的,还包括价款或者报酬的结算方式等。

(7) 违约责任。违约责任是指当事人一方违反合同约定所导致的法律责任。违约责任在《合同法》中也有很多重要规定,但为了保护自身利益和合同的履行,当事人还可以在合同中约定违约责任,如约定定金、违约金等。

(8) 解决争议的方法。当事人可以约定解决争议的方法,诉讼解决争议是不用特别约定的,通常此条款涉及的就是仲裁的选择。依照《仲裁法》的规定,如果合同中约定了选择仲裁解决争议,除非该约定无效,否则就直接排除法院对争议的管辖权,所以选择此条款时应慎重。

上述基本条款并不是必备条款,《最高人民法院关于〈中华人民共和国合同法〉若干合同解释(二)》《合同法解释(二)》第一条规定:"当事人对合同是否成立存在争议,人民法院能够确定当事人名称或者姓名、标的和数量的,一般应当认定合同成立。但法律另有规定或者当事人另有约定的除外。"在承认合同成立的前提下,对合同欠缺的前款规定以外的其他内容,当事人达不成协议的,人民法院可以依照《合同法》中合同履行的相关规定予以解释和认定。同时合同生效后可以就条款进行补充。《合同法》第六十一条规定:"合同生效后,当事人就质量、价款或者报酬、履行地点等内容没有约定或者约定不明确的,可以协议补充;不能达成补充协议的,按照合同有关条款或者交易习惯确定。"

除了上述合同的基本条款之外,当事人也可以根据不同合同需要约定其他条款。需要注意的是,法律中已有的强制性规定一般无须在合同中重复约定,可直接适用于合同。

2. 格式条款

格式条款又称格式合同、标准合同,是当事人为了重复使用而预先拟定,并在订立合同时未与对方协商的条款。格式合同的运用,简化了订约的程序,提高了效率。但是格式合同大多被具有垄断性的行业或者具有某种优势地位的企业如保险、银行、电信、运输等使用,易产生信息不对称、权利义务不公平等问题。因此《合同法》对格式条款作出了限制性规定,主要有以下3方面:

(1) 提供格式条款的合同当事人一方应当承担两方面特别义务:一是应当遵循公平原则;二是应当采取合理的方式提醒对方注意免除或者限制本方责任的条款,并且还应当按照对方的要求,对该条款予以说明。《合同法解释(二)》第七条对合理的方式进行了说明:"提供格式条款的一方对格式条款中免除或者限制其责任的内容,在合同订立时采用足以引起对方注意的文字、符号、字体等特别标识,并按照对方的要求对该格式条款予以说明的,人民法院应当认定符合《合同法》第三十九条所称'采取合理的方式'。"提供格式条款的一方当事人未尽提示和说明义务,导致对方没有注意免除或者限制其责任的条款,对方当事人可以通过人民法院申请撤销该格式条款。《合同法解释(二)》第九条规定:"提供格式条款的一方当事人违反《合同法》第三十九条第一款关于提示和说明义务的规定,导致对方没有注意免除或者限制其责任的条款,对方当事人申请撤销该格式条款的,人民法院应当支持。"

(2) 提供格式条款一方免除己方责任、加重对方责任、排除对方主要权利的格式条款无效。

(3) 对格式条款的理解发生争议时,应当按照通常理解予以解释。对格式条款有两种以上理解时,应当作出不利于提供格式条款一方的解释。格式条款与非格式条款不一致时,以非格式条款为准。

《合同法解释(二)》第十条对无效的格式条款作出了规定:"提供格式条款的一方当事人违反《合同法》第三十九条第一款的规定,并具有《合同法》第四十条规定的情形之一的,人民法院应当认定该格式条款无效。"《合同法》对格式条款的限制规定,其目的在于防止具有某种优势的当事人利用格式条款损害对方利益。因此,不能认为只要是事先拟定的条款均属于格式条款。要防止将所有事先印制的合同条款均视为格式条款的倾向和做法。

3. 示范条款

示范条款是有关部门为加强合同管理或者指导合同实践而制定的示范性条款。当事人可以参照合同示范文本签订合同。但是示范条款或者示范文本不具有强制性效力。

实践中,有的管理部门强行要求当事人使用示范文本,这一做法是没有法律依据的。

12.2.2 合同的形式

合同的形式是合同内容的外在表现形式。《合同法》第十条规定:"当事人订立合同,有书面形式、口头形式和其他形式。法律、行政法规规定采用书面形式,应当采用书面形式,当事人约定采用书面形式的,应当采用书面形式。"

1. 口头形式

口头形式是当事人以口头语言表达意思并达成一致的订立合同方式。口头形式的优点在于方便、快捷,特别适合于金额较小且即时清结的合同。其缺点也很明显,一旦发生争议,当事人难以对合同内容甚至合同是否成立进行举证。对企业来说,最好不要以口头形式订立合同。

2. 书面形式

书面形式是指以合同书、信件、传真、电报、电子数据交换等文字形式订立合同。书面合同的优点是不言自明的。有些时候,法律、行政法规规定应当采用书面形式;当事人也可以约定其特定合同采用书面形式。此处需要注意的是,当事人采用合同书形式订立合同的,应当签字或者盖章,但当事人在合同书上摁手印,具有与签字或者盖章同等的法律效力。

3. 其他形式

《合同法解释(二)》第二条对其他形式进行了说明:"当事人未以书面形式或者口头形式订立合同,但从双方从事的民事行为能够推定双方有订立合同意愿的,人民法院可以认定是以《合同法》第十条第一款'其他形式'订立的合同。但法律另有规定的除外。"这种形式的特点在于:当事人不是通过语言、文字,而是通过积极或者消极行动来进行意思表示、订立合同。一般认为,确认推定形式或者默示形式的合同应当合情合理。

4. 法定特别形式

法律有时要求某种合同应当采用某种特定的形式。例如,《担保法》要求定金合同应当采取书面形式;《中外合资经营企业法》要求合资合同应当经过政府外经贸管理机关批准;《城市房地产管理法》要求房屋租赁合同应当采取书面形式等。需要解决的问题是,如果合同未采用法律规定的形式,该合同的法律效力如何?关于这个问题,理论上和实践中均存在争议。应该从以下几方面理解:

(1) 只有法律和行政法规才可以对合同的形式作出特别要求。其他如地方法规、政府规章、部门规章等均无权规定特定合同应当采取何种特定形式。

(2) 法律、行政法规明确规定合同在具备规定的形式时才能生效的,按规定处理。例如,《担保法》规定,抵押合同自抵押权登记时生效;《中外合资经营企业法》规定,合资合同在经过政府外经贸管理机关批准后生效。这类合同属于要式合同。

(3) 法律、行政法规要求特定合同应当采取某种特定形式,但没有明确其在具备该形式时才能生效的,不可以合同未具备规定形式为由认定合同未生效或者无效。《合同法》第三十六条的规定已经足以说明这一原则。该条规定:"法律、行政法规规定或者当事人约定采用书面形式订立合同,当事人未采用书面形式但一方已经履行主要义务,对方接受的,该合同成立。"这类合同很多,例如,上面提到的房屋租赁合同、定金合同等。

12.2.3 订立合同的程序

1. 要约

1) 要约的界定

要约是希望与他人订立合同的意思表示。发出要约的一方称为要约人,要约所指向的人称为受要约人。要约是民事法律行为,在要约有效期内,要约人要受要约的约束,当受要约人承诺时,合同便成立,要约人不能反悔。

要约应当具备以下条件:

(1) 要约人和受要约人均是特定的;

(2) 内容具体确定,是指要约的内容应包括足以使合同成立的主要条款,且这些条款

清楚、明确、肯定;

(3) 表明经受要约人承诺,要约人即受该意思表示约束,即明确表达了希望与对方订立合同的意思。

与要约相类似的概念还有要约邀请。要约邀请是希望他人向自己发出要约的意思表示。根据《合同法》第十五条的规定,寄送的价目表、拍卖公告、招标公告、招股说明书、商业广告等是要约邀请,但内容符合要约规定的商业广告,视为要约。要约与要约邀请界限不清时,实践中倾向于视为要约邀请。

悬赏广告是广告行为人以广告方式对完成广告要求的特定行为的不特定人给付约定报酬的意思表示。关于其性质,以前一直存在争议。对此《合同法解释(二)》认定其为要约,规定为:"悬赏人以公开方式声明对完成一定行为的人支付报酬,完成特定行为的人请求悬赏人支付报酬的,人民法院依法予以支持。"

2) 要约的撤回、撤销

要约的撤回是指要约人在要约生效前,作出以取消要约为目的的意思表示。要约可以撤回。但是"撤回要约的通知应当在要约到达受要约人之前或者与要约同时到达受要约人"。(《合同法》第十七条)

要约的撤销是指在要约生效后,受要约人发出承诺通知之前,要约人作出的取消要约的意思表示。要约可以撤销,但撤销要约的通知应当在受要约人发出承诺通知之前到达受要约人。有下列情况之一的,要约不得撤销:

(1) 要约人确定了承诺期限或者以其他形式明示要约不可撤销;

(2) 受要约人有理由认为要约是不可撤销的,并已经为履行合同作了准备工作。

3) 要约的生效和失效

要约到达受要约人时生效。采用数据电文形式订立合同,收件人指定特定系统接收数据电文的,该数据电文进入该特定系统的时间,视为到达时间;未指定特定系统的,该数据电文进入收件人的任何系统的首次时间,视为到达时间。

要约的失效是指已经生效的要约因出现法定事由而丧失了法律约束力。要约失效的法定事由有4种:

(1) 拒绝要约的通知到达要约人;

(2) 要约人依法撤销了要约;

(3) 承诺期限届满,受要约人未作出承诺;

(4) 受要约人对要约的内容作出实质性变更。

2. 承诺

1) 承诺的界定

承诺是指受要约人同意要约的意思表示。作出承诺的受要约人称为承诺人。承诺是民事法律行为,其法律效力就是使合同成立。但是,只有受要约人作出的、内容与要约的内容一致的承诺,才是有效的承诺。

受要约人对要约内容作出实质性变更,构成新要约,原要约失效。承诺对要约的内容作出非实质性变更的,除要约人及时表示反对或者要约表明承诺不得对要约的内容作出任何变更的以外,属于有效承诺,合同的内容以承诺的内容为准。根据《合同法》的规定,所谓合同的实质性内容,是指合同的标的、数量、质量、价款或者报酬、履行期限、履行地点和方式、违约责任和解决争议方法等条款。

承诺应当以通知的方式作出,但根据交易习惯或者要约表明可以通过行为作出承诺的除外。(《合同法》第二十二条)

2) 承诺期限

承诺应当在要约确定的期限内到达要约人。要约没有确定承诺期限的,承诺应当依照下列规定到达。

(1) 要约以对话方式作出的,应当即时作出承诺,但当事人另有约定的除外。

(2) 要约以非对话方式作出的,承诺应当在合理期限内到达。

(3) 要约以信件或者电报作出的,承诺期限自信件载明的日期或者电报交发之日开始计算。信件未载明日期的,自投寄该信件的邮戳日期开始计算。要约以电话、传真等快速通信方式作出的,承诺期限自要约到达受要约人时开始计算。

受要约人超过承诺期限作出承诺的,除要约人及时通知受要约人该承诺有效的以外,为新要约。

受要约人在承诺期限内作出承诺,按照通常情形能够及时到达要约人,但因其他原因承诺到达要约人时超过承诺期限的,除要约人及时通知受要约人因承诺超过期限不接受该承诺的以外,该承诺有效。

3) 承诺的效力

承诺生效时合同即告成立。一般情况下,承诺通知到达要约人时生效。承诺不需要通知的,根据交易习惯或者要约的要求作出承诺的行为时生效。采用数据电文形式订立合同的,收件人指定特定系统接收数据电文的,该数据电文进入该特定系统的时间,视为到达时间;未指定特定系统的,该数据电文进入收件人的任何系统的首次时间,视为到达时间。

承诺可以撤回。撤回承诺的通知应当在承诺通知到达要约人之前或者与承诺通知同时到达要约人。

3. 合同成立的时间和地点

通常情况下,合同成立的时间就是相关承诺生效的时间。但当事人采用合同书形式订立合同的,自双方当事人签字或者盖章时合同成立。同时《合同法解释(二)》规定:"当事人采用合同书形式订立合同的,应当签字或者盖章。当事人在合同书上摁手印的,人民法院应当认定其具有与签字或者盖章同等的法律效力。"当事人采用信件、数据电文等形式订立合同的,可以在合同成立之前要求签订确认书,签订确认书时合同成立。

通常情况下,承诺生效的地点为合同成立的地点。

采用数据电文形式订立合同的,收件人的主营业地为合同成立的地点;没有主营业地的,其经常居住地为合同成立的地点。当事人另有约定的,按照其约定。

当事人采用合同书形式订立合同的,双方当事人签字或者盖章的地点为合同成立的地点。《合同法解释(二)》第四条进一步解释了例外情形,其规定:"采用书面形式订立合同,合同约定的签订地与实际签字或者盖章地点不符的,人民法院应当认定约定的签订地为合同签订地;合同没有约定签订地,双方当事人签字或者盖章不在同一地点的,人民法院应当认定最后签字或者盖章的地点为合同签订地。"

4. 缔约过失责任

缔约过失责任是指当事人在缔结合同的过程中,违反其依据诚实信用原则或者交易习惯所承担的义务,给对方当事人造成信赖利益损失所应承担的赔偿责任。

诚实信用原则是《合同法》的基本原则,任何缔约方均应当承担由诚实信用原则和交易习惯而产生的忠实、协作、告知、保密、不滥用谈判自由等义务。这些义务就是"先合同义务"。

在订立合同过程中,缔约一方因信赖对方有订立合同的诚意而产生了信赖利益,例如,可行性研究的费用、项目论证的费用、谈判的费用、为签订和履行合同做准备的费用等各种支出,都要通过合同的签订和履行回收。如果缔约一方违背先合同义务,将损害对方的信赖利益。《合同法》规定,因缔约一方违背先合同义务而给另一方造成信赖利益损失的,另一方可以要求其承担赔偿责任,即缔约过失责任。

《合同法》第四十二条规定了3种应当承担缔约过失责任的情况。

(1) 假借订立合同,恶意进行磋商。
(2) 故意隐瞒与订立合同有关的重要事实或者提供虚假情况。
(3) 其他违背诚实信用原则的行为。

司法实践中,违背诚实信用原则的行为主要包括以下情形:

① 未尽必要的通知义务或者疏于照顾,致使对方当事人对合同性质或条款产生重大误解而被撤销;
② 歪曲事实致使对方当事人违背自己的真实意愿而为缔约行为;
③ 违反《合同法》第十九条规定,撤回要约;
④ 悬赏广告人撤销悬赏广告,致使相对人利益受损害;
⑤ 违反意向书、备忘录等初步协议中约定的义务;
⑥ 合同因不具备法定或约定的形式要件而被人民法院认定合同未成立或者无效;
⑦ 《合同法解释(二)》第八条规定的"依照法律、行政法规的规定经批准或者登记才能生效的合同成立后,有义务办理申请批准或者申请登记等手续的一方当事人未按照法律规定或者合同约定办理批准或者未申请登记"的行为;
⑧ 《合同法》第四十三条中合同未成立情况下,违反保密义务的行为;
⑨ 在缔约磋商过程中,因一方的不作为行为致使对方当事人受到人身或者财产损害。

缔约方泄露或者不正当使用在订立合同过程中知悉的对方的商业秘密,给对方造成损失的,也应当承担缔约过失赔偿责任。

5. 合同订立中的代理行为

签订合同的当事人只有具有签订该合同所要求的民事行为能力,具有能够正确理解自己行为的性质和后果,独立表达自己意思的能力,才能成为合同的主体,其合同行为才能发生法律效力。因此,无民事行为能力的自然人一般不能自己订立合同;限制民事行为能力的自然人只能订立与其年龄、智力相适应的合同。

当事人除了自己签订合同之外,还可以通过代理人签订合同。《合同法》中涉及的代理主要包括法定代理和委托代理。

1) **法定代理**

如果当事人为无行为能力人或者限制行为能力人,签订合同时需要其法定代理人代表其进行。

如限制行为能力人未经法定代理人许可自行签订合同,则该合同经法定代理人追认后也属有效。法定代理人对限制民事行为能力人所签合同予以追认,应当采用书面形式或者其他可以证明的形式通知相对人,追认通知到达相对人后不得撤销。

限制民事行为能力人签订的合同被追认前,善意相对人可以催告法定代理人在1个月内予以追认。法定代理人未作表示的,视为拒绝追认。合同被追认之前,善意相对人可以以通知的方式撤销该合同,但应当采用书面形式或者其他可以证明的形式通知该限制民事行为能力人或其法定代理人。

但纯获利益的合同或者与其年龄、智力、精神健康状况相适应而订立的合同,不必经法定代理人追认,善意相对人也不能撤销。此处的纯获利益的合同,实践中多指限制民事行为能力人只享受权利、不承担义务的合同,如接受赠与、奖励、获取报酬等合同。限制民事行为能力人所签纯获利益的合同的效力的规定,可以适用于无民事行为能力人。

2) **委托代理**

委托代理就是指代理人根据被代理人的委托和授权与相对人签订合同,在被代理人与相对人之间建立合同关系。《合同法》第九条第二款规定:"当事人依法可以委托代理人订立合同。"

在实践中,人们往往并不严格区别委托和授权。法律上,两者是有区别的。委托是委托人(被代理人)与受托人(代理人)内部的委托合同关系;授权是被代理人的授予代理权的单方行为,有被代理人的单方意思表示就可以发生效力。授权可以对代理人进行,也可以对代理人和相对人进行。在代理关系中有三方当事人,委托人是被代理人,受托人是代理人,合同的对方当事人是相对人。合同直接约束被代理人和相对人。

根据《民法通则》的规定,委托代理的授权行为可以用书面形式、口头形式或者任何其他形式,如果法律规定用书面形式的,则应当按照法律的规定。《民法通则》第六十六条第一款还规定了一种特殊的以默示方式进行的授权。根据该规定,本人知道他人以自己名义实施民事行为而不作否认表示的,本人应当为他人以其名义进行的民事法律行为承担法律后果。如果授权行为采用的是书面形式,但是授权不明,为保护善意相对人的利益,代理行为的法律后果仍然由被代理人承担,但是代理人应当与被代理人负连带责任。

代理人是为被代理人的利益与相对人订立合同的,代理人进行合同代理时,应当遵守法律规定的义务。第一,代理人应当在代理权限范围内订立合同。第二,代理人应当亲自完成代理事项。委托代理基于被代理人的授权而发生,而被代理人之所以选任特定的人为自己的代理人,是因为对于代理人的能力、信用等方面有特别的信任。所以法律要求委托代理人应当亲自完成的代理事项,只有在法律规定的特殊情况下,代理人才可以转委托他人。第三,代理人应当忠实于被代理人,谨慎行使代理权,最大限度维护被代理人的利益。代理人不履行谨慎代理义务而给被代理人造成损害的,应当承担民事责任。

代理关系因以下原因终止:代理期间届满或者代理事务完成;被代理人取消委托授权或者代理人辞去委托;代理人死亡或者丧失行为能力。

3) 无权代理

无权代理是没有代理权的代理,分为3种具体情况:一是没有代理权;二是超越代理权;三是代理权终止后实施的代理。根据《合同法》第四十八条的规定:无权代理订立的合同,未经被代理人追认的,对被代理人不发生效力,由行为人承担责任。但是,相对人可以催告被代理人在1个月内对无权代理的合同予以追认,被代理人未作表示的,视为拒绝追认。合同被追认之前,善意相对人有撤销合同的权利,但撤销应当以通知的方式作出。

如果被代理人追认无权代理,则追认的意思表示自到达相对人时生效,相关合同也自订立时起生效。

《合同法解释(二)》第十二条规定:"无权代理人以被代理人的名义订立合同,被代理人已经开始履行合同义务的,视为对合同的追认。"

4) 表见代理

《合同法》第四十九条规定:"行为人没有代理权、超越代理权或者代理权终止后以被代理人名义订立合同,相对人有理由相信行为人有代理权的,该代理行为有效。"

表见代理有以下4个条件:

(1) 代理人的行为属于无权代理。有权代理无所谓表见代理。

(2) 无权代理人有被授予代理权的表象。即代理人没有代理权,但在表面上存在被授予代理权的假象。例如,无权代理人曾经被正式授予代理权,但订立合同时代理权已经因被代理人取消委托授权而终止,而相对人不知道。又如,代理人持有被代理人的介绍信、合同专用章或者盖有合同专用章的空白合同,以被代理人名义与相对人订立合同,实际上该代理人根本没有得到被代理人的授权,是擅自行为。但是其持有介绍信和印章的事实,已经具有得到授权的表象。再如,代理人没有代理权,但其多次代被代理人与相对人订立合同,每次订立的合同都得到被代理人履行,则形成该代理人有权代理被代理人订立合同的表象等。

(3) 相对人有正当合理的理由相信代理人有代理权。相对人是否有正当合理理由,应当根据当时的具体情形决定。一般认为,一个善意的通情达理的人处于相对人的地位,也会相信代理人有代理权,可以认为有正当合理理由。实践中,以下几种情形是较为常见的有理由相信代理人有代理权的情形:被代理人明知行为人以其名义订立合同而不否认的;被代理人的高层管理人员从事与其职责相关的民事活动的;行为人持有被代理人法定代表人或者单位负责人名章或单位印章和单位介绍信订立合同的;被代理人授权范围不明的;代理权被终止或者被限制,但被代理人未及时通知相对人的。被代理人造成损失的,被代理人可以向行为人追偿。

(4) 相对人基于相信代理人的代理权而与其订立了合同。没有订立合同当然无所谓表见代理。

根据《合同法解释(二)》第十三条的规定:"被代理人依照《合同法》第四十九条的规定

承担有效代理行为所产生的责任后,可以向无权代理人追偿因代理行为而遭受的损失。"

5) 隐名代理

隐名代理指代理人在代理被代理人与相对人订立合同时,没有披露其代理人身份。

根据《合同法》第四百零二条和四百零三条的规定,代理人以自己的名义,在授权范围内与相对人订立的合同,相对人在订立合同时知道代理人与被代理人之间的代理关系的,该合同直接约束被代理人和相对人。

代理人以自己的名义与相对人订立合同时,相对人不知道代理人与被代理人之间的代理关系的,代理人因相对人的原因对被代理人不履行义务,代理人应当向被代理人披露相对人,被代理人因此可以行使代理人对相对人的权利,但相对人与代理人订立合同时如果知道该被代理人不会订立合同的除外。代理人因被代理人的原因对相对人不履行义务,代理人应当向相对人披露被代理人,相对人因此可以选择代理人或者被代理人作为相对人主张其权利,但相对人不得变更选定的相对人。

6) 滥用代理权

如上所述,代理人应当忠实于被代理人,谨慎行使代理权,最大限度维护被代理人的利益,否则就构成滥用代理权。代理人滥用代理权应当承担相应的法律责任。根据《民法通则》、《合同法》及最高人民法院司法解释,滥用代理权主要有以下几种情况:

(1) 代理人以被代理人的名义与代理人自己订立合同。这种情况被称为"自己代理"。自己代理行为无效。

(2) 代理人以被代理人的名义与该代理人代理的其他人订立合同。这种情况被称为"双方代理"。双方代理也是无效行为。

(3) 代理人与第三人恶意串通,损害被代理人利益。这种行为欠缺合法性,故属无效行为。

(4) 代理人利用代理权订立违反法律、行政法规强制性规定或者违反社会公共利益等合同的。根据《民法通则》第六十七条的规定,被代理人知道代理人的代理行为违法不表示反对的,由被代理人和代理人负连带责任。

12.3 合同的效力

《合同法》第八条规定:"依法成立的合同,对当事人具有法律约束力。当事人应当按照约定履行自己的义务,不得擅自变更或者解除合同。"当事人拒绝履行和不适当履行义务或随意变更和解除合同,本质上属于违法行为,应当承担违约责任。

根据合同相对性的原则,合同不具有对第三人的约束力。但在实践中,合同的履行通常受到第三人的影响,如第三人非法引诱、强迫债务人不履行债务,或者与债务人恶意串通损害债权人利益等。合同当事人具有排除第三人妨害及在第三人非法侵害合同债权时享有要求其赔偿损失的权利。此外,债权人的代位权和撤销权也属于合同对第三人的约束力。

12.3.1 生效合同

合同生效是指合同的约束力在当事人之间实际产生。《合同法》第四十四条规定:

"依法成立的合同,自成立时生效。法律、行政法规规定应当办理批准、登记等手续生效的,依照其规定。"这一规定明确了合同生效的时间和法定条件。根据最高人民法院的司法解释,法律、行政法规规定合同应当办理登记手续,但未规定登记后生效的,当事人未办理登记手续不影响合同的效力,但合同标的物所有权及其他物权不能转移。

合同生效的前提是合同已经成立。所谓合同的成立,是指当事人就合同的主要条款达成一致意见。绝大多数合同成立即生效,《合同法》第四十四条第一款规定:"依法成立的合同,自成立时生效。"但是,合同成立并不一定意味着合同生效。例如,《合同法》第四十五、四十六条规定了附条件、附期限合同的生效要件。已经成立的合同,如果不符合法律规定的生效要件,就不能产生法律效力。

合同的生效要件主要包括 4 个方面。

(1) 当事人具有相应的民事行为能力,已在上文详细叙述。

(2) 合同内容不违反法律、行政法规的强制性规定,不违反公序良俗。合同不违反法律,既包括合同内容不得违反法律的强行性规定,也包括合同内容不得规避法律。但若仅是部分条款违法,确认部分条款无效并不影响其他部分的效力。

在遵守法律的前提下,合同在内容上也不得违反社会公共利益。有些合同行为表面上虽未违反现行法律,但实质上损害了社会的共同利益,破坏了社会经济生活秩序,将这种行为界定为违反社会公共利益而不予认可,有利于维护社会公共道德,并弥补法律规定的不足。

(3) 要式合同的形式符合法律规定。合同必须具备法律所要求的形式。《合同法》第四十四条作出规定:"法律、行政法规规定应当办理批准、登记等手续生效的,依照其规定。"可见,我国法律在承认当事人可以依法选择合同形式的同时,也要求当事人遵守法律对合同形式所作出的特殊要求。

(4) 当事人意思表示真实。所谓意思表示真实,是指当事人行为所表示出的意思应当与其内心真实意思一致。意思表示真实是合同生效的重要要件。因为合同在本质上乃是当事人之间的一种合意,此种合意符合法律规定,依法律可以产生法律约束力。而当事人的意思表示能否产生此种约束力,则取决于此种意思表示是否同行为人的真实意思相符合。

12.3.2 附条件的合同和附期限的合同

附条件的合同是指当事人在合同中特别规定一定的条件,以条件的是否成就来决定合同的效力的发生或消灭的合同。《合同法》第四十五条规定:"当事人对合同的效力可以约定附条件。附生效条件的合同,自条件成就时生效。附解除条件的合同,自条件成就时失效。"

合同所附条件必须是将来可能发生的合法事实,且不得与合同的主要内容相矛盾。当事人为自己的利益不正当地阻止条件成就的,视为条件已成就;不正当地促成条件成就的,视为条件不成就。

附期限的合同是指当事人在合同中设定一定的期限,并把期限的到来作为合同效力的发生或消灭根据的合同。《合同法》第四十六条规定:"当事人对合同的效力可以约定附期限。附生效期限的合同,自期限届至时生效。附终止期限的合同,自期限届满时失效。"

12.3.3　效力待定的合同

效力待定合同是指成立时是否生效尚不能确定,有待于其他行为使之确定的合同。此类合同成立后往往欠缺某些有效条件,若后来此条件具备,则可转化为有效合同;否则,也可能转为无效或者被撤销的合同,从而至始无效。

效力待定合同主要包括以下几种。

(1) 无行为能力人和限制行为能力人签订的合同,其效力有待于法定代理人确认。

(2) 无权代理的行为人签订的合同,其效力有待于被代理人本人确认。

在前述两种情况下,相对人可以催告法定代理人或者被代理人在1个月内予以追认,法定代理人或者被代理人未作表示的,视为拒绝追认。在合同被追认之前,善意相对人有权撤销合同,但撤销应当以通知的方式作出。

(3) 无处分权人处分他人财产或者其他民事权益的合同,其效力有待于合法权利人确认,或者在无处分权人取得该权利后确认。

12.3.4　无效合同

无效合同是缺乏法律的实质要件而不能产生法律约束力的合同。无论合同在什么时候被确认无效,合同自始至终没有法律效力。合同无效采取国家强制干预原则,即合同是否无效不取决于合同当事人意志,当事人不得履行无效合同,已经履行的也应当恢复到合同签订前的法律状态,无法恢复的,过错方应当承担法律责任。

1. 合同无效的类型

1) 行为人不具有行为能力的合同

行为人不具有行为能力的合同包括:

(1) 无行为能力人订立的非纯获利益的合同;

(2) 违反国家限制经营规定而订立的合同;

(3) 违反国家特许经营规定而订立的合同;

(4) 违反法律、行政法规禁止经营规定的合同。

2) 意思表示不真实的合同

根据《合同法》第五十二条规定,有下列情形之一的,合同无效。

(1) 一方以欺诈、胁迫的手段订立合同,损害国家利益。根据《合同法》,以欺诈、胁迫手段签订的合同属于可以请求变更或者撤销的合同,但是,如果该合同损害了国家利益,则合同无效。这里的国家利益不包括国家作为投资人投资于企业而形成的(国有)企业的利益。

(2) 恶意串通,损害国家、集体或者第三人利益。例如,代理人与相对人恶意串通损害被代理人利益,串通投标等。

3）内容违法的合同

内容违法的合同包括以下几类。

（1）以合法形式掩盖非法目的。这类合同属于"规避法律"。所谓规避法律是指合同当事人故意制造假象，使本来应当适用于其合同的法律没有得到适用，而适用了其他对当事人有利的法律。

（2）损害社会公共利益。符合公共利益即公序良俗是民事活动的基本原则，否则合同无效。

（3）违反法律、行政法规的强制性规定。合法是合同的本质要求，违法合同自然无效。应当注意的是，判断合同违法的依据只能是法律和行政法规，除此以外的任何法规、规章均不能作为认定合同无效的依据。

2．无效合同的认定和法律效果

无效合同的认定权属于人民法院或者仲裁机构，其他任何部门或者个人均无权认定合同无效。认定的方式是判决或者裁决。认定合同无效，必须严格依据法律规定，不得将不符合《合同法》规定的无效条件和情况的合同认定为无效，特别是不能将可撤销的合同、效力待定的合同、不完善的合同、被解除的合同、已终止的合同等认定为无效合同。《合同法》第五十六条规定："无效的合同或者被撤销的合同自始没有法律约束力。"

合同被认定为无效后，产生以下民事后果。

（1）合同停止履行。

（2）当事人将根据无效合同而取得的财产返还给对方，不能返还或者没有必要返还的应当折价补偿。

（3）对导致合同无效有过错的一方应当赔偿对方的损失，双方都有过错的应当各自承担相应的责任。

（4）合同无效不影响合同中独立存在的有关争议解决方法的条款的效力。

《合同法》第五十七条规定，合同无效、被撤销或者终止的，不影响合同中独立存在的有关解决争议方法的条款的效力。

3．合同的部分无效

如果合同的一部分不符合法定条件，则合同的该部分无效。合同部分无效不影响其他部分效力的，其他部分继续有效。

合同部分无效可以分两种情况，一是合同部分标的无效；二是合同的部分条款无效。如《合同法》第五十三条规定："合同中的下列免责条款无效：①造成对方人身伤害的；②因故意或者重大过失造成对方财产损失的。"

在实践中，当事人应当清楚合同各条款或者部分之间是否存在依托关系。如果你认为合同效力的分割，或者合同的一部分被认定无效而其他部分仍保持效力无法接受，应当在合同中予以预先处理，比方说在合同中约定：一旦合同的任何或者某特定部分被认定为无效、未生效、被撤销、被解除或者因其他原因被终止，双方应当协商对合同进行修改，协商不成的，任何一方有权解除合同。

12.3.5 可以请求变更或者撤销的合同

可以请求变更或者撤销的合同是指当事人意思表示不真实或者严重背离公平原则的合同。这类合同通常被称为"可撤销合同"。对可撤销合同，当事人可以申请法院或者仲裁机构予以变更或者撤销。

1. 可撤销合同的情形

1) 因重大误解而订立的合同

所谓重大误解，是当事人作出合同意思表示时，其对涉及合同法律效果的重要事项存在着错误认识，且这一误解将使该方希望的合同目的无法实现，或者使该方的利益受到较大损失。

重大误解是由于行为人自己的大意，缺乏经验或者信息不通等原因造成的，而不是由于受到欺诈、胁迫等原因造成的，否则就不能认为是重大误解。误解是重大的，即误解造成了对当事人的重大不利后果，如果合同履行，将产生严重的不合理或者不公平的结果，且重大误解与合同的订立或者合同条件存在因果关系。

重大误解包括以下几种情况。

(1) 对合同的性质发生误解。如当事人将"租赁合同"误以为是"买卖合同"。

(2) 对合同主体发生误解。如把甲误以为是乙而与之签订了合同。

(3) 对标的物发生误解。

(4) 双方共同对合同应当适用的法律的内容发生误解。这是一个存在争议的问题。如果双方共同误认为存在或者不存在某一法律，或者双方共同误认为其合同应当适用某一法律而其合同本来应当适用另一法律，如果这种误解对一方当事人产生了严重损害，应该允许当事人一方撤销合同，否则将导致不公平，有违法律的原则。

2) 在订立时显失公平的合同

显失公平的合同是指一方当事人在紧迫或者缺乏经验的情况下订立的当事人之间的权利义务明显不对等的合同。

合同不公平可能有两种情况：一是合同签订时就不公平；二是由于签订合同时的背景发生了巨大变化，使得履行合同将给一方造成严重损失。我国法律仅规定了前一种情况，没有规定后一种情况。

我国的司法实践一般认为，显失公平具有以下构成要件。

(1) 客观要件，即在客观上存在当事人之间的权利义务明显不对等的事实。

(2) 主观要件，即一方当事人故意利用其优势或者另一方当事人的草率、无经验等订立了合同。最高人民法院司法解释规定，一方当事人利用优势或者利用对方没有经验，致使双方的权利与义务明显违反公平、等价有偿原则的，可以认定为显失公平。

一方利用其优势或者对方的无经验，固然是认定合同显失公平的理由，但重要的不是看该方是否有利用的故意，而是看另一方本身是否实际上处于某种劣势或者没有经验。如果确实属于另一方处于劣势或没有经验而造成合同显失公平，无论是否存在对方故意利用的事实，均应当认定为显失公平。

另外，对商事合同来说，应当慎重认定合同显失公平，要注意区别其与正常商业风险的不同。

3) 一方以欺诈手段与对方订立的合同

欺诈是指一方当事人故意实施某种欺骗他人的行为，其目的在于使他人陷入错误而订立合同。

最高人民法院司法解释规定："一方当事人故意告知对方虚假情况，或者故意隐瞒真实情况，诱使对方当事人作出错误意思表示的，可以认定为欺诈行为。"可见，欺诈包括告知虚假情况和隐瞒事实真相两种情况。

应当根据以下因素认定欺诈行为：

(1) 欺诈方是否有欺诈的故意；

(2) 欺诈方是否实施了欺诈行为；

(3) 欺诈行为是否与被欺诈人订立合同有因果关系。

不能认为只要一方故意实施了欺骗行为，就认定为欺诈，特别在认定隐瞒真相的欺诈时，更应当慎重。

实践中还应当区别欺诈和违约。欺诈是在签订合同时根本未打算全面履行合同；违约是签订合同以后才决定不全面履行合同。

4) 一方以胁迫手段与对方订立的合同

胁迫是以将来要发生的损害或以直接施加损害相威胁，使对方产生恐惧。其目的是迫使对方因害怕受到损害而违背意志订立合同。

应当根据以下因素认定胁迫行为：

(1) 胁迫方是否有胁迫的故意；

(2) 胁迫方是否实施了胁迫行为；

(3) 胁迫行为与被胁迫人订立合同是否有因果关系。

在认定胁迫行为与订立合同的因果关系时，应当考虑胁迫对被胁迫方的实际压力。

一般认为，合法行为本身不能构成胁迫。如果合法行为被用于胁迫他人，且确实造成足以使对方屈服的压力，应当属于权利滥用，可以构成胁迫。例如，以揭发对方犯罪相要挟，迫使其签订合同的行为，当属胁迫。

另外，以违约相要挟的情况在实践中也有发生，司法实践通常并不认为属于胁迫。理解胁迫应当考虑的关键问题是胁迫人用以胁迫的行为与合同本身是否存在内在的联系，如果胁迫人用与所签订的合同毫无相干的行为迫使对方签订合同，就应当认定为胁迫，而无论该行为是否合法。

5) 一方乘人之危与对方签订的合同

所谓乘人之危，是指行为人利用他人的危难处境或紧迫需要，强迫对方接受某种明显不公平的合同条件。

2. 可撤销合同的效力

发生法律规定的情况时，合同当事人只能向人民法院或者仲裁机构提出撤销或者变更合同的请求，不能直接宣布撤销或者变更合同。撤销或者变更合同的权力属于人民法院和仲裁机构。但是,法院或者仲裁机构不能主动撤销或者变更合同,必须根据合同当事人的请求作出裁决。同时,当事人要求变更合同的,法院或者仲裁机构不得撤销合同。

可撤销的合同被撤销的,与无效合同有同样的法律后果。

合同撤销权因下列情况而消灭:

(1) 具有撤销权的当事人自知道或者应当知道撤销事由之日起一年内没有行使撤销权;

(2) 具有撤销权的当事人知道撤销事由后明确表示或者以自己的行为放弃撤销权。

12.4 合同的履行

12.4.1 合同履行的原则

合同履行是合同当事人依法履行合同约定的义务的民事法律行为。合同履行应当遵守两个基本原则,即适当履行原则和诚信履行原则。

1. 适当履行原则

适当履行原则也称全面履行原则。《合同法》第六十条规定:"当事人应当按照约定全面履行自己的义务。"这一原则是合同效力的集中体现。签订合同的目的在于履行合同,唯有适当、全面履行合同义务,才能实现合同的目的。适当履行原则要求合同当事人必须按照合同的约定履行主体、标的、质量、数量、履行方法、时间、地点以及方式等方面的要求,全面、完整地实际履行其合同义务,非经法律程序不得改变。

2. 诚信履行原则

诚信履行原则,主要是指当事人应当履行合同的法定附随义务,如通知、告知、配合等义务。

诚实信用是《合同法》乃至整个私法的基本原则,履行合同当然也必须遵守诚信原则。《合同法》规定:"当事人行使权利、履行义务应当遵循诚实信用原则。"(《合同法》第六条)"当事人应当遵循诚实信用原则,根据合同的性质、目的和交易习惯履行通知、协助、保密等义务。"(《合同法》第六十条)

如果说合同的任何阶段均应当遵守诚信原则,那么履行合同中的诚信具有更深刻的意义。

12.4.2 约定不明合同的履行

合同约定不明是指内容约定不明确或者没有约定的情况。在履行约定不明的合同时,必须首先确定这些合同本身没有明确的内容,然后按确定的内容履行。根据《合同法》第六十一条和第六十二条规定的原则,当事人对已生效合同中的某些条款没有约定或者约定不明确的,应由当事人协议补充,当事人不能达成补充协议的,应当按照合同有关条款或者交易习惯确定。就是说,合同中没有约定或者未明确的条款,应当根据合同的其他条款进行合理推定;如果存在交易习惯,包括公认的习惯、特定行业的业内习惯、特定当事人之间业已形成的习惯等,则应当根据这些习惯予以确定。

如果合同的条款按照上述原则仍不能确定的,应按照以下规定确定。

(1) 质量要求不明确的,按照国家标准、行业标准履行;没有国家标准、行业标准的,按照通常标准或者符合合同目的的特定标准履行。

(2) 价款或报酬不明确的,按照订立合同时履行地的市场价格履行;依法应当执行政府定价或者政府指导价的,按照规定履行。执行政府定价或者政府指导价的,在合同约定的交付期限内政府价格调整时,按照交付时的价格计价。逾期交付标的物的,遇价格上涨时,按照原价格执行;价格下降时,按照新价格执行。逾期提取标的物或者逾期付款的,遇价格上涨时,按照新价格执行;价格下降时,按照原价格执行。

(3) 履行地点不明确。给付货币的,在接受货币一方所在地履行;交付不动产的,在不动产所在地履行;其他标的,在履行义务一方所在地履行。

(4) 履行期限不明确的,债务人可以随时履行,债权人也可以随时要求履行,但应当给对方必要的准备时间。

(5) 履行方式不明确的,按照有利于实现合同目的的方式履行。

(6) 履行费用的负担不明确的,由履行义务一方负担。但因债权人的原因而增加的履行费用,应由债权人承担。

12.4.3 合同履行中的抗辩权

1. 同时履行抗辩权

同时履行抗辩权是指,合同当事人互相负有债务,即同时履行抗辩权只存在于双务合同中。合同没有约定先后履行顺序的,当事人应当同时履行。一方在对方未履行之前有权拒绝其履行要求。一方在对方履行债务不符合约定时,有权拒绝其相应的履行要求。

同时履行抗辩权是相互的。一经行使,在实体法上发生阻却他方请求权的效力,但它没有请求他方先为给付的效力,也不能消灭他方请求权。

2. 先履行抗辩权

先履行抗辩权是指当事人互负债务,有先后履行顺序,先履行一方未履行的,后履行一方有权拒绝其履行要求。先履行一方履行债务不符合约定的,后履行一方有权拒绝相应的履行要求。先履行抗辩权只存在于双务合同中,它具有的先后履行顺序包括:①合同明确约定有先后顺序;②法律明文规定有先后顺序。需要注意的是先履行抗辩权行使的前提条件是双方债务均届期满。

先履行抗辩权一经行使,即发生阻却他方请求权的效力。他方未先给付前,可拒绝自己给付,并不承担违约责任。

3. 不安抗辩权

不安抗辩权是指,合同约定应先履行合同义务的当事人一方,有确切证据证明对方的财产或者履行债务的能力明显减少,以致很可能在接受该方给付后却难以履行其合同义务,有权中止履行合同,除非对方提供担保。

《合同法》第六十八条规定,应当先履行债务的当事人,有确切证据证明对方有下列情形之一的,可以中止履行:

(1) 经营状况严重恶化;

(2) 转移财产、抽逃资金,以逃避债务;

(3) 丧失商业信誉;

(4) 有丧失或者可能丧失履行债务能力的其他情形。

行使不安抗辩权的一方应当负有证明对方丧失或者可能丧失履行债务能力情况的举证义务,如果行使不安抗辩权的一方不能提供确切证据,则其中止履行合同的行为构成违约。同时,后履行义务一方在合理期限内恢复了履行能力或者提供了适当担保的,行使不安抗辩权的一方应当恢复履行。

12.4.4　合同履行中债务的变更

当事人可以约定由债务人向第三人履行债务,此时,如债务人未向第三人履行债务或者履行债务不符合约定,债务人应当向债权人承担违约责任,第三人不得单独作为原告或与债权人作为共同原告向债务人主张权利,也不得作为无独立请求权的第三人参加债权人向债务人提起的诉讼,仅在人民法院认为必要时,可以作为证人出庭。

当事人可以约定由第三人向债权人履行债务的,第三人不履行债务或者履行债务不符合约定,债务人应当向债权人承担违约责任,第三人可以以无独立请求权的第三人身份参与诉讼。

债权人分立、合并或者变更住所没有通知债务人,致使履行债务发生困难的,债务人可以中止履行或者将标的物提存。

债权人可以拒绝债务人提前履行债务,但提前履行不损害债权人利益的除外。债务人提前履行债务给债权人增加的费用,由债务人负担。

债权人可以拒绝债务人部分履行债务,但部分履行不损害债权人利益的除外。部分债务人履行债务给债权人增加的费用,由债务人负担。

合同履行过程中,当事人不得因姓名、名称的变更或者法定代表人、负责人、承办人的变动而不履行合同义务。

12.4.5　履行顺序

《合同法解释(二)》第二十、二十一条对履行顺序的规定如下:

(1) 债务人的给付不足以清偿其对同一债权人所负的数笔相同种类的全部债务,应当优先抵充已到期的债务。

(2) 几项债务均到期的,优先抵充对债权人缺乏担保或者担保数额最少的债务;担保数额相同的,优先抵充债务负担较重的债务。

(3) 负担相同的,按照债务到期的先后顺序抵充。

(4) 到期时间相同的,按比例抵充。但是,债权人与债务人对清偿的债务或者清偿抵充顺序有约定的除外。

(5) 债务人除主债务之外还应当支付利息和费用,当其给付不足以清偿全部债务并且当事人没有约定的,应按照下列顺序抵充:

① 实现债权的有关费用;
② 利息;
③ 主债务。

12.5 合同的变更、转让与终止

12.5.1 合同的变更

合同的变更是指在合同效力终止前,当事人对合同条款的修改、补充或删除。此处合同的变更是狭义概念,仅指对合同内容的变更,不包括合同主体的变更。

合同变更有两种情况,一是协商变更;二是命令变更。

协商变更是最典型的合同变更情形。根据合同自愿原则,只要变更后的合同不存在导致合同无效的法定情形,当事人当然有权变更合同。合同的变更是对合同当事人权利义务重新作出安排。《合同法》第七十七条规定:"当事人协商一致,可以变更合同。"当事人对合同变更的内容约定不明确的,推定为未变更。

合同的命令变更是指,对可撤销合同,法院或者仲裁机构可以根据当事人的请求裁决变更合同。

合同的变更没有溯及力,对已经履行的部分不产生恢复的法律效力。

12.5.2 合同的转让

合同的转让是指合同一方当事人依法将其合同的权利或义务全部或者部分地转让给第三人的法律行为。合同转让有以下几种情形。

1. 债权让与

债权让与是合同债权人有偿或者无偿地将其债权全部或部分地转让给第三人的法律行为。以下 3 种情形不允许债权让与:①根据合同性质不得转让;②按照当事人约定不得转让;③依照法律规定不得转让。

1) 债权让与的要求

债权让与人和受让人必须就合同债权的转让达成合法有效的协议。债权人转让债权的,不必经债务人同意,但应当通知债务人,未经通知的,该转让对债务人不发生效力。债权人转让权利的通知不得撤销,但经受让人同意的除外。

2) 债权让与的效力

债权让与生效后,债务人应当向受让人清偿。在符合法律要求的前提下,债务人可以向受让人主张抵销。

债务人有权向受让人行使其对原债权人的抗辩权。

债权人让与生效后,受让人取得与债权有关的从权利,但该从权利专属于债权人自身的除外。

对简单债权债务关系来说,上述债权转让规则应无问题。但对于双务合同中的债权来说,情况就复杂得多。在很多情况下,合同当事人享有债权是其有能力履行债务的基础,其将合同债权转让他人,很可能造成其丧失履行合同债务的局面。因此,法律应当对合同债权转让作出限制,例如,应当经合同债务人(同时也是合同债权人)同意,至少应当规定债务人具有相应的撤销权,以保护合同债务人的合法利益。

2. 债务承担

债务承担指债务人将合同的义务全部或者部分转移给第三人的行为,债务承担必须经过债权人同意。

债务承担生效后,新债务人可以主张原债务人对债权人的抗辩;同时,新债务人应当承担与主债务有关的从债务,但该从债务专属于原债务人自身的除外。

3. 合同转让

合同转让是指当事人一方经对方同意,可以将自己在合同中的权利和义务一并转让给第三人。

当事人订立合同后合并的,由合并后的法人或者其他组织行使合同权利,履行合同义务。当事人订立合同后分立的,除债权人和债务人另有约定的以外,由分立的法人或者其他组织对合同的权利和义务享有连带债权,承担连带债务。

合同转让应当由各方达成一致并签订协议。特别提醒注意的是,转让协议应当对原合同双方当事人已经履行的合同部分的后果,以及原合同双方当事人违约事实的确定和违约责任的承担等问题作出明确约定,以免发生争议。

合同转让必然有第三人的加入,《最高人民法院关于适用〈中华人民共和国合同法关于合同法的解释(一)〉》(以下简称《合同法解释(一)》)。《合同法解释(一)》对债权人、债务人与第三人之间发生纠纷时的处理进行了说明,债权人转让合同权利后,债务人与受让人之间因履行合同发生纠纷诉至人民法院,债务人对债权人的权利提出抗辩的,可以将债权人列为第三人;债务人转移合同义务后,受让人与债权人之间因履行合同发生纠纷诉至法院,受让人就债务人对债权人的权利提出抗辩的,可以将债务人列为第三人。

12.5.3 合同的终止

合同的权利义务终止后,当事人应当遵循诚实信用原则,根据交易习惯履行通知、协助、保密等义务。依据《合同法解释(二)》第二十二条规定,当事人一方违反以上义务,给对方当事人造成损失,对方当事人请求赔偿实际损失的,人民法院应当支持。合同的权利义务终止,不影响合同中结算和清理条款的效力。

有下列情形之一的,合同的权利义务终止:

(1) 债务已经按照约定履行;

(2) 合同解除；

(3) 债务相互抵消；

(4) 债务人依法将标的物提存；

(5) 债权人免除债务；

(6) 债权债务同归于一人；

(7) 法律规定或者当事人约定终止的其他情形。

1. 合同的解除

1) 约定解除

约定解除合同包括以下两种情形：

(1) 当事人协商一致，可以解除合同。

(2) 当事人可以约定一方解除合同的条件。解除合同的条件成就时，解除权人可以解除合同。

2) 法定解除

法定解除合同包括以下几种情形：

(1) 因不可抗力致使不能实现合同目的。

(2) 在履行期限届满之前，当事人一方明确表示或者以自己的行为表明不履行主要债务。

(3) 当事人一方迟延履行主要债务，经催告后在合理期限内仍未履行。此处催告一般指书面催告，催告通知中应当附合理履行期限。催告期限从催告通知到达时起算。催告期满后仍未履行的，对方当事人可以要求迟延履行方继续履行并承担违约责任，也可以与迟延履行方协议解除合同或者通知迟延履行方解除合同并可要求其赔偿损失。催告期内的损失，由迟延履行一方承担。

(4) 当事人一方迟延履行债务或者有其他违约行为致使不能实现合同目的。

(5) 法律规定的其他情形。

3) 合同解除的程序

任何一方当事人主张解除合同的，应当通知对方。合同自通知到达对方时解除。对方有异议的，可以请求人民法院或者仲裁机构确认解除合同的效力。法律、行政法规规定解除合同应当办理批准、登记等手续的，依照其规定。

法律规定或者当事人约定解除权行使期限，期限届满当事人不行使的，该权利消灭。法律没有规定或者当事人没有约定解除权行使期限，经对方催告后在合理期限内不行使的，该权利亦消灭。

4) 合同解除的效力

合同解除后，尚未履行的，终止履行；已经履行的，根据履行情况和合同性质，当事人可以要求恢复原状、采取其他补救措施，并有权要求赔偿损失。

2. 抵消

当事人互负到期债务，该债务的标的物种类、品质相同的，任何一方可以将自己的债务与对方的债务抵消,但依照法律规定或者按照合同性质不得抵消的除外。对此《合同法解释(二)》第二十三条作出了明确规定,对于依照《合同法》规定可以抵消的到期债权,当事人约定不得抵消的,人民法院可以认定该约定有效。当事人主张抵消的,应当通知对方。通知自到达对方时生效。抵消不得附条件或者附期限。符合条件的可以抵消的到期债权,如果当事人约定不得抵消的,则不允许抵消。

当事人互负债务,标的物种类、品质不相同的,经双方协商一致,也可以抵消。

此处要注意的是,依据《合同法解释(二)》第二十四条的规定,如果一方当事人对合同解除或者债务抵消有异议,需要在约定的异议期内提出异议,如果在约定的异议期限届满后才提出异议并向人民法院起诉的,人民法院不予支持;当事人没有约定异议期间,在解除合同或者债务抵消通知到达之日起3个月以后才向人民法院起诉的,人民法院不予支持。

3. 提存

提存是指因债权人原因导致无法履行债务的时候,债务人可以向法定第三方履行债务以消灭债务的行为。

1) 提存的原因

有下列情形之一,难以履行债务的,债务人可以将标的物提存:

(1) 债权人无正当理由拒绝受领;

(2) 债权人下落不明;

(3) 债权人死亡未确定继承人或者丧失民事行为能力未确定监护人;

(4) 法律规定的其他情形。

标的物不适于提存或者提存费用过高的,比如,低值、易损、易耗物品,鲜活、易腐物品,需要专门技术养护物品,超大型机械设备、建筑设施等,债务人依法可以拍卖或者变卖标的物,提存所得的价款。对此《合同法解释(二)》第二十五条规定:"债务人将合同标的物拍卖、变卖所得价款交付提存部门时,人民法院应当认定提存成立。提存成立的,视为债务人在其提存范围内已经履行债务。"

2) 提存的效力

标的物提存后,毁损、灭失的风险由债权人承担。提存期间,标的物的孳息归债权人所有。提存费用由债权人负担。但标的物提存后,除债权人下落不明的以外,债务人应当及时通知债权人或者债权人的继承人、监护人。

债权人可以随时领取提存物,但债权人对债务人负有到期债务的,在债权人未履行债务或者提供担保之前,提存部门根据债务人的要求应当拒绝其领取提存物。

债权人领取提存物的权利,自提存之日起 5 年内不行使而消灭,提存物扣除提存费用后归国家所有。

12.6 违约责任

违约是指合同当事人不履行或者不适当履行合同,依法应当承担违约责任的行为。违约可以分为两类,即不履行和不适当履行。

不履行合同在实践中表现为：①预期违约，即合同履行期限到来之前，当事人一方明示或者默示自己将不履行合同；②履行不能，即由于可归咎于合同义务人的原因，致使其在事实上已经不可能履行合同，例如，合同标的物已不复存在等。

不适当履行行为主要表现为：①迟延履行，即没有按合同约定的期限履行合同义务；②瑕疵履行，即履行的标的不符合合同约定的质量标准；③其他不适当履行行为，包括未按合同约定的标的、数量、履行方式、履行地点等要求履行合同等。

12.6.1　违约责任和归责原则

违约责任即违反合同的民事责任，是指合同当事人不履行或者不适当履行合同义务所应当承担的民事责任。

违约责任包括法定违约责任，如赔偿损失；以及约定违约责任，如支付违约金。

承担违约责任的条件是：

（1）合同当事人不履行或者不适当履行合同义务；

（2）没有法定的或者约定的免予承担违约责任的情形。

当事人不履行或者不适当履行合同义务的行为可以是作为的行为，也可以是不作为的行为。但绝大多数违约行为都是作为的行为。从举证责任的角度看，通常守约方无须对对方的违约行为负举证责任，只要对方不能证明其适当履行了合同，就可以认定其没有履行合同，从而构成违约。

一般认为，违约责任的归责原则是严格责任，即不需要证明违约方是否存在过错，即便违约方没有过错，也不能免责，除非存在法定或者约定的免责情形。

实际上，当事人不履行合同的原因可以归结为 4 种：一是由于违约方自己的故意或者过失；二是由于第三人的原因；三是由于不可抗力原因；四是由于守约方的原因。

第一种原因，当然属于违约方的过错，完全可以适用过错原则追究其违约责任。

第二种原因，《合同法》第一百二十一条作出了明确的规定，即违约方应当向对方承担违约责任，再由违约方与第三方依法解决其间纠纷。值得研究的是，如果第三方的行为致使合同当事人客观上不可能履行合同义务，例如，有表演合同义务的演员被他人绑架，致使未履行其合同义务，是否同样承担违约责任？他是否可以主张因不可抗力而免责？因为从法律定义上分析，这是典型的不可抗力。

第三种原因是法定的免责理由，自不待言。

第四种原因，如果一方未履行合同是守约方的原因造成的，当然可以免除其违约责任，否则岂不是笑话。

因此，将严格责任作为违约责任的归责原则的实际效果仍然是将第一种情形作为追究违约责任的主观条件，而这一条件正是违约方的过错。所以从本质上看，违约责任的归责原则仍是过错原则。

12.6.2　不可抗力

《合同法》第一百一十七条规定："不可抗力是指不能预见、不能避免并不能克服的客观情况。""因不可抗力不能履行合同的,根据不可抗力的影响,部分或者全部免除责任。"

对不可抗力,应当作以下理解。

(1) 所谓不能预见、不能避免并不能克服,是指对合同当事人而言,并非指任何人。只要合同当事人尽到合理努力义务仍不能预见、避免和克服便可。

(2) 所谓不能克服,并非指克服不可抗力情况本身,而是克服不可抗力所造成的后果。例如,对地震,并不是要求克服地震,而是克服地震造成的危害。

(3) 讨论某种情况是否属于不可抗力,不能脱离具体合同义务。

(4) 所谓"不能",不是绝对的,而是相对于履行合同所付出的代价来说的。只要发生的情况致使履行合同义务将付出不合理的代价,就可以认为是"不能"。

不可抗力的形式多种多样,天灾人祸均可以构成不可抗力。合同可以自行约定不可抗力的范围。

不可抗力造成不履行合同,可以部分或者全部免除责任。这里所谓"责任",不应理解为违约责任。例如,如果因不可抗力而不履行合同,给对方造成了损失,仍应当合理补偿,让对方承担不可抗力的全部损害后果是不公平的。但是,不能要求因不可抗力而不履行合同的当事人支付违约金。

另外,建议合同当事人在合同中明确约定不可抗力发生后的善后处理办法,以免产生争议。

12.6.3 违约责任承担

1. 实际履行合同

实际履行合同是指当事人一方不履行合同或者履行合同不符合约定而构成违约时,守约方可以请求人民法院或者仲裁机构判令违约方继续履行合同义务。《合同法》第一百零九条和第一百一十条规定了实际履行合同的情况:当事人一方未支付价款或者报酬的,对方可以要求其支付价款或者报酬;当事人一方不履行非金钱债务或者履行非金钱债务不符合约定的,对方可以要求履行,但有下列情形之一的除外:①法律上或者事实上不能履行;②债务的标的不适于强制履行或者履行费用过高;③债权人在合理期限内未要求履行。

2. 采取补救措施

《合同法》第一百一十一条规定:"质量不符合约定的,应当按照当事人的约定承担违约责任。对违约责任没有约定或者约定不明确,依照本法第六十一条的规定仍不能确定的,受损害方根据合同标的的性质以及损失的大小,可以合理选择要求对方承担修理、更换、重作、退货、减少价款或者报酬等违约责任。"

3. 赔偿损失

赔偿损失,是指因合同当事人一方的违约行为而给对方当事人造成财产损失时,违约方以货币方式向对方所作的补偿。

赔偿损失的范围为任何因违约所造成的损失。具体包括以下几个方面：

(1) 财产减少的损失；

(2) 为防止或消除财产减少的损失而支出的费用；

(3) 可得利益损失，即如果合同得以全面履行所能够得到的预期利益。

赔偿损失受以下情况的限制：

(1) 损失赔偿额不得超过违反合同一方订立合同时预见到或者应当预见到的因违反合同可能造成的损失；

(2) 当事人一方违约后，对方应当及时采取适当措施防止损失的扩大；没有采取适当措施致使损失扩大的，不得就扩大的损失要求赔偿。当事人因防止损失扩大而支出的合理费用，由违约方承担。

4. 支付违约金

违约金是指当事人在合同中约定的，违约方应当向守约方支付的金额。

违约金的数额由当事人自行约定。但是，违约金应当公平。约定的违约金低于造成的损失的，当事人可以请求人民法院或者仲裁机构予以增加；约定的违约金过分高于造成的损失的，当事人可以请求人民法院或者仲裁机构予以适当减少。

依据《合同法解释(二)》第二十八条的规定，当事人请求人民法院增加违约金的，增加后的违约金数额以不超过实际损失额为限。增加违约金以后，当事人又请求对方赔偿损失的，人民法院不予支持。

当事人主张约定的违约金过高请求予以适当减少的，人民法院应当以实际损失为基础，兼顾合同的履行情况、当事人的过错程度以及预期利益等综合因素，根据公平原则和诚实信用原则予以衡量，并作出裁决。《合同法解释(二)》对"过分高于造成的损失"进行了解释，规定："当事人约定的违约金超过造成损失的30%的，一般可以认定为合同法规定的'过分高于造成的损失'"。

《合同法》第一百一十六条规定："当事人既约定违约金，又约定定金的，一方违约时，对方可以选择适用违约金或者定金条款。"

由于违约的形态很多，建议合同当事人在约定违约金时，就各种违约情形分别约定违约金的标准，不宜对任何违约行为和违约程度笼统约定一种数额或者比例。

5. 解除合同

《合同法》规定的解除合同的情形有3种：①是协商解除，即合同当事人协商一致解除合同；②是因不可抗力致使合同目的不能实现，一方通知另一方解除合同；③是一方违约致使另一方解除合同。

作为承担违约责任或者违约救济的一种方式，《合同法》规定的一方违约致使另一方解除合同的，有3种情形：

(1) 预期违约，即在履行期限届满之前，当事人一方明确表示或者以自己的行为表明不履行主要债务；

(2) 当事人一方迟延履行主要债务，经催告后在合理期限内仍未履行；

（3）严重违约，即当事人一方迟延履行债务或者有其他违约行为致使不能实现合同目的。

守约方行使合同解除权时，应当通知对方。没有通知的，不发生合同解除的法律效果。法律规定或者当事人约定解除权行使期限的，期限届满当事人不行使的，该权利消灭。法律没有规定或者当事人没有约定解除权行使期限的，经对方催告后在合理期限内不行使的，该权利消灭。

6. 价格制裁

《合同法》第六十三条规定："执行政府定价或者政府指导价的，在合同约定的交付期限内政府价格调整时，按照交付时的价格计价。逾期交付标的物的，遇价格上涨时，按照原价格执行；价格下降时，按照新价格执行。逾期提取标的物或者逾期付款的，遇价格上涨时，按照新价格执行；价格下降时，按照原价格执行。"

案例讨论

1. 合同订立方面的案例

签订中的合同

2000年2月，大连永业国际贸易有限公司（以下称永业公司）和苏州万顺化工有限公司（以下称万顺公司）就永业公司进口一批化工原料卖给万顺公司一事进行了洽谈并达成基本意向。2000年3月3日，永业公司把根据双方洽谈内容起草好的并且加盖了合同专用章的买卖合同文本一式四份传真给万顺公司。该合同文本第二十条规定："本合同经双方盖章生效。合同如有任何修改，必须经双方在修改处加盖公章方可生效。"万顺公司收到合同传真文本后，对合同第七条即"货款支付"条款进行了修改，将"货到后30天付款"改为"货到后45天付款"，其他未作任何改动。万顺公司在修改后的合同文本上加盖了其合同专用章，并在修改处加盖了合同专用章。2000年3月6日，万顺公司将盖好公章的四份合同中的两份传回永业公司，其余两份万顺公司存档。

永业公司收到万顺公司传回的合同文本后，认为万顺公司对合同的修改可以接受，于是从意大利进口了合同约定的化工原料。但是，当通知万顺公司准备接货时，万顺公司拒绝收货，理由是双方买卖合同根本没有成立，因为永业公司并未在合同修改处盖章。

讨论题

双方合同是否成立？为什么？

2. 合同履行的案例

双阳机械厂的损失

双阳机械厂与双阳金属加工厂是两家集体企业，都在双阳县城关。2000年12月，双阳机械厂与上海A机床厂签订了一份机床购销合同，双阳机械厂购买A机床厂10台机床，约定 2001 年 4 月底之前交货。

春节过后，双阳机械厂的生产任务非常紧，生产能力不足，特别是机床数量明显不足。双阳机械厂几次与 A 机床厂联系，希望机床厂提前交货，但机床厂只答应尽快安排交货，不同意明确提前的具体日期。正当双阳机械厂为机床的事着急的时候，得知双阳金属加工厂工程师吴某要去上海出差。双阳机械厂王厂长便找到吴工程师，要求其帮忙到 A 机床厂催一催货物。吴工程师满口答应，但要求双阳机械厂开一个介绍信，以便联系。于是双阳机械厂给吴工程师开了介绍信："兹介绍吴某同志到贵厂办理我厂所购 10 台机床交货事宜，请接洽为盼。"吴工程师持介绍信到了上海 A 机床厂，说明了来意。A 机床厂称，得知双阳机械厂急需机床后，他们努力予以提前安排，现已安排妥当，正要发运。吴工程师说，是否可以先看一下货物。A 机床厂负责人便安排工作人员带吴工程师看了将要发运给双阳机械厂的 10 台机床。

吴工程师回到旅店，打电话给双阳金属加工厂刘厂长，说这里有 10 台机床，质量十分好，我们厂要不要？刘厂长说，质量好的话，可以买 5 台。第二天，吴工程师找到 A 机床厂负责人，要求 A 机床厂在发运机床时，发 5 台给双阳机械厂，另 5 台发给双阳金属加工厂。A 机床厂担心出问题，特意要求吴工程师在介绍信上注明分开发运的情况："应双阳机械厂代表吴某要求，双阳机械厂订购的 10 台机床中的 5 台发运给双阳金属加工厂。"A 机床厂据此发运了机床，结果双阳机械厂收到 5 台机床，双阳金属加工厂收到 5 台机床。双阳机械厂查明情况后，要求双阳金属加工厂返还 5 台机床。双阳金属加工厂不同意返还机床，只同意付款，而双阳机械厂因生产急需，不同意其付款，坚持要求返还机床。无奈，双阳机械厂决定通过诉讼程序解决问题，希望要回机床并要求赔偿因影响生产而造成的利润损失。

讨论题

1. 双阳机械厂应该向谁要求赔偿损失？是双阳金属加工厂，A 机床厂，还是吴某？
2. 吴某的行为是否超越了双阳机械厂介绍信的授权？
3. 在整个事件中，A 机床厂是否有过错？为什么？
4. 请评价以下观点：双阳金属加工厂的法定代表人并不知道吴工程师以这种方式为厂里买了 5 台机床，即便有错，也不是双阳金属加工厂的过错，而是吴工程师的过错，所以，双阳机械厂不能要求双阳金属加工厂返还机床，更不能要求其赔偿损失，只能要求吴某承担一切责任。

思考练习题

1. 合同的主要法律特征是什么？
2. 如何理解《合同法》的原则？
3. 如何理解法定合同形式的效力？

4. 什么是效力待定合同?
5. 无效合同有哪些情形?
6. 可以请求变更或者撤销的合同有哪些?
7. 什么是不安抗辩权?
8. 什么是不可抗力?合同约定不可抗力条款时,应当注意哪些问题?
9.《合同法》对违约赔偿责任是如何规定的?

本章相关法律与法规

《中华人民共和国合同法》
《最高人民法院关于适用中华人民共和国合同法若干问题的解释(一)》
《最高人民法院关于适用中华人民共和国合同法若干问题的解释(二)》

第13章 劳动法

> **开篇案例**
>
> 业务经理的年终奖金
>
> NF银行大连分行于2007年1月开始实施新的绩效考核办法,其中一项措施是对高级经理进行中长期激励,具体办法是:由NF银行大连分行按高级经理个人实际年收入的20%另行发给该高级经理年终奖金,该年终奖金作为中长期激励存入该高级经理个人账户。该个人账户由NF银行大连分行进行监管,不得提前支取,待该高级经理在NF银行大连分行工作满5年后一次性支取。如果该高级经理因个人原因离职或者因法定原因被用人单位解除劳动合同,则其个人账户内的作为中长期激励累计的年终奖金全部由NF银行大连分行收回。
>
> 李咏博自2006年起就在NF银行大连分行任高级经理。2009年10月,李咏博向NF银行提出辞职申请,NF银行大连分行几经挽留未果,批准了李咏博的辞职申请。在办理完解除劳动合同关系等手续后,李咏博向NF银行大连分行要求支取个人账户内的年终奖金共计17万余元。NF银行大连分行认为,根据考核办法,李咏博在本行工作未满5年,其个人账户奖金应由本行收回。李咏博则认为:第一,考核办法是NF银行大连分行单方制定的,未经职工大会或者工会等民主讨论,没有法律效力;第二,账户奖金是属于个人的,NF银行没有权利"没收"私人财产。

13.1 劳动法概述

13.1.1 劳动法的概念

劳动法是调整劳动关系以及与劳动关系密切联系的其他社会关系的法律规范的总称。

劳动关系是指劳动者与用人单位之间因工作时间和休息时间、劳动报酬、劳动安全卫生、劳动纪律奖惩、劳动保险、职业培训等方面发生的关系;与劳动关系密切联系的关系主要是指劳动行政部门与用人单位和劳动者在劳动就业、劳动争议和社会保险等方面而发生的关系；工会与用人单位、职工之间因履行工会的职责和职权，代表和维护职工合法权益而发生的关系等。

《中华人民共和国劳动法》(以下简称《劳动法》)于1994年7月5日经第八届全国人民代表大会常务委员会第八次会议通过，自1995年1月1日起施行。《劳动法》是调整我国劳动关系的基本法律，它的实施对于保护劳动者的合法权益，建立和维护适应社会主义市场经济的劳动制度，促进经济发展和社会进步，都具有重大的意义。

《劳动法》是一个涉及范围十分广泛的法律。从广义上说，《劳动法》还包括散见在其他法律法规中的相关规范。特别是劳动法具有很强的政策性，表现为大量存在的各种规定、意见、通知、办法等法律性或者政策性文件。在学习掌握《劳动法》时，必须对这些特点予以充分注意。

13.1.2　劳动法的适用范围

《劳动法》第二条规定："在中华人民共和国境内的企业、个体经济组织(以下简称用人单位)和与之形成劳动关系的劳动者，适用本法。""国家机关、事业组织、社会团体和与之建立劳动关系的劳动者，依照本法执行。"这一规定表明，劳动法调整的劳动关系有两种：一是企业、个体经济组织与劳动者之间的劳动关系；二是国家机关、事业组织、社会团体与劳动者之间的劳动关系。不是通过订立劳动合同而是通过其他形式而形成的劳动聘用或者雇用关系，不属于《劳动法》调整范围。例如国家机关与工作人员之间的聘用或者雇用关系，由《公务员法》调整。

13.1.3　劳动者的权利

根据《劳动法》第三条、第七条和第八条的规定，劳动者享有以下权利：
(1) 平等就业和选择职业的权利；
(2) 取得劳动报酬的权利；
(3) 休息、休假的权利；
(4) 获得劳动安全卫生保护的权利；
(5) 接受职业技能培训的权利；
(6) 享受社会保险和福利的权利；
(7) 提请劳动争议处理的权利。

13.1.4　劳动者的义务

根据《劳动法》第三条的规定，劳动者主要负有以下义务：
(1) 完成劳动任务的义务；
(2) 提高职业技能的义务；
(3) 执行劳动安全卫生规程的义务；
(4) 遵守劳动纪律和职业道德的义务。

13.1.5 促进就业制度

在社会主义市场经济体制下,市场对劳动力资源的开发和配置起着基础性作用。因此,通过劳动市场就业是国家组织劳动就业和劳动者实现就业的基本形式。

《劳动法》明确提出了扩大和增加就业的主要途径和措施,包括以下几条:

(1) 国家通过促进经济和社会发展,创造就业条件,扩大就业机会。

(2) 兴办产业,拓展经营,增加就业。《劳动法》第十条第二款规定:"国家鼓励企业、事业组织、社会团体在法律、行政法规规定的范围内兴办产业或者拓展经营,增加就业。"

(3) 鼓励劳动者自愿组织起来就业和从事个体经营实现就业。在我国现阶段,单纯依靠国有企业接纳劳动力是有限的。劳动者自愿组织起来就业和从事个体经营实现就业,是《劳动法》第十条第三款提出的解决就业问题的两条重要途径。

(4) 发展职业介绍机构,提供就业服务。职业介绍是运用市场机制调节劳动力供求,为劳动者和用人单位双方沟通联系和提供服务来实现就业的一种有效的和必要的手段。职业介绍机构作为劳动力市场的中介,是劳动部门从用行政手段配置劳动力资源转向市场服务的重要标志。

促进就业制度还体现在法律保护劳动者享有平等的就业权利方面。《宪法》规定:"公民有劳动的权利和义务,国家通过多种途径,创造劳动就业条件,加强劳动保护,改善劳动条件,并在发展生产的基础上,提高劳动报酬和福利待遇。"为了实现公民享有劳动权利,《劳动法》进一步规定:"劳动者享有平等就业和选择职业的权利。""劳动者就业,不因民族、种族、性别、宗教、信仰不同而受歧视。"《劳动法》还规定了妇女享有同男子平等的就业权利,同时对残疾人、少数民族人员、退出现役的军人就业和未成年人作了专门的保护性规定。

13.2 劳动合同

13.2.1 劳动合同的概念

劳动合同劳动者与用人单位确立劳动关系,明确双方权利义务的协议。

劳动合同按照不同的标准可以有不同的分类,常见的有:①按照劳动合同期限的长短,可分为有固定期限的劳动合同、无固定期限的劳动合同和以完成一定工作为期限的劳动合同;②按照劳动者一方人数的不同来划分,劳动合同可分为个人劳动合同和集体劳动合同两种。

我国于2008年1月1日起实施了《中华人民共和国劳动合同法》,该法适用于中华人民共和国境内的企业、个体经济组织、民办非企业单位等组织(简称用人单位)与劳动者建立劳动关系,订立、履行、变更、解除或者终止劳动合同。另外,国家机关、事业单位、社会团体和与其建立劳动关系的劳动者,订立、履行、变更、解除或者终止劳动合同,也依照该法执行。

劳动合同是不同于《合同法》所规定的合同的"特种契约"。在这个意义上,劳动合同关系不适用《合同法》。但是,在劳动合同法的实践中,对于《劳动合同法》没有规定的问题,一般可以适用《合同法》的规定,例如关于合同是否成立涉及的要约和承诺的规定等。

13.2.2 劳动合同的内容

劳动合同的内容有法定内容和约定内容两种:

法定内容是指《劳动法》规定的劳动合同应当具备的条款。《劳动合同法》第十七条规定,劳动合同应当具备以下条款:

(1) 用人单位的名称、住所和法定代表人或者主要负责人;
(2) 劳动者的姓名、住址和居民身份证或者其他有效身份证件号码;
(3) 劳动合同期限;
(4) 工作内容和工作地点;
(5) 工作时间和休息、休假;
(6) 劳动报酬;
(7) 社会保险;
(8) 劳动保护、劳动条件和职业危害防护;
(9) 法律、法规规定应当纳入劳动合同的其他事项。

约定内容是指劳动合同当事人双方协商确定的合同条款。除法定条件之外的其他条款均属于约定条款,主要包括试用期、培训、保守秘密、补充保险和福利待遇等其他事项。约定条款不得违反劳动法律、法规的规定,否则是无效的。例如有劳动合同约定工伤事故由劳动者自行承担全部责任;有劳动合同约定劳动者必须交"风险抵押金";有劳动合同约定,在劳动合同期限内,劳动者不得结婚或者生育等,均属无效条款。

应当注意的是,《劳动法》规定的劳动合同法定内容与《合同法》意义上的主要条款是不同性质。这些法定内容仍属于指导性条款,不能因劳动合同缺少部分法定内容就认定无效。实际上,劳动合同的很多内容都有相应的强制性规定的限制,例如劳动保护、劳动保险等问题,当事人只能在规定范围和条件下作相对性选择。

13.2.3 劳动合同的形式

《劳动法》要求"劳动合同应当以书面形式订立"(第十九条)。《劳动合同法》第十条进一步规定,建立劳动关系,应当订立书面劳动合同。已建立劳动关系,未同时订立书面劳动合同的,应当自用工之日起1个月内订立书面劳动合同。《劳动合同法实施条例》对未签订书面劳动合同的情况规定了具体法律后果:"用人单位自用工之日起超过一个月不满一年未与劳动者订立书面劳动合同的,应当向劳动者每月支付两倍的工资,并与劳动者补订书面劳动合同。""并视为自用工之日起满一年的当日已经与劳动者订立无固定期限劳动合同,应当立即与劳动者补订书面劳动合同。"

劳动合同是明确当事人权利义务关系的重要法律文件,关系劳动者和用人单位的切身利益,应当以严肃认真的态度对待,因此法律要求劳动合同应当采取书面形式。另一方面,书面劳动合同有利于劳动监察管理机关的法律监督。

但是必须强调,如果用人单位没有与劳动者签订书面合同,但劳动者实际上已经在用人单位工作了,不能因没有书面合同而认为不存在劳动合同关系。目前,相当一些企业,特别是一些中小企业,违反劳动法规,不与劳动者签订劳动合同,肆意侵犯劳动者合法权益。对这些行为,劳动合同监督管理机关应当加大查处力度。如果发生劳动合同纠纷,应当特别注意保护劳动者一方。

13.2.4 劳动合同涉及的期限

1. 劳动合同的期限

劳动合同的期限分为3种,即固定期限的劳动合同、无固定期限的劳动合同和以完成一定工作任务为期限的劳动合同。

固定期限的劳动合同是指用人单位与劳动者约定合同终止时间的劳动合同。

无固定期限的劳动合同是指用人单位与劳动者约定无确定终止时间的劳动合同。根据《劳动合同法》有下列情形之一的,劳动者提出或者同意续签、订立劳动合同的,除劳动者提出订立固定期限劳动合同外,应当订立无固定期限劳动合同:①劳动者在该用人单位连续工作满10年的;②用人单位初次实行劳动合同制度或者国有企业改制重新订立劳动合同时,劳动者在该用人单位连续工作满10年且距法定退休年龄不足10年的;③连续订立两次固定期限劳动合同,续签劳动合同的。关于无固定期限的劳动合同,法律还专门作了特别规定:第一,如果用人单位自用工之日起满1年不与劳动者订立书面劳动合同的,视为用人单位与劳动者已订立无固定期限劳动合同;第二,如果用人单位违反规定不与劳动者订立无固定期限劳动合同的,除应当认定双方存在固定期限劳动合同关系并以原劳动合同确定双方的权利义务关系外,用人单位还应当自应当订立之日起向劳动者每月支付两倍的工资。

以完成一定工作任务为期限的劳动合同是指用人单位与劳动者约定以某项工作的完成为合同期限的劳动合同。这种合同与承揽合同有点相似,但属于不同的法律关系,应当注意区别。以完成一定工作任务为期限的劳动合同属于劳动合同范围,适用"劳动法"和"劳动合同法";承揽合同是承揽人按照订作人的要求完成工作,交付工作成果,订作人给付报酬的合同。两者最显著的区别是:承揽人应当以自己的设备、技术和劳力,自行完成主要工作;而劳动者则是以用人单位的设备、工具、技术等完成工作任务,且通常情况下工作中要服从用人单位的指挥。

2. 试用期

用人单位与劳动者可以约定试用期。但是,试用期不能违反以下限制。

(1) 最长期限限制。即劳动合同期限3个月以上不满1年的,试用期不得超过1个月;劳动合同期限1年以上不满3年的,试用期不得超过2个月;3年以上固定期限和无固定期限的劳动合同,试用期不得超过6个月。

(2) 使用次数限制。即同一用人单位与同一劳动者只能约定一次试用期。

(3) 工资限制。即劳动者在试用期的工资不得低于本单位相同岗位最低档工资或者劳动合同约定工资的80%,并不得低于用人单位所在地的最低工资标准。

(4) 解除劳动合同限制。即在试用期中,除法定情形外,用人单位不得解除劳动合同。

用人单位不得单方面在其规章制度中规定试用期,不得单独签订试用期合同,也不得在劳动合同中仅约定试用期。

3. 服务期

服务期是指劳动者和用人单位约定的,由用人单位给予劳动者一定的特殊待遇,劳动者向用人单位提供特定劳动的期限。劳动者违反服务期约定的,应当按照约定向用人单位支付违约金。约定服务期的条件是:①双方存在劳动合同关系;②用人单位为劳动者提供专项培训费用,对其进行专业技术培训的;③双方协商一致。

理解服务期的关键在于搞清服务期与劳动合同期限之间的关系。如果两者相同,或者劳动合同期限长于服务期,则各自的法律效力是独立的。如果劳动合同期限短而服务期长,则在劳动合同到期时,双方应当续签劳动合同,若用人单位拒绝续签劳动合同,应视为放弃服务期;若劳动者拒绝续签劳动合同,应当视为违反试用期约定。

13.2.5 无效劳动合同

无效劳动合同是指劳动合同虽然经过当事人双方协商订立,但所订立的劳动合同违反法律、法规规定,因此不具有法律保护效力。无效劳动合同根据劳动合同条款无效的程度和范围,分为全部无效和部分无效两类。根据《劳动合同法》第二十六条的规定,下列劳动合同无效或者部分无效:

(1) 以欺诈、胁迫的手段或者乘人之危,使对方在违背真实意思的情况下订立或者变更劳动合同的;

(2) 用人单位免除自己的法定责任、排除劳动者权利的;

(3) 违反法律、行政法规强制性规定的。

在处理无效劳动合同时,应当注意保护劳动者合法权益。劳动合同被确认无效,劳动者已付出劳动的,用人单位应当向劳动者支付劳动报酬。劳动报酬的数额,参照本单位相同或者相近岗位劳动者的劳动报酬确定。

无效劳动合同从订立之时起就没有法律效力。对无效劳动合同的确认权,归劳动争议仲裁委员会或人民法院。

13.2.6 劳动合同的解除

1. 解除劳动合同的条件

劳动合同的解除是指当事人双方或者单方提前终止劳动合同的效力的法律行为。

解除劳动合同主要有以下几种具体情况。

(1) 双方协商一致解除劳动合同。劳动合同当事人可以依法自愿签订劳动合同,当然可以依法自愿协商解除劳动合同,不需要特别理由。

(2)劳动者预告解除劳动合同。劳动者提前30日以书面形式通知用人单位,在试用期内提前3日通知用人单位,都可以解除劳动合同。

(3)劳动者即时解除劳动合同。根据《劳动合同法》第三十八条的规定,用人单位有下列情形之一的,劳动者可以解除劳动合同:①未按照劳动合同约定提供劳动保护或者劳动条件的;②未及时足额支付劳动报酬的;③未依法为劳动者缴纳社会保险费的;④用人单位的规章制度违反法律、法规的规定,损害劳动者权益的;⑤因欺诈、胁迫、乘人之危致使劳动合同无效的;⑥法律、行政法规规定劳动者可以解除劳动合同的其他情形。另外,用人单位以暴力、威胁或者非法限制人身自由的手段强迫劳动者劳动的,或者用人单位违章指挥、强令冒险作业危及劳动者人身安全的,劳动者可以立即解除劳动合同,不需事先告知用人单位。

(4)用人单位即时解除劳动合同。劳动者有下列情形之一的,用人单位可以解除劳动合同:①在试用期间被证明不符合录用条件的;②严重违反用人单位的规章制度的;③严重失职,营私舞弊,给用人单位造成重大损害的;④劳动者同时与其他用人单位建立劳动关系,对完成本单位的工作任务造成严重影响,或者经用人单位提出,拒不改正的;⑤因欺诈、胁迫、乘人之危致使劳动合同无效的;⑥被依法追究刑事责任的。

(5)用人单位预告解除劳动合同。有下列情形之一的,用人单位提前30日以书面形式通知劳动者本人或者额外支付劳动者1个月工资后,可以解除劳动合同:①劳动者患病或者非因工负伤,在规定的医疗期满后不能从事原工作,也不能从事用人单位另行安排的工作的;②劳动者不能胜任工作,经过培训或者调整工作岗位,仍不能胜任工作的;③劳动合同订立时所依据的客观情况发生重大变化,致使劳动合同无法履行,经用人单位与劳动者协商,未能就变更劳动合同内容达成协议的。

(6)因经济性裁员而解除劳动合同。经济性裁员是指用人单位因为生产经营状况发生变化等经济方面原因出现劳动力过剩,被迫较大规模减少用工,以改善经营状况。出现以下情况,可以按照规定程序进行裁员:①依照《企业破产法》规定进行重整的;②生产经营发生严重困难的;③企业转产、重大技术革新或者经营方式调整,经变更劳动合同后,仍需裁减人员的;④其他因劳动合同订立时所依据的客观经济情况发生重大变化,致使劳动合同无法履行的。

2. 解除劳动合同的限制

劳动者有下列情形之一的,用人单位不得依照《劳动合同法》第四十条(用人单位预告解除)、第四十一条(经济裁员)的规定解除劳动合同:

(1)从事接触职业病危害作业的劳动者未进行离岗前职业健康检查,或者疑似职业病病人在诊断或者医学观察期间的;

(2)在本单位患职业病或者因工负伤并被确认丧失或者部分丧失劳动能力的;

(3)患病或者非因工负伤,在规定的医疗期内的;

(4)女职工在孕期、产期、哺乳期的;

(5)在本单位连续工作满15年,且距法定退休年龄不足5年的;

(6)法律、行政法规规定的其他情形。

3. 经济补偿

1）应当补偿的情形

根据《劳动合同法》的规定,劳动合同解除时,在规定情况下,用人单位应当给予劳动者经济补偿。就性质来说,经济补偿一方面是对劳动者工作贡献的补偿;另一方面是对劳动者失业的补助。根据《劳动合同法》,有下列情形之一的,用人单位应当向劳动者支付经济补偿。

(1) 劳动者依照《劳动合同法》第三十八条规定解除劳动合同,劳动者即时解除合同的。

(2) 用人单位依照《劳动合同法》第三十六条规定向劳动者提出解除劳动合同并与劳动者协商一致解除劳动合同的。这里要提醒注意的是,在劳动者主动提出解除合同的情况下,用人单位可以不予经济补偿。

(3) 用人单位依照《劳动合同法》第四十条规定解除劳动合同的,即用人单位预告解除劳动合同的。

(4) 用人单位依照《劳动合同法》第四十一条第一款规定解除劳动合同,即因经济性裁员而解除劳动合同的。

(5) 除用人单位维持或者提高劳动合同约定条件续订劳动合同,劳动者不同意续订的情形外,因劳动合同期满而终止固定期限劳动合同的。

(6) 因用人单位破产、解散而解除劳动合同的。

(7) 法律、行政法规规定的其他情形。

2）补偿标准

经济补偿的标准可以分为基本标准和最高标准。基本标准是按劳动者在本单位工作的年限,每满1年支付1个月工资的标准向劳动者支付。6个月以上不满1年的,按1年计算;不满6个月的,向劳动者支付半个月工资的经济补偿。所谓月工资,是指劳动者在劳动合同解除或者终止前12个月的平均工资。根据国家统计局《关于工资总额组成的规定》,计时工资、计件工资、奖金、津贴和补贴、加班加点工资、特殊情况下支付的工资均计入工资范围。但是,劳动者月工资高于用人单位所在直辖市、设区的市级人民政府公布的本地区上年度职工月平均工资3倍的,向其支付经济补偿的标准按职工月平均工资3倍的数额支付,向其支付经济补偿的年限最高不超过12年。

3）惩罚性赔偿

用人单位违反《劳动合同法》规定解除或者终止劳动合同的,应当依照规定的经济补偿标准的两倍向劳动者支付赔偿金。

13.2.7 集体合同

集体合同是企业职工一方与用人单位之间关于劳动条件等事项的协议。《劳动合同法》没有直接对集体合同下定义。国际劳工局《1951年集体协议建议书》将集体合同解释为:"有关劳动与就业条件的书面协定,其缔结双方:一方为一名雇主、一个雇主团体或一个或几个雇主组织;另一方为一个或几个劳动者代表组织,或在没有此类组织的情况下,由有关劳动者根据本国法律或条例正式选举或委任的代表。"集体合同制度是市场经济条件下调整劳动关系的重要形式,世界各国普遍采用这一制度。它有利于发挥工会在劳动关系中的作用,有利于从整体上维护劳动者的合法权益,巩固劳动关系。

集体合同的双方是企业全体职工作为一方,用人单位作为另一方。企业职工一方由工会作为代表,尚未建立工会的用人单位,由上级工会指导劳动者推举的代表与用人单位订立集体合同。

除上述普通集体合同外,企业职工一方与用人单位还可以订立劳动安全卫生、女职工权益保护、工资调整机制等"专项集体合同",在县级以下区域内,建筑业、采矿业、餐饮服务业等行业可以由工会与企业方面代表订立"行业性集体合同",或者订立"区域性集体合同"。

依法订立的集体合同对用人单位和劳动者具有约束力。行业性、区域性集体合同对当地本行业、本区域的用人单位和劳动者具有约束力。用人单位与劳动者订立的劳动合同中劳动报酬和劳动条件等标准不得低于集体合同规定的标准。实际上,可以将集体合同理解为单个劳动合同的通用条款。劳动合同是集体合同的特殊规定。因此,履行集体合同并承担违约责任的是劳动者(不是签订合同的工会组织)和用人单位。如果用人单位针对个别劳动者违反集体合同条款提起诉讼,原告是该劳动者,而不是工会组织;如果用人单位针对全体劳动者违反集体合同,原告应该是工会。

集体合同必须以书面形式签订。集体合同签订后应报劳动行政部门,劳动行政部门自收到之日起15日内未提出异议的,集体合同即生效,对签字双方及所代表的人员都有约束力。

13.2.8 劳务派遣

劳务派遣是非典型用工的重要形式,是指劳务派遣单位与劳动者签订劳动合同,再通过与用工单位签订的劳务派遣协议,将劳动者派往用工单位工作的用工方式。

劳务派遣法律关系可以归结为"三角、两方、两层"。三角是指有3个主体,即劳动者、派遣单位、用工单位;两方是指劳动者为一方,派遣单位和用工单位为另一方;两层是指劳动者与派遣单位之间的形式劳动关系,以及劳动者与用工单位之间的实质劳动关系。

派遣单位作为用人单位,应当履行4项义务:①与劳动者签订不低于两年的固定限期劳动合同或者无固定期限的劳动合同;②与用工单位签订劳务派遣协议;③将劳务派遣协议的内容告知被派遣劳动者的告知义务;④向被派遣的劳动者支付工资的义务。

用工单位作为实际用人与劳动者之间存在实质劳动关系,因此,用工单位应当履行其法定义务,包括:①执行国家劳动标准,提供相应的劳动条件和劳动保护;②告知被派遣劳动者的工作要求和劳动报酬;③支付加班费、绩效奖金,提供与工作岗位相关的福利待遇;④对在岗被派遣劳动者进行工作岗位所必需的培训;⑤连续用工的,实行正常的工资调整机制。

实践中,有小部分用人单位存在滥用劳务派遣、企图逃避法律义务的情况。为此,《劳动合同法》对劳务派遣的适用范围和要求作了规定,将劳务派遣限制在临时性、辅助性或者替代性的工作岗位上实施,并且禁止用人单位自己设立劳务派遣单位向本单位或者所属单位派遣劳动者。如果劳务派遣单位违反规定,给被派遣劳动者造成损害的,劳务派遣单位与用工单位承担连带赔偿责任。

13.2.9 劳动合同中的保密和竞业限制条款

用人单位与劳动者可以在劳动合同中约定保守用人单位的商业秘密和与知识产权相关的保密事项。对负有保密义务的劳动者,用人单位可以在劳动合同或者保密协议中与劳动者约定竞业限制条款,并约定在解除或者终止劳动合同后,在竞业限制期限内按月给予劳动者经济补偿。劳动者违反竞业限制约定的,应当按照约定向用人单位支付违约金。

竞业限制主要是要求劳动者在劳动关系终止后,不得到与本单位生产或者经营同类产品、从事同类业务的有竞争关系的其他用人单位,或者自己开业生产或者经营同类产品、从事同类业务。根据《劳动合同法》第二十四条的规定,竞业限制的人员限于用人单位的高级管理人员、高级技术人员和其他负有保密义务的人员。竞业限制的范围、地域、期限由用人单位与劳动者约定,但竞业限制期限,不得超过2年。

说到保密,不得不提到关于客户名单问题。对企业来说,客户维护是关系企业生死存亡的关键因素,没有客户就没有企业。一些企业可能靠与有限几个客户的交易生存,很可能由于关键职工的跳槽,将企业辛苦培养的客户带走,企业经营从此一蹶不振。为防止出现此类情况,用人单位应当在签订劳动合同时未雨绸缪、事先防范。例如,可以在劳动合同中约定,劳动者在劳动合同期间以及劳动合同终止后若干年内,不得单独或者任职于其他企业并通过该企业与原用人单位的客户发生交易等行为。

13.3 工作时间、休息休假和工资

13.3.1 工作时间

我国实行劳动者每日工作时间不超过8小时,平均每周工作时间不超过40小时的工时制度。1994年1月24日,国务院发布了《关于职工工作时间的规定》,又于1995年2月17日修改了该规定,自同年5月1日起实行了每周5天工作制。用人单位不得任意缩短或延长劳动者的工作时间。特殊情况下,允许缩短和延长工作日,但是必须具备一定条件并履行一定程序,且应当支付高于正常工作时间工资的报酬。

企业因生产特点不能实行《劳动法》规定的劳动时间规定的,可以实行不定时工作制或者综合计算工时工作制等工时制。1994年劳动部《关于企业实行不定时工作制和综合计算工时工作制的审批办法》对实行上述工时制的范围、条件等作了规定。

13.3.2 休息休假

劳动者休息休假是指劳动者在工作时间以外,依照法律、法规规定不从事生产和工作,由个人支配的时间。

休息休假包括每天休息时数、每周休息的天数、节日休息、工作间隙休息、探亲假休息

和年休假等。

我国的休假可分为以下几种。

(1) 工作日内的间歇时间。即每个工作日内劳动者必要的休息和用餐时间,一般为1小时,不得少于半小时。实行轮班制的单位,应调换班次,不得使劳动者连续工作两班。

(2) 每周公休假日。根据规定,实行每周5天工作制,周六和周日休息。

(3) 法定节假日。《劳动法》规定的法定节假日为元旦、春节、国际劳动节、国庆节以及法律、法规规定的其他法定休假节日。

(4) 职工探亲假。是指与父母、配偶分居两地的职工,每年在一定时间内,回家团聚的假期。

(5) 年休假。《劳动法》第四十五条规定了带薪年休假制度,即劳动者工作满1年以上的,享受带薪年休假。国务院颁布并于2008年1月1日实施的《职工带薪年休假条例》对职工带薪年休假作了具体规定。

13.3.3 工资

1. 工资基本制度

工资是以货币形式支付给劳动者的劳动报酬。工资制度的原则是按劳分配和同工同酬。

《劳动法》第四十七条规定了用人单位的工资分配自主权,即用人单位可以自主确定本单位工资分配方式和工资水平。企业可根据自身的经营特点和经济效益确定工资水平;自主建立合理的工资制度,如等级工资制、岗位技能工资制、岗位工资制等;自主确定工资分配形式,如实行计时工资、计件工资、定额工资、浮动工资、奖金、津贴等。无论采取何种工资制度和形式,劳动者的工资都应当主要依据其劳动技能、劳动条件、劳动贡献等基本要素科学地通过劳动合同予以确定。

2000年11月8日,劳动和社会保障部发布了《工资集体协商试行办法》。对工资集体协商和工资集体协议行为进行了确定和规范。根据《工资集体协商试行办法》,用人单位代表和职工代表可以就企业内部工资分配制度、工资分配形式、工资收入水平等进行协商,订立工资协议。工资协议作为工资事项的专项集体合同,具有合同法律效力。用人单位与劳动者签订的劳动合同中关于工资的内容,不得低于工资协议确定的标准。

2. 最低工资保障制度

《劳动法》确立了国家最低工资保障制度。用人单位支付劳动者工资不得低于当地政府规定的最低工资标准。这一制度从法律上保证了劳动者享有最低工资保障的权利,在政治、经济、社会、法律等方面均具有重大意义。

最低工资的具体标准,由省、自治区、直辖市人民政府规定,报国务院备案,每两年至少调整一次。2004年1月20日,劳动和社会保障部发布了《最低工资规定》,对最低工资制度进行了具体规定。

根据规定,用人单位支付给劳动者的工资低于最低工资的,由当地政府劳动行政主管部门责令其限期补发所欠劳动者的工资,并视其欠付工资时间的长短向劳动者支付赔偿金。欠付1个月以内的,向劳动者支付所欠工资的20%的赔偿金;欠付3个月以内的,向劳动者支付所欠工资的50%的赔偿金;欠付3个月以上的,向劳动者支付所欠工资的100%的赔偿金。拒发所欠工资和赔偿金的,对企业和企业责任人给予经济处罚。

另外,根据劳动部1995年《关于贯彻执行〈中华人民共和国劳动法〉若干问题的意见》第五十六条规定,在劳动合同中,双方当事人约定的劳动者在未完成劳动定额或承包任务的情况下,用人单位可低于最低工资标准支付劳动者工资的条款不具有法律效力。承包合同作为劳动合同的补充同样要执行这一规定。

3. 工资支付

工资必须以货币形式按月支付给劳动者本人,不得克扣或无故拖欠劳动者的工资。劳动者在法定休假日和婚丧假期间以及依法参加社会活动期间,用人单位应当依法支付工资。劳动部1994年发布的《工资支付暂行规定》和1995年发布的补充规定,对工资支付问题作了详细明确的规定,切实有效地保障了劳动者依法获得劳动报酬的权利。

一直以来,某些领域存在严重的拖欠工资现象,特别是建设施工企业拖欠农民工工资问题最为突出。为此,国家采取了一系列强有力措施,有望在几年内解决这一问题。但是我们应该注意到产生拖欠工资问题的深刻社会原因,必须采取综合治理的方法逐步解决问题。目前最关键的是严格执行《劳动法》,加强执法和司法监督,保障劳动者合法权益,维护法制尊严。

13.4 劳动保护制度

13.4.1 劳动安全卫生保护

1. 概述

劳动安全卫生保护是指国家依法改善劳动条件,保护劳动者在生产过程中的安全与健康。

劳动安全卫生保护是关乎人民群众生命健康的头等大事,一直是党和国家十分重视的问题。但是由于种种原因,特别是一些企业经营者为片面追求经济利益,一些地方政府官员放松监管甚至包庇纵容,劳动安全事故屡屡发生。例如2004年至2005年上半年,特大煤矿瓦斯爆炸事故频频发生,给人民生命财产造成巨大损失。为此,中央已经采取了果断措施,坚决整顿、关闭那些存在安全隐患的煤矿,查处了一批责任人员。人们希望看到的是,《劳动法》和劳动安全卫生法律法规能得到长期有效的执行,只有如此才能解决安全生产问题。

《劳动法》规定,各级政府和劳动者所在单位,应当采取措施为劳动者提供和创造符合安全和卫生的劳动条件,预防事故和职业病,改善劳动条件和作业环境,保护劳动者的安全和健康。劳动安全卫生的方针是:"安全第一,预防为主"。实行企业负责、行业管理、国家监察、群众监督的安全生产管理体制。

2. 劳动安全卫生保护制度的内容

1）劳动安全技术规程

劳动安全技术规程是指国家为了保护劳动者在劳动过程中的安全，防止伤亡事故发生所采取的各种安全技术保护措施的规章制度。具体包括工厂安全技术规程、矿山安全技术规程和建筑安装工程安全技术规程等。

《劳动法》第五十三条规定："劳动安全卫生设施必须符合国家规定的标准。新建、改建、扩建工程的劳动安全卫生设施，必须与主体工程同时设计、同时施工、同时投入生产和使用。"

劳动过程中的复杂性，决定了劳动设备、劳动条件也具有复杂性。由于各行各业的生产特点和工艺过程有所不同，需要解决的劳动安全技术问题也有所不同。因此，国家针对不同的劳动设备和条件以及不同行业的生产特点，规定了适合各行业的安全技术规程。主要有《工厂安全卫生规程》、《建筑安装工程安全技术规程》、《矿山安全条例》、《矿山生产法》、《乡镇煤矿安全生产若干暂行规定》、《起重机械安全规程》、《剪切机械安全技术规程》、《磨削机械安全规程》、《压力机的安全安置技术条件》、《木工机械安全装置技术条件》、《煤气安全规程》、《橡胶工业静电安全规程》、《工业企业厂内运输生产规程》、《爆破安全规程》等。

2）劳动卫生规程

劳动卫生规程是指国家为了保护劳动者在劳动过程中的健康，防止有毒有害物质的危害和防止职业病发生所采取的各种防护措施的规章制度。国家颁布的有关劳动卫生方面的法律法规主要有《中华人民共和国职业病防治法》(2001年)、《工厂安全卫生规程》、《关于防止沥青中毒办法》、《关于防止厂、矿企业中矽尘危害的决定》、《关于加强防尘、防毒工作的决定》、《中华人民共和国尘肺病防治条例》、《工业企业设计卫生标准》、《工业企业噪声卫生标准》、《使用有毒物品作业场所劳动保护条例》(2002年)等。

劳动卫生规程的主要内容包括：①防止粉尘危害；②防止有毒有害物质危害；③防止噪声和强光刺激；④防暑降温、防冻取暖和防湿；⑤通风和照明；⑥生产辅助设施和个人防护用品。

3）劳动安全卫生管理制度

劳动安全卫生管理制度是指为了保障劳动者在劳动过程中的安全和健康，用人单位根据国家有关法规的规定，结合本单位的实际情况所制定的有关劳动安全卫生管理的规章制度。劳动安全卫生管理制度是企业管理制度的重要组成部分。《劳动法》第五十二条明确规定："用人单位必须建立、健全劳动安全卫生制度，严格执行国家安全卫生规程和标准，对劳动者进行劳动安全卫生教育，防止劳动过程中的事故，减少职业危害。"

根据有关法律法规的规定，劳动安全卫生管理制度具体包括以下主要制度。

(1) 安全卫生责任制度。安全卫生责任制度是指企业的各级领导、职能部门、有关工程技术人员和生产工人在生产过程中，对安全生产应各负其责的制度。

(2) 安全技术措施计划制度。安全技术措施计划是企业为了改善劳动条件，防止工伤事故和职业病而编制的预防和控制措施的计划。企业在编制生产、技术、财务计划的同时，必须编制安全技术措施计划。

（3）安全生产教育制度。安全生产教育制度是企业帮助职工提高安全生产意识，普及安全技术法规知识、教育和培训职工掌握安全技术常识的一项经常性教育制度。安全生产教育制度是预防工伤事故发生的重要措施。《劳动法》规定，用人单位必须"对劳动者进行安全卫生教育"；"从事特种作业的劳动者必须经过专门培训并取得特种作业资格"。对劳动者进行安全生产教育是用人单位的一项基本义务和责任。

（4）安全卫生检查制度。包括用人单位自身对安全卫生工作进行的经常性检查，也包括由地方劳动行政部门、产业主管部门组织的定期检查。另外，工会也有权对企业的安全卫生情况进行检查。

（5）劳动安全卫生监察制度。劳动安全卫生监察制度是指行使劳动监察权的国家机构对用人单位执行各项劳动安全卫生法规进行监督检查的制度。

4）伤亡事故报告和处理制度

伤亡事故的报告和处理制度是对劳动者在劳动过程中发生伤亡事故进行统计、报告、调查、分析和处理的制度。其目的在于及时统计、报告、调查和处理伤亡事故，积极采取预防措施，防止和减少伤亡事故的危害。早在1956年国务院就颁布了《工人职员伤亡事故报告规程》，1991年国务院重新颁布《企业职工伤亡事故报告和处理规定》。《劳动法》第五十七条规定："国家建立伤亡事故和职业病统计报告和处理制度。县级以上各级人民政府劳动行政部门、有关部门和用人单位应当依法对劳动者在劳动过程中发生的伤亡事故和劳动者的职业病情况，进行统计、报告和处理。"此外，国家劳动行政部门先后制定并经国家标准局批准颁布了《企业职工伤亡事故分类标准》、《企业职工伤亡事故调查分析规则》、《企业职工伤亡事故经济损失统计标准》等。

伤亡事故发生后，负伤者或事故现场有关人员应立即直接或逐级上报企业负责人。企业负责人接到重伤、死亡、重大死亡事故报告后，应立即报告企业主管部门和企业所在地劳动部门、公安部门、人民检察院、工会。主管部门和劳动部门接到死亡、重大死亡事故报告后，应立即按系统逐级上报。死亡事故报至省、自治区、直辖市企业主管部门和劳动部门；重大死亡事故报至国务院有关主管部门、劳动部门。发生死亡、重大死亡事故的企业应当保护事故现场，并迅速采取必要措施抢救受伤人员和财产，防止事故扩大。

处理事故时，应按照有关法律规定和各级安全生产责任制的规定分清事故责任者。对于因忽视安全生产、违章指挥、违章作业、玩忽职守或者发现事故隐患、危害情况而不采取有效措施，以致造成伤亡事故的，由企业主管部门或者企业按照国家有关规定，对企业负责人和直接责任人员给予行政处分，构成犯罪的，由司法机关依法追究刑事责任。对于违反规定，在伤亡事故发生后隐瞒不报、谎报、故意迟延不报、故意破坏事故现场的，由有关部门按照国家有关规定，对有关单位负责人和直接责任人员给予行政处分，构成犯罪的，由司法机关依法追究刑事责任。对于在调查、处理伤亡事故中玩忽职守、徇私舞弊或者打击报复的，由其所在单位按照国家有关规定给予行政处分，构成犯罪的，由司法机关依法追究刑事责任。

13.4.2 女职工和未成年工的特殊保护

1. 女职工特殊劳动保护

女职工的特殊劳动保护是指除了对男女职工都必须实行的普遍意义的劳动保护外,针对女职工的身体结构、生理机能特点,以及生育、哺育、教育子女的需要和劳动条件对女职工身体健康的特殊影响,在生产劳动过程中采用的专门劳动保护措施。包括劳动过程中的特殊保护、生理机能变化过程中的保护、特殊保护设备的规定等内容。国务院1988年颁布的《女职工劳动保护规定》和劳动部1990年发布的《女职工禁忌劳动范围的规定》等一系列法规、规章,对女职工特殊保护作出了具体规定。根据有关规定,对女工的特殊保护主要有以下几点:

(1) 凡适合妇女从事劳动的单位,不得拒绝招收女职工;

(2) 禁止安排女职工从事矿山井下、国家规定的第四级体力劳动强度的劳动和其他女职工禁忌从事的劳动;

(3) 妇女的月经期、怀孕期、产期和哺乳期应该享受一定假期。

2. 未成年工的特殊保护

未成年工是指年满16周岁未满18周岁的劳动者。他们的身体发育尚未完全定型,正在向成熟期过渡,因而必须给予他们特殊保护。劳动部1994年发布的《未成年工特殊保护规定》以及国务院2002年颁布的《禁止使用童工规定》等对未成年工特殊保护和禁止使用童工作了规定,其主要内容有以下几点:

(1) 不得招用16周岁以下童工,某些特殊行业可以招收,但必须经有关部门批准。

(2) 禁止安排未成年工从事矿山井下、森林伐木、国家规定的第四级体力劳动强度和其他禁止从事的劳动。

(3) 禁止安排他们加班加点。用人单位在招用未成年劳动者时,要对其进行身体检查,合格者方能录用。录用后还要定期进行体格检查,一般1年检查1次。用人单位对未成年工要安排适当的学习文化和业务技术的时间,对其职业培训给予保证,使未成年工在从事劳动过程中,也能不断提高文化和业务技术水平。

13.5 工伤保险

13.5.1 工伤保险的概念

工伤保险又称职业伤害保险,指劳动者在工作中或法定的特殊情况下发生意外事故,或因职业性有害因素危害,而负伤(或患职业病)、致残、死亡时,对其本人或供养亲属给予物质帮助和经济补偿的一项社会保险制度。

我国现行的工伤保险方面的法律主要是1996年的《企业职工工伤保险试行办法》、2003年4月27日国务院颁布的《工伤保险条例》、2003年9月23日劳动和社会保障部发布的《工伤认定办法》等。

工伤保险的投保人和保险费缴费人是用人单位,被保险人是用人单位全体职工,保险受益人是因工伤而受到伤害的职工。《工伤保险条例》第二条规定:"中华人民共和国境内的各类企业、有雇工的个体工商户(以下称用人单位)应当依照本条例规定参加工伤保险,为本单位全部职工或者雇工(以下称职工)缴纳工伤保险费。中华人民共和国境内的各类企业的职工和个体工商户的雇工,均有依照本条例的规定享受工伤保险待遇的权利。"

13.5.2 工伤认定

1. 工伤范围

工伤认定是工伤处理的核心环节,关系职工的切身利益。根据我国现行法律法规,职工有下列情形之一的,应当认定为工伤:

(1) 在工作时间和工作场所内,因工作原因受到事故伤害的;
(2) 工作时间前后在工作场所内,从事与工作有关的预备性或者收尾性工作受到事故伤害的;
(3) 在工作时间和工作场所内,因履行工作职责受到暴力等意外伤害的;
(4) 患职业病的;
(5) 因工外出期间,由于工作原因受到伤害或者发生事故下落不明的;
(6) 在上下班途中,受到机动车事故伤害的;
(7) 法律、行政法规规定应当认定为工伤的其他情形。

2. 视同工伤

有些情况,伤亡本身并不是工作造成的,但与工作有关或者与公共利益有关,法律将其列入工伤范围。《工伤保险条例》第十五条规定,职工有下列情形之一的,视同工伤:

(1) 在工作时间和工作岗位,突发疾病死亡或者在48小时之内经抢救无效死亡的;
(2) 在抢险救灾等维护国家利益、公共利益活动中受到伤害的;
(3) 职工原在军队服役,因战、因公负伤致残,已取得革命伤残军人证,到用人单位后旧伤复发的。

3. 排除情况

《工伤保险条例》第十六条规定,有下列情形之一的,不得认定为工伤或者视同工伤:

(1) 因犯罪或者违反治安管理伤亡的;
(2) 醉酒导致伤亡的;
(3) 自残或者自杀的。

4. 工伤认定程序

职工发生事故伤害或者按照《职业病防治法》规定被诊断、鉴定为职业病,所在单位应当自事故伤害发生之日或者被诊断、鉴定为职业病之日起30日内,向统筹地区劳动保障行政部门提出工伤认定申请;遇有特殊情况,经报劳动保障行政部门同意,申请时限可以适当延长。用人单位未按前款规定提出工伤认定申请的,工伤职工或者其直系亲属、工会组织在事故伤害发生之日或者被诊断、鉴定为职业病之日起1年内,可以直接向用人单位所在地统筹地区劳动保障行政部门提出工伤认定申请。

用人单位未在规定的时限内提交工伤认定申请,在此期间产生的符合《工伤保险条例》规定的工伤待遇等有关费用由该用人单位负担。职工或者其直系亲属认为是工伤,用人单位不认为是工伤的,由用人单位承担举证责任。

13.5.3 劳动能力鉴定

劳动能力鉴定是指劳动功能障碍程度和生活自理障碍程度的等级鉴定。职工发生工伤,经治疗伤情相对稳定后存在残疾、影响劳动能力的,应当进行劳动能力鉴定。

劳动功能障碍分为10个伤残等级,最重的为一级,最轻的为十级。生活自理障碍分为3个等级:生活完全不能自理、生活大部分不能自理和生活部分不能自理。

申请鉴定的单位或者个人对设区的市级劳动能力鉴定委员会作出的鉴定结论不服的,可以在收到该鉴定结论之日起15日内向省、自治区、直辖市劳动能力鉴定委员会提出再次鉴定申请。省、自治区、直辖市劳动能力鉴定委员会作出的劳动能力鉴定结论为最终结论。

13.5.4 工伤保险待遇

职工因工作遭受事故伤害或者患职业病进行治疗,享受以下工伤医疗待遇:

(1) 治疗工伤所需费用符合工伤保险诊疗项目目录、工伤保险药品目录、工伤保险住院服务标准的,从工伤保险基金支付。

(2) 职工住院治疗工伤的,由所在单位按照本单位因公出差伙食补助标准的70%发给住院伙食补助费;经医疗机构出具证明,报经办机构同意,工伤职工到统筹地区以外就医的,所需交通、食宿费用由所在单位按照本单位职工因公出差标准报销。

(3) 工伤职工到签订服务协议的医疗机构进行康复性治疗的费用,从工伤保险基金支付。

(4) 工伤职工因日常生活或者就业需要,经劳动能力鉴定委员会确认可以安装假肢、矫形器、假眼、假牙和配置轮椅等辅助器具,所需费用按照国家规定的标准从工伤保险基金支付。

(5) 职工因工作遭受事故伤害或者患职业病需要暂停工作接受工伤医疗的,在停工留薪期内,原工资福利待遇不变,由所在单位按月支付。停工留薪期一般不超过12个月。伤情严重或者情况特殊,经设区的市级劳动能力鉴定委员会确认,可以适当延长,但延长不得超过12个月。工伤职工在停工留薪期满后仍需治疗的,继续享受工伤医疗待遇。生活不能自理的工伤职工在停工留薪期需要护理的,由所在单位负责。

(6) 工伤职工已经评定伤残等级并经劳动能力鉴定委员会确认需要生活护理的,从工伤保险基金按月支付生活护理费。生活护理费按照生活完全不能自理、生活大部分不能自理或者生活部分不能自理3个不同等级支付,其标准分别为统筹地区上年度职工月平均工资的50%、40%或者30%。

(7) 职工因工致残的,按鉴定的伤残等级,享受伤残补助金等规定待遇。

《工伤保险条例》还对工伤保险待遇的其他问题作了明确规定。

13.5.5 工伤保险基金

工伤保险基金由用人单位缴纳的工伤保险费、工伤保险基金的利息和依法纳入工伤保险基金的其他资金构成。

国家根据以支定收、收支平衡的原则和不同行业的工伤风险程度确定行业的差别费率,并根据工伤保险费使用、工伤发生率等情况在每个行业内确定若干费率档次。行业差别费率及行业内费率档次由国务院劳动保障行政部门会同国务院财政部门、卫生行政部门、安全生产监督管理部门制定,报国务院批准后公布施行。

用人单位应当按时缴纳工伤保险费。用人单位缴纳工伤保险费的数额为本单位职工工资总额乘以单位缴费费率之积。职工个人不缴纳工伤保险费。

工伤保险基金在直辖市和设区的市实行全市统筹,其他地区的统筹层次由省、自治区人民政府确定。

工伤保险基金存入社会保障基金财政专户,用于规定的工伤保险待遇、劳动能力鉴定以及法律、法规规定的用于工伤保险的其他费用的支付。任何单位或者个人不得将工伤保险基金用于投资运营、兴建或者改建办公场所、发放奖金,或者挪作其他用途。

13.6 劳动争议处理

13.6.1 劳动争议的概念

劳动争议,也叫"劳动纠纷"、"劳资争议",它是指劳动关系当事人之间因执行《劳动法》或者签订和履行合同而发生的争议。具体包括:因确认劳动关系发生的争议;因订立、履行、变更、解除和终止劳动合同发生的争议;因除名、辞退和辞职、离职发生的争议;因工作时间、休息休假、社会保险、福利、培训以及劳动保护发生的争议;因劳动报酬、工伤医疗费、经济补偿或者赔偿金等发生的争议等。

13.6.2 劳动争议处理概述

《劳动法》专门设置了"劳动争议"一章,对劳动争议处理的原则、方法等作了规定。2001年4月16日,最高人民法院发布《关于审理劳动争议案件适用法律若干问题的解释》,对劳动争议诉讼问题作了进一步规定。2008年5月1日正式实施的《中华人民共和国劳动争议调解仲裁法》对我国劳动争议处理制度作了较大改革,是处理劳动争议的基本依据。

劳动争议处理方式有4种,即协商、调解、仲裁和诉讼。这4种解决方式是递进的。发生劳动争议,劳动者可以与用人单位协商,也可以请工会或者第三方共同与用人单位协商,达成和解协议。当事人不愿协商、协商不成或者达成和解协议后不履行的,可以向调解组织申请调解;不愿调解、调解不成或者达成调解协议后不履行的,可以向劳动争议仲裁委员会申请仲裁;对仲裁裁决不服的,除法律另有规定的以外,可以提起诉讼。

1. 劳动争议调解

劳动争议的调解,是指调解组织根据自愿原则,对企业与劳动者发生的劳动争议,以劳动法律、法规为依据,以疏导、说服和协商等方式,促使双方当事人达成协议,消除纷争。

劳动争议调解在调解组织的框架内,由调解员主持进行。根据《劳动争议调解仲裁法》,劳动争议调解组织有3种:一是各用人单位内部设立的企业劳动争议调解委员会,由职工代表和企业代表组成;二是依法设立的基层人民调解组织;三是在乡镇、街道设立的具有劳动争议调解职能的组织。

劳动争议调解属于民间调解,并不具有司法意义,但所产生的调解书、调解协议等,具有合同法律效力,可以作为劳动争议仲裁的依据。对于因支付拖欠劳动报酬、工伤医疗费、经济补偿或者赔偿金事项达成调解协议,用人单位在协议约定期限内不履行的,劳动者可以持调解协议书依法向人民法院申请支付令。

2. 劳动争议仲裁

1) 劳动争议仲裁的性质

劳动争议仲裁是劳动争议仲裁委员会对用人单位与劳动者之间发生的争议,在查明事实、明确是非、分清责任的基础上,依法作出裁决的活动。劳动争议仲裁是我国特有的仲裁制度,它不同于一般意义的仲裁,不适用《中华人民共和国仲裁法》。劳动争议仲裁与仲裁法规定的仲裁的主要区别是:①劳动争议仲裁仅限于针对劳动争议;②劳动争议仲裁不需要仲裁协议;③不服劳动争议仲裁裁决的,可以向法院起诉;④有些劳动争议仲裁是劳动争议诉讼的必要前置程序;⑤当事人不能选择劳动争议仲裁机构。

2) 劳动争议仲裁机构

劳动争议仲裁机构就是各地设立的劳动争议仲裁委员会。劳动争议仲裁委员会按照统筹规划、合理布局和适应实际需要的原则设立。省、自治区人民政府可以决定在市、县设立;直辖市人民政府可以决定在区、县设立。直辖市、设区的市也可以设立一个或者若干个劳动争议仲裁委员会。劳动争议仲裁委员会不按行政区划层层设立。

劳动争议仲裁委员会由劳动行政部门代表、工会代表和企业方面代表组成,其职责是聘任、解聘专职或者兼职仲裁员,受理劳动争议案件,讨论重大或者疑难的劳动争议案,对仲裁活动进行监督。劳动争议仲裁委员会并不直接审理案件,审理案件的工作由仲裁员组成的仲裁庭进行。仲裁庭由3名仲裁员组成,设首席仲裁员。简单劳动争议案件可以由一名仲裁员独任仲裁。裁决应当按照多数仲裁员的意见作出,少数仲裁员的不同意见应当记入笔录。仲裁庭不能形成多数意见时,裁决应当按照首席仲裁员的意见作出。

3) 劳动争议仲裁时效

劳动争议申请仲裁的时效期间为1年,从当事人知道或者应当知道其权利被侵害之日起计算。但劳动关系存续期间因拖欠劳动报酬发生争议的,劳动者申请仲裁不受仲裁时效期间的限制;但是,劳动关系终止的,应当自劳动关系终止之日起1年内提出。

仲裁时效可以因下列情况而中断,仲裁时效期间重新计算:

(1) 当事人一方向对方当事人主张权利;

(2) 当事人一方向有关部门请求权利救济;

(3) 对方当事人同意履行义务。

4) 劳动争议仲裁程序

仲裁程序由申请、受理、开庭审理、裁决4个阶段组成。仲裁庭裁决劳动争议案件,应当自劳动争议仲裁委员会受理仲裁申请之日起45日内结束。案情复杂需要延期的,经劳动争议仲裁委员会主任批准,可以延期并书面通知当事人,但是延长期限不得超过15日。逾期未作出仲裁裁决的,当事人可以就该劳动争议事项向人民法院提起诉讼。

5) 裁决的效力

劳动争议仲裁裁决的效力有以下3种情形。

(1) 具有单向终局效力。追索劳动报酬、工伤医疗费、经济补偿或者赔偿金,不超过当地每月最低工资标准12个月金额的争议,以及因执行国家的劳动标准在工作时间、休息休假、社会保险等方面发生的争议,仲裁裁决为终局裁决,裁决书自作出之日起发生法律效力。但该终局效力是"单向"的,即仅对用人单位来说是终局的,劳动者对上述争议的裁决不服的,可以起诉。当然,如果用人单位有证据证明前述仲裁裁决有法定情形的,例如适用法律法规确有错误、劳动争议仲裁委员会无管辖权、仲裁违反法定程序、裁决所根据的证据属于伪造、对方当事人隐瞒了足以影响公正裁决的证据、仲裁员在仲裁该案时有受贿舞弊等行为等,用人单位可以自收到仲裁裁决书之日起30日内向劳动争议仲裁委员会所在地的中级人民法院申请撤销裁决。

(2) 期满生效。当事人对《劳动争议调解仲裁法》第四十七条规定以外的其他劳动争议案件的仲裁裁决不服的,可以自收到仲裁裁决书之日起15日内向人民法院提起诉讼。期满不起诉的,裁决书发生法律效力。

(3) 强制执行效力。当事人对发生法律效力的调解书、裁决书,应当依照规定的期限履行。一方当事人逾期不履行的,另一方当事人可以向人民法院申请强制执行。

3. 劳动争议诉讼

以诉讼方式解决劳动争议,是指劳动争议当事人不服劳动争议仲裁委员会的裁决,在规定的期限内向人民法院起诉,人民法院依法受理后,依法对劳动争议案件进行审理并作出判决。劳动争议案件在本质上属于民事案件,按《中华人民共和国民事诉讼法》所规定的普通诉讼程序审理。

案例讨论

一厂职工的劳动合同

第一污水处理厂(以下简称一厂)始建于1988年,1990年3月投入使用。作为国有企业,一厂具有独立的法人资格,其主管部门是隶属于市政府的国有独资公司——同德投资有限公司。也就是说,一厂领导层的人事任免权在同德公司。一厂有职工43人,因早已实行了劳动合同制,每名职工均与一厂签有劳动合同,但一厂职工一直都以自己的国有企业职工身份而自豪,尽管没有人能弄清楚自己的"国有身份"与劳动合同之间究竟是什么关系。

尽管政府对污水处理企业有政策性补贴,但由于种种原因,一厂长期处于亏损状态,职工收入不高,情绪低落,看到同一区域的同样从事污水处理行业的海基水环境科技有限公司(以下简称海基公司)职工拿比自己高很多的薪酬,心情复杂。市政府和同德公司领导想了很多办法,也采取了不少措施,但苦无良策,不能从根本上解决一厂的问题。

2009年初,海基公司向同德公司提出收购一厂。同德公司领导将海基公司的收购意向及同德公司作为主管部门的拟同意意见报告了市政府。经市政府研究,决定对一厂进行改制,通过产权交易中心挂牌整体出让。依法出售国有资产,这在法律上似乎没有问题,但如何安置一厂的43名职工,是一个棘手且必须妥善解决的问题,也是一厂能否成功改制的前提。一旦一厂挂牌交易完成,而职工问题却没有解决,将出现难以预料的困局。因此,市政府要求先把职工安置问题处理完毕,然后再挂牌。作为势在必得的意向收购方——海基公司,如何与政府、同德公司和一厂就职工安置问题达成一致,至关重要。

一厂职工提出保留他们的国有企业职工身份。但一厂改制后将并入海基公司,其国有企业性质将不复存在,完全成为私人性质的有限公司。如果这43名职工随一厂进入海基公司,就不可能还保留什么国有身份。但这些职工也不可能到以国有资产投资、经营为主的同德公司工作。由于政府对污水处理企业有一块政策性补贴,一厂职工提出,他们与同德公司签订劳动合同,劳动、工资、社会保险关系等都属于同德公司,再以同德公司的国有企业职工身份在海基公司工作,由政府从给海基公司的政策性补贴里扣除相当于这43人的工资的金额,拨付给同德公司,由同德公司直接给职工发工资。各方都同意采取这一办法。海基公司希望以合同的方式明确各方法律关系,要求其法律顾问起草合同。法律顾问要求海基公司与同德公司明确以下主要问题:①这43名职工与海基公司是什么法律关系?如果是劳务派遣关系,则同德公司不具有劳务派遣资格,一旦劳务派遣不被认可,法律后果由谁承担?②一旦这43人出现工伤,在工伤保险赔偿之外的部分以及工伤保险待遇由同德公司还是海基公司负责?③这43名职工违反海基公司规章制度时,由同德公司处理还是海基公司处理?④海基的其他职工获得奖金时,海基公司是否有义务也给这43名职工发奖金?还是由同德公司发?如果不发,公司激励机制效果可能会受影响。⑤如果有职工出现法定的解除劳动合同的事由,海基公司是否可以将该职工退回同德公司?如果退回,其劳动关系、工资等问题如何解决?

海基公司带着法律顾问的问题与同德公司及市政府谈判,但各方对解决上述问题的方案提出了不同的意见。同德公司的意见是：①职工虽然是与同德公司签的劳动合同，但实际是在海基公司工作，如果劳务派遣关系不被认可，应当视为职工与海基公司是实际劳动关系；②工伤支出应当由海基公司负责，因为政府没有拨相应的款项给同德公司，同德公司没有资金支付此类开支，而海基公司是这些职工工作的获益者，理应承担由此产生的损失；③由于劳动合同是与同德公司签的，由此他们违反劳动纪律应当由同德公司处理，海基公司可以提出处理建议；④劳动者有平等获得报酬的权利，海基公司既然发奖金，就当然应该给同是劳动者的这43名职工发；⑤海基公司不能将职工退回同德，如果退回，其工资仍要从给海基公司的补贴中扣除。

讨论题

海基公司应该如何应对同德公司提出的意见？

思考练习题

1. 什么情况下，用人单位可以单方面解除劳动合同？
2. 用人单位解除劳动合同的，应当如何对劳动者进行经济补偿？
3. 劳动合同和集体合同是什么关系？
4. 劳动安全卫生保护制度主要有哪些内容？
5. 哪些情况属于工伤？

本章相关法律与法规

《中华人民共和国劳动法》

《中华人民共和国宪法》

《中华人民共和国劳动合同法》

《中华人民共和国劳动合同法实施条例》

《最高人民法院关于审理劳动争议案件适用法律若干问题的解释（二）》

《最高人民法院关于审理劳动争议案件适用法律若干问题的解释（三）》

《中华人民共和国仲裁法》

《劳动争议调解仲裁法》

《工伤保险条例》

第5篇

企业社会责任篇

第14章 企业社会责任法

> **开篇案例**

被告：国家质检总局

2008年8月1日是《中华人民共和国反垄断法》实施的第一天，北京兆信信息技术有限公司、东方惠科防伪技术有限责任公司、中社网盟信息技术有限公司、恒信数码科技有限公司共同向北京市第一中级人民法院提起诉讼，被告是国家质量检验检疫监督总局（以下简称国家质检总局）。诉状称，2007年12月，被告发布了《关于贯彻〈国务院关于加强食品等产品安全监督管理的特别规定〉实施产品质量电子监管的通知》，要求从2008年7月1日起，食品、家用电器、人造板、电线电缆、农资、燃气用具、劳动防护用品、电热毯、化妆品共九大类69种产品必须加贴电子监管码才能生产和销售。而从2005年4月开始，被告发布了近百个文件，要求企业对所生产的产品赋码加入有被告持股的中信国检信息技术有限公司经营的电子监管网，供消费者向该网站查询。入网企业需缴纳数据维护费，消费者查询需支付查询信息费和电话费。原告认为，被告推广电子监管网经营业务，使该网的经营者在经营同类业务的企业中形成独家垄断的地位，严重损害了原告及防伪行业其他企业参与市场公平竞争的权利。原告请求确认被告推广电子监管网经营业务并强制企业对产品赋码交费加入电子监管网的具体行政行为违法。

该案引起社会广泛关注，被称为"中国反垄断第一案"。2008年9月6日，北京市中级人民法院作出裁定。法院认为，当事人向人民法院提起行政诉讼应当在法定期限内提出，本案原告的起诉已经超过法定起诉期限，故对原告的起诉"不予受理"。原告则认为，根据《行政诉讼法》，行政机关作出具体行政行为时，未告知公民、法人或者其他组织诉权或者起诉期限的，起诉期限从知道或者应当知道具体行政行为之日起最长不得超过两年，被告2007年12月正式对外发文，强制推行有自己股份的中信国检的电子监管码业务，且国家质检总局推广电子监管网的行为一直处于持续状态，因此，根本不存在超过期限的问题。

（案例来自《湖南时报》，2008.8.4）

14.1 企业社会责任立法及实践

14.1.1 企业社会责任的概念

企业社会责任是指企业对会被企业的决策和行动影响的各种利害关系个人或者群体负有的综合性责任。国家国资委在《2008年中央企业社会责任研究报告》中将社会责任定义为:"企业为实现自身与社会的可持续发展,遵循法律、道德和商业伦理,自愿在运营全过程中对利益相关方和自然环境负责,追求经济、社会和环境的综合价值最大化的行为。"

就本质来说,企业社会责任仍然属于道德责任范畴,但具有明显的"法律色彩"。首先,要求企业承担社会责任是以法律规定的形式出现的;其次,社会责任的重要内容是要求企业切实履行法律义务。最后,企业社会责任仍属于道德范畴,是因为到目前为止,尚没有法律规定企业不履行社会责任将承担法律责任。

企业社会责任的概念最早由西方提出,美国学者戴维斯研究了企业社会责任的方式、内容、原因等,提出了著名的"戴维斯模型"。近些年来,企业社会责任思想广为流行,《财富》、《福布斯》等著名杂志在企业排名评比时都加上了"社会责任"标准。2000年7月联合国正式启动了时任秘书长安南提出的"全球协议",号召公司遵守在人权、劳工标准和环境方面的九项基本原则,以保障员工的尊严和福利,发挥企业在经济、文化、教育、环境等方面的责任。

14.1.2 我国企业社会责任状况和立法实践

我国企业长期以来对社会责任缺乏了解和担当,片面追求经济效益的现象十分突出,典型表现为:相当数量的企业逃避税收、社保缴费,压低或者拖延职工工资和福利,不注重环境保护,生产销售不合格产品甚至欺骗消费者,对公益事业漠不关心,包装上市圈钱等。

近几年,随着社会进步,社会舆论对企业特别是国有垄断性企业、超大型企业承担社会责任的呼声日益高涨,企业社会责任逐步受到了重视。

《公司法》第五条规定:"公司从事经营活动,必须遵守法律、行政法规,遵守社会公德、商业道德,诚实守信,接受政府和社会公众的监督,承担社会责任。"《公司法》虽以立法的形式规定了公司的社会责任,但并没有规定相应的法律责任。2008年1月4日,国资委印发了《关于中央企业履行社会责任的指导意见》(以下称《意见》)。《意见》共20条,在分析了中央企业履行社会责任4点重要意义的基础上,提出了中央企业履行社会责任的指导思想、总体要求和基本原则,并提出了8条具体要求:①依法经营,诚实守信;②不断提高持续盈利能力;③切实提高产品质量和服务水平;④加强资源节约和环境保护;⑤推进自主创新和技术进步;⑥保障生产安全;⑦维护职工合法权益;⑧参与社会公益事业。

根据《意见》的要求,中央企业已经建立了社会责任报告制度,国家电网、中国海油、中远集团、中国石油、中国石化和中国移动等中央企业均定期向社会发布社会责任报告或可持续发展报告,公布企业履行社会责任的现状、规划和措施,及时了解和回应利益相关者的意见和建议,主动接受利益相关者和社会的监督。

14.2 反不正当竞争法

14.2.1 不正当竞争的概念

不正当竞争,是指经营者违反法律规定,损害其他经营者的合法权益,扰乱社会经济秩序的行为(《反不正当竞争法》第二条第二款)。根据法律的规定,不正当竞争行为由以下要素构成。

1. 不正当竞争行为主体

不正当竞争行为的主体是经营者。《反不正当竞争法》第二条第三款规定:"本法所称的经营者,是指从事商品经营或者营利性服务的法人、其他经济组织和个人。"

首先,经营者是从事商品经营或者营利性服务的。在一般情况下,可以从某主体是否经工商登记领取营业执照来判断其是否属于经营者。但是,如果某主体没有营业执照,但从事了营利性活动,则应当认为在其营利活动范围内,其属于经营者。

其次,经营者可以是法人、其他经济组织或者个人。可以说,只要从事了营利性活动,均属于经营者,无论其是单位还是个人,无论是法人单位还是非法人单位。

另外,根据《反不正当竞争法》,政府等国家机关也可能成为不正当竞争行为的主体。根据《反不正当竞争法》第七条规定,政府及其所属部门实施的限制竞争行为和地区封锁行为也属于不正当竞争行为之列。实际上,除政府外,司法机关、检察机关、军事机关、党的机关等均可能存在限制竞争的行为,也可作为不正当竞争行为的主体。

一个值得注意的问题是非法经营者的不正当竞争行为。从《行政法》的角度,非法经营是被法律禁止的违法行为。从《民法》的角度,因非法经营而达成的协议并不一定无效。从《反不正当竞争法》的角度,非法经营也可以构成不正当竞争,非法经营者也可以成为承担不正当竞争法律责任的主体。

2. 不正当竞争行为的表现

《反不正当竞争法》对不正当竞争行为进行了列举。经营者从事了这些法律禁止的活动,才能构成不正当竞争行为,才能令其承担不正当竞争的法律责任。

3. 不正当竞争行为的客体

不正当竞争行为的客体是该行为损害的利益。不正当竞争行为侵害的客体包括:①其他合法经营者的正当竞争利益;②消费者合法权益;③社会经济秩序和社会公共利益。

4. 不正当竞争行为人主观上有过错

主观过错是不正当竞争行为的重要构成要素。不正当竞争行为适用过错责任原则。

14.2.2 不正当竞争行为

1. 市场混淆

市场混淆包括以下几种情形:

(1) 假冒他人注册商标。假冒他人注册商标是《商标法》规定的商标侵权的典型行为,也是《反不正当竞争法》规定的不正当竞争行为,甚至构成《刑法》规定的假冒注册商标罪。问题是,《反不正当竞争法》对"假冒他人注册商标"行为没有作具体规定,使得判断假冒他人注册商标的不正当竞争行为出现困难。从字面上看,假冒他人注册商标行为与《刑法》规定的假冒注册商标犯罪行为在客观表现上是一致的,即仅指在相同商品上使用与他人注册商标相同的商标,不包括其他商标侵权行为。基于《反不正当竞争法》的性质和立法宗旨,无论行为的表现是什么,无论被假冒的商标是否属于注册商标,只要该行为的目的在于混淆经营主体以牟取不法利益,就应当认定属于不正当竞争行为。如果将假冒他人商标的对象仅规定为注册商标,那就与商标侵权行为没有区别了,《反不正当竞争法》就没有存在的必要了。

(2) 擅自使用知名商品特有的名称、包装、装潢。根据国家工商行政管理局 1995 年 7 月 6 日发布的《关于禁止仿冒知名商品特有的名称、包装、装潢的不正当竞争行为的若干规定》,知名商品是指"在市场上具有一定的知名度,为相关公众所知悉的商品"。

(3) 擅自使用他人企业名称或姓名。

(4) 伪造或冒用质量标志和伪造产地。严格地说,这一行为不属于混淆市场经营主体,因为行为的目的在于使消费者误认为商品具有特定的质量保证,这一行为侵犯的客体首先是消费者权益。质量标志有很多,主要包括质量认证标志、名优标志、环保标志等。

2. 商业贿赂

根据《反不正当竞争法》第八条的规定,商业贿赂是指经营者采用财物或者其他手段进行贿赂以销售或者购买商品,或者在账外暗中给予对方单位或者个人回扣。但是经营者销售或者购买商品,可以以明示方式给对方折扣,可以给中间人佣金。经营者给对方折扣、给中间人佣金的,必须如实入账。

国家工商行政管理局于 1996 年 11 月 15 日发布了《关于禁止商业贿赂行为的暂行规定》,对商业贿赂行为进行了更具体的界定。

3. 虚假宣传

虚假宣传是指经营者利用广告或者其他方法,对商品的质量、制作成分、性能、用途、生产者、有效期限、产地等作引人误解的虚假宣传。虚假宣传的主要形式就是虚假广告,包括欺骗性广告,即编造根本不存在的虚假信息或者隐瞒真实情况欺骗消费者的广告。

《广告法》、《反不正当竞争法》和《消费者权益保护法》等法律从不同角度对限制虚假宣传,特别是虚假广告作出了规定。

《反不正当竞争法》第九条规定:"经营者不得利用广告或者其他方法,对商品的质量、制作成分、性能、用途、生产者、有效期限及产地等作引人误解的虚假宣传。广告的经营者不得在明知或者应知的情况下,代理、设计、制作、发布虚假广告。"

《消费者权益保护法》第十九条规定:"经营者应当向消费者提供有关商品或者服务的真实信息,不得作引人误解的虚假宣传。经营者对消费者就其提供的商品或者服务的质量和使用方法等问题提出的询问,应当作出真实、明确的答复,商店提供商品应当明码标价。"

《广告法》对广告的真实性作了大量具体规定,主要有:①广告不得使用国家级、最高级、最佳等用语;②广告不得使用国家机关和国家机关工作人员的名义;③广告中对商品的性能、产地、用途、质量、价格、生产者、有效期限、允诺有表示的,应当清楚、明白;④广告中表明推销商品、提供服务附带赠送礼品的,应当标明赠送的品种和数量;⑤广告使用数据、统计资料、调查结果、文摘、引用语,应当真实、准确,并标明出处;⑥广告中涉及专利产品或者专利方法的,应当标明专利号和专利种类,未取得专利权的,不得在广告中谎称取得专利权,禁止使用未授予专利权的专利申请和已经终止、撤销、无效的专利做广告;⑦广告应当具有可识别性,能够使消费者辨明其为广告;⑧大众传播媒介发布的广告应当有广告标记,与其他非广告信息相区别,不得使消费者产生误解;⑨广告的经营者不得在明知或者应知的情况下,代理、设计、制作、发布虚假广告。

《广告法》还对药品、医疗器械、农药、烟草、酒类、食品、化妆品等作了特别规定,禁止对产品或者服务进行欺骗性或者误导性的广告宣传。

4. 侵犯商业秘密

1) 商业秘密的概念

商业秘密,是指不为公众所知悉、能为权利人带来经济利益、具有实用性并经权利人采取保密措施的技术信息和经营信息(《反不正当竞争法》第十条第三款)。

根据商业秘密所包含信息的不同内容可以将商业秘密分为两类:一类是技术信息;另一类是经营信息。国家工商行政管理局《关于禁止侵犯商业秘密行为的若干规定》第二条第五款规定:"本规定所称技术信息和经营信息,包括设计、程序、产品配方、制作工艺、制作方法、管理诀窍、客户名单、货源情报、产销策略、招投标中的标底及标书内容等信息。"应该说,列举式规定很难将商业秘密的范围穷尽,关键还是要根据法律的原则性规定来判断某信息是否属于商业秘密。

商业秘密由3方面要素构成,即秘密性、实用性和保密性。

(1) 秘密性。《反不正当竞争法》用"不为公众所知悉"来概括商业秘密的秘密性。而所谓秘密性"是指该信息是不能从公开渠道直接获取的"(国家工商行政管理局《关于禁止侵犯商业秘密行为的若干规定》第二条第二款)。如果有关信息可以从公开发表的出版物或者媒体报道或者其他公开渠道直接获取,则不能成为商业秘密。

(2) 实用性。实用性是指商业秘密能直接或者间接应用于经营目的,能直接或者间接为权利人带来现实或者潜在的财产利益或者竞争优势。

(3) 保密性。《反不正当竞争法》规定的商业秘密,除要求具有秘密性和实用性外,还要求具有保密性,即要求权利人采取保密措施。未采取保密措施的信息不属于商业秘密。

在理解保密性时,应当注意以下问题:第一,权利人具有对特定信息的保密的意思;第二,权利人客观上采取了具体的保密措施,包括订立保密协议、建立保密制度及采取其他合理的保密措施等。从法律规定及司法实践看,一般并不要求保密措施是完整的、有效的甚至是万无一失的。国家工商行政管理局1998年《关于商业秘密构成要件问题的答复》中规定,"只要权利人提出了保密要求,商业秘密权利人的职工或与商业秘密权利人有业务关系的他人知道或应该知道存在商业秘密,即为权利人采取了合理的保密措施,职工或者他人就对权利人承担保密义务"。

2) 侵犯商业秘密行为的情形

根据《反不正当竞争法》、国家工商行政管理局《关于禁止侵犯商业秘密行为的若干规定》及2007年2月1日施行的《最高人民法院关于审理不正当竞争民事案件应用法律若干问题的解释》的相关规定,侵犯商业秘密行为主要有5种表现形式:①以盗窃、利诱、胁迫或者其他不正当手段获取权利人的商业秘密;②非法披露、使用或允许他人使用以不正当手段获取的商业秘密;③违反约定或违反权利人有关保守商业秘密的要求,披露、使用或允许他人使用他人的商业秘密;④明知或者应知特定信息是他人以侵犯商业秘密方式所获得,仍获取、使用或者披露这些信息;⑤商业秘密权利人的职工(雇员)违反合同或违反保密要求,披露、使用或者允许他人使用商业秘密。

5. 低价倾销行为

低价倾销是指经营者以排挤竞争对手为目的、以低于成本的价格销售商品的不正当竞争行为。《反不正当竞争法》第十一条第一款规定:"经营者不得以排挤竞争对手为目的,以低于成本的价格销售商品。"

在市场经济条件下,经营者有权自由决定商品价格,法律甚至并不禁止经营者以低于成本价销售商品。但是如果经营者以低价手段排挤竞争对手,则是不正当竞争行为,为法律所禁止,因为低价倾销是经营者滥用市场支配地位,扰乱市场价格秩序的非法行为。

低价倾销行为由两个因素构成:一是客观因素,即以低于成本的价格销售商品;二是主观因素,即以排挤竞争对手为目的。

但是,有下列情形之一的,不属于不正当竞争行为:①销售鲜活商品;②处理有效期限即将到期的商品或者其他积压的商品;③季节性降价;④因清偿债务、转产、歇业降价销售商品。

6. 搭售

搭售是指经营者违背购买者的意愿,要求购买者另外购买其他商品或者附加其他不合理的条件。

在商品短缺的时期,搭售是经营者销售紧俏商品的常用手段。在市场供应比较充足的情况下,除能源等供应紧张的领域,明目张胆地搭售已经很少了。但是,变相或者隐性的搭售还是屡见不鲜的。例如捆绑式销售、附赠品式销售等。因此,在判断是否构成搭售行为时,应当注意搭售的法定构成要件,主要是看搭售是否违背了购买者的意愿。由于购买者在表面上是在"自愿"的情况下作出购买行为的,因此必须有一个客观的标准来判断究竟是否违背其意志。应该看在购买当时,购买者对捆绑的商品、赠品、附加的商品或者服务是否有选择取舍的机会和可能。如果购买者有这种机会,则不能构成搭售,否则可以认定为搭售。

7. 不正当有奖销售

有奖销售行为是指经营者在销售商品或提供服务时,附带性地向购买者提供物品、金钱或者其他经济利益的行为。有奖销售行为包括奖励所有购买者的附赠式有奖销售行为和奖励部分购买者的抽奖式有奖销售行为。有奖销售必须遵守法律和商业道德,不得进行法律禁止的不正当有奖销售。《反不正当竞争法》第十三条规定:"经营者不得从事下列有奖销售:①采用谎称有奖或者故意让内定人员中奖的欺骗方式进行有奖销售;②利用有奖销售的手段推销质次价高的商品;③抽奖式的有奖销售,最高奖的金额超过五千元。"1993年12月,国家工商局发布了《关于禁止有奖销售活动中不正当竞争行为的若干规定》,针对性规范了有奖销售行为。

8. 商业诋毁

商业诋毁是指经营者自己或利用他人,通过捏造、散布虚伪事实等不正当手段,对竞争对手的商业信誉、商品信誉进行恶意的诋毁、贬低,以图削弱其市场竞争能力,并为自己谋取不正当利益的行为。

商业诋毁的不正当竞争行为的主体是与被诋毁人有竞争关系的经营者。如果不是经营者,或者与被诋毁人没有竞争关系,则诋毁他人的行为属于侵犯名誉权或者侵犯荣誉权等典型的民事侵权行为。

9. 串通招投标

串通招投标是指在招标投标活动中,两个以上行为人以协议形式或共同行动来限制竞争的共谋行为。串通招投标具体分为投标者串通投标,抬高或压低标价和投标者与招标者相互勾结,以排挤竞争对手。串通招投标是非常典型的限制竞争行为,《反不正当竞争法》和《招标投标法》都对这种行为进行了规制。

《反不正当竞争法》第十五条规定,投标者不得串通投标,抬高标价或者压低标价,投标者和招标者不得相互勾结,以排挤竞争对手的公平竞争。第二十七条规定,投标者串通投标,抬高标价或者压低标价,投标者和招标者相互勾结,以排挤竞争对手的公平竞争的,其中标无效,监督检查部门可以根据情节处以1万元以上20万元以下的罚款。

《招标投标法》第三十二条规定,投标人不得相互串通投标报价,不得排挤其他投标人的公平竞争,损害招标人或者其他投标人的合法权益。投标人不得与招标人串通投标,损害国家利益、社会公共利益或者他人的合法权益。

10. 公用企业滥用独占地位

《反不正当竞争法》第六条规定:"公用企业或者其他依法具有独占地位的经营者,不得限定他人购买其指定的经营者的商品,以排挤其他经营者的公平竞争。"

公用企业是指通过固定的网络或其他基础设施提供公共产品或服务的经营者，如电力、自来水、热力、煤气、邮政、通信、公共交通运输等产品或服务的经营者。所谓其他具有独占地位的经营者，是指公用企业以外的由法律、法规、规章或其他合法的规范性文件赋予其从事特定商品（包括服务）的独占经营资格的经营者。公用企业具有规模大、服务对象广泛、相对垄断性和政府干预等特点，这些特点决定了公用企业在市场竞争中具有特殊地位。

公用企业或其他依法具有独占地位的经营者必须是在实施了"限定他人购买其指定的经营者的商品"行为，才构成不正当竞争。"限定"既可以表现为公开的、直接的强制，也可以表现为间接的、变相的强制。根据国家工商行政管理局《关于禁止公用企业限制竞争行为的若干规定》第四条和第九条，公用企业、其他依法具有独占地位的经营者的限制竞争行为，具体包括以下几种情况：

（1）限定用户、消费者只能购买和使用其附带提供的相关商品，而不得购买和使用其他经营者提供的符合技术标准要求的同类商品；

（2）限定用户、消费者只能购买和使用其指定的经营者生产或者经销的商品，而不得购买和使用其他经营者提供的符合技术标准要求的同类商品；

（3）强制用户、消费者购买其提供的不必要的商品及配件；

（4）强制用户、消费者购买其指定的经营者提供的不必要的商品；

（5）以检验商品质量、性能等为借口，阻碍用户、消费者购买、使用其他经营者提供的符合技术标准要求的其他商品；

（6）对不接受其不合理条件的用户、消费者拒绝、中断或者削减供应相关商品，或者滥收费用；

（7）其他限制竞争的行为。

11. 政府滥用行政权力

政府滥用行政权力，又称行政垄断，即政府及其所属部门滥用行政权力，限制经营者之间开展自由竞争的行为。

限定交易和地区封锁是两种典型的政府滥用行政权力行为。《反不正当竞争法》第七条规定："政府及其所属部门不得滥用行政权力，限制他人购买其指定的经营者的商品，限制其他经营者正当的经营活动。政府及其所属部门不得滥用行政权力，限制外地商品进入本地市场，或者本地商品流向外地市场。"

另外，政府滥用限制权力还有其他表现形式，例如强令组建企业集团、强令拉郎配式的企业兼并，以及进行诸如"质量信得过"、"重合同守信用单位"、"无假冒伪劣商品"等评选活动。这些做法提高了一些经营者的地位和信誉，排斥和打击了大多数合法经营者，本质上是滥用行政权力的不正当竞争行为。

14.2.3　不正当竞争的法律责任

1. 民事责任

经营者的不正当竞争行为给被侵害的经营者造成损害的，应当承担损害赔偿责任。

被侵害的经营者的损失难以计算的,赔偿额为侵权人在侵权期间因侵权所获得的利润;并应当承担被侵害的经营者因调查该经营者侵害其合法权益的不正当竞争行为所支付的合理费用。

进行不正当竞争行为的经营者还可能承担停止侵害、消除影响、赔礼道歉、恢复名誉等民事责任。

2. 行政责任

《反不正当竞争法》、《商标法》、《产品质量法》等法律对各种不正当竞争行为的行政责任规定了明确的行政处罚措施,包括责令改正、责令停止侵权行为、没收、罚款、吊销营业执照。

3. 刑事责任

在不正当竞争各具体行为中,有些可能构成犯罪。例如假冒注册商标罪、侵犯商业秘密罪、虚假广告罪、串通投标罪、商业贿赂罪等。

14.3 反垄断法

14.3.1 概述

法律概念上的垄断,是指经营者通过合谋性协议,安排或协同行动,或者通过滥用经济优势地位,排斥或控制其他正当的经济活动,在实质上限制竞争的违法行为。可以从不同角度对垄断进行分类,例如,从垄断组织角度分为卡特尔、辛迪加、托拉斯、康采恩等;从垄断形式角度分为协议垄断和经济优势滥用等。

如上所述,垄断的形式分为协议垄断和经济优势滥用。所谓协议垄断,是指企业之间通过合谋性协议,安排或者协同行动,相互约束各自的经济活动,违反公共利益,在一定的交易领域内限制或妨碍竞争。协议垄断的主要方式有以下几种:

(1) 一些经营者通过明示或默示的协议,将其产品的售价固定在统一的水平上;

(2) 一些经营者通过协议限制生产、销售、技术发展或投资,人为保持市场平衡;

(3) 一些经营者之间达成协议,划分销售地区或购买地区,瓜分市场以消除彼此间在市场上的竞争;

(4) 联合抵制其他特定经营者,不与其交易;

(5) 一些经营者通过协议采取协调行动,把第三方竞争者从该市场上驱逐出去;

(6) 制造者与销售者、批发商与零售商之间达成协议,规定销售者或零售商必须按固定的价格转售其商品;

(7) 以交易对方接受额外的与该合同的标的毫无联系的义务作为与其订立合同的条件;

(8) 通过协议约定一方不向另一方的竞争者供给物资、资金及其他经济上的利益。

滥用经济优势地位是指企业通过其市场力量的优势地位,限制竞争者进入市场或以其他方式不适当地限制竞争。

主要西方国家都有其各具特色、名称各异的反垄断法。《中华人民共和国反垄断法》于2008年8月1日正式施行,结束了存在严重垄断现象但缺乏反垄断法的局面,为限制和消除垄断,鼓励竞争,建立和完善社会主义市场经济的法律秩序提供了新的有力的法律保障。

14.3.2 垄断协议

垄断协议是指排除、限制竞争的协议、决定或者其他协同行为。有竞争关系的经营者之间可能达成垄断协议,经营者与交易相对人也可能达成垄断协议,均为法律所禁止。

《反垄断法》第十三条规定,禁止具有竞争关系的经营者达成下列垄断协议:①固定或者变更商品价格;②限制商品的生产数量或者销售数量;③分割销售市场或者原材料采购市场;④限制购买新技术、新设备或者限制开发新技术、新产品;⑤联合抵制交易;⑥国务院反垄断执法机构认定的其他垄断协议。

《反垄断法》第十四条规定,禁止经营者与交易相对人达成下列垄断协议:①固定向第三人转售商品的价格;②限定向第三人转售商品的最低价格;③国务院反垄断执法机构认定的其他垄断协议。

但是,属于下列情形之一的,则不属于垄断协议:①为改进技术、研究开发新产品的;②为提高产品质量、降低成本、增进效率,统一产品规格、标准或者实行专业化分工的;③为提高中小经营者经营效率,增强中小经营者竞争力的;④为实现节约能源、保护环境、救灾救助等社会公共利益的;⑤因经济不景气,为缓解销售量严重下降或者生产明显过剩的;⑥为保障对外贸易和对外经济合作中的正当利益的;⑦法律和国务院规定的其他情形。但是,经营者对上述情形负举证责任。而且,在第①~⑤条所述情形下,经营者还应当证明所达成的协议不会严重限制相关市场的竞争,并且能够使消费者分享由此产生的利益。

经营者违反法律规定,达成并实施垄断协议的,由反垄断执法机构责令停止违法行为,没收违法所得,并处上一年度销售额1%~10%的罚款;尚未实施所达成的垄断协议的,可以处50万元以下的罚款。

14.3.3 滥用市场支配地位

市场支配地位是指经营者在相关市场内具有能够控制商品价格、数量或者其他交易条件,或者能够阻碍、影响其他经营者进入相关市场能力的市场地位。认定经营者具有市场支配地位,应当依据下列因素:①该经营者在相关市场的市场份额以及相关市场的竞争状况;②该经营者控制销售市场或者原材料采购市场的能力;③该经营者的财力和技术条件;④其他经营者对该经营者在交易上的依赖程度;⑤其他经营者进入相关市场的难易程度;⑥与认定该经营者市场支配地位有关的其他因素。有下列情形之一的,可以推定经营者具有市场支配地位:①一个经营者在相关市场的市场份额达到1/2的;②两个经营者在相关市场的市场份额合计达到2/3的;③三个经营者在相关市场的市场份额合计达到 3/4 的。

《反垄断法》规定,禁止具有市场支配地位的经营者从事下列滥用市场支配地位的行为:①以不公平的高价销售商品或者以不公平的低价购买商品;②没有正当理由,以低于成本的价格销售商品;③没有正当理由,拒绝与交易相对人进行交易;④没有正当理由,限定交易相对人只能与其进行交易或者只能与其指定的经营者进行交易;⑤没有正当理由搭售商品,或者在交易时附加其他不合理的交易条件;⑥没有正当理由,对条件相同的交易相对人在交易价格等交易条件上实行差别待遇;⑦国务院反垄断执法机构认定的其他滥用市场支配地位的行为。

经营者违反法律规定,滥用市场支配地位的,由反垄断执法机构责令停止违法行为,没收违法所得,并处上一年度销售额 1%~10% 的罚款。

14.3.4 经营者集中

经营者集中是指经营者合并,或者通过取得股权或资产的方式取得对其他经营者的控制权,或者通过合同等方式取得对其他经营者的控制权或者能够对其他经营者施加决定性影响。

经营者集中达到国务院规定的申报标准的,经营者应当事先向国务院反垄断执法机构申报,未申报的不得实施集中。根据 2008 年 8 月 3 日施行的《国务院关于经营者集中申报标准的规定》,经营者集中达到下列标准之一的,经营者应当事先向国务院商务主管部门申报:

(1) 参与集中的所有经营者上一会计年度在全球范围内的营业额合计超过 100 亿元人民币,并且其中至少两个经营者上一会计年度在中国境内的营业额均超过 4 亿元人民币;

(2) 参与集中的所有经营者上一会计年度在中国境内的营业额合计超过 20 亿元人民币,并且其中至少两个经营者上一会计年度在中国境内的营业额均超过 4 亿元人民币。

但是,参与集中的一个经营者拥有其他每个经营者 50% 以上有表决权的股份或者资产的,或者参与集中的每个经营者 50% 以上有表决权的股份或资产被同一个未参与集中的经营者拥有的,可以不申报。

国务院反垄断执法机构审查经营者集中,应当考虑参与集中的经营者在相关市场的市场份额及其对市场的控制力,相关市场的市场集中度,经营者集中对市场进入、技术进步的影响以及对消费者、对有关经营者、对国民经济发展的影响等因素。

国务院反垄断执法机构应当自收到经营者提交的符合《反垄断法》第二十三条规定的文件、资料之日起 30 日内,对申报的经营者集中进行初步审查,作出是否实施进一步审查的决定,并书面通知经营者。国务院反垄断执法机构作出决定前,经营者不得实施集中。但逾期未作出决定的,经营者可以实施集中。

经营者违反法律规定实施集中的,由国务院反垄断执法机构责令停止实施集中、限期处分股份或者资产、限期转让营业以及采取其他必要措施恢复到集中前的状态,可以处 50 万元以下的罚款。

14.3.5 滥用行政权力排除、限制竞争

行政机关和法律、法规授权的具有管理公共事务职能的组织不得滥用行政权力排除、限制竞争。以下行为属于滥用行政权力排除、限制竞争：

（1）限定或者变相限定单位或者个人经营、购买、使用其指定的经营者提供的商品；

（2）对外地商品设定歧视性收费项目、实行歧视性收费标准，或者规定歧视性价格；

（3）对外地商品规定与本地同类商品不同的技术要求、检验标准或者对外地商品采取重复检验、重复认证等歧视性技术措施，限制外地商品进入本地市场；

（4）采取专门针对外地商品的行政许可，限制外地商品进入本地市场；

（5）设置关卡或者采取其他手段，阻碍外地商品进入或者本地商品运出；

（6）妨碍商品在地区之间自由流通的其他行为；

（7）以设定歧视性资质要求、评审标准或者不依法发布信息等方式，排斥或者限制外地经营者参加本地的招标投标活动；

（8）采取与本地经营者不平等待遇等方式，排斥或者限制外地经营者在本地投资或者设立分支机构；

（9）强制经营者从事《反垄断法》规定的垄断行为；

（10）制定含有排除、限制竞争内容的规定。

14.4 产品质量法和消费者权益保护法

14.4.1 产品质量法

1. 产品与产品质量

《产品质量法》第二条规定："本法所指产品是指经过加工、制作，用于销售的产品。"但是"建设工程不适用本法规定。"可见，我国《产品质量法》所确定的"产品"，是指经过加工、制作，用于销售的动产，不包括不动产。

产品质量是一个技术概念，也是法律概念，是指产品符合人们需要的内在素质与外观形态的各种特性的综合状态。可以将产品质量分为适用性和安全性两个方面。具体包括产品的性能、适用性、安全性、耐用性、可靠性、经济性、卫生性等。

2. 产品质量的监督管理

1）产品质量监督管理体制

我国的产品质量监督管理体制的内容是：国务院产品质量监督部门主管全国产品质量监督工作，国务院有关部门在各自的职责范围内负责产品质量监督工作；县级以上地方产品质量监督部门主管本行政区域内的产品质量监督工作。国务院产品质量监督机构为国家质量技术监督局。国务院有关部门是指国家质量技术监督局以外的与质量监督工作有关的部门，如国家工商局、国家药品监督管理局、国家出入境检验检疫局等。

2) 产品质量管理

产品质量管理制度由5个具体制度构成,即质量标准制度、生产许可证制度、企业质量体系认证制度、产品质量认证制度和产品质量监督检查制度。

质量标准制度将产品质量标准分为统一标准与约定标准。对可能危及人体健康和人身、财产安全的产品,必须符合国家标准、行业标准;未制定国家标准、行业标准的,必须符合保障人体健康,人身、财产安全的要求。

生产许可证制度是指凡法律、行政法规规定实行许可证管理的产品,企业必须取得相应生产许可证,方允许生产和销售。

企业质量体系认证制度的内容是企业可以根据自愿原则,向国务院产品质量监督部门认可的或者国务院产品质量监督部门授权的部门认可的认证机构申请企业质量体系认证。经认证合格的,由认证机构颁发企业质量体系认证证书。国家根据国际通用的质量管理标准,推行企业质量体系认证制度。

产品质量认证制度的内容是企业根据自愿原则,可以向国务院产品质量监督部门认可的或者国务院产品质量监督部门授权的部门认可的认证机构申请产品质量认证。经认证合格的,由认证机构颁发产品质量认证证书,证明某一产品达到相应标准,准许企业在产品或者其包装上使用产品质量认证标志。国家参照国际先进的产品标准和技术要求,推行产品质量认证制度。

产品质量监督检查制度是指国家各级质量监督管理部门,依据国家有关法律、行政法规和规章的规定,代表国家在本行政区域内,对生产流通领域的产品质量实施的一种具有监督性质的检查活动。这项制度主要以抽查方式进行,并按期向社会发布监督检查公报。

另外,消费者监督、社会监督、企业内部监督也是产品质量监督的重要组成部分。

3. 生产者的产品质量责任和义务

1) 生产者的产品内在质量义务

生产者应当对其生产的产品质量负责。产品质量应当符合下列要求:

(1) 不存在危及人身、财产安全的不合理的危险,有保障人体健康和人身、财产安全的国家标准、行业标准的,应当符合该标准;

(2) 具备产品应当具备的使用性能,但是,对产品存在使用性能的瑕疵作出说明的除外;

(3) 符合在产品或者其包装上注明采用的产品标准,符合以产品说明、实物样品等方式表明的质量状况。

2) 产品包装标识义务

产品或者其包装上的标识必须真实,并符合下列要求。

(1) 有产品质量检验合格证明。

(2) 有中文标明的产品名称、生产厂厂名和厂址。

(3) 根据产品的特点和使用要求,需要标明产品规格、等级、所含主要成分的名称和含量的,用中文相应予以标明;需要事先让消费者知晓的,应当在外包装上标明,或者预先向消费者提供有关资料。

（4）限期使用的产品，应当在显著位置清晰地标明生产日期和安全使用期或者失效日期。

（5）使用不当，容易造成产品本身损坏或者可能危及人身、财产安全的产品，应当有警示标志或者中文警示说明。裸装的食品和其他根据产品的特点难以附加标识的裸装产品，可以不附加产品标识。

（6）易碎、易燃、易爆、有毒、有腐蚀性、有放射性等危险物品以及储运中不能倒置和其他有特殊要求的产品，其包装质量必须符合相应要求，依照国家有关规定作出警示标志或者中文警示说明，标明储运注意事项。

3）不得违反禁止规定

根据《产品质量法》的规定，生产者不得生产国家明令淘汰的产品，不得伪造产地，不得伪造或者冒用他人的厂名、厂址，不得伪造或者冒用认证标志等质量标志，生产的产品不得掺杂、掺假，不得以假充真、以次充好，不得以不合格产品冒充合格产品。

4. 销售者的产品质量责任和义务

销售者的产品质量责任和义务主要包括以下几方面：应当建立并执行进货检查验收制度，验明产品合格证明和其他标识；采取措施，保持销售产品的质量；不得销售国家明令淘汰并停止销售的产品和失效、变质的产品；销售的产品的标识应当符合规定；不得伪造产地，不得伪造或者冒用他人的厂名、厂址；不得伪造或者冒用认证标志等质量标志；不得掺杂、掺假，不得以假充真、以次充好，不得以不合格产品冒充合格产品。

5. 产品责任

1）产品责任的性质

违反《产品质量法》，可能承担民事、行政责任，构成犯罪的，还应当承担刑事责任。但一般所说产品责任，是指产品生产者和销售者因产品缺陷给消费者、用户造成损害，应当依法承担的赔偿责任。

产品责任是一种民事侵权责任，适用过错责任原则。一些人认为我国产品责任实行无过错责任，这实际是个误解。《产品质量法》第四十一条规定：因产品存在缺陷，造成人身损害以及缺陷产品以外的其他财产损害的，生产者应当承担赔偿责任。可见，产品存在缺陷是承担产品责任的关键前提，而产品存在缺陷有3种情况：一是产品设计不合理；二是产品制造不合格；三是当时科学技术不能发现缺陷。前两种情况显然属于生产者有过错，而后一种情况已经被《产品质量法》排除，即"将产品投入流通时的科学技术水平尚不能发现缺陷的存在的"产品生产者不承担责任。同时，生产者未将产品投入流通的，或者产品投入流通时，引起损害的缺陷尚不存在的，该产品即使存在缺陷并造成损害，生产者也不承担责任。这已经明确肯定了我国的产品责任是过错责任。

《产品质量法》在规定产品销售者责任时，更是直接使用了"过错"一词："由于销售者的过错使产品存在缺陷，造成人身、他人财产损害的，销售者应当承担赔偿责任。"但是，"如果销售者不能指明缺陷产品的生产者、供货者的，销售者应当承担赔偿"。这是一种推定过错,而不是无过错。

2) 产品责任的承担

《产品质量法》规定,售出的产品有下列情形之一的,销售者应当负责修理、更换、退货;给购买产品的消费者造成损失的,销售者应当赔偿损失。

(1) 不具备产品应当具备的使用性能而事先未作说明的。

(2) 不符合在产品或者其包装上注明采用的产品标准的。

(3) 不符合以产品说明、实物样品等方式表明的质量状况的。

因产品存在缺陷造成人身、缺陷产品以外的其他财产(以下简称他人财产)损害的,生产者应当承担赔偿责任。但是,生产者能够证明有下列情形之一的,不承担赔偿责任:

(1) 未将产品投入流通的;

(2) 产品投入流通时,引起损害的缺陷尚不存在的;

(3) 将产品投入流通时的科学技术水平尚不能发现缺陷的存在的。

由于销售者的过错使产品存在缺陷,造成人身、他人财产损害的,销售者应当承担赔偿责任。销售者不能指明缺陷产品的生产者也不能指明缺陷产品的供货者的,销售者应当承担赔偿责任。

因产品存在缺陷造成人身、他人财产损害的,受害人可以向产品的生产者要求赔偿,也可以向产品的销售者要求赔偿。属于产品的生产者的责任,产品的销售者赔偿的,产品的销售者有权向产品的生产者追偿;属于产品的销售者的责任,产品的生产者赔偿的,产品的生产者有权向产品的销售者追偿。

因产品存在缺陷造成损害要求赔偿的诉讼时效期间为两年,自当事人知道或者应当知道其权益受到损害时起计算。因产品存在缺陷造成损害要求赔偿的请求权,在造成损害的缺陷产品交付最初消费者满10年丧失;但是,尚未超过明示的安全使用期的除外。

14.4.2 消费者权益保护法

1. 消费者和消费者权益保护法

消费者是为个人消费的目的购买商品或者接受服务的自然人。显然,消费者是一个法律概念,只有符合法定的消费者概念,才能受到《消费者权益保护法》的保护。

本来,消费者和经营者之间是典型合同关系,可以适用《合同法》解决期间的纠纷。但是,随着科学的发展和技术的进步,新产品不断涌现,很多产品本身可能蕴藏着危险,时刻威胁着消费者的安全,而消费者对此可能一无所知。同时,经营者经营手段越来越高超,消费者往往处于被动的地位。凡此种种,损害消费者利益的事件与日俱增,消费者问题成为社会问题,需要国家制定相应法律保护消费者利益。西方发达国家或先或后均制定了自己的消费者保护法律。1985年,联合国制定了《消费者保护准则》,明确规定了消费者的6项权利,依法保护消费者的观念已经被国际社会普遍接受。

我国于1993年颁布了《中华人民共和国消费者权益保护法》(以下简称《消法》),为我国消费者权益保护提供了法律依据。

2. 消费者权利

消费者的权利是《消法》所确认的消费者在消费领域所享有的权利。《消法》第二章系统地规定了消费者应当享有的权利,这些权利可以归纳为以下9项。

(1)安全保障权,是指消费者在购买、使用商品或接受服务时,享有人身、财产安全不受损害的权利。值得研究的是,有人将这一权利作扩大解释,认为消费者在购买商品或者接受服务时受到第三人损害的,经营者也应当承担赔偿责任。安全保障权不是一般法律意义上的自然人的权利,而是"消费者权利",这一权利相对应的义务人是经营者,即经营者不能损害消费者的权利。但是经营者的义务不能包括防止他人损害特定消费者的一般民事权利。例如,如果一个消费者在酒店吃饭时被其他就餐者伤害,其责任应当由加害人承担,而不应当由酒店经营者承担。当然,如果酒店经营者没有尽到合理的义务,也可能承担相应的责任。

(2)知情权,是指消费者享有知悉其购买、使用的商品或者接受的服务的真实情况的权利。首先,消费者有权对商品和服务的真实情况进行全面了解,以使自己购买商品或接受服务的意思表示真实。其次,消费者有充分了解有关情况的权利,有关的情况包括商品的价格、产地、生产者、用途、性能、规格、等级、主要成分、生产日期、有效期限、检验合格证明、使用方法说明书、售后服务以及服务的内容、规格、费用等有关情况。

(3)选择权,是指消费者根据自己的意愿自主地选择其购买的商品或接受的服务的权利。包括自主选择提供商品或者服务的经营者的权利;自主选择商品品种或者服务方式的权利;自主决定购买或者不购买任何一种商品、接受或不接受任何一项服务的权利;在自主选择商品或服务时所享有的进行比较、鉴别和挑选的权利。

(4)公平交易权,是指消费者享有的在购买商品或接受服务时获得质量保障、价格合理、计量准确等公平交易条件,拒绝经营者的强制交易的情况。公平交易权既包括有权要求交易条件公平合理,也包括不被强制交易。

(5)索赔权,又称获得赔偿权,是指消费者享有的在购买、使用商品或接受服务的过程中人身、财产遭到损害时依法获得赔偿的权利。

(6)受尊重权,是指消费者在购买、使用商品和接受服务时享有其人格尊严、民族风俗习惯得到尊重的权利。

(7)监督权,是指消费者享有对商品和服务以及保护消费者权益的工作进行监督的权利。消费者监督的方式包括检举、控告、批评、建议等。

3. 经营者的义务

经营者是指以营利为目的而从事商品生产和销售或者提供服务的法人、其他经济组织和个人。《消法》规定的经营者的义务是:①遵守法律规定;②履行与消费者约定的合同义务;③听取意见,接受监督;④保障消费者人身和财产安全;⑤提供商品和服务的真实信息;⑥出具相应凭证和单据;⑦提供符合要求的商品和服务;⑧不得从事不公平、不合理的交易;⑨不得侵犯消费者人身权利。

14.5 环境与资源保护法

14.5.1 概述

1. 环境和自然资源

法律意义上的环境,是指影响人类生存和发展的各种天然的和经过人工改造的自然因素的总体,包括大气、水、海洋、土地、矿藏、草原、野生生物、自然遗迹、人文遗迹、自然保护区、风景名胜区、城市和乡村等。1972年联合国人类环境会议提出了"人类环境"的概念。人类环境包括自然环境和人工环境。自然环境是指对人类的生存和发展产生直接或间接影响的各种天然形成的物质和能量的总体,这些环境要素相互联系、相互制约;人工环境是指经过人工改造的环境,是人类为了提高物质和文化生活水平,在自然环境的基础上,经过人类活动创造出来的环境。

自然资源是指在一定的技术经济条件下,自然界中对人类有用的一切自然要素。如土地、水、矿物、森林、阳光、空气等。自然资源有以下特征:第一,自然资源具有价值性,能够被人们用于满足生产或生活需要。第二,自然资源具有整体性。在生物圈中的各种自然资源都是相互依存、相互制约地构成一个自然综合体而存在的,任何自然资源或要素都不可能各自孤立地存在。第三,自然资源具有地域性。自然资源在自然界中并不是均衡分布的,因此,自然资源在有些地区十分丰富,而在有些地区又十分匮乏。第四,自然资源具有稀缺性。自然资源在具体的空间和时间范围内具有稀缺性,特别是资源分布的地区性差异和许多资源的不可再生性、可再生资源再生的长期性,使得资源的稀缺性表现得更为明显。资源的这种特性迫使人们不断地发掘新的自然资源,寻找替代,探索自然资源高效利用的新途径,要求社会以法制手段力求达到资源公平合理的代内分配和代际分配。

2. 环境与资源保护法

环境和资源保护是指以合理利用自然资源,防止污染,并在产生环境污染之后,做好综合治理为目的而采取的行政、经济、法律、科学技术及教育等一系列活动的总称。

《环境保护法》是指由国家制定或认可的,并由国家强制力保证实施的关于改善环境,合理开发利用与保护自然资源,防止污染和其他公害的法律规范的总称。通常认为,环境保护法包括两方面的内容:一是有关保护环境和自然资源的法律法规;二是有关防治污染和其他公害的法律法规。

《自然资源保护法》是调整人们在自然资源的开发、利用、保护和管理中所形成的各种关系的法律规范的总称。

3. 环境和资源保护法的原则

1) 可持续发展原则

可持续发展是当前世界各国都倡导的一种发展模式,它提醒人类必须在地球承载能力范围内生活。1987年,在WCED出版的关于环境与发展问题的报告《我们共同的未来》中，首次提出"可持续发展"的概念："既满足当代人的需要，又不对后代人满足其需要的能力构成危害的发展。"1992年《里约宣言》中对可持续发展作了进一步阐述："人类应享有以自然和谐的方式过健康而富有成果的生活的权利，并公平地满足今世、后代在发展和环境方面的需要。"人们经过了与自然的不断适应、利用、改造之后，得知为了全人类的发展和生活质量的改善，必须保证地球生态系统的完整性，人们也应为了子孙后代而不过分向自然索取。对人类发展的基础——环境、资源与能源的开发和利用，应当维持和建立在利用效率最大化及废弃、污染物质最小化之上。

2) "预防为主，防治结合"原则

"预防为主，防治结合"是将环境保护的重点放在事前防止环境污染和自然破坏之上，同时也要积极合理地治理现有的环境污染和自然破坏，以保护生态系统的安全和人类的健康及其财产安全。

1989年12月26日通过并实施的《中华人民共和国环境保护法》将"预防为主，防治结合"确立为环境和资源保护法的基本原则。另外，《海洋环境保护法》、《大气污染防治法》等法律中也都贯彻了"预防为主，防治结合"的原则。

3) 激励与惩罚相结合原则

激励与惩罚相结合原则，是指基于对环境和资源作出行为的不同而给予的不同反应，其中那些对环境与资源保护有利的行为应该得到鼓励，而对环境和资源具有破坏的行为应当受到惩罚的原则。这一原则以社会的、经济的、政策的和法律的手段达到环保的目的。

14.5.2 环境保护法

1. 环境保护基本制度

1) 环境影响评价制度

环境影响评价是对规划和建设项目实施后可能造成的环境影响进行分析、预测和评估，提出预防或者减轻不良环境影响的措施，进行跟踪监测的法律制度。

环境影响评价制度是一项决定项目能否进行的具有强制性的法律制度，是环境行政决策的主要科学依据，也是防止新污染源产生，保护生态环境的一个重要手段。环境影响评价要求可能对环境有影响的建设开发者，必须事先通过调查、预测和评价，对项目的选址、对周围环境产生的影响以及应采取的防范措施等提出环境影响报告书，经过审查批准后，才能进行开发和建设。目前世界上已有100多个国家和地区在开发建设活动中推行环境影响评价制度。

我国在1979年颁布的《中华人民共和国环境保护法（试行）》、1986年颁布的《建设项目环境保护管理办法》以及1998年颁布的《建设项目环境保护管理条例》中，逐步确立了比较完整的环境影响评价制度。到2002年，我国在总结过去立法经验的基础上，制定和颁布了《中华人民共和国环境影响评价法》（以下简称《环评法》），并于2003年9月1日起正式施行。至此，我国的环境影响评价制度正式成为环境保护法律中一项科学而又系统的制度。

根据《环评法》的规定,凡在我国领域内从事对环境有影响的项目,都必须坚持环境影响评价制度,包括工业、交通、水利、农林、商业、卫生、文教、科研、旅游、市政等对环境有影响的一切基本建设项目和技术改造项目以及区域开发建设项目。对于引进的项目,如中外合资、中外合作、外商独资的建设项目,除执行《建设项目环境保护管理条例》的规定外,还要执行国务院关于加强对外经济开放地区环境管理的有关规定。

国务院有关部门、设区的市级以上地方人民政府及其有关部门,对其组织编制的土地利用的有关规划,区域、流域、海域的建设、开发利用规划,应当在规划编制过程中组织进行环境影响评价,编写该规划有关环境影响的篇章或者说明。国务院有关部门、设区的市级以上地方人民政府及其有关部门,对其组织编制的工业、农业、畜牧业、林业、能源、水利、交通、城市建设、旅游、自然资源开发的有关专项规划,应当在专项规划草案上报审批前,组织进行环境影响评价,并向审批该专项规划的机关提交环境影响报告书。另外,国家根据建设项目对环境的影响程度,对建设项目的环境保护实行分类管理。

(1) 建设项目对环境可能造成重大影响的,应当编制环境影响评价报告书,对建设项目产生的污染和对环境的影响进行全面、详细的评价。

(2) 建设项目对环境可能造成轻度影响的,应当编制环境影响报告表,对建设项目产生的污染和对环境的影响进行分析或者专项评价。

(3) 建设项目对环境影响很小,不需要进行环境影响评价的,应当填报环境影响登记表。

对于分类管理的对象,国家环境保护总局制定有详细的目录。

按《环评法》第十九条的规定,建设项目的环境影响评价工作必须由取得环境影响评价资格证书的单位来承担,从事建设项目环境影响评价的单位,必须取得国务院环境保护行政主管部门颁发的资格证书,按照资格证书规定的等级和范围,从事建设项目影响评价工作,并对环境影响评价结论负责。《建设项目环境影响评价资格证书管理办法》对其申领条件、考核的机关、方式、主要内容和程序以及罚都作了具体规定。

根据《环评法》第二十二条第一款的规定,建设项目的环境影响评价文件,由建设单位按照国务院的规定报有审批权的环境保护行政主管部门审批。

对于下列建设项目的环境影响评价报告书(表)或登记表,须报送国家环保总局审批:①核设施、绝密工程等特殊性质的建设项目;②跨省、自治区、直辖市行政区域的建设项目;③国务院审批的或者国务院授权有关部门审批的建设项目。

环境影响评价制度是环境保护的基本制度。但是,该制度的执行仍存在问题。有些单位不认真执行该制度,有些单位只是在应付差事。例如,2005年初媒体披露的北京圆明园湖底改造工程没有进行环境影响评价一事,在全国产生了较大影响。这一方面反映了社会环境法律意识,特别是环境影响评价意识的提高;另一方面也反映了有关单位环境法律意识的淡漠。

2)"三同时"制度

"三同时"是指一切新建、改建和扩建的基本建设项目(包括小型建设项目)、技术改造项目、自然开发项目以及可能对环境造成损害的其他工程项目,其中防治污染的设施必须与主体工程同时设计、同时施工、同时投产使用。

"三同时"制度是我国独创的一项环境法律制度，是一项重要的控制新污染源的法律制度，是对中国实行建设项目环境影响评价制度的一项重要补充，也是环境立法有关"预防为主，防治结合，综合治理"原则的具体体现。

我国早在1973年国务院批转的《关于保护和改善环境的若干规定（试行草案）》中就规定了"三同时"制度。1979年《环境保护法（试行）》也对"三同时"制度作了明确的规定。1984年5月国务院发布的《关于环境保护工作的决定》中，把"三同时"的适用范围扩大到可能对环境造成污染和破坏的一切工程建设项目和开发建设项目。在1989年新修改颁布的《环境保护法》第二十六条第一款中又重申："建设项目中防治污染的设施，必须与主体工程同时设计、同时施工、同时投产使用。防治污染的设施需经原审批环境影响报告书的环境行政主管部门验收合格后，该项目方可投入生产或者使用。"

3）排污申报登记制度

排污申报登记制度是指排污者必须按照有关规定向环境保护行政主管部门申报登记其污染物的排放和治理情况，并接受监督管理的一项法律制度。排污申报登记制度体现在各有关法律、法规中。例如1984年颁布并于1996年修订的《水污染防治法》规定："直接或间接向水体排放污染物的企业事业单位，应当按照国务院环境保护部门的规定，向所在地的环境保护部门申报登记拥有的污染物排放设施、处理设施和正常作业条件下排放污染物的种类、数量和浓度，并提供防治污染方面的有关技术资料。"1989年制定的《环境保护法》以及此后制定的许多环境保护法律、法规，都规定了这一制度。1992年8月14日国家环保总局发布的《排放污染物申报登记规定》具体规定了申报登记的范围和条件、申报登记主体、申报登记管理机关、申报登记内容及审核以及情况发生重大变动时的申报和处理特殊问题的专门申报等。

4）排污许可证制度

排污许可证制度是指凡需要向环境排放各种污染物的单位或个人，都必须事先向有关管理机关提出申请，经审查批准发给许可证后方可排污的制度。目前我国《环境法》规定并实行的防止污染方面的许可证制度主要有：排污许可证；排污设施许可证；海洋倾废许可证；危险废物收集、贮存、处置许可证；放射性同位素与射线装置的生产、使用、销售许可证；废物进口许可证等。

5）污染源限期治理制度

污染源限期治理制度是指对严重污染环境的污染源或污染严重的区域环境，依法限定在一定的期限内完成治理任务，达到治理目标的制度。

限期治理制度一般选择那些布局不合理、污染严重、危害大的地区和企业，通过限期治理、更新、改革生产工艺，推动污染企业积极治理污染，可以有效地控制和改善区域环境质量。

6）征收排污费制度

征收排污费制度是指国家环境管理机关按照法律规定对排放污染物的单位或个人征收一定费用的管理措施。排污费是排污者向环境排放污染物污染环境所必须支付的一种补偿费，排污收费制度是"谁污染谁治理"原则的具体体现。

我国的排污收费制度最早是在《环境保护法（试行）》中正式确立的。1982年2月，国务院公布了《征收排污费暂行办法》,就征收超标排污费的目的、原则、收费机构、增收减收条件,排污费的使用和监督等作了明确规定,形成了征收超标准排污费的管理制度。2003年2月28日,国家发展计划委员会、财政部、国家环境保护总局、国家经济贸易委员会发布了《排污费征收标准管理办法》,并规定于2003年7月1日起施行。该办法的发布和施行,为规范排污费征收标准的管理,起到了十分重要的作用。

2. 环境标准制度

环境标准是有关控制污染、保护环境的各种标准的总称,是国家根据人体健康、生态平衡,在综合考虑本国的自然环境特征、科学技术水平和经济条件的基础上,按照法定程序对环境中污染物的允许含量及污染源排放污染物的数量、浓度、时间和速率等所作的规定。

环境标准同法律一样也是一种具有规范性的行为规则,同一般法律不同之处只在于它不是通过法律条文规定人们的行为模式和法律后果,而是通过一些定量性的数据、指标、技术规范来表示行为规则的界限来调整人们的行为,是上升为法律的技术规范,是制定国家环境计划和规划的主要依据,是衡量环境质量的尺度,是处理环境纠纷、追究环境责任的依据。环境标准制度是中国防治环境污染法律体系中的重要组成部分。

环境标准一般分为环境质量标准、污染物排放标准、污染物控制技术标准、污染警报标准和基础方法标准。根据1983年国务院环境保护部门颁发的《中华人民共和国环境保护标准管理办法》的规定,我国环境标准体系主要是由国家环境标准、地方环境标准两级和环境质量标准、污染物排放标准、环境基础标准、环境方法标准、环境样品标准五类构成,简称二级五类标准体系。

3. 环境污染防治法

环境污染是指被人们利用的物质直接或间接地进入环境,导致对自然的有害影响,以至于危及人类健康、危害生命资源和生态系统,以及损害或妨害舒适性和环境的其他合法用途的现象。《环境保护法》在"防治环境污染和其他公害"一章中,列举了"环境污染和其他公害"的具体内容,即"在生产建设或者其他活动中产生的废气、废水、废渣、粉尘、恶臭气体、放射性物质以及噪声、振动、电磁波辐射等对环境的污染和危害"。

环境污染防治是环境保护的重要组成部分。《环境污染防治法》是国家为预防和治理环境污染和其他公害,对产生或可能产生环境污染和其他公害的行为进行控制,以达到保护生活环境、进而保护人体健康和财产安全的目的而制定的同类法律的总称。因此,环境污染防治法的概念并不是指单独存在的一部法律,而是指在环境法体系内同一类法律的总称。目前我国关于环境污染防治方面的专门法律主要有《中华人民共和国海洋环境保护法》、《中华人民共和国大气污染防治法》、《中华人民共和国水污染防治法》、《中华人民共和国环境噪声污染防治法》、《中华人民共和国固体废物污染环境防治法》、《清洁生产促进法》等。

14.5.3 自然资源保护法

1. 自然资源保护的基本法律制度

1) 自然资源权属制度

自然资源权属制度是指《资源法》规定的,关于自然资源的所有权、使用权、其他权益以及由此产生的法律后果由谁承担的法律制度。自然资源权属制度是我国《环境资源法》的核心制度。自然资源权属制度有两部分内容,即自然资源所有权和自然资源使用权。

(1) 自然资源所有权是指对自然资源占有、使用、收益和处分的权利。在我国,自然资源所有权只有两种形式,即自然资源国家所有权和自然资源集体所有权。我国《宪法》规定:"矿藏、水流、森林、山岭、草原、荒地、滩涂等自然资源,都属于国家所有,即全民所有;由法律规定属于集体所有的森林和山岭、草原、荒地、滩涂除外。"除此以外,任何组织或者个人均不能享有自然资源所有权。

(2) 自然资源使用权是指依法对自然资源开发利用的权利。根据我国法律,资源使用权的取得主要有以下方式。

① 法定或者授予。指由法律规定或者法律规定的国家机构授予国有企业事业单位、集体经济组织取得国家所有的自然资源的使用权。

② 出让取得。国家所有的部分自然资源的使用权可以出让,受让人有偿取得特定自然资源的使用权。

③ 开发利用取得。在法律明确规定可以开发利用某些自然资源时,开发利用者便可取得该资源的使用权。

④ 转让取得。指原使用权主体将资源使用权转让与其他主体。

2) 自然资源调查和档案制度

(1) 自然资源调查是指由法定机构对一个国家或地区的自然资源的分布、数量、质量和开发利用条件等进行的野外考察、室内资料分析与必要的座谈访问等工作的总称。自然资源调查制度是法律对自然资源调查的主体、对象、范围、内容、程序和调查结果的效力所作的规定,是自然资源调查的制度化。我国许多自然资源法律法规,例如《水法》、《草原法》、《土地管理法》等都规定了自然资源调查制度。

自然资源调查涉及国家安全和国家秘密,必须由符合法定条件的主体依法进行,调查结果要按规定报送有关部门建立档案,属于国家机密的数据资料必须按保密规定管理,未经批准不得擅自对外公开。

(2) 自然资源档案是对自然资源调查所获资料成果按一定方式进行汇总、整理、立卷、归档并集中保管的各种文件材料的总称。自然资源档案制度是自然资源调查结果与文献记载的法律化,是法律关于自然资源档案的种类、级别、适用对象、内容、范围、资料更新时间、借阅和查阅方法、保管技术和设施与设备、保管机构及其管理要求等所作的规定。

3) 自然资源规划制度

自然资源规划制度是根据一个国家或地区自然资源本身的特点以及国民经济发展的要求在一定的规划期限内对各管辖区域内各类自然资源的开发、利用、保护、恢复和管理所作的安排。我国的《自然资源法》各单行法规均不同程度地规定了规划制度,如制定规划的主体、制定程序、制定内容、批准的单位等。对于批准的规划,必须贯彻执行,非经履行法定程序,任何负责实施的单位和个人均不得擅自变更。

4) 自然资源开发利用许可制度

自然资源开发利用许可制度是指在从事开发利用自然资源的活动之前,必须向有关管理机关提出申请,经审核批准,发给许可证后,方可在许可的范围内进行开发利用自然资源。我国在自然资源保护领域广泛建立了许可证制度,例如在森林资源方面,有林木采伐许可证、木材运输证;在矿产资源方面,有勘查许可证、开采许可证;在渔业资源方面,有养殖使用证、捕捞许可证;在土地资源方面,有土地使用权证;在野生动物资源方面,有特许捕猎证、狩猎证;在草原资源方面,有草原使用权证;在水资源方面,有取水许可证等。

5) 自然资源有偿使用制度

自然资源有偿使用制度,是指法律规定由自然资源的开发利用者必须向国家缴纳一定费用的制度。收费方式主要有两种:一种为收税,一种为收费。目前我国已开征的自然资源费有土地使用费、水费、水资源费等。自然资源税有矿产资源税、土地使用税、耕地占用税等。1993年12月25日由国务院发布了《资源税暂行条例》,对资源税的纳税人、应税范围、税目、税额、减税免税条件等作出了比较具体的规定。但是该条例只针对在中华人民共和国境内从事开采矿产品或者生产盐的单位和个人,不包括其他资源税。

2. 各种自然资源保护

自然资源保护的具体内容十分广泛,包括土地资源保护、水资源保护、矿产资源保护、森林资源保护、草原资源保护、渔业资源保护、野生动植物资源保护等。在这些领域,我国都建立了相应的自然资源保护法律制度,从权属、利用、规划、许可、档案、税费、监督管理、法律责任等方面作出了具体规定。

案例讨论

北信微波材料公司

北信微波材料公司是退休教授宗某与朋友单某于1996年共同投资设立的从事微波吸收材料研发、生产、销售的有限公司。宗某长期致力于微波材料领域的研究,是该领域著名专家。因此,虽然单某是公司大股东,但出于对宗某的尊敬和信任,一切事务均交由宗某全权处理。

虽然微波材料的需求在不断增加,但毕竟应用领域有限,产量较低,国内生产这种材料的企业也不超过10家,且规模都不大。尽管宗某没有经营管理企业的经验,但依靠技术优势,北信获得了可观的市场份额,并在不断增加。

从1998年开始,白某就在北信公司担任宗某助手,逐渐成为公司技术骨干。根据宗某的要求,白某对生产销售的每批产品的配方、工艺、测试等都作了详细的记录,形成了十多册技术资料,一直由白某保管。这些资料十分珍贵:如果有客户对产品性能等方面提出的要求与北信曾做过的产品相同,可以直接在这些资料里找到具体参数,不必另行研究技术方案,也不必另行做测试。

李某自2001年3月开始在北信公司担任档案管理员,主要负责公司客户档案管理工作,同时负责给客户打印、邮寄发票等工作。根据宗某的要求,李某定期整理客户档案,包括地址、电话、联系人、需求种类等。因为工作关系,李某对北信公司产品定价情况也非常了解。

2007年7月,宗某根据单某的建议,制定了北信公司员工保密守则,并与包括白某、李某在内的部分员工签订了保密协议。保密守则和保密协议的内容主要就是要求员工不得将北信公司的资料和信息泄露给第三方。

2008年4月间,白某和李某先后向北信公司提出辞职,宗某感到十分惊讶。看到二人态度坚决,宗某同意了他们的辞职请求,要求在交接工作时将各自所掌握的技术等资料交给公司,且不得保留复制件。

2008年6月5日,宗某接到北信公司重要客户S公司业务员小高的私人电话,说S公司以后不会再买北信公司的产品了,因为S公司已经与广映微波材料公司签订了长期供货协议,从该公司购买微波吸收材料。考虑到S公司的业务当初正是白某负责的,宗某感到问题严重,派人了解到以下情况:广映公司成立于2007年12月,注册地与北信公司同为D市,具有讽刺意味的是,其厂址距离北信公司厂址仅有5公里。广映公司的股东之一正是白某,持有公司10%的股份,出资方式是专有技术。李某现在广映担任业务经理。北信公司的几乎所有的客户都收到了广映公司的宣传画册和产品介绍,这些产品介绍具有极强的针对性。宗某获得了广映公司的宣传画册,在该画册中,产品介绍的图片、照片、图表、测试曲线全部照搬北信公司的宣传画册,甚至其环保报告都和北信公司是同一个编号。

情况已经很清楚了。宗某赶忙找单某商量对策。

讨论题

1. 是否存在侵犯北信公司商业秘密的事实?如果存在侵犯商业秘密的事实,谁是侵权主体?白某、李某还是广映公司?
2. 白某和李某是否违反了竞业限制规定?
3. 在管理方面北信公司应当吸取什么教训?
4. 北信公司应当采取什么措施化解危局?

思考练习题

1. 侵犯商业机密的情形有哪些?
2. 生产者产品质量责任和义务有哪些?
3. 简述环境保护基本制度。

本章相关法律与法规

《中华人民共和国公司法》
《关于中央企业履行社会责任的指导意见》
《中华人民共和国反不正当竞争法》
《中华人民共和国刑法》
《中华人民共和国广告法》
《中华人民共和国消费者权益保护法》
《中华人民共和国反垄断法》
《中华人民共和国产品质量法》
《中华人民共和国环境保护法》
《中华人民共和国环境保护标准管理办法》

第 15 章 经济犯罪

> **开篇案例**

顾雏军的科龙电器

2008年1月30日,佛山市中级人民法院对原科龙电器董事长顾雏军作出一审判决。顾雏军因虚报注册资本罪,被判处有期徒刑两年,罚金660万元;因违规披露、不披露重要信息罪,被判处有期徒刑两年,罚金20万元;因挪用资金罪,被判处有期徒刑8年。数罪并罚,判处有期徒刑10年,罚金680万元。

庭审当中,顾雏军对检察机关指控的涉嫌虚报注册资本罪予以否认,他提出的主要理由是:由于无形资产在注册资本中所占出资超过法律规定,2002年4月原顺德市工商部门不允许其年检,但他凭原顺德市容桂区办事处出具的协助年检函办理了工商年检,可见其行为得到了政府部门和工商局的批准,因此应该视为合法,有责任也不应由其承担。法院一审判决仍然认定了顾雏军这一罪名。显然,"政府特许"并不能成为免责的理由。

科龙电器在2000年和2001年连续亏损,为了不被退市,顾雏军指使以加大2001年亏损额、压货销售、本年费用延后入账、作假废料销售等方式虚增利润。公诉机关出示了证据证明,一些销售公司与科龙签订了购销合同,但却没有从科龙提货,货品仍然放在科龙的仓库里,等到第二年再以退货的方式进行处理。公诉机关认为,科龙此举是为了虚增销售收入,涉嫌提供虚假财会报告罪。顾雏军则认为,这种将已销售产品留在仓库的做法在家电行业十分普遍,业内称为"压货",是一种销售策略而不是"虚增销售收入",因此"涉嫌提供虚假财会报告"的指控不能成立,自己不该为行业内通用的"潜规则"承担罪名。但法院判决认为,顾雏军等向社会提供虚假的上市公司财会报告,剥夺了社会公众和股东对上市公司真实财务状况的知情权,给股东和社会公众造成了严重损失,构成"违规披露、不披露重大信息罪"。

(案例来自广东佛山市中级人民法院刑二庭。)

15.1 犯罪及其构成

15.1.1 犯罪和经济犯罪

我国《刑法》第十三条规定：一切危害国家主权、领土完整和安全，分裂国家、颠覆人民民主专政的政权和推翻社会主义制度，破坏社会秩序和经济秩序，侵犯国有财产或者劳动群众集体所有的财产，侵犯公民私人所有的财产，侵犯公民的人身权利、民主权利和其他权利，以及其他危害社会的行为，依照法律应受刑罚的都是犯罪，但是情节显著轻微危害不大的，不认为是犯罪。

犯罪的本质是犯罪人的行为危害了社会，具有社会危害性，同时，犯罪触犯了《刑法》，根据《刑法》的规定应当承担刑事责任。具备了这些特征，就构成了犯罪。

经济犯罪又称为"白领犯罪"，以区别于以破坏治安秩序为特点的暴力性犯罪。在我国，经济犯罪一词最早出现于1982年3月全国人大常委会《关于严惩严重破坏经济的犯罪的决定》中。一般认为，经济犯罪是指以非法占有或者非法获利为目的，侵害受法律保护的财产或者经济管理关系，破坏经营、经济及管理秩序，依照法律应当受到刑罚处罚的行为。

15.1.2 犯罪的构成要件

犯罪由犯罪主体、犯罪的主观方面、犯罪客体、犯罪的客观方面4个要件组成，缺少任何要件，都不能构成犯罪。

1. 犯罪主体

犯罪主体是指实施了危害社会的行为，依法应负刑事责任的人。犯罪主体可以是自然人，也可以是法人或者其他单位（以下称单位）。根据我国《刑法》规定，单位只能成为特定犯罪的主体。

自然人成为犯罪主体必须具备以下条件。

(1) 实施了危害社会的行为。

(2) 达到了法定刑事责任年龄。《刑法》规定，已满16周岁的人犯罪，应当负刑事责任。已满14周岁不满16周岁的人，犯故意杀人、故意伤害致人重伤或者死亡、强奸、抢劫、贩卖毒品、放火、爆炸、投毒罪的，应当负刑事责任。已满14周岁不满18周岁的人犯罪，应当从轻或者减轻处罚。

(3) 具有刑事责任能力。所谓具有刑事责任能力，是指具有辨认和控制自己行为的能力。例如，精神病人在不能辨认或者不能控制自己行为的时候造成危害结果，经法定程序鉴定确认的，不负刑事责任。

2. 犯罪的主观方面

犯罪的主观方面是指犯罪主体对自己危害社会的行为及其结果所持的心理态度，包括故意和过失,以及犯罪的动机和目的等。有些犯罪只能由故意构成,有些犯罪只能由过失构成。

明知自己的行为会发生某种危害社会的结果,并且希望或者放任这种结果发生,因而构成犯罪的,是故意犯罪。前者称为直接故意,后者称为间接故意。

应当预见自己的行为可能发生某种危害社会的结果,因为疏忽大意而没有预见,或者已经预见而轻信能够避免,以致发生危害结果的,是过失犯罪。《刑法》规定:"过失犯罪,法律有规定的才负刑事责任。"

行为在客观上虽然造成了损害结果,但不是出于故意或者过失,而是由于不能抗拒或不能预见的原因所引起的,不是犯罪。

犯罪目的和动机是具体量刑的重要影响因素。

3. 犯罪客体

犯罪客体是指我国《刑法》所保护的,而为犯罪行为所侵害的社会关系。例如盗窃罪的客体是法律保护的公私财产所有权;伤害罪的客体是法律保护的他人人身权利等。

值得注意的是,不能把犯罪客体与犯罪对象混为一谈。犯罪客体是为犯罪行为所侵害的社会关系;而犯罪对象则是犯罪行为所直接作用的物或者人。例如盗窃罪,其侵犯的客体是财产所有权关系,其犯罪对象是被盗窃的物品。

4. 犯罪的客观方面

犯罪的客观方面指犯罪行为、犯罪结果以及犯罪行为与犯罪结果之间的因果关系。

犯罪行为是客观存在的犯罪主体实施的危害社会的具体活动,其可以是作为的,也可以是不作为的。犯罪结果是指犯罪行为对犯罪客体造成的损害。犯罪行为与犯罪结果只有存在一种内在的必然的直接联系,才能使某人对某一危害结果承担刑事责任。换言之,要使某人对已经发生的某一危害结果承担责任,就必须查明某人的行为同这一危害结果之间存在因果关系。

15.2 典型经济犯罪分析

15.2.1 重大责任事故罪

重大责任事故罪是指工厂、矿山、林场、建筑企业或者其他企业、事业单位的职工,由于不服管理、违反规章制度,或者强令工人违章冒险作业,因而发生重大伤亡事故,造成严重后果的行为。

关于"重大伤亡事故,造成严重后果"的具体标准,目前尚无明确的司法解释。这类案件以前归检察机关立案侦查,1996年《刑事诉讼法》和1997年《刑法》修订后,划归公安机关立案侦查。最高人民检察院1989年11月30日发布的《人民检察院直接受理的侵犯公民民主权利人身权利和渎职案件立案标准的规定》第一条对1979年《刑法》规定的重大责任事故罪的立案标准作出解释,即"具有下列行为之一的,应予立案:①致人死亡1人或者重伤3人以上的;②造成直接经济损失5万元以上的;③经济损失虽不足规定数额,但情节严重,使生产、工作受到重大损害的"。对于这类案件的立案标准,可以参照上述标准执行。

重大责任事故罪的构成要件的客观方面必须具备3个条件。一是必须违反了规章制度。所谓规章制度,是指同保障生产作业安全有关的劳动纪律、操作规程和劳动保护法规等。违反规章制度的行为本身有作为和不作为两种形式。作为的形式如不服从管理和指挥,冒险蛮干,强令工人违章冒险作业等;不作为的方式如擅离职守,遇有险情不采取有力措施等。二是造成了重大伤亡事故或者其他严重后果。三是必须发生在生产、作业过程中。

重大责任事故罪犯罪主体是特殊主体,包括国有和集体的工厂、矿山、林场、建设企业或者其他企业、事业单位的领导或者职工。

重大责任事故罪的主观方面表现为过失。如果行为人希望或者放任危害结果的发生,那就属于故意犯罪而不是本罪。

根据《刑法》第一百三十四条的规定,犯重人责任事故罪的,处3年以下有期徒刑或者拘役;情节特别恶劣的,处3年以上7年以下有期徒刑。

15.2.2 虚报注册资本罪

虚报注册资本罪属于对公司、企业的管理秩序犯罪的一种,是指在申请公司登记过程中,使用虚假证明文件或者采用其他欺诈手段虚报注册资本,欺骗公司登记主管部门,取得公司登记,虚报注册资本数额巨大,后果严重或者有其他严重情节的行为。《刑法》第一百五十八条规定:"申请公司登记使用虚假证明文件或者采取其他欺诈手段虚报注册资本,欺骗公司登记主管部门,取得公司登记,虚报注册资本数额巨大、后果严重或者有其他严重情节的,处三年以下有期徒刑或者拘役,并处或者单处虚报注册资本金额1%以上5%以下罚金。单位犯前款罪的,对单位判处罚金,并对其直接负责的主管人员和其他直接责任人员,处三年以下有期徒刑或者拘役。"

根据最高人民检察院、公安部《关于经济犯罪案件追诉标准的规定》,申请公司登记使用虚假证明文件或者采取其他欺诈手段虚报注册资本,欺骗公司登记主管部门,取得公司登记,涉嫌下列情形之一的,应予追诉。

(1) 实缴注册资本不足法定注册资本最低限额,有限责任公司虚报数额占法定最低限额的60%以上,股份有限公司虚报数额占法定最低限额的30%以上的。

(2) 实缴注册资本达到法定最低限额,但仍虚报注册资本,有限责任公司虚报数额在100万元以上,股份有限公司虚报数额在1 000万元以上的。

(3) 虚报注册资本给投资者或者其他债权人造成的直接经济损失累计数额在10万元以上的。

(4) 虽未达到上述数额标准,但具有下列情形之一的:一是因虚报注册资本,受过行政处罚两次以上,又虚报注册资本的;二是向公司登记主管人员行贿或者注册后进行违法活动的。

15.2.3 虚假出资、抽逃出资罪

虚假出资、抽逃出资罪也是属于对公司、企业的管理秩序犯罪的一种,是指公司发起人、股东违反《公司法》的规定未交付货币、实物或者未转移财产权,虚假出资,或者在公司成立后又抽逃其出资,数额巨大、后果严重或者有其他严重情节的行为。《刑法》第一百五十九条规定:"公司发起人、股东违反公司法的规定未交付货币、实物或者未转移财产权,虚假出资,或者在公司成立后又抽逃其出资,数额巨大、后果严重或者有其他严重情节的,处五年以下有期徒刑或者拘役,并处或者单处虚假出资金额或者抽逃出资金额2%以上10%以下罚金。单位犯前款罪的,对单位判处罚金,并对其直接负责的主管人员和其他直接责任人员,处五年以下有期徒刑或者拘役。"

根据最高人民检察院、公安部《关于经济犯罪案件追诉标准的规定》(以下简称《追诉标准》),公司发起人、股东违反《公司法》的规定未交付货币、实物或者未转移财产权,虚假出资,或者在公司成立后又抽逃其出资,涉嫌下列情形之一的,应予追诉。

(1) 虚假出资、抽逃出资,给公司、股东、债权人造成的直接经济损失累计数额在10万元至50万元以上的。

(2) 虽未达到上述数额标准,但具有下列情形之一的:一是致使公司资不抵债或者无法正常经营的;二是公司发起人、股东合谋虚假出资、抽逃出资的;三是因虚假出资、抽逃出资,受过行政处罚两次以上,又虚假出资、抽逃出资的;四是利用虚假出资、抽逃出资所得资金进行违法活动的。

15.2.4 提供虚假财会报告罪

提供虚假财会报告罪,是指公司向股东和社会公众提供虚假的或者隐瞒重要事实的财务会计报告,严重损害股东或者其他人利益的行为。《刑法》第一百六十一条规定:"公司向股东和社会公众提供虚假的或者隐瞒重要事实的财务会计报告,严重损害股东或者其他人利益的,对其直接负责的主管人员和其他直接责任人员,处三年以下有期徒刑或者拘役,并处或者单处2万元以上20万元以下罚金。"

根据最高人民检察院、公安部的《追诉标准》,公司向股东和社会公众提供虚假的或者隐瞒重要事实的财务会计报告,涉嫌下列情形之一的,应予追诉:

(1) 造成股东或者其他人直接经济损失数额在50万元以上的。

(2) 致使股票被取消上市资格或者交易被迫停牌的。

提供虚假财会报告罪的构成要件包括以下几点。

(1) 侵害的客体是国家对公司财务的管理制度和股东等的合法利益。

(2) 客观方面表现为行为人提供虚假的或者隐瞒重要事实的财务会计报告,严重损害股东或者其他人的利益。

(3) 主体是特殊主体,即只有限责任公司和股份有限公司才能构成本罪的主体,自然人不能构成本罪的主体。但承担刑事责任的是对其直接负责的主管人员和其他直接责任人员,即具体编制、签署、审核财务会计报告的人员。

(4) 主观方面只能由故意构成,即明知财务会计报告的内容虚假或者隐瞒了重要事实,仍然予以提供。如果因过失而导致提供的财务会计报告内容不真实、不准确或者遗漏了重大事实,不构成本罪。

15.2.5　隐匿、故意销毁会计凭证、会计账簿、财务会计报告罪

隐匿、故意销毁会计凭证、会计账簿、财务会计报告罪,是指隐匿或者故意销毁依法应当保存的会计凭证、会计账簿、财务会计报告,情节严重的行为。《刑法》第一百六十二条第一款规定:"隐匿或者故意销毁依法应当保存的会计凭证、会计账簿、财务会计报告,情节严重的,处五年以下有期徒刑或者拘役,并处或者单处2万元以上20万元以下罚金。单位犯前款罪的,对单位判处罚金,并对其直接负责的主管人员和其他直接责任人员,依照前款的规定处罚。"

根据最高人民检察院、公安部《追诉标准》的规定,隐匿或者故意销毁依法应当保存的会计凭证、会计账簿、财务会计报告,涉嫌下列情形之一的,应予追诉:

(1) 隐匿、销毁的会计资料涉及金额在50万元以上的;
(2) 为逃避依法查处而隐匿、销毁或者拒不交出会计资料的。

15.2.6　虚假破产罪

2006年6月29日,第十届全国人民代表大会常务委员会第22次会议通过了《中华人民共和国刑法修正案(六)》,在"妨害对公司、企业的管理秩序罪"中增设了一个新罪名即"虚假破产罪",是指公司、企业通过隐匿财产、承担虚假债务或者以其他方式转移财产、处分财产,实施虚假破产,严重损害债权人和其他人利益的行为。

虚假破产罪的犯罪主体是公司、企业,但追究的是"直接负责的主管人员和其他直接责任人员"的刑事责任。犯罪的主观方面只能是故意。犯罪客体是国家破产制度和债权人或者其他人的合法权益。

虚假破产罪的客观方面包括三方面行为。

第一,实施了隐匿财产、承担虚构的债务或其他转移财产、处分财产的行为。该行为有三种具体情形。一是隐匿财产,主要指隐瞒、藏匿有形或者无形资产或者债权等,使公司在破产清算时无法将这些财产用于偿还到期债务。二是承担虚假债务,是指通过各种方式让企业承担虚构的债务。所谓虚构,指企业在承担这些债务时缺乏合理对价。三是以其他方式转移财产、处分财产,主要指《破产法》第三十五条所规定的各种行为,例如私分财产、无偿转让财产、以不合理低价出售财产、对没有担保的债务提供财产担保、对未到期的债务提前清偿、放弃债权等。

第二,实施了虚假破产。指债务人通过隐匿、转移财产等手段,使得本未达到破产界限的公司、企业表面上具备了破产条件,进而申请破产的行为。

第三,严重损害了债权人和其他人的利益。应当注意的是,构成虚假破产罪必须是在客观上给债权人和其他人造成了重大财产损失,如果未造成重大损失,不能构成本罪。法条中的"其他人",包括职工、国家税收利益等。

根据《刑法》修正案（六）的规定，犯虚假破产罪的，对直接负责的主管人员和其他直接责任人员，处 5 年以下有期徒刑或者拘役，并处或者单处 2 万元以上 20 万元以下罚金。

15.2.7 内幕交易、泄露内幕信息罪

内幕交易、泄露内幕信息罪是指证券、期货交易内幕信息的知情人员或者非法获取证券、期货交易内幕信息的人员，在涉及证券的发行、证券、期货交易或者其他对证券、期货交易价格有重大影响的信息尚未公开前，买入或者卖出证券，或者从事与该内幕信息有关的期货交易，或者泄露该信息，情节严重的行为。

内幕交易、泄露内幕信息罪客体是国家对证券、期货市场的管理秩序和投资人的合法利益。客观方面表现为将直接或间接掌握的内幕交易泄露给他人，从而使自己或他人获利、情节严重的行为。"情节严重"是指多次进行内幕交易或者泄露内幕信息、非法获利数额巨大，对证券、期货交易秩序的正常进行造成严重危害等情形。定罪起点主要是从数额和其他严重情形进行了界定。主体是证券、期货交易内幕信息的知情人员和非法获取证券、期货交易内幕信息的人员。主观方面是故意。

犯内幕交易、泄露内幕信息罪的，处 5 年以下有期徒刑或者拘役，并处或者单处违法所得 1 倍以上 5 倍以下罚金；情节特别严重的，处 5 年以上 10 年以下有期徒刑，并处违法所得 1 倍以上 5 倍以下罚金。对于单位犯内幕交易、泄露内幕信息罪的，除对单位判处罚金外，对于其直接负责的主管人员和其他直接责任人员，处 5 年以下有期徒刑或者拘役。

15.2.8 公司、企业人员受贿罪

公司、企业人员受贿罪，是指公司、企业的工作人员利用职务上的便利，索取他人财物或者非法收受他人财物，为他人谋取利益，数额较大的行为。《刑法》第一百六十三条规定："公司、企业的工作人员利用职务上的便利，索取他人财物或者非法收受他人财物，为他人谋取利益，数额较大的，处 5 年以下有期徒刑或者拘役；数额巨大的，处 5 年以上有期徒刑，可以并处没收财产。公司、企业的工作人员在经济往来中，违反国家规定，收受各种名义的回扣、手续费，归个人所有的，依照前款的规定处罚。国有公司、企业中从事公务的人员和国有公司、企业委派到非国有公司、企业从事公务的人员有前两款行为的，依照《刑法》第三百八十五条、第三百八十六条的规定（即受贿罪）定罪处罚。"根据《刑法》第一百八十四条第一款的规定：银行或者其他金融机构的工作人员在金融业务活动中索取他人财物或者非法收受他人财物，为他人谋取利益的，或者违反国家规定，收受各种名义的回扣、手续费，归个人所有的，按本罪定罪处罚。

根据最高人民检察院、公安部《追诉标准》，公司、企业的工作人员利用职务上的便利，索取他人财物或者非法收受他人财物，为他人谋取利益，或者在经济往来中，违反国家规定，收受各种名义的回扣、手续费，归个人所有，数额在 5 000 元以上的，应予追诉。

15.2.9 非法经营同类营业罪

非法经营同类营业罪，是指国有公司、企业董事、经理利用职务上的便利，自己经营或

者为他人经营与其所任职公司、企业同类的营业,获取非法利益,数额巨大的行为。《刑法》第一百六十五条规定:"国有公司、企业的董事、经理利用职务便利,自己经营或者为他人经营与其所任职公司、企业同类的营业,获取非法利益,数额巨大的,处三年以下有期徒刑或者拘役,并处或者单处罚金;数额特别巨大的,处三年以上七年以下有期徒刑,并处罚金。"

根据最高人民检察院、公安部《追诉标准》,国有公司、企业的董事、经理利用职务便利,自己经营或者为他人经营与其所任职公司、企业同类的营业,获取非法利益,数额在10万元以上的,应予追诉。

15.2.10 为亲友非法牟利罪

为亲友非法牟利罪,是指国有公司、企业、事业单位的工作人员,利用职务便利,损公肥私,将本单位的盈利业务交由自己的亲友进行经营,或者为其经营活动提供其他便利,获取非法利益,数额巨大的行为。《刑法》第一百六十六条规定:国有公司、企业、事业单位的工作人员,利用职务便利,有下列情形之一,使国家利益遭受重大损失的,处3年以下有期徒刑或者拘役,并处或者单处罚金;致使国家利益遭受特别重大损失的,处3年以上7年以下有期徒刑,并处罚金。

(1) 将本单位的盈利业务交由自己的亲友进行经营的。

(2) 以明显高于市场的价格向自己的亲友经营管理的单位采购商品或者以明显低于市场的价格向自己的亲友经营管理的单位销售商品的。

(3) 向自己的亲友经营管理的单位采购不合格商品的。

根据最高人民检察院、公安部《追诉标准》,国有公司、企业、事业单位的工作人员,利用职务便利,为亲友非法牟利,涉嫌下列情形之一的,应予追诉:

(1) 造成国家直接经济损失数额在10万元以上的;

(2) 致使有关单位停产、破产的;

(3) 造成恶劣影响的。

15.2.11 签订、履行合同失职被骗罪

签订、履行合同失职被骗罪,是指国有公司、企业、事业单位直接负责的主管人员,在签订、履行合同过程中,因严重不负责任被诈骗,致使国家利益遭受重大损失的行为。《刑法》第一百六十七条规定:"国有公司、企业、事业单位直接负责的主管人员,在签订、履行合同过程中,因严重不负责任被诈骗,致使国家利益遭受重大损失的,处3年以下有期徒刑或者拘役;致使国家利益遭受特别重大损失的,处3年以上7年以下有期徒刑。"

根据最高人民检察院、公安部《追诉标准》,国有公司、企业、事业单位直接负责的主管人员,在签订、履行合同过程中,因严重不负责任被诈骗,造成国家直接经济损失数额在50万元以上的,或者直接经济损失占注册资本30%以上的,应予追诉。所谓严重不负责任,主要是指行为人盲目轻信对方,不认真审查对方的合同主体资格、资信情况、履约能力、合同的数量、质量等,导致被骗。另外,《追诉标准》还明确规定,"金融机构、从事对外

贸易经营活动的公司、企业的工作人员,严重不负责任,造成国家外汇被骗购或者逃汇,数额在 100 万美元以上的,应予追诉"。

15.2.12 洗钱罪

洗钱罪,是指明知是毒品犯罪、黑社会性质的组织犯罪、走私犯罪的违法所得及其产生的收益,为掩饰、隐瞒其来源的性质,而通过存入金融机构、投资为企业或市场上流通等手段使其合法化的行为。

根据《刑法》第一百九十一条的规定,明知是毒品犯罪、黑社会性质的组织犯罪、走私犯罪的违法所得及其产生的收益,为掩饰、隐瞒其来源和性质,有下列行为之一的,构成犯罪:

(1) 提供资金账户的。
(2) 协助将财产转换为现金或者金融票据的。
(3) 通过转账或者其他结算方式协助资金转移的。
(4) 协助将资金汇往境外的。
(5) 以其他方法掩饰、隐瞒犯罪的违法所得及其收益的性质和来源的。例如经营饭店、酒吧、夜总会等大量使用现金的行业,将违法收入混入合法收入等。

对洗钱罪的刑罚是:没收实施犯罪的违法所得及其产生的收益,处 5 年以下有期徒刑或者拘役,并处或者单处洗钱数额 5% 以上 20% 以下罚金;情节严重的,处 5 年以上 10 年以下有期徒刑,并处洗钱数额 5% 以上 20% 以下罚金;单位犯前款罪的,对单位判处罚金,并对其直接负责的主管人员和其他直接责任人员,处 5 年以下有期徒刑或者拘役。

15.2.13 票据诈骗罪

票据诈骗罪,是指用虚构事实或者隐瞒真相的方法,利用金融票据骗取财物,数额较大的行为。《刑法》规定了票据诈骗罪的 5 种犯罪行为方式:

(1) 明知是伪造、变造的汇票、本票、支票而使用;
(2) 明知是作废的汇票、本票、支票而使用;
(3) 冒用他人的汇票、本票或者支票;
(4) 签发空头支票或者与其预留印鉴不符的支票,骗取财物;
(5) 汇票、本票的出票人签发无资金保证的汇票、本票或者在出票时作虚假记载,骗取财物。

根据最高人民检察院、公安部《追诉标准》,进行金融票据诈骗活动,涉嫌下列情形之一的,应予追诉:

(1) 个人进行金融票据诈骗,数额在 5 000 元以上的;
(2) 单位进行金融票据诈骗,数额在 10 万元以上的。

最高人民法院 1996 年 12 月 16 日发布施行的《关于审理诈骗案件具体应用法律的若干问题的解释》对票据诈骗罪的定罪量刑标准作出过规定。即个人进行票据诈骗数额在 5 000 元以上的,属于"数额较大";个人进行票据诈骗数额在 5 万元以上的,属于"数额巨大";个人进行票据诈骗数额在10万元以上的,属于"数额特别巨大"。单位进行票据诈骗数额在10万元以上的,属于"数额较大";单位进行票据诈骗数额在30万元以上的,属于"数额巨大";单位进行票据诈骗数额在100万元以上的,属于"数额特别巨大"。

依照《刑法》第一百九十四条的规定,犯票据诈骗罪,数额较大的,处5年以下有期徒刑或者拘役,并处2万元以上20万元以下罚金;数额巨大或者有其他严重情节的,处5年以上10年以下有期徒刑,并处5万元以上50万元以下罚金;数额特别巨大或者有其他特别严重情节的,处10年以上有期徒刑或者无期徒刑,并处5万元以上50万元以下罚金或者没收财产。

根据《刑法》第一百九十九条的规定,犯票据诈骗罪的,数额特别巨大并且给国家和人民利益造成特别重大损失的,可处无期徒刑或者死刑,并处没收财产。根据《刑法》第二百条的规定,单位犯本罪的,对单位判处罚金,并对直接负责的主管人员和其他直接责任人员,处5年以下有期徒刑或者拘役;数额巨大或者有其他严重情节的,处5年以上10年以下有期徒刑;数额特别巨大或者有其他特别严重情节的,处10年以上有期徒刑或者无期徒刑。

15.2.14 偷税罪

偷税罪,是指纳税人采取伪造、变造、隐匿、擅自销毁账簿、记账凭证,在账簿上多列支出或者不列、少列收入,经税务机关通知申报而拒不申报或者进行虚假的纳税申报等手段,不缴或者少缴应纳税款或者已扣、已收税款,情节严重的行为。

最高人民检察院、公安部《追诉标准》规定,纳税人进行偷税活动,涉嫌下列情形之一的,应予追诉:

(1) 偷税数额在1万元以上,并且偷税数额占各税种应纳税总额的10%以上的;

(2) 虽未达到上述数额标准,但因偷税受过行政处罚两次以上,又偷税的。

偷税罪的犯罪主体是特殊主体,只有纳税人和扣缴义务人才能构成本罪主体。偷税罪的犯罪主观方面由直接故意构成,并具有逃避应纳税款和非法获利的目的。如果行为人没有故意逃避应纳税款和非法获利的目的,即因为有关人员的疏忽或其他原因而发生的漏税和欠税行为,不以本罪论处。客观方面表现为纳税人违反国家税收法律、法规,以欺骗、隐瞒手段,逃避纳税义务,不缴或者少缴应纳税款或者已扣、已收税款,情节严重的行为。最高人民法院2002年11月4日通过、11月7日起施行的《关于审理偷税抗税刑事案件具体应用法律若干问题的解释》第一条规定,纳税人实施下列行为之一,不缴或者少缴应纳税款,偷税数额占应纳税额的10%以上且偷税数额在1万元以上的,依照《刑法》第二百零一条第一款的规定定罪处罚。

(1) 伪造、变造、隐匿、擅自销毁账簿、记账凭证。

(2) 在账簿上多列支出或者不列、少列收入。

(3) 经税务机关通知申报而拒不申报纳税。

(4) 进行虚假纳税申报。

(5) 缴纳税款后,以假报出口或者其他欺骗手段,骗取所缴纳的税款。扣缴义务人实施前款行为之一,不缴或者少缴已扣、已收税款,数额在1万元以上且占应缴税额10%以上的,依照《刑法》第二百零一条第一款的规定定罪处罚。扣缴义务人书面承诺代纳税人支付税款的,应当认定扣缴义务人"已扣、已收税款"。

根据《刑法》,偷税数额占应纳税额的10%以上不满30%并且偷税数额在1万元以上不满10万元的,或者因偷税被税务机关给予两次行政处罚又偷税的,处3年以下有期徒刑或者拘役,并处偷税数额1倍以上5倍以下罚金;偷税数额占应纳税额的30%以上并且偷税数额在10万元以上的,处3年以上7年以下有期徒刑,并处偷税数额1倍以上5倍以下罚金。扣缴义务人采取前款所列手段,不缴或者少缴已扣、已收税款,数额占应缴税额的10%以上并且数额在1万元以上的,依照前款的规定处罚。对多次偷税未经处理的,按照累计数额计算。

15.2.15 侵犯商业秘密罪

侵犯商业秘密罪,是指采取不正当手段,获取、披露、使用或者允许他人使用权利人的商业秘密,给商业秘密权利人造成重大损失的行为。

根据《刑法》第二百一十九条的规定,侵犯商业秘密犯罪行为包括:

(1) 以盗窃、利诱、胁迫或者其他不正当手段获取权利人的商业秘密的;

(2) 披露、使用或者允许他人使用以前项手段获取的权利人的商业秘密的;

(3) 违反约定或者违反权利人有关保守商业秘密的要求,披露、使用或者允许他人使用其所掌握的商业秘密的。

另外,明知或者应知上述行为,获取、使用或者披露他人的商业秘密的,以侵犯商业秘密罪论处。

根据最高人民检察院、公安部《追诉标准》的规定,侵犯商业秘密,涉嫌下列情形之一的,应予追诉:①给商业秘密权利人造成直接经济损失数额在50万元以上的;②致使权利人破产或者造成其他严重后果的。上述两种情况可以认定属于给商业秘密权利人造成重大损失。

犯侵犯商业秘密罪,处3年以下有期徒刑或者拘役,并处或者单处罚金;造成特别严重后果的,处3年以上7年以下有期徒刑,并处罚金。

15.2.16 损害商业信誉、商品声誉罪

损害商业信誉、商品声誉罪,是指行为人捏造并散布虚伪事实,损害他人的商业信誉、商品声誉,情节严重或者给他人造成重大损失的行为。

根据最高人民检察院、公安部《追诉标准》的规定,"情节严重或者给他人造成重大损失"是指给他人造成的直接经济损失数额在50万元以上的;或者虽未达到上述数额标准,但具有下列情形之一的。

(1) 严重妨害他人正常生产经营活动或者导致停产、破产的。

(2) 造成恶劣影响的。

所谓"虽未达到上述数额标准",根据《关于经济犯罪案件追诉标准的规定》附则中的有关规定,是指单位或者个人捏造并散布虚假事实,损害他人的商业信誉、商品声誉,给他

人造成的直接经济损失已经达到该标准的80%即40万元以上,只要同时具备"严重妨害他人正常生产经营活动或者导致停产、破产的"或者"造成恶劣影响的"情形之一,公安机关就应当立案侦查。

根据《刑法》规定,犯侵犯商业秘密罪的,处两年以下有期徒刑或者拘役,并处或者单处罚金。单位犯本罪的,对单位判处罚金,并对其直接负责的主管人员和其他直接责任人员,依照上述规定处罚。

15.2.17 虚假广告罪

虚假广告罪,是指广告主、广告经营者、广告发布者违反国家规定,利用广告对商品或者服务作虚假宣传,情节严重的行为。

根据最高人民检察院、公安部《追诉标准》的规定,广告主、广告经营者、广告发布者违反国家规定,利用广告对商品或者服务作虚假宣传,涉嫌下列情形之一的,应予追诉:

(1) 违法所得数额在10万元以上的;
(2) 给消费者造成的直接经济损失数额在50万元以上的;
(3) 虽未达到上述数额标准,但因利用广告作虚假宣传,受过行政处罚2次以上,又利用广告作虚假宣传的;
(4) 造成人身伤残或者其他严重后果的。

《刑法》第二百二十二条规定,犯虚假广告罪的,处2年以下有期徒刑或者拘役,并处或者单处罚金。单位犯本罪的,对单位判处罚金,并对其直接负责的主管人员和其他直接责任人员,依照上述规定处罚。

15.2.18 串通投标罪

串通投标罪,是指投标人相互串通投标报价,损害招标人或者其他投标人利益,或者投标人与招标人串通投标,损害国家、集体、公民的合法利益,情节严重的行为。

串通投标行为具体表现有以下两点:

(1) 投标人互相串通投标报价,损害招标人或者其他投标人利益的行为。具体包括两种情况:一种情况是投标人为了谋取高额利润,相互作弊提高标价,迫使招标人不得不在过高的标价中选择;另一种情况是投标者为了限制彼此之间的竞争,损害招标人的利益,而相互串通,故意压低标价,或者协议在类似的项目中轮流中标,使招标者无法择优选择,同时使一些竞争对手的正常标价显得过高,使其不能入围,阻止其进入本应进入的经营领域。

(2) 招标人与投标人串通投标,损害国家、集体、公民的合法权益的行为。投标者与招标者相互勾结,会使其他投标者参加投标竞争时处于不利的境地,从而破坏正常的市场竞争。这种串通还会使委托招标的国家、集体、公民的合法权益遭受损失。

根据最高人民检察院、公安部《追诉标准》的规定,投标人相互串通投标报价,或者投标人与招标人串通投标,涉嫌下列情形之一的,应予追诉:

(1) 损害招标人、投标人或者国家、集体、公民的合法利益,造成的直接经济损失数额在 50 万元以上的；

(2) 对其他投标人、招标人等投标招标活动的参加人采取威胁、欺骗等非法手段的；

(3) 虽未达到上述数额标准，但因串通投标，受过行政处罚 2 次以上，又串通投标的。

犯串通投标罪的，处 3 年以下有期徒刑或者拘役，并处或者单处罚金。单位犯本罪的，对单位判处罚金，并对其直接负责的主管人员和其他直接责任人员，依照上述规定处罚。

15.2.19　合同诈骗罪

合同诈骗罪，是指以非法占有为目的，在签订、履行合同过程中，骗取当事人财物，数额较大的行为。

合同诈骗行为具体表现为以下几点：

(1) 以虚构的单位或者冒用他人名义签订合同的；

(2) 以伪造、变造、作废的票据或者其他虚假的产权证明作担保的；

(3) 没有实际履行能力，以先履行小额合同或者部分履行合同的方法，诱骗对方当事人继续签订和履行合同的；

(4) 收受对方当事人给付的货物、货款、预付款或者担保财产后逃匿的；

(5) 以其他方法骗取对方当事人财物的。

根据最高人民检察院、公安部《追诉标准》的规定，有下列情形之一的，应予追诉：

(1) 个人诈骗公私财物，数额在 5 000 元至 2 万元以上的；

(2) 单位直接负责的主管人员和其他直接责任人员以单位名义实施诈骗，诈骗所得归单位所有，数额在 5 万元至 20 万元以上的。

根据《刑法》第二百二十四条的规定，犯合同诈骗罪的，数额较大的，处 3 年以下有期徒刑或者拘役，并处或者单处罚金；数额巨大或者有其他严重情节的，处 3 年以上 10 年以下有期徒刑，并处罚金；数额特别巨大或者有其他特别严重情节的，处 10 年以上有期徒刑或者无期徒刑，并处罚金或者没收财产。单位犯本罪的，对单位判处罚金，并对其直接负责的主管人员和其他直接责任人员，依照上述规定处罚。

15.2.20　提供虚假证明文件罪和出具证明文件重大失实罪

提供虚假证明文件罪，是指承担资产评估、验资、验证、会计、审计、法律服务等职责的中介组织及其工作人员故意提供虚假中介证明文件，情节严重的行为。

根据最高人民检察院、公安部《追诉标准》的规定，承担资产评估、验资、验证、会计、审计、法律服务等职责的中介组织及其工作人员故意提供虚假证明文件，涉嫌下列情形之一的，应予追诉：

(1) 给国家、公众或者其他投资者造成的直接经济损失数额在 50 万元以上的；

(2) 虽未达到上述数额标准，但因提供虚假证明文件，受过行政处罚 2 次以上，又提供虚假证明文件的；

(3) 造成恶劣影响的。

犯提供虚假证明文件罪的,处 5 年以下有期徒刑或者拘役,并处罚金。承担资产评估、验资、验证、会计、审计、法律服务等职责的工作人员有索取他人财物或者非法收受他人财物情节的,处 5 年以上 10 年以下有期徒刑,并处罚金。

出具证明文件重大失实罪,是指承担资产评估、验资、验证、会计、审计、法律服务等职责的中介组织的工作人员严重不负责任,出具的证明文件有重大失实,造成严重后果的行为。

根据最高人民检察院、公安部《追诉标准》的规定,承担资产评估、验资、验证、会计、审计、法律服务等职责的中介组织的工作人员严重不负责任,出具的证明文件有重大失实,涉嫌下列情形之一的,应予追诉:

(1) 给国家、公众或者其他投资者造成的直接经济损失数额在 100 万元以上的;

(2) 造成恶劣影响的。

犯出具证明文件重大失实罪的,处 3 年以下有期徒刑或者拘役,并处或者单处罚金。单位犯本罪的,对单位判处罚金,并对其直接负责的主管人员和其他直接责任人员,依照上述规定处罚。

15.2.21 职务侵占罪

职务侵占罪,是指公司、企业或者其他单位的人员利用职务上的便利,将本单位财物占为己有,数额较大的行为。

根据最高人民检察院、公安部《关于经济犯罪案件追诉标准的规定》,公司、企业或者其他单位的人员,利用职务上的便利,将本单位财物非法占为己有,数额在 5 000 元至 1 万元以上的(具体由各省级公安和检察机关确定本省的标准,上报备案),应予追诉。

职务侵占罪是数额犯罪,公司、企业或者其他单位的人员利用职务上的便利,将本单位财物占为己有,必须达到"数额较大"的标准,才构成本罪,予以立案追究。所谓利用职务上的便利,是指行为人利用自己在本单位所担任职务所产生的方便条件。将本单位财物非法占为己有,实践中一般表现为侵吞、盗窃、骗取等非法手段。职务侵占的数额应当累计计算。

犯职务侵占罪,数额较大的,处 5 年以下有期徒刑或者拘役;数额巨大的,处 5 年以上有期徒刑,可以并处没收财产。

15.2.22 挪用资金罪

挪用资金罪,是指公司、企业或者其他单位的工作人员,利用职务上的便利,挪用本单位资金归个人使用或者借贷给他人,数额较大、超过 3 个月未还的,或者虽未超过 3 个月,但数额较大,进行营利活动的,或者进行非法活动的行为。

根据 1999 年 12 月 25 日第九届全国人大常委会第 13 次会议通过的《中华人民共和国刑法修正案》的规定,商业银行、证券交易所、期货交易所、证券公司、期货经纪公司、保险公司或者其他金融机构的工作人员利用职务上的便利,挪用本单位或者客户资金的,构成挪用资金罪。

根据最高人民检察院、公安部《追诉标准》，公司、企业或者其他单位的工作人员，利用职务上的便利，挪用本单位资金归个人使用或者借贷给他人，涉嫌下列情形之一的，应予追诉：

(1) 挪用本单位资金数额在1万元至3万元以上，超过3个月未还或未超过3个月的；

(2) 挪用本单位资金数额在1万元至3万元以上，进行营利活动的；

(3) 挪用本单位资金数额在5000元至2万元以上，进行非法活动的。

各省、自治区、直辖市公安厅、局应当会同当地人民检察院，结合本地实际情况，在上述数额幅度的范围内，及时确定本省、自治区、直辖市范围内统一执行的数额标准，并上报备案。

挪用资金，数额较大、超过3个月未还的，或者虽未超过3个月，但数额较大，进行营利活动的，或者进行非法活动的，处3年以下有期徒刑或者拘役；挪用资金数额巨大的，或者数额较大不退还的，处3年以上10年以下有期徒刑。

案例讨论

清香食品公司破产案

清香食品公司是2003年注册成立的私人有限公司，注册资本1500万元。公司主要生产清香牌食品系列，特别是在当地很受消费者欢迎的馒头、月饼、元宵等日常食品和传统节日食品有一定的知名度。2008年销售额达到1800万元。

为扩大生产，清香公司投资1600万元建设了两座新标准厂房，使公司拥有标准厂房达到三座。巨额基本建设投资使公司的流动资金出现短缺。2008年5月，清香公司向MB银行C分行申请2000万元人民币流动资金贷款，并同意以新建的两座厂房作为借款抵押担保。C分行审核其申请后同意提供1000万元人民币一年期流动资金贷款。双方于2008年6月6日签订了借款合同和抵押合同，C分行据此向清香公司发放了1000万元贷款，清香公司将两座厂房抵押给了C分行并办理了抵押权登记手续。

2009年1月，清香公司向法院申请破产重整，法院于1月12日裁定受理，并指定了破产管理人。C分行作为有财产担保的债权人，尽管对清香公司申请破产感到有些疑惑，却并不担心贷款的安全。但在参加了债权人会议后，C分行感到了问题的严重性：早在2008年1月，清香公司抵押给C分行的两座新厂房就已经根据省法院的生效调解书由施工企业万基公司享有优先受偿权了。原来，万基公司是这两座厂房的施工单位，由于清香公司欠万基公司工程款共计1200万元，万基公司向法院起诉了清香公司，经过两级法院审理，在省法院调解下，双方达成了调解协议。根据我国《合同法》第二百八十六条的规定，欠施工企业的建设工程款，施工企业对该工程折价或者拍卖的价款，享有优先受偿权。法律界一直的观点是，该优先权不仅优先于一般债权，也优先于抵押权。也就是说，C分行的抵押权要在偿还了欠万基公司的1200万元工程款之后才能对剩余部分享有优先权。按破产管理人出具的重整方案草案，债权清偿率将不超过6%，C分行的1000万元贷款一下子变得没有任何保障了！

C分行会同法律顾问认真研究了这个案件,发现了许多疑点,有两点尤其可疑。

第一,省法院的调解书调解的债务数额明显过高,违约金一项竟达到了欠款总额的80%,而且有些工程款项目超过了法律规定的可以列入优先受偿的范围。根据最高法院的司法解释,工程款优先权的范围限于承包人为建设工程应当支付的工作人员报酬、材料款等实际支出的费用,不包括承包人因发包人违约所造成的损失。

第二,在已经申报的债权中,有大量个人借款,涉及12个人,借款总额达到6 400多万元。尽管这些债权全部都是法院生效判决确定的,但判决时间都在2008年下半年,而且诉讼都是在同一个法院进行的。

讨论题

C分行应该采取怎样的措施追讨债权?

思考练习题

1. 典型的经济犯罪有哪些形式?
2. 简述企业受贿罪的构成要件。
3. 思考合同诈骗罪的具体表现形式。

本章相关法律与法规

《中华人民共和国刑法》
《中华人民共和国公司法》
《关于经济犯罪案件追诉标准的规定》
《中华人民共和国刑法修正案》
《中华人民共和国破产法》
《关于审理诈骗案件具体应用法律的若干问题的解释》